Steuern im historischen Kontext

Bochumer Schriften zum Steuerrecht

Herausgegeben von Roman Seer

Band 28

PL ACADEMIC RESEARCH

Roman Seer (Hrsg.)

Steuern im historischen Kontext

Ein Ausschnitt der Steuergeschichte anhand ausgewählter Fragestellungen

PL ACADEMIC RESEARCH

Bibliografische Information der Deutschen Nationalbibliothek
Die Deutsche Nationalbibliothek verzeichnet diese Publikation in der Deutschen Nationalbibliografie; detaillierte bibliografische Daten sind im Internet über http://dnb.d-nb.de abrufbar.

Abbildung auf dem Umschlag: Siegel der Universität Bochum.
Abdruck mit freundlicher Genehmigung der Universität Bochum.

Gedruckt auf alterungsbeständigem,
säurefreiem Papier.

ISSN 1613-933X
ISBN 978-3-631-65229-9 (Print)
E-ISBN 978-3-653-04811-7 (E-Book)
DOI 10.3726/ 978-3-653-04811-7

PL Academic Research ist ein Imprint der Peter Lang GmbH.

Peter Lang – Frankfurt am Main · Bern · Bruxelles · New York ·
Oxford · Warszawa · Wien

Diese Publikation wurde begutachtet.

www.peterlang.com

Vorwort

Die historische Aufarbeitung des Steuerrechts fristet ein Mauerblümchendasein. Eine eigene Disziplin der Steuerrechtsgeschichte hat sich bisher nicht herausbilden können. Dies verwundert allerdings nicht. Handelt es sich bei der Steuerrechtswissenschaft doch um eine eher junge Materie. Eine Steuerrechtswissenschaft hat sich überhaupt erst im Laufe des 20. Jahrhunderts etabliert.[1] Sie fokussiert sich vornehmlich auf die aktuelle Besteuerung und versucht, zu deren Verständnis und Systematisierung Regeln aus dem Verfassungs-, Europa- und einfachen Recht zu entfalten. Um hier zu einer Dogmatik des Steuerrechts zu gelangen, bedarf es allerdings auch jeweils des Blicks zurück. *Klaus Tipke* hat die Funktion der Steuerrechtsgeschichte wie folgt formuliert:[2]

„Die Steuerrechtsgeschichte erweitert – wie die Rechtsgeschichte überhaupt – den Blick in die Vergangenheit hinein, macht Entwicklungen und Wandlungen des Rechts in der Vergangenheit bewusst und lässt den historischen Unterbau erkennen, auf dem das geltende Recht ruht."

Die Steuerrechtsgeschichte im engeren Sinne befasst sich mit der Entstehungsgeschichte des Rechts, fragt aber auch, warum sich Recht wandelt, Recht abgelöst wird, scheitert oder gar nicht erst in Kraft tritt. Das Steuerrecht ist Ausdruck des jeweiligen Staatsverständnisses und der Staatstradition. Es unterliegt dem ständigen gesellschaftlichen Einfluss. Diese Umweltfaktoren zu verstehen und einzuordnen, dient die mit der Steuerrechtsgeschichte nicht einfach gleichzusetzende „Geschichte der Besteuerung"[3]. Der Bogen der Steuergeschichte ist deutlich weiter als derjenige der Steuerrechtsgeschichte und wird durch Historiker vom Altertum bis zur Neuzeit geschlagen. Finanzwissenschaftler befassen sich seit jeher mit der Geschichte der öffentlichen Finanzwirtschaft. Ein auch heute noch lesenswertes Beispiel bieten die „Steuerpolitische(n) Ideale" von *Fritz Karl Mann*, die vergleichende Studien zur Geschichte der ökonomischen und politischen Ideen und ihres Wirkens in der öffentlichen Meinung in der Zeit von 1600 bis 1935 beinhaltet.[4]

Die nachfolgenden Beiträge konzentrieren sich auf die Entwicklung der wichtigsten Steuern (Einkommen-, Körperschaft-, Erbschaft-, Vermögen-, Grund-,

---

1 Zur Entwicklung der Steuerrechtswissenschaft s. Tipke, Die Steuerrechtsordnung, Bd. I, 1. Aufl., Köln 1993, 26ff.

2 Tipke, Die Steuerrechtsordnung, Bd. I, 2. Aufl., Köln 2000, 15.

3 Instruktiv zur historischen Entwicklung von Besteuerung: Waldhoff, Steuer und Wirtschaft (StuW) 2014, 19ff.

4 Mann, Steuerpolitische Ideale, Jena 1937.

Umsatz- und Verbrauchsteuern) seit dem 19. Jahrhundert (Beiträge von *Didem Özdemir, Vanessa Olshagen, Cecilia-Teres Gürtler, Kyra-Mano Naujoks, Pascal A. Becker* und *Isabell Neumann*). Darüber hinausgehend wurde auch der Unrechtsstaat des Nationalsozialismus nicht ausgespart und unter dem Gesichtspunkt der Methodenlehre unter dem Topos der „unbegrenzten Auslegung“ *(Sara Anna La Paglia)*, der Reichsfluchtsteuer sowie des Steueranpassungsgesetzes (*Susanne Jessica Certa*) behandelt. Den Übergang von einer Reichsfinanzverwaltung zu einer föderal geprägten Steuerverwaltung heutiger Tage zeigt schließlich *Julia Klaftke* auf. Die nachfolgend veröffentlichten Seminararbeiten sind im Sommersemester 2013 im Rahmen des von der Ruhr-Universität Bochum besonders geförderten Projekts „Forschenden Lernens“ entstanden. Parallel dazu hat im Mai 2013 ein steuerhistorisches Symposium der Deutschen Steuerjuristischen Gesellschaft e.V. in Frankfurt a.M. stattgefunden.[5] Das Symposium hat die jungen Forscher zusätzlich motiviert, ihre steuerhistorischen Arbeiten zu veröffentlichen. Mögen diesem Beispiel weitere Veröffentlichungen folgen.

Prof. Dr. Roman Seer, Herausgeber

5 Die Beiträge von Drüen, Waldhoff, Reimer, Piltz, Hüttemann, Schmoeckel u. Thier sind in Steuer und Wirtschaft (StuW) 2014, 16ff., veröffentlicht.

Inhaltsverzeichnis

This paper deals with the formation of the income tax system in Germany during the 19th century. It describes the modifications of taxation norms and their necessity for developing a taxation system as it is nowadays.

A. Die Entwicklung und der Aufstieg der Einkommensteuer im 19. Jahrhundert in den deutschen Ländern und in Europa (Didem Özdemir)

I. Einführung in die Problematik

Gegenstand der vorliegenden Arbeit ist die Entwicklung der Einkommensteuer im 19. Jahrhundert. Dargestellt werden sollen die Entwicklungen in Europa und den deutschen Ländern. Dabei wird sich die Darstellung auf die Beschreibung Großbritanniens aus europäischer Sicht beschränken und solchen deutschen Ländern, die eine gewisse Vorstandsposition im Vergleich zu anderen Ländern eingenommen haben. Großbritannien nimmt im Zusammenhang mit der Einkommensteuer eine besondere Situation ein: Aufgrund der Kriegsführung gegen Napoleons Frankreich benötigte Großbritannien weitere Einnahmen und führte als erster Staat die Einkommensteuer ein. Frankreich, die zweite Kriegspartei, führte die Einkommensteuer erst zu Beginn des 20. Jahrhunderts ein. Im Rahmen der deutschen Länder sind Preußen und Sachsen als besonders wichtig anzusehen. Preußen als das deutsche Land, in dem die wichtigsten und größten Entwicklungen erfolgten.

Sachsen als das deutsche Land, das mit seinem Einkommensteuergesetz von 1874 wichtige Prinzipien und Grundsteine für die späteren Einkommensteuergesetze gelegt hat und mit diesem Einkommensteuergesetz kurzzeitig Preußen hinter sich gelassen hat. Im Anschluss an jene Länder erfolgt eine kurze Darstellung über den Beginn der Einkommensbesteuerung in anderen deutschen Ländern.

II. Die geschichtliche Entwicklung und der Aufstieg der Einkommensteuer im 19. Jahrhundert in Großbritannien

Zunächst werden die Beginne der Einführung der Einkommensteuer in Großbritannien dargestellt.

Noch während des 18. Jahrhunderts bestand das englische Steuersystem „fast ausschließlich aus Verbrauchsteuern, Zöllen auf annähernd allen importierten Waren und aus Grundsteuern“.[6] Doch dies wurde am Ende des 18. Jahrhunderts geändert. Ab 1793 befand sich Großbritannien im Krieg gegen Frankreich. Aufgrund des lang andauernden Krieges verschlechterte sich die Situation Großbritanniens derart, dass der finanzielle Bedarf nicht mehr durch die vorhandenen Steuereinnahmen gedeckt werden konnte. Zutreffend erkennt *Piltz* diesen Krieg als Vater der englischen Einkommensteuer.[7] „Die Kriegskosten Englands beliefen sich auf 831 Millionen £, von denen lediglich 209 Millionen £ durch Steuereinnahmen gedeckt werden konnten“.[8] Es bedurfte somit einer Neuerung des Steuersystems, die zu einer Steigerung der Einnahmen führen sollte.

1.) Triple Assessment

Die Anfänge der Neuerung fanden 1798 statt. Premierminister William Pitt verfasste das Triple Assessment. „Der Grundgedanke dieser Not – Steuer war eine verstärkte steuerliche Belastung der vermögenden Bevölkerungsgruppen“.[9] Pitt beabsichtigte eine Erhöhung der Verbrauchsteuern, um somit die vermehrt notwendigen Einnahmen zu gewährleisten. Die Steuerpflichtigen wurden in verschiedene Klassen eingeteilt, die dann einem unterschiedlich hohen Steuersatz unterfielen. Die Einteilung „basierte auf dem Verbrauch im Jahre vor der Steuerschätzung“.[10] Der zu zahlende Betrag lag zwischen dem fünffachen Steuerbetrag des Vorjahres und dem dreifachen, daher Triple Assessment, Betrag. Das Triple Assessment stellte sich schon bald als „Fehlschlag“[11] heraus. Dies war unter anderem darauf zurückzuführen, dass die Verwaltung nur minimale Befugnisse hatte, um die Steuer einzutreiben. Ihr fehlte es an Bestrafungsmöglichkeiten bei Steuerhinterziehungen, und sie hatte somit keine Möglichkeit „auf die skandalösen Betrügereien, die die Wirkung der Steuer beeinträchtigen.“[12], zu reagieren. Aus diesem Grund bedurfte es einer weiteren Neuerung bzw.

6 Großfeld, Die Einkommensteuer, S. 8.
7 Piltz, StuW 2014, 39 (41).
8 Schremmer, Steuern und Staatsfinanzen während der Industrialisierung Europas, S. 16.
9 Schremmer, Steuern und Staatsfinanzen während der Industrialisierung Europas, S. 17.
10 Großfeld, Die Einkommensteuer, S. 9.
11 Schremmer, Steuern und Staatsfinanzen während der Industrialisierung Europas, S. 17.
12 Großfeld, Die Einkommensteuer, S. 10.

Weiterentwicklung. Nun war jedoch der Gedanke geboren, eine Steuer an dem Gesamteinkommen einer Person zu bemessen.[13]

2.) Die *Pitt*'sche Steuer 1799–1802

Die Neuerung des Steuersystems begann am 3. Dezember 1798 mit der Einbringung eines Haushaltsgesetzes „durch William Pitt d. J., der zu dem Zeitpunkt Finanzminister (Chancellor of Excequer) war"[14]. Pitt beabsichtigte, dass „eine allgemeine Steuer auf alle wichtigen Einkommensarten erhoben werden"[15] sollte und dass die Einnahmen aus der Steuer der Finanzierung des Krieges gegen Frankreich dienen sollten. Die anschließend von Pitt eingebrachte Initiative führte „zum ersten Einkommensteuergesetz der Geschichte"[16] und trat als Gesetz am 5. April 1799 in Kraft. Als Kriegssteuer beabsichtigt, wurde sie zu der „Steuer, die Napoleon schlug".[17] Die zu besteuernden Einkunftsarten waren folgende: Einkünfte aus Land- und Hausbesitz, aus Vermögen, Handel und Gewerbe, freien Berufen, Diensten, Pensionen, Besoldungen, Arbeitsverhältnissen und sonstigen Berufen, außerhalb Großbritanniens entstehende Einkünfte sowie Einkünfte, die nicht unter die soeben genannten fallen. „Die von dem Steuerzahler eingesetzten Einkünfte aus den einzelnen Quellen wurden zu einem Gesamteinkommen aufaddiert"[18]. Von dieser Summe erfolgte noch der Abzug „gesetzlich geregelter Abzüge für bestimmte sachbezogene Aufwendungen sowie einige familienbezogene Ermäßigungen."[19] Mithin verwirklichte bereits das erste Einkommensteuergesetz sowohl das objektive als auch das subjektive Nettoprinzip. Weiterhin galt ein progressiver Steuersatz. Dieser begann bei einem Prozentsatz von 0,8% und stieg bis zu einem Höchstsatz von 10%, bei einem jährlichen Einkommen von mindestens 200 £, an. Die Steuerpflichtigen hatten ihre Steuer durch eine Deklaration selbst anzugeben. Wegen des fehlgeschlagenen Triple Assessments wurden auch Konsequenzen gezogen: Es war für Pitt nun von besonderer Bedeutung und Wichtigkeit, eine wirksame Durchsetzung sicherzustellen. Deshalb

---

13 Piltz, StuW 2014, 39 (41).

14 Birk, Steuerrecht, Rz. 18.

15 Großfeld, Die Einkommensteuer, S. 10.

16 Großfeld, Die Einkommensteuer, S. 10.

17 Hey in: Tipke/Lang, Steuerrecht, § 8 Rz. 5.

18 Schremmer, Steuern und Staatsfinanzen während der Industrialisierung Europas, S. 22.

19 Schremmer, Steuern und Staatsfinanzen während der Industrialisierung Europas, S. 22.

sollte für die Behörden die Möglichkeit bestehen, eine genaue Untersuchung anzuordnen, sobald sie Zweifel an der Richtigkeit der Deklaration hatten. Dann hatte eine genaue Aufstellung des Einkommens zu erfolgen. Sollten die Zweifel anschließend weiterhin bestehen, konnte eine Befragung des Steuerpflichtigen und etwaiger anderer Personen erfolgen. Falls auch diese Maßnahme nicht den gewünschten Erfolg herbeiführte, weil keine Aussagen gemacht wurden, durfte die Behörde die Steuer festsetzen. Andererseits bestanden harte, der Hoffnung auf Abschreckung dienende, Strafen bei einer erfolgten Steuerhinterziehung. Weiterhin sah das Gesetz das allgemein geltende Steuergeheimnis vor. Dies bedeutete, dass die Steuerbehörde ihre Informationen, die den Steuerpflichtigen betrafen, streng vertraulich zu behandeln hatte.

Die von Pitt entwickelte Steuer brachte den vom Staat erhofften finanziellen Erfolg. Jedoch war das Volk unzufrieden mit der neuen Steuer und akzeptierte diese nur als Kriegssteuer, die es zu begleichen hatte, um die eigene Sicherheit zu gewährleisten. Im März 1801 war Pitt zurückgetreten. Am 25. März 1802 schloss sein Nachfolger Addington mit Napoleon den Friedensvertrag von Amiens. Durch den nun vereinbarten Frieden war die Grundlage der als Kriegssteuer angekündigten Steuer weggefallen. Aus diesem Grund schaffte Premierminister Addington die Einkommensteuer am 5. April 1802 wieder ab.

3.) Die *Addington*'sche Steuer 1803–1816

Der Frieden mit Frankreich währte nicht lange, bereits am 18. Mai 1803 brach der Krieg gegen Napoleons Frankreich erneut aus. Nun musste Addington, der die Einkommensteuer kurz zuvor aufgehoben hatte, erneut eine Einkommensteuer auf den Weg bringen, um den Krieg zu finanzieren. Mithin war erneut eine Kriegssituation Grund für die Einführung der Einkommensteuer. Die Einkommensteuer wurde „in einer, nach den Vorschlägen des Schatzkanzlers Addington wesentlich veränderten Gestalt“[20] wieder eingeführt. Die Ablehnung der vorherigen Einkommensbesteuerung unter anderem aufgrund der „unbeliebten Einmischung des Staates“[21], veranlasste Addington zu einigen Änderungen. Von nun an war nicht mehr das Gesamteinkommen als eine Summe anzugeben, vielmehr sollte eine Steuererklärung abgegeben werden, die in fünf Bestandteile gegliedert war. Je ein Bestandteil entsprach einer Einkommensquelle (Quellenkonzept). Die Einkommensquellen waren die Steuern: aus Land- und Hauseigentum, der Landwirte und Landpächter, der Kapitalgeber, der Bezieher

20 Neumark, Theorie und Praxis der Modernen Einkommensbesteuerung, S. 169.
21 Schremmer, Steuern und Staatsfinanzen während der Industrialisierung Europas, S. 23.

sonstiger Einkunftsarten, der öffentlich Beschäftigten. Diese unterschiedlichen Einkommensquellen wiederum wurden unterschiedlich nach Listen, den schedules, behandelt. Die Unterteilung der Steuererklärung in fünf Teile führte zu einer Vereinfachung der Kontrolle. Durch die – im Gegensatz zu Pitt'schen Steuer - detaillierte Aufschlüsselung waren etwaige Einkünfte besser nachzuvollziehen. Eine weitere wichtige Veränderung war die Einführung des Quellenabzugverfahrens. Bei Renten, jährlichen Zinsen, Mieten und Arbeitslöhnen sollte die Steuer von nun an direkt an der Quelle einbehalten werden. Dies hatte zwei Gründe. Zum einen war dies von Vorteil für den Steuerpflichtigen, weil er diese bereits an der Quelle einbehaltenen Steuern nicht mehr deklarieren musste. Zum anderen bestand ein wesentlich geringeres Risiko der Steuerhinterziehung. Denn schließlich besteht kein großes Interesse daran, für einen anderen eine niedrigere Steuer anzugeben und dadurch selbst der Steuerhinterziehung bezichtigt und hierfür bestraft zu werden.

Trotz einiger Änderungen wurde der progressive Steuersatz auch bei der Addington'schen Steuer beibehalten, jedoch verminderte Addington den Steuerhöchstsatz von 10% auf 5%. Der niedrigste Steuersatz von 1,2% wurde bei einem jährlichen Einkommen von 60 £ und der höchste Steuersatz von 5% wurde bei einem jährlichen Einkommen von 150 £ angewandt. Der progressive Steuerhöchstsatz wurde im Jahr 1806 wieder von 5% auf 10% angehoben. Wie bereits im Rahmen der Pitt'schen Steuer durften gewisse Ausgaben abzüglich geltend gemacht werden. Das steuerfreie Existenzminimum lag nach wie vor bei 60 £. Von der Besteuerung von Zinsen und Dividenden waren nun, im Gegensatz zur Pitt'schen Steuer, Ausländer befreit. Grund hierfür war, „daß Ausländer im Parlament nicht vertreten seien“[22], und deshalb nicht zu besteuern seien: „Keine Besteuerung ohne parlamentarische Vertretung“.[23] Dies waren die einzigen Veränderungen, die Addington vornahm. Insbesondere die Verfahren bei dem Verdacht der fehlerhaften Deklaration, der Steuerhinterziehung und das Steuergeheimnis wurden beibehalten. Die von Addington entwickelte Einkommensteuer war erfolgreicher als jene von Pitt. Jedoch war auch diese als Kriegssteuer beschlossen worden und wurde somit „kurz nach dem Ende der Napoleonischen Kriege am 18. März 1816 abgeschafft.“[24]

---

22 Großfeld, Die Einkommensteuer, S. 20.
23 Großfeld, Die Einkommensteuer, S. 21.
24 Großfeld, Die Einkommensteuer, S. 21.

4.) Die *Peel*'sche Steuer 1842

Die Zeit ohne Einkommensteuer währte bis 1842. Die „weltweiten Aktivitäten Englands und der Aufstand in Indien führten 1842 zu der Wiedereinführung der Einkommensteuer durch Peel."[25] Peel war zu diesem Zeitpunkt Premierminister in Großbritannien. Zwar herrschte kein Krieg, an dem Großbritannien beteiligt war, dennoch befand sich der Staatshaushalt finanziell in einer derart verheerenden Lage, dass die Einkommensteuer wieder aufgegriffen werden musste. Dies war die erste Einkommensteuer, die nicht aufgrund einer Kriegssituation eingeführt wurde. Peel wusste, „daß eine Einkommensteuer in Friedenszeiten auf starke Opposition treffen werde."[26] Um dieser Ablehnung zumindest ein wenig entgegenwirken zu können, versprach Peel, dass die Einkommensteuer nur für die nächsten drei Jahre gelten sollte, bis die finanzielle Lage sich verbessert haben würde. Die von ihm eingeführte Steuer war eine „Kopie"[27] derer, die Addington entwickelt hatte. Die einzigen Änderungen erfolgten zunächst im Bereich der Freibeträge. So wurde der Steuerfreibetrag nun auf 150 £ angehoben, um 1852 wieder auf 100 £ gemindert zu werden. Dieser Betrag wurde 1894 auf 160 £ erhöht. Eine weitere Änderung betraf die Aufhebung des Kinderfreibetrags und des Versicherungsfreibetrags. Die Aufhebung währte jedoch nur bis 1909 bzw. 1853.

Obwohl die Einkommensteuer zu Beginn auf drei Jahre begrenzt wurde, gab es seit diesem Zeitpunkt keine Zeit mehr ohne jene. Sie wurde „ständig verlängert - obgleich immer noch als vorläufige Maßnahme."[28] Und bald wurde die Abschaffung der Einkommensteuer nicht mehr gefordert. Dies lag daran, dass „die Öffentlichkeit sich an die Steuer gewöhnt hatte, die Steuersätze niedrig waren"[29] und „die Finanzverwaltung mit Bedacht und Takt handelte"[30]. So wurde die Einkommensbesteuerung seitdem beibehalten und bis heute sind die damaligen Grundsätze, der progressive Steuersatz, das Schedulensystem und das steuerfreie Existenzminimum im britischen Steuersystem wiederzufinden.

---

25 Schremmer, Steuern und Staatsfinanzen während der Industrialisierung Europas, S. 32.

26 Schremmer, Steuern und Staatsfinanzen während der Industrialisierung Europas, S. 32.

27 Großfeld, Die Einkommensteuer, S. 22.

28 Großfeld, Die Einkommensteuer, S. 23.

29 Großfeld, Die Einkommensteuer, S. 25.

30 Großfeld, Die Einkommensteuer, S. 25.

III. Die geschichtliche Entwicklung und der Aufstieg der Einkommensteuer im 19. Jahrhundert in den deutschen Ländern

In dem folgenden Teil der Arbeit erfolgt eine Darstellung der Einkommensteuer in den deutschen Ländern vom Beginn des 19. Jahrhunderts an bis zur großen Miquel'schen Steuerrefom 1891/1892.

1.) Die Entwicklung bis 1814 in Preußen

Der erste wesentliche Abschnitt ist die Entwicklung bis 1814.

Die ersten Gedanken an eine moderne Einkommensteuer auf deutschem Boden erfolgten in Preußen durch Friedrich Karl Reichsherr vom und zum Stein.

a.) Das erste Steuerkonzept auf deutschem Boden im Jahr 1806

Der preußische Reformer Friedrich Karl Reichsherr vom und zum Stein intendierte erstmalig in seinem Immediatbericht vom 26. September 1806 eine Einkommensteuer in Form einer „Kriegssteuer vom ganzen Einkommen jedes Bewohners der Monarchie".[31] Die Erträge aus der Einkommensteuer der „Beschaffung der Mittel des Krieges gegen Napoleon dienen."[32] Somit war der Beginn der deutschen Einkommensteuer, ebenso wie in Großbritannien, durch eine gegenwärtige Kriegssituation hervorgerufen worden. „Vom Stein beabsichtigte keine grundlegende Etablierung der Einkommensteuer innerhalb des Steuersystems, denn sie sollte auf die Dauer des Krieges, höchstens auf ein Jahr nach demselben eingeschränkt und ihre Einführung von dem Beschlusse des Krieges abhängig gemacht werden."[33] Vom Stein, ein „langjähriger Bewunderer der rechtlichen und politischen Institutionen Großbritanniens"[34], strebte eine Einkommensteuer an, die der des britischen Systems glich. Seine Hauptanliegen waren dementsprechend das objektive Nettoprinzip, der progressive Steuersatz, das steuerfreie Existenzminium sowie die obligatorische Steuererklärung.

Gemäß dem Bericht vom 26. September 1806 sollten die Einkünfte aus in der preußischen Monarchie liegendem nutzbaren Vermögen, „und zwar aus Amt,

---

31 Pausch, FR 1979, 441 (442).

32 Mathiak, FR 2007, 544 (544).

33 Botzenhart/Ipsen, Freiherr vom Stein, S. 81.

34 Großfeld, Die Einkommensteuer, S. 29.

Gewerbe, Handel, Kapital, Grundeigentum und Häusern, Domänen und Privatverpachtungen besteuert werden."[35] Von diesen Einkünften sollte nur das reine Einkommen besteuert werden, mithin jenes, das „nach Abzug der Schulden, Realkosten etc."[36] verblieb. Dies ist eine Verwirklichung des noch heute geltenden objektiven Nettoprinzips.

Der von vom Stein intendierte progressive Steuersatz hatte in elf Stufen zu erfolgen, wobei der niedrigste Steuersatz mit 1% bei einem jährlichen Einkommen von 100 bis 200 Reichstalern und der höchste Steuersatz mit 30% bei einem jährlichen Einkommen von 30000 Reichstalern angewandt werden sollte. „Das Einkommen unter 100 Rthlrn sollte steuerfrei bleiben."[37] Zudem sprach er sich für die obligatorische Steuererklärung aus. Das Erfordernis der Selbstdeklaration begründete vom Stein damit, dass die Bürger sich nicht wie bisher vom Staat leiten lassen sollten, sondern „zur Selbständigkeit und Selbstverantwortlichkeit gegenüber dem Gemeinwesen erzogen werden"[38] sollten. Welche Strafe festgesetzt werden sollte, falls die Deklaration verzögert oder falsch erfolgte, erwähnte vom Stein nicht. Dagegen bedachte vom Stein das Steuergeheimnis. So schrieb er in seinem Bericht vor, dass „sämtliche bei der Regulierung der Besteuerung des Vermögens vorkommende Geschäfte mit größter Verschwiegenheit behandelt"[39] werden. Die Durchsetzung dieses Vorschlags war jedoch nicht mehr möglich. Dies lag sowohl an der in Preußen geltenden „Missordnung" aufgrund der Niederlage in der Doppelschlacht bei Jena und Auerstedt im Oktober 1806 als auch an der Entlassung vom Steins im Januar 1807.

b.) Reglement, das Kriegsschuldenwesen der Provinz Ostpreußen und Litthauen und der Stadt Königsberg insbesondere den 23. Februar 1808 betreffend

Der Vorschlag der Einführung einer Einkommensbesteuerung durch vom Stein 1806 war nicht nutzlos. Bereits im Jahr 1807 wurde die Idee der Einkommensbesteuerung wieder aufgegriffen.

---

35 Kramer, Die Entwicklung der preussischen Steuerverfassung im 19. Jahrhundert, S. 28.

36 Böhmer, Preußische Steuern unter dem Aspekt der Steuergerechtigkeit, S. 115.

37 Kramer, Die Entwicklung der preussischen Steuerverfassung im 19. Jahrhundert, S. 28.

38 Heuer, Karl Freiherr vom Stein als Wegbereiter des deutschen Einkommensteuerrechts, S. 11.

39 Heuer, Karl Freiherr vom Stein als Wegbereiter des deutschen Einkommensteuerrechts, S. 11.

Die finanzielle Situation Preußens war aufgrund der Kriegsfinanzierung verheerend, zudem musste Preußen nach der Niederlage Kriegsentschädigungen an Frankreich zahlen. Um diese Einbuße ausgleichen und die Kontributionen begleichen zu können, sollte die Einkommensteuer eingeführt werden. Aus diesem Grund verfasste Christian Jacob Kraus im Juli 1807 ein Gutachten über „die Mittel, das zur Bezahlung der französischen Kriegsschuld erforderliche Geld aufzubringen“.[40] Kraus war Professor der Kameralwissenschaften an der Universität Königsberg. Das Gutachten beinhaltete einige fragliche Aspekte, die im Rahmen eines etwaigen Einkommensteuergesetzes entschieden werden müssten. So galt es zu entscheiden, ob der Steuersatz progressiv ausgestaltet werden sollte und, ob die etwaige Progression bis zu einer bestimmten Einkommenshöhe gelten sollte oder darüber hinaus. Weiterhin mussten die Gesetzgeber entscheiden, ob ein steuerfreies Existenzminimum und ein Kinderfreibetrag gewährt werden sollte. Das Existenzminimum war von vom Stein ebenfalls empfohlen worden, der Kinderfreibetrag wurde von ihm nicht erwähnt, obwohl er in Großbritannien galt und somit nicht neu von vom Stein hätte entwickelt werden müssen. „Das eingereichte Gutachten sollte den Gesetzgeber nicht auf ein bestimmtes Ergebnis festlegen – anders als viele zeitgemäße Gutachten - sondern ihm einen Rahmen vorgeben, der ausreichend Raum für politische Entscheidungen läßt.“[41] Das Gutachten wurde bei König Friedrich Wilhelm III. eingereicht. Kraus verstarb jedoch an Folgen der zu dem Zeitpunkt grassierenden Ruhr, so dass das Gutachten zunächst keine Beachtung mehr fand.

Die Ausarbeitungen für eine Gesetzesvorlage zur Einführung der Einkommensteuer wurden wenige Monate später wieder von dem Königsberger Polizeidirektor Frey und von dem für die staatliche Behörde tätigen Assessor Johann Gottfried Hoffmann aufgegriffen. Die Ausarbeitungen wurden am 28. September 1807 vorgelegt. Beide Bearbeiter forderten einen progressiven Steuersatz. Frey wollte die Progression im Gegensatz zu dem Vorschlag von vom Stein nicht begrenzen. Frey war der Ansicht, dass eine Begrenzung nicht dazu führen würde, dass finanziell besonders gut gestellte Personen, dann nicht entsprechend besteuert werden würden. Hoffmann hingegen beabsichtigte einen Höchstsatz von 20%, somit weniger als die von vom Stein geforderten 30%. Im Gegensatz zu vom Steins Ausführungen befand Frey, dass es kein steuerfreies Existenzminimum geben sollte. Frey begründete das fehlende steuerfreie Existenzminimum damit, dass die Steuer nur vorübergehend,

40 Mathiak, Die erste Einkommensteuer in Deutschland, StuW 1995, 352 (354).
41 Mathiak, Die erste Einkommensteuer in Deutschland, StuW 1995, 352 (356).

dadurch gerechtfertigt und zu verkraften sei. Hoffmann sprach sich für das von vom Stein angeregte steuerfreie Existenzminimum aus. Er begründete dies damit, dass eine Begrenzung durch einen Höchststeuersatz nur dann zu rechtfertigen sei, wenn es auch eine entsprechende Grenze für ein Existenzminimum gibt. Beide Ausarbeitungen befürworteten die Selbstdeklaration, Hoffmann jedoch nur im Rahmen der Kapitalzinsen. Zudem sollte das Einkommen Gewerbetreibender einer Gruppierung nach Klassen unterzogen werden, da es wegen des schwankenden Gewinns „als nicht abschätzbar galt“[42] § 30 der Ausarbeitung. Diese Idee wurde erstmalig von Frey aufgeworfen.

Beide Vorschläge wurden in einer Konferenz beraten. Schlussendlich wurden Teile beider Ausarbeitungen angenommen. Vom Stein, der seit Oktober 1807 wieder im Amt war, zeigte sich damit zufrieden und nahm nur noch wenige Änderungen vor, bis anschließend der Entwurf als Gesetz verabschiedet wurde. Mit Verabschiedung des Gesetzes wurde festgesetzt, dass die Einkommensteuer „als eine Art Notsteuer nur solange zu entrichten war, bis die Kriegsschuld abgetragen war und insofern streng zweckgebunden (§ 3).“[43] In dem Reglement wurde eine, bisher von niemandem geforderte, unterschiedliche Besteuerung für die Stadt Königsberg und die Provinzen Ost-, Westpreußen und Litthauen vorgeschrieben. „Litthauen meint hier den späteren ostpreußischen Regierungsbezirk Gumbinnen.“[44] Begründet wurde die unterschiedliche Besteuerung damit, dass „Königsberg als einigermaßen geschonte Haupt- und Handelsstadt besonders stark belastet“[45] werden könne. Dies machte sich insbesondere im Rahmen des Steuersatzes bemerkbar. Der subjektiven Steuerpflicht unterlagen „sämtliche Eigenthümer und Einwohner der Städte und des platten Landes § 4“ „Das Reglement sah eine gemeinschaftliche Veranlagung vor, wenn die Ehegatten in Gütergemeinschaft lebten (§ 15). Der Ehemann und Vater war nach § 15 Satz 4 verpflichtet, das Vermögen von Ehefrau und Kindern mit anzugeben.“[46]

42 Mauz, Geschichte der preußischen Einkommensteuer bis zu ihrer Reform im Jahre 1891, S. 11.

43 Gehm, Zur Geschichte der Anfänge des deutschen Einkommensteuerrechts, SteuerStud 2008, 188 (189).
Gesetz – Sammlung für die Königlichen Preussischen Staaten 1808.
Die folgenden Paragrafen sind solche der Gesetz – Sammlung für die Königlichen Preussischen Staaten 1808.

44 Mathiak, Die erste Einkommensteuer in Deutschland, StuW 1995, 352 (352).

45 Mathiak, Die erste Einkommensteuer in Deutschland, StuW 1995, 352 (355).

46 Thiede, Die verfassungsrechtliche und steuersystematische Untersuchung der Ehegattenbesteuerung und ihre Alternativmodelle, S. 18.

Zu versteuern waren Einkünfte aus landwirtschaftlichen Grundstücken, Häusern einschließlich des Nutzungswertes der Wohnung im eigenen Haus, Kapitalien, Dividenden, Staatspapiere, Gewerbe, Arbeitslohn, Pensionen, Renten, Stipendien, Stiftungen (§§ 22–32). Die nicht genannten Einkünfte aus selbständiger Arbeit wurden den Einkünften aus Gewerbe zugerechnet. Vermögen, das keinen Ertrag gewährte, war entsprechend der noch heute geltenden Quellentheorie nicht steuerbar.

Die beabsichtigte stärkere Belastung Königsbergs war besonders bei den Steuersätzen bemerkbar. Grundsätzlich wurde differenziert zwischen fundiertem und unfundiertem Einkommen. Fundiertes Einkommen war solches aus „Fonds, welche dem Perzipienten selbst gehören (§ 35 a)“[47] und unterlag bei der gleichen Höhe des Einkommens einem höheren Steuersatz. Fundiertes Einkommen war zum Beispiel solches aus Kapitalien. In Königsberg wurde für fundiertes Einkommen festgesetzt, dass die Progression einen Maximalsatz von 20% hatte (§ 35 a). In den Provinzen hingegen galt ein Maximalsteuersatz von 3% (§ 49).

Unfundiertes Einkommen war solches, das „dem Perzipienten nicht gehört (§ 35 b)“[48], zum Beispiel das Gehalt. Für unfundiertes Einkommen galt in Königsberg ein Maximalsatz von 15% (§ 35 b). In den Provinzen hingegen wurde erneut ein Maximalsatz von 3% festgesetzt (§ 49). „Die Gewerbesteuersätze des nach Klassen zu bestimmenden Einkommens bewegten sich zwischen 1/3 und 1365 1/3 Talern (§§ 36, 50).“[49]

Ein steuerfreies Existenzminimum wurde nicht gewährt. Gemäß § 36 Satz 1 war der niedrigste Steuersatz auch dann zu entrichten, wenn das Einkommen jährlich die Summe von 100 Reichstalern nicht erreichte. Begründet wurde dies damit, dass der Steuerbetrag bei den gegebenen Steuersätzen nicht hoch ausgefallen wäre. Die Verweigerung eines steuerfreien Existenzminimums verdeutlicht die finanzielle Notlage Preußens und den Bedarf nach Einnahmen.

Die Selbstdeklaration wurde vorgeschrieben (§ 40). „Das Gesetz von 1808 erklärt jeden Steuerpflichtigen für schuldig, sein der Steuer unterworfenes Vermögen gewissenhaft anzuzeigen; auch jede von einer Steuererhebung zur andern sich ereignenden Veränderung.“[50] Das Reglement vom 23. Februar 1808

---

47 Linzbach, Der Werdegang der preussischen Einkommensteuer unter besonderer Berücksichtigung ihrer kausalen Entwicklungsfaktoren, S. 80.

48 Linzbach, Der Werdegang der preussischen Einkommensteuer unter besonderer Berücksichtigung ihrer kausalen Entwicklungsfaktoren.

49 Mauz, Geschichte der Einkommensteuer bis zu ihrer Reform 1891, S. 11.

50 Pausch, Von der Einkommensteuer zur Deklarationsberatung, FR 1979, 441 (442).

traf zudem Regelungen für den Fall verspäteter Zahlungen. Säumige Zahler wurden mit Verzugszinsen und militärischer Vollstreckung belegt (§ 16). Die Steuerhinterziehung wurde als schwerer Betrug bestraft (§ 15 II). „Der doppelte Verkürzungsbetrag war als Strafe zu entrichten.“[51] Die Strafe wegen Steuerhinterziehung konnte nur selten verhängt werden. Dies lag zum einen daran, dass die Hinterziehung vorsätzlich erfolgen musste, was schwer nachzuweisen war, und zum anderen daran, dass die eingegangenen Steuererklärungen auch im Fall des Verdachts nicht detailliert kontrolliert werden konnten. Eine genaue Kontrolle konnte nicht erfolgen, da der Steuerpflichtige keine Nachweise, wie etwaige Rechnungen, vorlegen musste. Eine Aufforderung zur Rechnungsvorlegung bei Verdacht der Steuerhinterziehung wurde zu dem Zeitpunkt noch nicht bedacht. Ebenso wurde das Steuergeheimnis nicht in das Gesetz eingebracht, obwohl vom Stein dies 1806 gefordert hatte, und dies somit hätte bedacht werden können. Die in Großbritannien geltenden Abzüge für Lebensversicherungsprämien und die gestaffelten Kinderabzüge, die auch Kraus aufgeführt hatte, wurden nicht in das Reglement eingearbeitet. Dies ist wohl auch damit zu begründen, dass eine enorme finanzielle Not in Preußen bestand und somit alle Einnahmen benötigt wurden.

Vom Stein beabsichtigte, die Einkommensteuer auf weitere Provinzen auszudehnen, um so weitere Einnahmen zu gewährleisten. Diesen Plan konnte er jedoch nicht mehr verwirklichen, da er im November 1808 erneut aus dem preußischen Ministerium ausscheiden musste.

„Seine unmittelbaren Nachfolger wurden Altenstein für die Finanzen und Dohna für die sonstigen inneren Angelegenheiten.“[52] Altenstein versuchte mit einigen Ergänzungen und Reformen Preußen finanziell wieder in eine bessere Situation zu bringen. Trotz einiger Reformen war es nicht möglich die Kontributionen an Frankreich zu begleichen. Dies wurde dem fehlenden Finanzplan und Überblick Altensteins zugeschrieben. Nachdem die Kontributionszahlungen nicht erfolgten, forderte Napoleon die Abtretung Schlesiens. Das Ministerium Dohna – Altenstein unterbreitete dies, aus Sorge vor etwaigen Zwangsmaßnahmen durch Napoleon, König Friedrich Wilhelm III. Dieser Vorschlag war mitverantwortlich für das baldige Ausscheiden des Ministeriums. Der König erwartete, dass die Kontributionen beglichen werden konnten und dass dementsprechend Maßnahmen getroffen wurden. Stattdessen wurde

---

51 Gehm, Zur Geschichte der Anfänge des deutschen Einkommensteuerrechts, SteuerStud 2008, 188 (189).

52 Kramer, Die Entwicklung der preussischen Steuerverfassung im 19. Jahrhundert, S. 35.

ihm der Vorschlag unterbreitet, das sowieso durch den Krieg verkleinerte Gebiet noch durch die Abtretung Schlesiens weiter zu verkleinern. Dem König schien dies als Verrat. „Insbesondere drängte nun auch die Königin Luise auf die Ablösung Altensteins.“[53] Altenstein wurde durch Freiherrn Karl August von Hardenberg abgelöst. Diesen hatte der König im Juni 1810 zum Staatskanzler ernannt. Auch die von Altenstein entwickelte Novelle vom 22. März 1810 konnte seine Ablösung durch Hardenberg nicht mehr verhindern. Die Novelle war die „Deklaration des Ostpreußischen Kriegs – Schulden Reglements vom 23 sten Februar, die abgeänderten Besteuerungsgrundsätze für die Haupt- und Residenzstadt Königsberg betreffend vom 22.3.1810.“[54] Sie brachte einige Erneuerungen. Die Begründung für die Erneuerung waren die Beschwerden der Steuerpflichtigen über die ungleiche Steuerbelastung und den großen Druck, der mit der Steuerlast einherging. Weiterhin waren die Einnahmen derart gering, dass die Reparationszahlungen erst in ferner Zukunft hätten beglichen werden können. Mithin musste ein Ausgleich gefunden werden zwischen den zu bezahlenden Reparationen und der zu hohen Steuerbelastung. Altenstein entschied sich für die Entlastung des Volkes. Eine der eingeführten Veränderungen war die Herabsetzung des Progressionstarifs. Die Höchstsätze „für unfundiertes Einkommen wurden um die Hälfte und für fundiertes Einkommen um ein Viertel gesenkt.“[55] Außerdem wurde die Steuerfreiheit von Gehältern und Pensionen unter 250 Reichstalern, soweit dies das einzige Einkommen des Steuerpflichtigen ist (§ 1)[56] eingeführt, mithin gab es ab 1810 wieder ein steuerfreies Existenzminium. Weiterhin wurde der Individualbesteuerung vor der im Rahmen der Gewerbetreibenden geltenden Klassifikation der Vorzug gegeben, wenn die technische Möglichkeit dies zuließ. Damit einher ging jedoch, dass die Gewerbetreibenden bereit waren, ihr Einkommen offenzulegen. Zudem bestand von nun an die Pflicht, der Selbstdeklaration gewisse Nachweise beizufügen.

Der nun regierende Staatskanzler von Hardenberg „war kein Freund der Einkommensteuer und wollte sie auch nicht gegen den anhaltenden Widerstand

53 Kramer, Die Entwicklung der preussischen Steuerverfassung im 19. Jahrhundert, S. 36.

54 Preußische Gesetz - Sammlung 1810, S. 673.

55 Linzbach, Der Werdegang der preussischen Einkommensteuer unter besonderer Berücksichtigung ihrer kausalen Entwicklungsfaktoren, S. 94.

56 Gesetz – Sammlung für die Königlichen Preussischen Staaten 1810.
Die folgenden Paragrafen sind solche der Gesetz – Sammlung für die Königlichen Preussischen Staaten 1810.

durchsetzen."[57] Vom Hardenberg hob das Reglement vom 23. Februar 1808 und die dazugehörige Novelle mit dem Edikt vom 7. September 1811 wieder auf, obwohl der Zweck des Reglements, die Notsteuer solange zu entrichten, bis die Kriegsschuld abgetragen war (§ 3), nicht „annähernd erfüllt worden"[58] war.

c.) Edikt betreffend die Erhebung der Beiträge zur Verpflegung der französischen Truppen in den Oder-Festungen und auf den Märschen vom 6. Dezember 1811

Nachdem von Hardenberg das Gesetz von 1808 am 7. September 1811 abgeschafft hatte, zwangen ihn die anhaltenden Finanznöte, eine neue Einkommensteuer einzuführen. Von Hardenberg führte die neue Einkommensteuer entgegen seiner ursprünglichen Absichten ein, um einerseits die Kriegskontributionen an Frankreich und andererseits die Erträge zur Verpflegung der französischen Truppen, die sich in den Oder – Festungen und auf den Märschen aufhielten, erbringen zu können. Steuerpflichtig sind gemäß § 4 I „alle selbständigen Einwohner der ganzen Monarchie"[59], die ihren Unterhalt eigenständig beziehen. Die Ehefrau und Kinder wurden dann mit dem Ehemann veranlagt, „wenn sie das Gewerbe und Einkommen des Mannes oder Vaters durch ihre Arbeit oder ihr Vermögen so unterstützten, daß sein Einkommen dadurch vermehrt" (§ 4 II 2) wurde. Eine getrennte Veranlagung erfolgte dann, wenn die Ehefrau und/oder Kinder ein separates Einkommen besaßen (§ 4 II 1). Die Besteuerung erfolgte, indem Steuerklassen gebildet wurden. Die Eingruppierung der Steuerpflichtigen in die Steuerklassen wurde geschätzt. Dies galt bis zu einem jährlichen Einkommen von 1000 Talern. Die Schätzung erfolgte durch Klassifikations – Kommissionen. Insgesamt wurde in neun Klassen unterteilt. Die unterste Klasse hatte bei einem Einkommen von 20 bis 39 Talern 4 Groschen und die oberste bei einem Einkommen von 900 bis 999 Talern 8 Reichstaler zu zahlen. „Für jede weitere 100 Taler – ab 1000 Talern – kommt noch 1 Taler Steuer hinzu (§ 6 III)."[60] Es bestand somit insofern eine Progression, die wie in dem Reglement von 1808 nicht bis zu einem bestimmten Maximaleinkommen begrenzt wurde, sondern

57 Mathiak, Die erste Einkommensteuer in Preußen, StuW 1995, 352 (353).

58 Gehm, Zur Geschichte der Anfänge des deutschen Einkommensteuerrechts, SteuerStud 2008, 188 (189).

59 Gesetz – Sammlung für die Königlichen Preußischen Staaten 1811.
Die folgenden Paragrafen sind solche der Gesetz – Sammlung für die Königlichen Preussischen Staaten 1811.

60 Mauz, Geschichte der preußischen Einkommensteuer bis zu ihrer Reform im Jahre 1891, S. 13.

pro 100 um einen Taler grenzenlos stieg. Die zu versteuernden Einkunftsarten entsprachen denen aus dem Jahr 1808. Ein Existenzminimum wurde beachtet, so besagte § 6 IV, dass „wer unter 20 Rthlr. jährliches Einkommen hat, zahlt nichts." Alle Einwohner, die ein jährliches Einkommen von mehr als 1000 Talern hatten, mussten schriftlich oder mündlich eine Erklärung über ihr gesamtes Einkommen abgeben (§ 10 II 2).[61] Sie konnten Schulden steuermindernd geltend machen (§§ 5, 7 a), nicht jedoch etwaige Werbungskosten bzw. Betriebskosten; das objektive Nettoprinzip wurde somit hier nicht befolgt. Die Deklaration hatte nur generell und nicht detailliert zu erfolgen, musste jedoch bei entsprechendem Verlangen ausführlich gestaltet werden (§ 10). Falls der Verdacht einer unrichtigen Deklaration vorlag, musste der Steuerpflichtige bei entsprechender Aufforderung einen detaillierten Einkommensnachweis vorlegen. Im Gegensatz zu der Novelle ein Jahr zuvor, wird die Rechnungsauslegung nun nicht bei Abgabe der Steuererklärung gefordert, sondern bei Verdacht der fehlerhaften Deklaration. Sollte der Verdacht der fehlerhaften Deklaration und somit der Steuerhinterziehung begründet sein, sah das Gesetz von 1811 „die Veröffentlichung der Namen von Steuerhinterziehern vor."[62] Im Gegensatz zur Novelle von 1810, existierte nun keine Vorschrift über den Verzug der Deklaration.

Das Edikt vom 6. Dezember 1811 wurde bereits am 18. März 1813 wieder durch vom Hardenberg aufgehoben.

d.) Edikt wegen der Erhebung einer Vermögen- und Einkommensteuer vom 24. Mai 1812

Schon bald stellte sich heraus, dass noch mehr Mittel erforderlich waren, um die Reparationszahlungen tilgen zu können. Die Einnahmen aus der Klassensteuer von 1811 waren nicht annähernd ausreichend. Aus diesem Grund führte vom Hardenberg, noch bevor die Klassensteuer vom 6. Dezember 1811 aufgehoben wurde, eine weitere Einkommensteuer ein. Diese wurde nun mit einer Vermögensteuer verbunden. Die Vermögensteuer war ein Annex der Einkommensteuer. Insofern gilt die Vermögensteuer im Rahmen des Gesetzes vom 24. Mai 1812 als eine besondere Erhebungsform der Einkommensteuer. Im Rahmen der Vermögensteuer hatte jeder Steuerpflichtige 3% seines Privatvermögens auf den Staat zu übertragen. „Jedermann sollte sein Vermögen selbst angeben und nur wenn dringender Verdacht einer zu geringen Angabe

61 Mauz, Geschichte der preußischen Einkommensteuer bis zu ihrer Reform im Jahre 1891, S. 13.

62 Gehm, Zur Geschichte der Anfänge des deutschen Einkommensteuerrechts, 188 (190).

vorhanden war, sollten die angeordneten Kommissionen genaue Untersuchungen des Vermögens eintreten lassen."[63] Subjektiv einkommensteuerpflichtig waren die „Unterthanen, die noch ein besonderes reines Einkommen haben, welches nicht durch die Anwendung eines Vermögens hervorgebracht wird (§ 10)."[64] Zu besteuern war zusätzlich „ein besonderes Einkommen, es mag durch den Ertrag eines Gewerbes, einer Besoldung, aus Emolumenten, aus einer Pension, einer Leibrente, oder auf welche Art es sonst wolle, sich bilden (§ 10)." Abzüglich geltend gemacht werden konnten nun die Werbungskosten bzw. Betriebsausgaben. Die Einkommensteuer wurde gemäß § 10 ausschließlich auf reines Einkommen erhoben, mithin wurde auch das objektive Nettoprinzip befolgt. Gemäß jenem Edikt waren zunächst Personen steuerpflichtig, „die ein Jahreseinkommen von mehr als 100 Reichstalern hatten."[65] Der Steuersatz für das Einkommen, das jährlich zwischen 100 und 300 Reichstaler betrug, lag bei zwischen ½% und 1%. Für Einkommen, das über 300 Reichstalern lag, betrug der Steuersatz bis zu 5%. Steuerpflichtige, die ein geringeres Einkommen als 100 Reichstaler im Jahr hatten, wurden nach anderen Merkmalen in zwei Klassen besteuert. Ein steuerfreies Existenzminimum gab es demnach nicht. Für Einkünfte, die unterhalb von 100 Reichstalern lagen, galt die Schätzung in zwei Klassen. Die Schätzung erfolgte durch die Verwaltung. Die zwei Klassen waren für Steuerpflichtige, „welche bloß durch die Anwendung ihrer physischen Kräfte sich ihren Unterhalt erwerben (§ 11 II)", und für diejenigen, „die irgend einer Kunst oder besonders erlernte Kenntnisse zur Betreibung ihres Gewerbes bedürfen (§ 11 III)." Entsprechend der jeweiligen Klasse erfolgte die Besteuerung, „die erste Klasse wurde mit 12 Gr. und die zweite mit 18 Gr. belegt".[66] Im Rahmen des zu schätzenden Einkommens erfolgte keine Selbstdeklaration. Steuerpflichtige, die hingegen ein jährliches Einkommen von mehr als 100 Reichstalern verzeichneten, mussten ihr Einkommen deklarieren (§ 13 II 1); es waren grundsätzliche keine Nachweise zu erbringen. Die Verwaltung verzichtete zudem auf jede Art der Kontrolle, denn „bei der Erhebung der Steuer soll jede gehäßige Form und fiskalische Vexation vermieden werden (§ 13)." Eine nähere Untersuchung hatte dann zu erfolgen, wenn der Verdacht einer Steuerhinterziehung gehegt wurde. Sollte sich der Verdacht bestätigen, sollten die „Steuerhinterziehungen

63 Dieterici, Zur Geschichte der Steuer – Reform in Preußen von 1810 bis 1820, S. 48.
64 Gesetz – Sammlung für die Königlichen Preußischen Staaten 1812.
Die folgenden Paragrafen sind solche der Gesetz – Sammlung für die Königlichen Preussischen Staaten 1812.
65 Böhmer, Preußische Steuern unter dem Aspekt der Steuergerechtigkeit, S. 138.
66 Böhmer, Preußische Steuern unter dem Aspekt der Steuergerechtigkeit, S. 138.

durch Einziehung der Hälfte des verschwiegenen Vermögens bestraft werden."[67] Sollte die Deklaration verzögert werden, durfte das Vermögen durch die Beamten geschätzt werden (§ 23). „Dies unterband die Verschleppungstaktik"[68], da dann die Gefahr bestand, höher geschätzt zu werden als die Einkommensteuerpflicht tatsächlich bestanden hätte. Auch diese Steuer wurde abgeschafft noch bevor sie ein fester Bestandteil Preußens werden konnte. Die Aufhebung erfolgte nach dem Sieg über Napoleon am 7. September 1814. Als erneute Kriegssteuer war sie nie als Teil des Systems in Friedenszeiten akzeptiert worden. Die Gründe für ihre Abschaffung nach Kriegsende waren vielfältig. Zunächst schien der Steuersatz von 5% weitaus zu hoch für das kriegsgebeutelte Volk zu sein. Die fehlende Beachtung der Leistungsfähigkeit in den unteren Klassen durch die Klassensteuer, sorgte dafür, dass die Steuerpflichtigen sich gegen die Steuer stellten. Weiterhin stießen die Überprüfungsmaßnahmen, die dann bei entsprechendem Steuerhinterziehungsverdacht angewandt wurden, auf Ablehnung. Diese und weitere Gründe sorgten dafür, dass das Edikt vom 24. Mai 1812 am 7. September 1814 abgeschafft wurde.

2.) Die Entwicklung bis 1829 in Preußen

In diesem Teil der Arbeit sollen die weiteren Entwicklungen der Einkommensbesteuerung ab 1820, mithin nach einer sechsjährigen Pause, dargestellt werden.

„Der Widerstand und die Unehrlichkeit im Rahmen der Selbstdeklaration führten 1820 unter von Hardenberg dazu, dass eine Umstellung auf die Klassensteuer erfolgte."[69] Diese ordnete die Bevölkerung „nach einer auf wenigen und leicht erkennbaren Merkmalen beruhenden Abstufung"[70] in unterschiedliche Klassen ein, die indes unterschiedlichen Steuersätzen unterlagen. Der Besteuerungsmaßstab war nicht das Einkommen. Vielmehr erfolgte eine Klassifikation „ausschließlich nach Statuskriterien wie Lebensweise, Ton und Benehmen im Umgang".[71] Die Gefahr der zu geringen Besteuerung sollte im Rahmen der Klassensteuer nicht so groß sein wie bei der Selbstdeklaration, die unter anderem 1811 für diejenigen angewandt wurde, die ein höheres Einkommen als 100 Taler hatten. Äußere Merkmale waren schwieriger zu verbergen als ein gewisser Teil des Einkommens, der bei der Selbstdeklaration ausschlaggebend war.

---

67 Großfeld, Die Einkommensteuer, S. 33.

68 Böhmer, Preußische Steuern unter dem Aspekt der Steuergerechtigkeit, S. 138.

69 von Sicherer, Einkommensteuer, S. 20.

70 BverfGE 6,55; Schimmelpfennig, Die preußischen direkten Steuern. Zweiter Theil. S. 10.

71 Wehler, Deutsche Gesellschaftsgeschichte 1815–1848/49, S. 377.

„Die Klassensteuer sollte zwischen einer, ohne genaues Eindringen in die Vermögensverhältnisse des Pflichtigen ausführbaren und deshalb immer gehässigen Einkommensteuer und einer, die Gesamtmasse aller Einwohner ohne allen Unterschied gleich treffenden Kopfsteuer die Mitte halten.“[72] Neben der Klassensteuer wurde zudem die Mahl- und Schlachtsteuer eingeführt, die für insgesamt 132 Kleinstädte und das platte Land galt. Der Geltungsbereich des Klassensteuergesetzes war auf die Teile des Staatsgebietes begrenzt, in denen die Mahl- und Schlachtsteuer nicht galt. Alle Einwohner, soweit sie nicht in den größeren mahl- und schlachtsteuerpflichtigen Städten ansässig waren, wurden von der Abgabe getroffen. Die Besteuerung erfolgte, indem „die Bevölkerung über 14 Jahren nach Einschätzung der Vermögenslage in fünf Klassen eingeteilt wurde.“[73] Die Zuteilung erfolgte durch die Verwaltungsbehörden. Die Gliederung in fünf Klassen sollte der vorherrschenden „Gliederung der bürgerlichen Gesellschaft entsprechen“.[74] In der I. und höchsten Klasse befanden sich große Grundbesitzer, Fabrikanten, Bankiers und Ähnliche. Der Jahressteuersatz betrug 24 Taler. Die II. und III. Klasse umfasste Gutsbesitzer und Kaufleute. Für die II. galt ein jährlicher Steuersatz von 12 und für die III. Klasse einer von 6 Talern. Die IV. Klasse war für Bauern und Handwerker. Der jährliche Steuersatz lag bei 4 Talern. In die V. Klasse wurden Lohnarbeiter, gemeines Gesinde und Tagelöhner eingeteilt. Für diese Klasse wurde festgelegt, dass jede 14 – jährige Person eine jährliche Kopfsteuer in Höhe von ½ Taler zu entrichten hatte. Die Besteuerung erfolgte in den Klassen I–IV nach Haushalten (§ 4 lit. a–d). In der V. Klasse war jedes Haushaltsmitglied steuerpflichtig, jedoch wurde dies auf drei Personen pro Haushaltung begrenzt (§ 4 lit. e)[75]. Zu einem Haushalt gehörten Personen, „die durch Blutsfreundschaft miteinander verwandt waren, in demselben Haus wohnten und aus dem Vermögen des Hausherren oder der Hausfrau unterhalten wurden.“[76] Personen, die keiner Haushaltung angehörten, mussten die Hälfte des Steuersatzes ihrer Klasse entrichten (§ 4 lit. d).

---

72 Großfeld, Die Einkommensteuer, S. 35.

73 Büsch, Handbuch der preußischen Geschichte, Band II, S. 119.

74 von Beckerath, Die preußische Klassensteuer und die Geschichte ihrer Refom bis 1851, S. 4.

75 Gesetz – Sammlung für die Königlichen Preußischen Staaten 1820.
Die folgenden Paragrafen sind solche der Gesetz – Sammlung für die Königlichen Preussischen Staaten 1820.

76 Thiede, Die verfassungsrechtliche und steuersystematische Untersuchung der Ehegattenbesteuerung und ihre Alternativmodelle, S. 19.

Ein steuerfreies Existenzminimum wurde nicht gewährt. Die einzigen, die keine Steuer zu entrichten hatten, waren die unter 14 Jährigen. Eine Berücksichtigung der individuellen Verhältnisse war der Klassensteuer fremd. Eine Steuerdeklaration war aufgrund der Zuteilung nach äußeren Gesichtspunkten obsolet.

Auch die 1820 eingeführte Klassensteuer währte nicht lange unverändert. Die Unzufriedenheit der Steuerpflichtigen führte bald dazu, dass am 5. September 1821 die Klassensteuer minimal der Einkommensteuer näher gebracht wurde, indem die Leistungsfähigkeit zumindest ein wenig mehr beachtet wurde. Mit der Novelle 1821 veränderten sich zunächst die jeweiligen Klassen. Statt der bisher geltenden fünf Klassen, gab es nur noch vier Klassen. Dieser wurden zudem noch weiter zwei – bzw. dreifach unterteilt, um so zumindest in Ansätzen die Leistungsfähigkeit zu beachten, indem in den einzelnen Klassen keine allzu großen Diskrepanzen herrschte und somit finanziell ähnlicher Gestellte gleich besteuert wurden. Von nun an hatte die I. Klasse je nach Unterteilung einen monatlichen Steuersatz von 12, 8 bzw. 4 Talern, die II. Klasse einen monatlichen Steuersatz von 2, 1 1/2 bzw. 1, die III. Klasse einen monatlichen Steuersatz von 2/3, 1/2 bzw. 1/3 und die IV. Klasse hatte einen monatlichen Steuersatz von 1/4 bzw. 1/6 zu entrichten. Doch auch diese Veränderung war nicht ausreichend. Es wurde weiterhin bemängelt, dass die Unterschiede in den einzelnen Klassen zu groß seien. Aus diesem Grund wurden am 1. Dezember 1828 in die ersten drei Klassen weitere sechs Zwischenstufen eingefügt. Das Ziel der Einführung dieser Zwischenstufen war nach wie vor, die Befolgung des Leistungsfähigkeitsprinzips, denn je mehr Stufen vorhanden waren, desto weniger Diskrepanz bestand zwischen den einzelnen Steuerpflichtigen. Dies stellte sicher, dass finanziell ähnlich gestellte Steuerpflichtige auch ähnlich besteuert wurden. Das Gesetz beinhaltete keine Regelung bezüglich der Steuerhinterziehung. Einerseits ist es im Rahmen der Klassensteuer schwierig gewesen Steuern zu hinterziehen, denn ein Verstecken der äußeren Besteuerungsmerkmale, die eine Besteuerung in niedrigeren Klassen ermöglichte, wurde besonders von den Behörden als nahezu unmöglich gesehen. Andererseits konnte, falls der Verdacht bestand, diesem nur sehr schwer nachgegangen werden. Schließlich war die Intention des Gesetzes eine Besteuerung, die ohne das Eindringen in die Verhältnisse des Steuerpflichtigen erfolgen sollte.

Eine weitere Änderung betraf das Alter, in dem die Steuerpflichtigkeit gelten sollte. Ab dem 21. April 1827 musste die Steuer nur noch bis zum 60. Lebensjahr bezahlt werden. Am 18. Juni 1828 wurde der Beginn der Steuerpflichtigkeit von 14 auf 16 Jahre angehoben. Die Richtung der häufigen Änderungen der Besteuerungsgrundsätze zeigen, dass der Gesetzgeber die Steuerlast, insbesondere durch die vielen nachträglich eingefügten Klassenstufen, immer mehr von der

Leistungsfähigkeit des Einzelnen abhängig machen wollte. Dies legt die Annäherung zur Einkommensteuer nahe, jedoch ist zu beachten, dass nach wie vor nicht etwa das Einkommen als Bemessungsgrundlage diente, sondern die äußeren Merkmale. Wobei fraglich ist, wie genau die Einschätzung nach äußeren Merkmalen erfolgen konnte, um eine Einteilung in zwölf bzw. 18 Stufen vornehmen zu können.

Die Einführung der Zwischenstufen sorgte zunächst dafür, dass die Klassensteuer sowie die Mahl – und Schlachtsteuer fast zwei Jahrzehnte in Preußen ohne große Veränderungen beibehalten wurde.

3.) Die Entwicklung bis 1852

Im folgenden Teil wird die Weiterentwicklung der Besteuerung nach 1829 in Preußen und Sachsen dargestellt.

a.) In Preußen

Zunächst erfolgt die Entwicklung in Preußen.

(aa.) Entwurf des Finanzrats Otto Camphausen 1847

„Einen erneuten Aufschub erhielt die Einkommensbesteuerung nach der Wiedereinführung der Einkommensteuer in England durch Robert Peel 1842."[77] Zur gleichen Zeit mit der Wiedereinführung in Großbritannien zeigten sich (erneut) die Lücken der Klassensteuer. „Die Schöpfer der Klassensteuer hatten auf das Selbstwertgefühl der Steuerpflichtigen gesetzt, ihre Selbstachtung würde sie daran hindern, sich in einer niedrigeren Klasse veranlagen zu lassen."[78] Schließlich nahmen die Behörden an, dass ein Verheimlichen etwaiger äußerer Merkmale, die zu einer höheren Klasse führen könnten, nicht möglich sei. Doch dies stellte sich als Fehlerwartung heraus. Stattdessen war es so, dass, „wenn es um die Frage der Besteuerung ging, der Preuße im allgemeinen nicht eine hohe gesellschaftliche Postion anstrebt"[79] und somit keinen Versuch ungehindert ließ, um eine niedrigere Klasse zugeteilt zu bekommen. Mithin war die Zeit für eine wesentliche Änderung gekommen. Einige Provinziallandtage forderten die Ersetzung der immer noch geltenden Mahl- und Schlachtsteuer durch die Klassensteuer. Der rheinische Provinziallandtag ging sogar noch weiter und forderte die Wiedereinführung der Einkommensteuer. Im Anschluss an diese Propositionen beauftragte König Friedrich Wilhelm IV. den Finanzrat

77 Mathiak, FR 2007, 544 (546).
78 Großfeld, Die Einkommensteuer, S. 37.
79 Großfeld, Die Einkommensteuer, S. 37.

Otto Camphausen mit der Erstellung eines Entwurfs. Camphausen sollte einen Entwurf vorlegen, in dem die Mahl- und Schlachtsteuer durch die Klassensteuer und ab einem bestimmten Einkommen durch die Einkommensteuer ersetzt werden sollte. Der Entwurf Camphausens entsprach genau diesen Vorgaben. Bis zu einem jährlichen Einkommen von 400 Reichstalern sollten weiterhin die Regeln der Klassensteuer gelten. Für das jährliche Einkommen, das 400 Reichstaler überstieg, sollte die Einkommensteuer gelten. Insgesamt sollte es vier Einkunftsarten geben: Einkünfte aus Kapitalvermögen, Grundvermögen, Handel und Gewerbe sowie solche aus gewinnbringender Beschäftigung. Einkünfte aus Kapitalvermögen waren Zinsen, Renten sowie geldwerte Vorteile aus Kapitalforderungen jeglicher Art. Zu den Einkünften aus Grundvermögen zählten Erträge aus sämtlichen Grundstücken, die im Eigentum des Steuerpflichtigen standen.

Für das unfundierte Einkommen sollte ein linearer Steuersatz von 2%, für fundiertes Einkommen einer von 3% gelten. Erwerbsbezogene Aufwendungen sollten abzüglich geltend gemacht werden können. Ein Existenzminimum sollte wie bereits 1820 nicht gewährt werden. Im Rahmen der Einkommensteuer sollte die Selbstdeklaration wieder eingeführt werden. „Fehlende oder falsche Angaben sollten mit Geldstrafen bis zur dreifachen Höhe der hinterzogenen Steuer verfolgt (§ 21)“[80] werden. Der Entwurf wurde im Vereinigten Landtag, der sich aus den Mitgliedern aller Provinziallandtage zusammensetzte, vorgestellt. Der Entwurf begegnete starkem Widerstand. Die Gründe des Widerstandes waren unterschiedlich. Zum einen war die obligatorische Deklaration und die damit einhergehende Offenlegung privater Aspekte ein Grund der Abwehr, zum anderen hatte die Mahl- und Schlachtsteuer zahlreiche Anhänger, die nicht auf sie verzichten wollten. Auch die Verteidigung Camphausens, dass „die Deklaration die Verbindung zwischen dem Volk und der Regierung fördere, wenn der Steuerpflichtige nicht besteuert wird, sondern wenn er sich selbst besteuert“[81] konnte nicht verhindern, dass der Entwurf abgelehnt wurde. Jedoch wurde schon in den Revolutionsjahren 1848/1849 ein neuer Versuch unternommen, um die Einkommensteuer wieder einzubringen. „Die Regierung ließ sich von dem Gedanken leiten, daß eine umfassende direkte Steuer nötig sei, welche die Leistungsfähigkeit und das danach gerechnete Steuermaß jedes einzelnen klar erkennen läßt.“[82] Der Entwurf vom 19. Juli 1849 unterschied sich zu dem zwei

80 Bleich, Der erste vereinigte Landtag in Berlin 1847, Teil I, S. 9.
81 Held, Die Einkommensteuer, S. 284.
82 Großfeld, Die Einkommensteuer, S. 39.

Jahre zuvor in zweierlei Hinsicht. Zunächst sollte es keine Unterscheidung zwischen fundiertem und unfundiertem Einkommen geben. Beide Arten des Einkommens sollten gleichbehandelt werden und der Steuersatz sollte bis auf 5% gesteigert werden. Weiterhin sollte die Steuererklärung nicht mehr obligatorisch sein. Es sollte im Ermessen des Steuerpflichtigen stehen, ob er eine Steuererklärung abgibt, oder aber sich der Einschätzung durch die Behörden unterwerfen möchte. Dabei sollten die Behörden jedoch nicht weiter in die Vermögensverhältnisse des Steuerpflichtigen eindringen (§ 19 II). Fehlerhafte Erklärungen sollten mit Geldstrafen bis zum Vierfachen des Betrages der hinterzogenen Steuer bestraft werden (§ 25). Dieser Entwurf traf ein weiteres Mal auf enormen Widerstand. Grund hierfür war die hohe Progression. Im Anschluss daran wurde der Vorschlag ein weiteres Mal modifiziert. Die Mahl- und Schlachtsteuer sollte aufgehoben, die Einkommensgrenze zwischen der Klassensteuer- und der Einkommensteuer sollte auf 1000 Reichstaler erhöht und der einheitliche Steuersatz auf 3% gesenkt werden. Bei der Unterbreitung dieses Vorschlags gab es zwei Positionen. Die zweite Kammer des Landtags nahm den Entwurf an, die erste Kammer lehnte ihn ab. Der Grund für die Ablehnung lag in dem Wunsch der Beibehaltung der Mahl- und Schlachtsteuer. Zudem sprach sich die erste Kammer gegen die Einführung der Einkommensteuer aus.

(bb.) Gesetz, betreffend die Einführung einer Klassen- und klassifizierten Einkommensteuer vom 1. Mai 1851

Nach einer zweijährigen Pause erfolgte ein erneuter Versuch ein neues Steuersystem einzuführen. Nachdem die zweite Kammer sich für die Beibehaltung der Mahl- und Schlachtsteuer, aber gegen die Einkommensteuer ausgesprochen hatte, unternahm die Staatsregierung im Jahre 1851 einen weiteren Versuch, die Einkommensteuer zumindest teilweise einzuführen. Dieser Vorschlag beinhaltete unter anderem die Beibehaltung der Mahl- und Schlachtsteuer; so wurde der Entwurf schließlich auch von der zweiten Kammer gebilligt. Der Entwurf passierte beide Kammern und wurde am 1. Mai 1851 Gesetz. Die steuerpflichtige Einheit war die Haushaltung. Gemäß § 8[83] gehörten zu einer Haushaltung der Hausherr, die Hausfrau und deren Angehörige, wenn sie Wohnung und Unterhalt von der Haushaltung empfingen. Der Begriff der Angehörigen war sehr umfassend und beschränkte sich nicht allein auf reine Blutsverwandte.

83 Gesetz – Sammlung für die Königlichen Preußischen Staaten 1851.
Die folgenden Paragrafen sind solche der Gesetz – Sammlung für die Königlichen Preussischen Staaten 1851.

Scharf abzugrenzen war jedoch „der Personenkreis, der gegen Gehalt oder Lohn zu Dienstleistungen herangezogen wird, sowie die Gruppe der reinen Kostgänger.“[84] Alle Einwohner, deren jährliches Einkommen 1000 Reichstaler nicht überstieg, unterlagen nach wie vor der Klassensteuer (§ 6). Dies galt jedoch nur für die Städte, in denen die Mahl- und Schlachtsteuer nicht galt. Im Rahmen dieser Klassensteuer wurden die Steuerpflichtigen in drei Hauptklassen geschätzt (§ 7). Die Anhaltspunkte für die Einteilung in die drei Hauptklassen waren allgemeine Unterscheidungsmerkmale sowie die gesamten Verhältnisse und die hierdurch bedingte Leistungsfähigkeit (§ 7 I). Eine genaue Erläuterung jener Merkmale war im Gesetz nicht enthalten. Innerhalb der Klassensteuer gab es einen progressiven Steuersatz, dessen Maximalsatz 2,6% betrug.

Für alle Einwohner, die ein höheres jährliches Einkommen als 1000 Reichstaler hatten, galt die klassifizierte Einkommensteuer (§ 16). Diese galt auch in den mahl- und steuerpflichtigen Städten, § 2 lit b. Somit bestand hier eine Doppelbelastung. Deshalb bestand die Möglichkeit, 20 Reichstaler steuermindernd geltend zu machen, § 2 lit b. Auch im Jahr 1851 erfolgte im Rahmen der klassifizierten Einkommensteuer eine Aufzählung des zu versteuernden Einkommens. Demnach waren folgende Einkünfte zu besteuern: aus Grundeigentum, aus Rechten auf periodische Hebungen, aus Kapitalvermögen, aus Rechten auf Vorteile irgendwelcher Art, aus Gewerbe und aus irgendeiner Art gewinnbringender Beschäftigung (§ 19). Dass es sich um eine klassifizierte Einkommensteuer und nicht um eine Einkommensteuer handelte, lag daran, dass die Einkünfte von der Steuerverwaltung geschätzt wurden (§ 10) und eine Einteilung in Klassen erfolgte. Der einkommensteuerliche Aspekt wurde durch die Schätzung aufgrund der Einkünfte und nicht etwaiger äußerer Merkmale verwirklicht. Bei der Schätzung war die Behörde verpflichtet, möglichst vollständige Informationen über die Vermögens- und Einkommensverhältnisse des jeweiligen Steuerpflichtigen zu erheben (§ 22 III), jedoch sollte vermieden werden, dass dabei in die persönlichen Verhältnisse eingedrungen wurde. Ebenso war die individuelle steuerliche Leistungsfähigkeit nicht zu berücksichtigen. Dies widersprach der ursprünglichen Intention einer gerechten Besteuerung. Wie bereits 1820 wurde auch 1851 die individuelle Leistungsfähigkeit nicht beachtet und eine genaue Ermittlung der Einkünfte war nicht möglich, dies wiederum schloss die Gerechtigkeit der Besteuerung aus. Somit wurde auch 1851 kein Mittelweg zwischen den widerstreitenden Interessen gefunden: Einerseits

84 Müller/Geisenberger, Die Einkommenstruktur in verschiedenen deutschen Ländern, S. 27.

der Forderung einer gerechten, individuelle Aspekte berücksichtigenden Besteuerung, andererseits aber die Ablehnung der Offenlegung etwaiger Vermögensverhältnisse. Eine mögliche Offenlegung war als letzte Möglichkeit nur dann gegeben, wenn Einwände gegen die Veranlagung bestanden. Dann konnte die Behörde in einem ordentlichen Gerichtsverfahren Informationen vom Steuerpflichtigen anfordern oder Zeugen hören (§ 26 II).

Bei der klassifizierten Einkommensteuer galt ein proportionaler Steuersatz von 3%, jedoch galt dieser nur bedingt. „Der höchste Steuersatz von 7200 Talern wird für alle Einkünfte erhoben, die jährlich 240000 Taler oder mehr betragen, so daß der Steuersatz in dieser Klasse mit zunehmendem Einkommen stetig abnimmt."[85] Ein steuerfreies Existenzminimum gab es 1851 nicht. Dies wäre zudem schwierig gegenüber jenen Städten gewesen, die nach wie vor der Mahl- und Schlachtsteuer unterlagen, und somit ein steuerfreies Existenzminimum schwierig zu gestalten wäre. Nicht steuerpflichtig waren die unter 16 - Jährigen, die der Armenpflege unterfielen (§ 6 lit. e), sowie Ausländer, die sich nicht länger als ein Jahr im Inland aufhielten (§ 6 lit. f).

Eine obligatorische Steuererklärung wurde nicht gefordert. Die Steuerhinterziehung wurde mit einer Geldstrafe in Höhe des vierfachen Verkürzungsbetrages geahndet (§ 33). Zudem wurde erst jetzt wieder das Steuergeheimnis (§ 32) explizit normiert. Die 1851 entwickelte Form der Besteuerung hatte zunächst ohne jegliche Änderungen 20 Jahre Bestand.

b.) In Sachsen

Sachsen hatte als einziges deutsches Land eine Entwicklung der Einkommensbesteuerung, die im Vergleich mit den Grundsätzen der Einkommensbesteuerung in Preußen ebenso fortschrittlich war.

(aa.) Das Gewerbe- und Personal-Steuer-Gesetz vom 22. November 1834

Wie bereits in Großbritannien und Preußen waren auch in Sachsen „revolutionäre Unruhen"[86] für die Einführung einer der Einkommensteuer ähnlichen Personalsteuer verantwortlich. Am 22. November 1834 wurde das „Gewerbe- und Personals- Steuer- Gesetz"[87] verabschiedet. Gemäß diesem Gesetz unterlagen

85 Linzbach, Der Werdegang der preussischen Einkommensteuer unter besonderer Berücksichtigung ihrer kausalen Entwicklungsfaktoren, S. 165.

86 Gehm, SteuerStud 2008, S. 194.

87 Gehm, SteuerStud 2008, S. 194; Gesetz- und Verordnungsblatt für das Königreich Sachsen 1834, S. 349.

Gehälter und Pensionen einem progressiven Steuersatz, der sich jedoch von dem Steuersatz derer, die zum Beispiel einen Doktortitel führten, unterschied. Diese Unterscheidung erfolgte einzig in Sachsen. Die Einkünfte von Kapitalisten und Rentiers unterlagen ebenfalls der Besteuerung, jedoch war der diese betreffende Steuersatz erst ab 1845 progressiv ausgestaltet.

(bb.) Verordnung, die Schätzung für eine außerordentliche Einkommensteuer betreffend vom 27. April 1848

Bis zum Jahr 1848 erfolgten nur minimale Änderungen in dem geltenden Gesetz von 1834. Aber auch in Sachsen erfolgte in den Revolutionsjahren 1848/1849 eine grundlegende Änderung der Einkommensbesteuerung. Die 1848 verabschiedete Einkommensteuer wurde jedoch bereits zu Beginn auf eine einmalige Erhebung begrenzt und dies wurde befolgt. Gemäß dem Gesetz vom 27. April 1848 war „nur das Hinzuerworbene und nicht der Vermögensstamm“[88] zu besteuern, somit wurde auch hier die Quellentheorie befolgt. Von den zu versteuernden Einkünften waren die beruflich bedingten Aufwendungen abzuziehen, das objektive Nettoprinzip wurde somit angewandt. Der Steuersatz war wie folgt ausgestaltet: Gewerbe und selbständige Arbeit 0,7%, Besoldungen 0,8%, Grundbesitz 0,9% und Kapitaleinkünfte 1,0%, mithin bestand zwischen den unterschiedlichen Einkunftsarten eine Steigerung von 0,1%. Für die unterschiedlichen Einkunftsarten galt ein einheitlicher Höchststeuersatz von 6%, der ab einem Einkommen von 14000 Talern galt.

4.) Die Entwicklung bis 1892

In diesem letzten Teil werden die Entwicklungen in den deutschen Ländern bis einschließlich der großen Miquel'schen Reform 1891 dargestellt.

a.) *In Preußen*

Zunächst werden die neuen Entwicklungen in Preußen erläutert.

(aa.) Gesetz wegen Abänderung des Gesetzes vom 1. Mai 1851 betreffend die Einführung einer Klassen- und klassifizierten Einkommensteuer vom 25. Mai 1873

In den folgenden Jahren gab es zunächst keine Veränderung im Rahmen der Klassen- und klassifizierten Einkommensteuer von 1851. Die Gründung des

88 Gehm, SteuerStud 2008, S. 195.

Norddeutschen Bundes 1867 und des Deutschen Reiches 1871 führten unter anderem dazu, dass das Steuersystem reformiert wurde. Hinzu kam, dass die Bevölkerung immer häufiger die Stimme gegen die in ihren Augen ungerechte Besteuerung erhob. Bemängelt wurde, dass die Einkommensteuer in hohem Maße ungleichmäßig und ungerecht veranlagt wurde.[89] Einer der Gründe hierfür waren die fehlenden Nachforschungsmöglichkeiten der Verwaltung. Es schien, dass die Steuer für denjenigen, der sein Vermögen am besten verheimlichen konnte, am Günstigsten war. Da die Behörde nur im äußersten Fall nachforschen und Nachweise fordern durfte, wurde das versteckte Vermögen häufig nicht aufgedeckt und somit erfolgte eine Besteuerung in niedrigeren Klassen. Die persönliche Leistungsfähigkeit blieb unberücksichtigt und führte - nachvollziehbar – zu kritischen Stimmen in der Bevölkerung. Den ersten Entwurf für eine entsprechende Reform legte Otto Camphausen im Dezember 1871 vor. Camphausen hatte bereits den Entwurf des EStG 1847 entwickelt. In dem Entwurf befürwortete Camphausen die Aufhebung der Mahl- und Schlachtsteuer. Die Schlachtsteuer sollte als Gemeindesteuer beibehalten werden können. Zudem sprach Camphausen sich für den Wegfall untersten Stufen der Klassensteuer aus. Der Entwurf wurde erheblich kritisiert. Grund der Kritik war der geforderte Wegfall der untersten Klassensteuerstufen. Der Wegfall würde zu einer Ungleichheit im Verhältnis zu den anderen Stufen führen. Im Gegensatz zu dem gleichen Vorschlag 1847 wurde der Vorschlag der Aufhebung der Mahl- und Schlachtsteuer dieses Mal begrüßt. Diese Steuer wurde mittlerweile als nicht zeitgerecht empfunden. Daher wurde der im Entwurf gemachte Vorschlag der Schlachtsteuer als Gemeindesteuer ebenfalls abgelehnt. Camphausen zog nach dieser Kritik seinen Entwurf zurück, um dem Abgeordnetenhaus schon kurze Zeit später einen weiteren Entwurf zu präsentieren. In jenem zweiten Entwurf erwähnte Camphausen die Aufhebung der Mahl- und Schlachtsteuer nicht mehr. Gründe hierfür sind nicht ersichtlich. Camphausen befürwortete wie in seinem vorherigen Entwurf den Wegfall der untersten Stufen der Klassensteuer, jedoch sollte der Besteuerungsmaßstab an die klassifizierte Einkommensteuer angeglichen werden. Der Einschätzungsmaßstab sollte das Einkommen sein. Camphausen legte seinen zweiten Entwurf dem Abgeordnetenhaus vor. Nach dem Einbringen einer Gesetzesinitiative von dem Abgeordnetenhaus zur Abschaffung der Mahl- und Schlachtsteuer, die von Camphausen nicht mehr erwähnt worden war, wurden der Entwurf und die Gesetzesinitiative der Regierung vorgelegt und von dieser am 25. Juni 1873 gebilligt.

89 Großfeld, Die Einkommensteuer, S. 43.

Von nun an galt sowohl für die Klassen- als auch für die klassifizierte Einkommensteuer das Einkommen als Besteuerungsmaßstab. Die Veranlagung der Klassensteuer erfolgte in zwölf Stufen § 7[90]. Zudem wurden „Klassensteuerpflichtige mit einem Einkommen bis zu 140 Rthlrn. § 7[91] (vorwiegend Tagelöhner)“[92] von der Klassensteuer befreit. Außerdem waren für Einkünfte unterhalb von 1400 Talern jährlich die persönlichen Verhältnisse zu berücksichtigen. Diese beiden Aspekte deuten auf die Beachtung der Leistungsfähigkeit hin.

Nach mehr als einem Jahrzehnt war nun wieder der Wunsch nach einer Reform des Steuersystems gekommen. Der neue Reichskanzler Bismarck plante eine Ausweitung der indirekten Steuern und eine Begrenzung der direkten Steuern. Dies beinhaltete auch den Abbau der Einkommensteuer. Aus diesem Grund versuchte Bismarck den Landtag davon zu überzeugen, die vier untersten Klassensteuerstufen aufzuheben. Das Abgeordnetenhaus sprach sich gegen diesen Vorschlag aus. Er ging insoweit einen Kompromiss ein als dass die Klassensteuerstufen „bis 900 Mark von nun an einkommensteuerfrei werden sollten.“[93] Das Abgeordnetenhaus wollte an der Einkommensteuer festhalten, die es als Rückgrat der Staatsbesteuerung ansah. In Folge dessen gestattete Bismarck seinem Finanzminister Adolf von Scholz am 18. Dezember 1883 dem Abgeordnetenhaus einen erneuten Entwurf für eine Einkommensbesteuerung vorzulegen. Der von von Scholz eingereichte Entwurf beinhaltete unter anderem die Freistellung der 3. und 4. Klassensteuerstufen. Auch dieser Entwurf wurde vom Abgeordnetenhaus abgelehnt. Das Abgeordnetenhaus beabsichtigte nun einen höheren Steuersatz als die bisher geltenden 3% sowie die Einführung eines allgemeinen Deklarationszwanges. Nach dieser Niederlage unternahm Bismarck keinen weiteren Versuch die von ihm abgewertete direkte Besteuerung zu reformieren. „Bis zur Entlassung des Bismarcks im Jahr 1890 stagnierte jegliche Reform der direkten Steuern einschließlich der Einkommensteuer“.[94]

(bb.) Die *Miquel'*sche Steuerreform vom 24. Juni 1891

Aus diesem Grund ist es nicht verwunderlich, dass die nächste große Reform erst nach der Entlassung Bismarcks erfolgte. Die „treibende Kraft war der preußische Finanzminister Johannes von Miquel, von dem die Reform

90 Gesetz-Sammlung für die königlichen preußischen Staaten 1873.
91 Gesetz-Sammlung für die königlichen preußischen Staaten 1873.
92 Mathiak, StuW 2001, 324 (340).
93 Neugebauer, Band III, S. 117.
94 Mathiak, FR 2007, 544 (548).

ihren Namen erhielt (Miquel'sche Steuerreform)".[95] Miquel, der gleichzeitig mit der Entlassung Bismarcks 1890 zum Finanzminister ernannt wurde, war ein entschiedener Befürworter der modernen Einkommensteuer. Zudem galt Miquel als Politiker, der „seine festgefügten Überzeugungen politischen und parlamentarischen Erfordernissen anzupassen vermochte."[96] Bereits zu Beginn seiner Zeit als Finanzminister strebte er eine Steuerreform an. Seine Reform sollte in zwei Schritten erfolgen. Zunächst wollte er die Einkommen-, Gewerbe- und Erbschaftsteuer novellieren. Daran anschließend sollten die Vermögen- und Kommunalabgabensteuer reformiert werden. „Im Rahmen der Reform der Einkommensteuer war es sein Ziel, eine allgemeine, auf alle, eine ein leistungsfähiges Einkommen besitzende Staatsangehörige sich erstreckende, im Verhältnis zum Gesamteinkommen des Steuerpflichtigen stehende Besteuerung des Einkommens zu erreichen."[97] Um dieses zu erreichen, gestaltete er seinen dem Landtag vorzulegenden Gesetzesentwurf nach folgenden Maßstäben aus: Die Anknüpfung der Besteuerung sollte ausschließlich an das Einkommen erfolgen. Der Steuertarif sollte progressiv ausgestaltet werden. Ein Existenzminimum sollte gewährt werden und zum ersten Mal nach dem Kraus'schen Gutachten sollte ein Kinderfreibetrag gewährt werden. Weiterhin sollte die Steuerdeklaration wieder eingeführt werden, um das Einschätzungsverfahren nach äußeren Maßstäben abzuschaffen. Das Gutachten wurde dem Landtag vorgelegt. Nach einigen Verhandlungen und „der geschickten Verhandlungsführung durch Miquel"[98] wurde das Gesetz schließlich am 24. Juni 1891 in der von ihm beabsichtigten Form verkündet.

Im Hinblick auf die subjektive Einkommensteuerpflicht wurde erstmalig in der Geschichte die Besteuerung juristischer Personen eingeführt.

Für natürliche Personen galt wieder der Grundsatz der Besteuerung nach Haushalten (§ 11)[99]. Das Einkommen des Haushaltsvorstandes und seiner

95 Großfeld, Die Einkommensteuer, S. 44.

96 Linzbach, Der Werdegang der preussischen Einkommensteuer unter Berücksichtigung ihrer kausalen Entwicklungsfaktoren, S. 199.

97 Pausch, Johannes von Miquel, S. 37.

98 Linzbach, Der Werdegang der preussischen Einkommensteuer unter Berücksichtigung ihrer kausalen Entwicklungsfaktoren, S. 200.

99 Gesetz – Sammlung für die Königlichen Preußischen Staaten 1891.
Die folgenden Paragrafen sind solche der Gesetz – Sammlung für die Königlichen Preussischen Staaten 1891.

Angehörigen ist zusammenzurechnen und wurde entsprechend der Besteuerung unterworfen.

Die der Besteuerung unterliegenden Einkünfte wurden in § 7 des Gesetzes genannt und zwar: Einkünfte aus Kapitalvermögen (Zinsen, Renten und geldwerte Vorteile aus Kapitalforderungen jeder Art, soweit diese nicht bereits anderweitig der Steuer unterfallen, § 12), Grundvermögen (Erträge aus sämtlichen Grundstücken, die im Eigentum des Steuerpflichtigen stehen), Handel und Gewerbe, gewinnbringende Beschäftigung, Rechte aus periodische Erhebung sowie Vorteile irgendwelcher Art. Einkünfte aus Erbschaften und Schenkungen unterlagen nicht der Einkommensteuerpflicht, da sie einzig die Vermehrung des Stammvermögens (§ 8) bewirken. Die bisher geltende Quellentheorie sollte auch in dem preußischen EStG von 1891 beibehalten werden, jedoch galt dies schon bald für das Einkommen aus Handel und Gewerbe nicht mehr. Das Einkommen aus Handel und Gewerbe wurde bis zu dem Zeitpunkt entsprechend der Quellentheorie nach den allgemein geltenden Steuergrundsätzen, also Eingaben – Ausgaben – Rechnung, berechnet. Dies sorgte jedoch seit Längerem für den Unmut bei einigen Wirtschaftsvertretern, die aufgrund der bisher geltenden Vorschriften sowohl eine Überschussrechnung anfertigen zu mussten als auch eine Handelsbilanz, wie sie bereits damals das geltende HGB vorschrieb. Jene Vertreter setzten sich durch, so dass festgelegt wurde, dass die Gewinnermittlung nicht mehr nach der Überschussrechnung zu erfolgen hatte, sondern vielmehr entsprechend der kaufmännischen Bilanz. Diese wiederum beachtete auch jegliche Veränderungen im Stammvermögen. Dies widersprach den Grundsätzen der Quellentheorie, so dass diese für das EStG 1891 nicht ausschließlich galt.

Von den ermittelten Einkünften waren noch Kosten abzüglich geltend zu machen (§ 9), so dass einzig das Reinvermögen zu versteuern war und mithin wieder das objektive Nettoprinzip galt.

Der Steuertarif war auch im Jahr 1891 progressiv. „Im Vergleich zu heute allerdings mit einer noch sehr bescheidenden Progression von 0,67%–4%.“[100] Die Progression begann bei 900 Mark mit 0,67% und erreichte einen Maximalsteuersatz von 4% bei jährlichen Einkünften in Höhe von 100000 Mark (§ 17). Zudem gewährte das EStG von 1891 ein steuerfreies Existenzminimum von 900 Mark.

Bei einem Einkommen, das mehr als 3000 Mark betrug, bestand die Pflicht zur Selbstdeklaration (§ 24 I). Im Gegensatz zu den Versuchen der Einführung der Selbstdeklaration in den vorherigen Jahren, wurde die pflichtgemäße

100 Hey in: Tipke/Lang, Steuerrecht, § 8 Rz. 6.

Erfüllung nun ein wenig sicherer gestellt. Bei Nichterfüllung verloren die Steuerpflichtigen jegliche Rechtsmittel (§ 30 I), zudem müssen sie nach häufiger Aufforderung einen Zuschlag in Höhe von 25% der zu veranlagenden Steuer entrichten (§ 30 II). Die Selbstdeklaration brauchte zunächst nicht mit Nachweisen belegt zu werden. Vielmehr unterwarf die Finanzbehörde die abgegebene Steuererklärung ihrer eigenen Kontrolle. Nach dieser Kontrolle erfolgte ein Vergleich der Deklaration und des Ergebnisses des Ermittlungsverfahrens durch die Behörde. Sollte sich hierbei eine Differenz zugunsten des Steuerpflichtigen ergeben, konnte die Behörde die Steuererklärung beanstanden und den Steuerpflichtigen entsprechend benachrichtigen. Der Steuerpflichtige hatte dann die Pflicht, die Richtigkeit seiner Angaben entsprechend nachzuweisen. Wenn er dem nicht nachkam oder die Nachweise nicht ausreichend bzw. fehlerhaft waren, bestand die Möglichkeit der Befragung ausgesuchter Zeugen durch die Finanzbehörde. Sollte der Steuerpflichtige vorsätzlich falsche Antworten oder unvollständige Angaben machen, drohte ihm eine Geldstrafe (§ 66 I Nr. a). Sollte das Vergehen zwar wissentlich, nicht jedoch mit dem Ziel der Steuerhinterziehung geschehen, war eine Strafmilderung möglich (§ 66 II). Zudem war die Straffreiheit im Fall der Selbstanzeige möglich (§ 66 III). Diese Entwicklungen waren so vorher noch nicht normiert gewesen. Eine weitere neue Entwicklung war der Kinderfreibetrag. „Bei Einkommen unter 3000 Mk. werden für jedes unselbständige Familienmitglied unter 14 Jahren 50 Mk. vom steuerpflichtigen Einkommen abgezogen."[101] Für Steuerpflichtige, die ein jährliches Einkommen von mehr als 9500 Mark hatten, bestand die Möglichkeit der Geltendmachung außergewöhnlicher Belastungen für Krankheiten und Ähnliches, mithin eine dem heutigen § 33 EStG vergleichbare Vorschrift.

Die Miquel'sche Steuer beinhaltete viele neue Aspekte. Es schien, dass die Dinge, die die vorherigen Steuerregelungen zum Scheitern gebracht hatten, überdacht und novelliert wurden. Dies ist wohl der Grund dafür, dass die Miquel'sche Steuerreform anschließend keine grundlegende Änderung mehr erfahren hat. Jegliche Grundsätze, die Miquel normiert hatte, sind noch heute die Basis der Einkommensbesteuerung. Zu nennen sind hier das objektive und subjektive Nettoprinzip §§ 2 II, 2 IV EStG, der progressive Steuersatz § 32 a I 1 EStG, das steuerfreie Existenzminimum § 32 a I 2 Nr. 1 EStG und die obligatorische Steuererklärung, § 25 III 1 EStG.

101 Gerlach, Die preußische Steuerrefom in Staat und Gemeinde, S. 46.

b.) In Sachsen

Aus heutiger Sicht hatte Sachsen in der Zeit von 1874 Miquel'schen Steuerreform eine Einkommensbesteuerung, die aus heutiger Sicht fortschrittlicher war, da sie bereits zu diesem Zeitpunkt die noch heute geltenden Prinzipien fest in ihr Einkommensteuergesetz verankerte.

„Mit Gesetz v. 22.12.1874[102] hatte Sachsen sich ein modernes Einkommensteuergesetz gegeben, das für andere Staaten, insbesondere Preußen, Vorbildfunktion hatte.“[103] Dies galt insbesondere für das preußische Einkommensteuergesetz von 1891, auf das das sächsische Einkommensteuergesetz „großen Einfluß“[104] hatte. Die Gründe für die Einführung des Einkommensteuergesetzes waren wie 1806 in Preußen auf die Begleichung von Kriegsentschädigungen zurückzuführen. Sachsen hatte sie nun an Preußen zu zahlen. Der Einkommensteuer unterlagen die „Einkünfte aus Vermietung und Verpachtung mit Land- und Forstwirtschaft auf eigenem Grundstück (§ 19[105]), Kapitaleinkünfte (§ 20), Einkünfte aus nichtselbständiger Arbeit (§ 21) sowie Einkünfte aus Handels- und Gewerbebetrieb“.[106] In dem Gesetz wurde festgesetzt, dass das reine Einkommen zu besteuern war. Das reine Einkommen ist das Einkommen, das nach heutiger Anwendung des objektiven Nettoprinzips verbleibt. Dazu gehörten auch die abzüglich geltend zu machenden außergewöhnlichen Belastungen, dies hingegen ist Bestandteil des subjektiven Nettoprinzips. Gemäß § 11 wurde das Einkommen basierend auf der Erklärung des Steuerpflichtigen geschätzt.

Der Steuersatz richtete sich nach den vorgeschriebenen Steuerklassen. Die erste Steuerklasse galt für Steuerpflichtige mit einem jährlichen Einkommen bis maximal 500 Mark, mit einem Steuersatz von 1%. Die höchste Besteuerung erfolgte in der 25. Steuerklasse, diese war für Steuerpflichtige mit einem jährlichen Einkommen von 14000 bis 16000 Mark. Der Steuersatz betrug 2,5%. Ab einem Einkommen von 16000 Mark verlief der Steuersatz konstant. Im Gesetz von 1874 wurde, im Gegensatz zum preußischen Gesetz von 1891, kein

102 Gehm, SteuerStud 2008, S. 195; Gesetz- und Verordnungsblatt für das Königreich Sachsen 1874, S. 471.

103 Gehm, SteuerStud 2008, S. 195.

104 Großfeld, Die Einkommensteuer, S. 44.

105 Gesetz- und Verordnungsblatt für das Königreich Sachsen 1874.
Die folgenden Paragrafen sind solche des Gesetz- und Verordnungsblatt für das Königreich Sachsen 1874.

106 Gehm, SteuerStud 2008, S. 196.

steuerfreies Existenzminimum gewährt, „da der milde Tarif in Classe 1 bei einem Einkommen bis zu 500 Mark nur eine Einkommensteuer von 10 Pfenning forderte“[107], einzig „mittellose Personen waren nach § 6 Nr. 8 von der Steuer befreit.“[108]

Dies änderte sich jedoch mit dem Einkommensteuergesetz vom 2. Juli 1878, das ein steuerfreies Existenzminimum von 300 Mark gewährte. „Das Einkommen wurde von Jahr zu Jahr eingeschätzt (§ 11).“[109] Das Gesetz wurde einige Male novelliert, wobei insbesondere die Besteuerung nach der Leistungsfähigkeit von Mal zu Mal strenger befolgt wurde. Einige Aspekte des sächsischen Einkommensteuergesetzes finden sich in dem preußischen Einkommensteuergesetz von 1891 wieder.

5.) Die Entwicklung in anderen deutschen Ländern

Die Einkommensteuer wurde bereits im 19. Jahrhundert in anderen deutschen Ländern eingeführt. In Württemberg wurde sie mit dem „Abgaben - Gesetz für das Etats - Jahr 1819/1820 betreffend“[110] erlassen. Besteuert wurden wie in den bisher bekannten Einkommensteuergesetzen unterschiedliche Einkunftsarten, wobei auch in Württemberg der progressive Steuersatz galt, dessen niedrigster Satz bei 1% und der höchste bei 6,67% lag. Dieser wurde 1952 mit dem „Gesetz, betreffend die Steuer von Kapital-, Dienst- und Berufseinkommen“[111] auf 5% gemindert und 1858 auf 8% erhöht. Auch in Württemberg bestand die Möglichkeit Werbungskosten bzw. Betriebsausgaben abzüglich geltend zu machen. Nicht von der Steuer betroffen waren sozial schwache Personen, deren jährliches Einkommen nicht mehr als 2000 Gulden betrug (§ 5 Nr. 6[112]).

Am 4. Juni 1848 verabschiedete Bayern sein erstes Einkommensteuergesetz. Im Unterschied zu den anderen Einkommensteuergesetzen erfolgte in dem Bayrischen keine Aufzählung der zu besteuernden Einkünfte. „Vielmehr bestimmte Art. 1: Jedes reine Einkommen, ohne Unterschied, ob es von einer der übrigen Steuergattungen schon getroffen ist, oder nicht, ob es in Geld, Geldeswerth oder in Selbstbenützung besteht, ständig oder unständig ist, auf Rechtsverbindlichkeiten oder freiem Willen anderer beruht, unterliegt

---

107 Dziadkowski, FR 1995, 46 (46).

108 Gehm, SteuerStud 2008, S. 195.

109 Mathiak, Das sächsische Einkommensteuergesetz von 1874/78, S. 56.

110 Gehm, SteuerStud 2008, S. 193; Königlich – Württembergisches Staats- und Regierungsblatt 1820, S. 293.

111 Gehm, SteuerStud 2008, S. 193.

112 Königlich – Württembergisches Staats- und Regierungs – Blatt 1820.

der allgemeinen Einkommensteuer“[113]. Reines Einkommen ist jenes, das besteht, wenn jegliche Werbungskosten bzw. Betriebsausgaben abgezogen wurden. Das reine Einkommen unterlag einem progressiven Steuersatz, dessen niedrigste Grenze bei 0,2% und der Höchstsatz bei 2% lagen. Wie auch in Württemberg gab es ein steuerfreies Existenzminimum, das bei einem jährlichen Einkommen von 250 Gulden galt. Die Veranlagung erfolgte, indem die Steuerpflichtigen ihre „steuerlich relevanten Verhältnisse“[114] offenlegten.

Die übrigen deutschen Länder verabschiedeten alle im Laufe des 19. Jahrhunderts ihre ersten Einkommensteuergesetze, in Nassau 1848, in Hessen 1869 und in Baden 1884[115], in Hessen - Darmstadt 1849[116] und in Sachsen - Weimar 1821[117]. Jedoch unterschieden sie sich nicht von den bisher Dargestellten, so dass eine nähere Erläuterung unterbleiben kann.

IV. Zusammenfassung

Mit der Darstellung der Entwicklung der Einkommensbesteuerung wurden unterschiedliche Aspekte aufgezeigt. Der Beginn der Einkommensteuer beinhaltete Prinzipien, die noch heute fester Bestandteil der Besteuerung sind. Zu nennen sind hier beispielsweise: das Einkommen ist die Bemessungsgrundlage für die Steuer, das Prinzip der Besteuerung nach der Leistungsfähigkeit, der progressive Steuersatz, die obligatorische Steuererklärung und die Gewährung eines steuerfreien Existenzminimums.

Jedoch musste, wie im Rahmen einer jeden Neuentwicklung, entschieden werden, ob ein anderes System möglicherweise effektiver wäre. Es erfolgte die Besteuerung nach Klassen, deren Hauptbestandteil es war, äußere Merkmale als Besteuerungsmaßstab zugrunde zu legen. Im Laufe der Jahre erfolgte ein stetiger Wechsel zwischen der Einkommensbesteuerung, die vom Stein zu Beginn beabsichtigte, und der Klassensteuer. Im Unterschied dazu steht Großbritannien, das relativ schnell, ohne große Umwege zu einer Einkommensbesteuerung gekommen ist, das noch der heutigen ähnelt. Auffällig zwischen den unterschiedlichen deutschen Reformen ist, dass immer wieder die gleichen Aspekte Gründe für

113 Gehm, SteuerStud 2008, S. 196; Gesetz - Blatt für das Königreich Bayern 1848, Spalte 153.

114 Gehm, SteuerStud 2008, S. 196.

115 Hey in: Tipke/Lang, § 8 Rz. 5.

116 Gehm, SteuerStud 2008, S. 197.

117 Großfeld, Die Einkommensteuer, S. 36.

Änderungen bzw. Diskussionen waren – zum Beispiel die Selbstdeklaration und auch die der Behörde nicht zur Verfügung stehenden Nachforschungsmittel. Sowohl die Ablehnung der Selbstdeklaration als auch die nicht zur Verfügung gestellten Kontrollmöglichkeiten waren auf denselben Grund zurückzuführen: Die Steuerpflichtigen wollten ein Eindringen in ihre Vermögensverhältnisse und die Preisgabe jener nicht dulden.[118] Im Vergleich zur heutigen Situation ist festzustellen, dass diese Punkte (fast) nicht mehr diskutiert werden. Es scheint im Laufe der Zeit akzeptiert worden zu sein, dass ein Eindringen in die Vermögensverhältnisse notwendig ist, da sonst die Gerechtigkeit der Besteuerung nicht mehr gewährleistet werden kann. Dies musste jedoch erst die Erfahrung zeigen. Denn bei den Reformen im 19. Jahrhundert zeigt sich bereits, dass immer innerhalb der Deklaration betrogen wurde. Es erfolgte der Versuch der Klassensteuer, doch dann war die Leistungsfähigkeit nicht mehr zu beachten. Mit jeder Reform war eine Annäherung an das Prinzip der Leistungsfähigkeit zu erkennen. Das damit einhergehende Opfer der Offenlegung der finanziellen Verhältnisse wurde im Gegenzug akzeptiert.

Ein weiterer Punkt, der immer wieder verändert wurde, war das steuerfreie Existenzminimum. Eine weitere Veränderung ist im Rahmen der Progression zu erkennen. Die Progression wurde zwar bis heute beibehalten, jedoch sind die heute geltenden Höchstsätze nicht zu vergleichen mit den im 19. Jahrhundert geltenden Höchstsätzen.

Andere Aspekte sind seit Beginn der Einkommensbesteuerung nicht geändert worden. Zu nennen sind hier die Einkünfte, die der Besteuerung unterliegen. Von Beginn an waren Einkünfte aus Kapital, aus Arbeit, aus Vermietung und Verpachtung sowie aus Gewerbe zu versteuern. Diese zu besteuernden Einkünfte sind noch seitdem gleich geblieben.

Zusammenfassend ist festzustellen, dass die Einkommensbesteuerung häufig Änderungen unterzogen wurde, aber seit 1891 zu erkennen ist, dass die Grundprinzipien fest in dem Einkommensteuergesetz verankert sind und diese zu einer Steuer geführt haben, die weitestgehend gerecht ist.

V. Literaturverzeichnis

Von Beckenrath, Erwin — Die preußische Klassensteuer und die Geschichte ihrer Reform bis 1851, München und Leipzig 1912.

118 Vgl. Piltz, StuW 2014, 39 (53).

Birk, Dieter Steuerrecht, 15. Auflage, Heidelberg 2012.

Bleich, Eduard Der Erste Vereinigte Landtag in Berlin 1847: Herausgegeben unter Aufsicht des Eduard Bleich, Berlin 2011.

Bitzenhart, Erich/Ipsen, Gunther Freiherr vom Stein - Ausgewählte Politische Briefe und Denkschriften, Aalen 1955.

Böhmer, Marlene B. Preußische Steuern unter dem Aspekt der Steuergerechtigkeit, Marburg 2004.

Büsch, Otto Handbuch der preußischen Geschichte Band II, Das 19. Jahrhundert und große Themen in der Geschichte Preußens, Berlin 1992.

Dieterici, Dr. Carl Zur Geschichte der Steuer - Reform in Preußen von 1810–1820, Berling 1875.

Dziadkowski, Prof. Dr. Dieter 120 Jahre Einkommensteuer und 100 Jahre Freistellung des Existenzminimums in Sachsen, Dresden.

Gehm, Dr. Matthias Zur Geschichte der Anfänge des deutschen Einkommensteuerrecht, Steuer und Studium, 2008, 188.

Von Gerlach, Otto Die preußische Steuerreform in Staat und Gemeinde, Jena 1893.

Großfeld, Bernhard Die Einkommensteuer - Geschichtliche Grundlagen und rechtsvergleichende Ansätze, Tübingen 1981.

Heid, Adolf Die Einkommensteuer: finanzwissenschaftliche Studien zur Reform der directen Steuern in Deutschland, Bonn 1872.

Heuer, Dr. Carl-Heinz Karl Freiherr vom Stein als Wegbereiter des deutschen Einkommensteuerrechts, Heidelberg 1988.

Kramer, Hans-Helmuth Die Entwicklung der preussischen Steuerverfassung im 19. Jahrhundert, Dissertation, München 1970.

Linzbach, Peter	Der Werdegang der preussischen Einkommensteuer unter besonderer Berücksichtigung ihrer kausalen Entwicklungsfaktoren, Frankfurt am Main 1984.
Mahr, Robert	Das Wesen der Einkommensteuer in geschichtlicher Betrachtung der Verhältnisse in Preussen - Deutschland und England, Dissertation, Aachen, 1948.
Mathiak, Walter	Die Einkommensteuer in Preußen, Finanz-Rundschau, 2007, 544.
	Das sächsische Einkommensteuergesetz von 1874/1878, Dresden 2005.
	Die preußische klassifizierte Einkommensteuer von 1851, Studium und Wirtschat, 2011, 324.
	Die erste Einkommensteuer in Deutschland, Studium und Wirtschaft, 1995, 352.
Mauz, Fritz	Geschichte der preußischen Einkommensteuer bis zu ihrer Reform im Jahre 1891, Dissertation, Göppingen 1935.
Müller, Prof. Dr. Heinz/ Geisenberger, Dr. Siegfried	Die Einkommensteuer in verschiedenen deutschen Ländern 1874–1913 unter Berücksichtigung regionaler Verschiedenheiten, Berlin 1972.
Neugebauer, Wolfgang	Handbuch der preußischen Geschichte Band III, Vom Kaiserreich und Große Themen der Geschichte Preußens, Berlin 2006.
Neumark, Dr. Fritz	Theorie und Praxis der Modernen Einkommensbesteuerung, Bern 1947.
N.N.	Gesetz- und Verordnungsblatt für das Königreich Sachsen, 1834.
N.N.	Gesetz- und Verordnungsblatt für das Königreich Sachsen, 1874.

N.N. Gesetz - Sammlung für die Königlich Preußischen Staaten 1810, Berlin.

N.N. Gesetz - Sammlung für die Königlich Preußischen Staaten 1811, Berlin.

N.N. Gesetz - Sammlung für die Königlich Preußischen Staaten 1812, Berlin.

N.N. Gesetz - Sammlung für die Königlich Preußischen Staaten 1820, Berlin.

N.N. Gesetz - Sammlung für die Königlich Preußischen Staaten 1851, Berlin.

N.N Gesetz - Sammlung für die Königlich Preußischen Staaten 1873, Berlin.

N.N. Gesetz - Sammlung für die Königlich Preußischen Staaten 1891, Berlin.

N.N. Königlich - Württembergisches Staats- und Regierungsblatt 1820, Württemberg.

Pausch, Dr. Alfons Von der Einkommensteuer zur Deklarationsberatung, Finanz-Rundschau, 1979, 441.

Piltz, Detlev Folgerungen aus der Entwicklung der Deutschen und englischen Einkommensteuer, Steuer und Wirtschaft, 2014, 39.

von Sicherer, Klaus Einkommensteuer, 3. Auflage, München/Wien 2005.

Schimmelpfennig, Friedrich Gustav Die preußischen direkten Steuern, Zweiter Theil, Potsdam 1843.

Schremmer, Eckart Steuern und Staatsfinanzen während der Industrialisierung Europas. England, Frankreich, Preußen und das Deutsche Reich 1800 bis 1914, Heidelberg 1994.

Thiede, Sabine Die verfassungsrechtliche und steuersystematische Untersuchung der Ehegattenbesteuerung und ihre Alternativmodelle, Dissertation, Münster 1999.

Tipke, Klaus/Lang, Joachim Steuerrecht, 21. Auflage, Köln 2012.

Wehler, Hans - Uhlrich Deutsche Gesellschaftsgeschichte 1815 – 1848/1849, München 1987.

This work deals with innovations, way of enforcement, success and influence on today's German tax law in the areas of distribution of competences, procedural law and tax administration in the tax reform of Matthias Erzberger as the Finance Minister of Weimar Republic.

B. Die Weimarer Reichsverfassung und die Erzbergersche Steuerreform – kompetenziell, verwaltungsstrukturell, verfahrensrechtlich (Vanessa Y. Olshagen)

I. Einleitung

Nach einer mehr als 40-jährigen „Stagnation" der Finanzverfassungsentwicklung ohne „die" grundlegende Reform bleibt der Reformbedarf stets ein aktuelles Thema.[1] Bis heute wird in der deutschen Geschichte die *Erzbergersche Steuerreform* als die umfangreichste Finanz- und Steuerreform angesehen.[2]

Im Folgenden wird diese Reform daher auf ihren Erfolg in den Bereichen der Steuerkompetenzverteilung, des Verfahrensrechts und der Verwaltungsstruktur hin geprüft. Dafür sollen die jeweilige Ausgangssituation vor und in der Weimarer Reichsverfassung in den drei Bereichen und die diesbezüglichen *Erzbergerschen* Reformmaßnahmen erläutert werden, um sie hinsichtlich des tatsächlichen Resultats zu bewerten. Weitere Ziele dieser Arbeit sind *Erzbergers* Anteil an der Steuerreform zu ermitteln und die damalige Verfassungsmäßigkeit sowie ihre Umsetzbarkeit nach dem heutigen Grundgesetz zu überprüfen. Abschließend sollen der Verlauf der Reform in der Weimarer Republik und die Auswirkungen der Reform auf das heutige Steuerrecht aufgezeigt werden.

---

1 S. dazu *Drüen*, FR 2008, 295ff.; *Heintzen*, Münch/Kunig, Vorb. Art. 104a-115 Rn. 36ff.; *Kruis*, DÖV 2003, 10 (11ff.); *Waldhoff*, ZG 2000, 193ff.; *Wieland*, FS Selmer, S. 973 (989ff.); *ders.*, Neuordnung, S. 6; vgl. *Geiger*, FS Wallis, S. 553 (564).

2 S. *Möller*, Reformwerk, S. 23; *Mommsen*, Die verspielte Freiheit, S. 67; *Senger*, Reform der Finanzverwaltung, S. 33.

II. Erzberger und die junge Weimarer Republik

Die Weimarer Republik und *Matthias Erzberger* sind durch *Erzbergers* Rolle bei der Entstehung der Republik und die Auswirkungen auf sein Leben durch seinen Einsatz für die Republik eng miteinander verbunden.

1.) Die Geburtsstunde der Republik

Das deutsche Kaiserreich hatte den Ersten Weltkrieg im Jahr 1918 verloren, weswegen es sich den harten Bedingungen der Siegermächte im Versailler Friedensvertrag fügen musste.[3] Am 9. November 1918 dankte Kaiser Wilhelm II. ab, woraufhin *Philipp Scheidemann* die Republik ausrief.[4] Die Weimarer Reichsverfassung[5] wurde, als Ergebnis der ab dem 6. Februar 1919 in Weimar zusammenkommenden Nationalversammlung, am 11. August 1919 von dem damaligen Reichspräsidenten *Friedrich Ebert* ausgefertigt und trat am 14. August 1919 in Kraft.[6]

2.) Das politische Leben Erzbergers

Der am 20. September 1875 geborene *Erzberger* wurde 1903 Abgeordneter der Zentrumspartei im Reichstag, später Mitglied der Nationalversammlung.[7] 1918 war er der Leiter der Waffenstillstandsverhandlungen mit den Siegermächten.[8] Am 21. Juni 1919 wurde *Erzberger* von Reichspräsident *Ebert* zum Reichsfinanzminister berufen. Zur Stärkung seiner Position für die bevor[st] ehenden „Mammutaufgaben" im Finanzwesen wurde er gleichzeitig Vizekanzler.[9] Er begann unverzüglich mit der Umsetzung seiner Reformpläne. Auch setzte er seine Position ein, um die Annahme des Versailler

---

3 FriedensschlussG v. 16. Juli 1919, RGBl. 687ff.; zur Erläuterung der Vertragsteile s. *Drege*, Friedensvertrag, S. 5–26.

4 *Scheidemann* war SPD-Mitglied, später Volksbeauftragter und Reichsministerpräsident, s. *Gellinek*, Scheidemann, S. 7, 13; s. *Winkler*, Weimar, S. 33.

5 Verfassung des Deutschen Reichs v. 11. August 1919, RGBl. 1919, 1383ff.; im Folgenden mit „WRV" abgekürzt.

6 ReichswahlG v. 30. November 1918, RGBl. 1345ff.; zur Wahl s. *Gusy*, Die WRV, S. 59f.; *Rosenberg*, Entstehung und Geschichte, S. 342ff.

7 S. *Epstein*, Democracy, S. 17f.; *Möller*, Reformwerk, S. 9f.; s. Mitglieder der Nationalversammlung in Verh., 335. Bd., S. 1 (3).

8 *Erzberger*, Reden, S. 3; dazu *Holtfrerich*, in: Verfassung, S. 29; *Möller*, a.a.O., S. 13, 61.

9 S. *Möller*, a.a.O., S. 15.

Vertrages herbeizuführen.10 Obwohl er die harten Konsequenzen für das Reich mit den noch nicht festgesetzten Reparationsleistungen[11] erahnte, nahm er sie mit oder gerade wegen der Überzeugung in Kauf, dass dies der hohe Preis der Erhaltung der Reichseinheit sei.[12] Wohl aufgrund der von und unter den Nationalsozialisten verbreiteten Dolchstoßlegende[13] hat ihn sein Einsatz letztlich das Leben gekostet, als er von Nationalsozialisten am 26. August 1921 erschossen wurde.[14]

3.) Erzbergers Antrieb für die Steuerreform

Als Finanzminister wusste *Erzberger*, dass das Reich als Kriegsverlierer „unermeßlich großen Verpflichtungen"[15] in Form der Reparationszahlungen und der schwebenden Schulden des Reichs i.H.v. 76 Milliarden Mark gegenüberstand. Hinzu kamen die Kosten für die Versorgung der Kriegsopfer und den Wiederaufbau des Reichs. *Erzberger* erläuterte, dass sich der Steuerbedarf des Reichs nun statt von zwei Milliarden auf 17 ½ Milliarden Mark erhöhen würde, der der Länder von drei Milliarden Mark auf das Doppelte. Das bedeutete für das Reich einen Bedarf des Gesamtaufkommens aller Steuereinnahmen von 75 Prozent statt der 35 Prozent vor Kriegsbeginn.[16]

Anlass für die Reform gab somit die Notwendigkeit von enormen Einnahmeerhöhungen, um die in den nächsten Jahren anstehenden Abgaben (ansatzweise) decken zu können. Das Vorhaben stand zusätzlich unter Zeitdruck, da das Reich die Reparationszahlungen bis zum 1. Mai 1951 abgeleistet haben musste.[17] Da ein Weg ohne Reform, laut *Erzberger*, zu einem „Reichsbankerott"[18] geführt hätte, welcher ein „Volksbankerott"[19] gewesen wäre, gab es für ihn als Finanzminister keine Alternative zu einer Reform.

---

10 Dazu Regierungserklärung von Reichskanzler Gustav Bauer v. 23. Juli 1919, Verh., 328. Bd., S. 1843 (1845); s. *Möller*, a.a.O., S. 14.

11 Teil VIII des Versailler Vertrags s. FriedensschlussG v. 16. Juli 1919, 687 (985ff.); s. *Drege*, Friedensvertrag, S. 17ff.; *Spindler*, in: HbdF, S. 136ff.

12 *Erzberger*, Reden, S. 7; dazu *Drege*, a.a.O., S. 90ff.

13 So von *Helfferich* verbreitet in Fort mit Erzberger!, S. 15, 24, 82; *Mommsen*, Die verspielte Freiheit, S. 30f.

14 So auch *Dreyer*, in: 80 Jahre WRV, S. 43; *Möller*, a.a.O., S. 7, 53, 61.

15 *Erzberger*, Reden, S. 3.

16 S. *Ders.*, a.a.O., S. 4, 7f., 28, 38, 45, 69f.

17 Art. 233 des FriedensschlussG v. 16. Juli 1919, RGBl. 987.

18 *Erzberger*, a.a.O., S. 5.

19 *Ders.*, ebda.

III. Weimarer Reichsverfassung und Erzbergersche Steuerreform

Am 8. Juli 1919 verkündete der neue Reichsfinanzminister *Erzberger* die Notwendigkeit eines umfassenden Reformprogramms mit der als oberstem Ziel proklamierten Steuergerechtigkeit vor der Nationalversammlung.[20] Insgesamt sollte sich die *Erzbergersche Steuerreform* auf 16 Reichsgesetze belaufen, die größtenteils die Schaffung neuer Steuereinnahmequellen für das Reich beabsichtigten. Drei der Gesetze[21] sollten durch die Umverteilung der Kompetenzen, die Umstrukturierung der Verwaltung und die Vereinheitlichung des Verfahrensrechts das Steuerwesen in formeller Hinsicht modifizieren bzw. für die Situation des Reiches optimieren.[22]

1.) Steuerkompetenzverteilung

Bei der Steuerkompetenz ist zwischen der Gesetzgebungs-, der Ertrags- und der Verwaltungskompetenz zu unterscheiden.[23]

a.) Gesetzgebungskompetenz

(aa.) Ausgangssituation und Problematik ungenutzter Kompetenz

In der Reichsverfassung von 1871[24] lag die ausschließliche Gesetzgebungskompetenz für Zölle und die enumerativ aufgezählten Verbrauchsteuern durch Art. 35 RV beim Deutschen Reich. Die Einführung weiterer Steuern war durch einfache Reichsgesetze unter Zustimmung des Bundesrats durch die Generalklausel des Art. 4 Nr. 2 RV i.V.m. Art. 70 S. 2 RV möglich.[25] Die Bundesstaaten hatten die Kompetenz für die Gesetzgebung der direkten Steuern (Besitz- und Verkehrsteuern)[26] nach Art. 2 S. 1 RV, der festlegte, dass dem Reich nur die Gesetzgebung für die ausdrücklich in der Verfassung genannten Gebiete oblag.

---

20 Abgedruckt in *Erzberger*, a.a.O., S. 4ff.

21 FinanzverwaltungsG v. 10. September 1919, RGBl. 1591ff.; Reichsabgabenordnung v. 13. Dezember 1919, RGBl. 1993ff.; LandessteuerG v. 30. März 1920, RGBl. 402ff.

22 Vgl. *Erzberger*, Reden, S. 42f.

23 S. *Drüen*, FR 2008, 295; *Seer*, in: Tipke/Lang, § 2 Rn. 1.

24 ReichsverfassungsG v. 16. April 1871, RGBl. 63ff.; im Folgenden mit „RV“ abgekürzt.

25 S. *Seer*, in: BK, Stand 2011, Art. 108 Rn. 2; dazu *Korte*, Steuergesetzgebung, S. 18f.

26 Zu „direkte/indirekte Steuern“ s. *Fehrenbacher*, Steuerrecht, Rn. 25; *Leidel*, Reichsfinanzverwaltung, S. 35 Fn. 73; vgl. *Becker*, RAO, § 14 Anm. 1.

Auch in der Weimarer Republik lag die ausschließliche Gesetzgebungskompetenz für Zölle nach Art. 6 Nr. 6 WRV beim Reich. Nach Art. 8 S. 1 WRV stand dem Reich die Gesetzgebungskompetenz zusätzlich bei den Steuern zu, für welche es (zumindest teilweise) die Ertragshoheit besaß. S. 2 derselben Vorschrift beinhaltete eine Klausel zur Rücksichtnahme für den Fall, dass das Reich auch Steuern hinsichtlich der Ertragshoheit an sich zog, welche vorher die der Länder war. Durch Art. 12 Abs. 1 S. 1 WRV, nach dem die Gesetzgebungshoheit bei den Ländern verblieb, solange und soweit das Reich von seiner Kompetenz keinen Gebrauch gemacht hatte, stellte Art. 8 WRV einen Fall der konkurrierenden Gesetzgebung zwischen Reich und Ländern dar.[27] Nach Art. 12 Abs. 1 S. 2 WRV galt dies aber nicht für die ausschließliche Gesetzgebung der in Art. 6 WRV aufgelisteten Bereiche. Obwohl dem Reich durch Art. 8 WRV theoretisch die Gesetzgebungshoheit über alle Steuern oblag, nutze das Reich seine Möglichkeiten in diesem Bereich (noch) nicht und beließ es bei einer tatsächlichen Gesetzgebung über Zölle und Verbrauchsteuern. Somit wurde der neue Vorteil für das Reich gegenüber der Regelung der RV nicht genutzt. Dadurch konnte es in jedem Land zu unterschiedlichen Abgaben aufgrund unterschiedlicher Steuergesetze kommen, was das Risiko barg, dass das volle „Steuereinnahmepotenzial“ in einigen Ländern nicht ausgeschöpft wurde.

(bb.) Einführung neuer Reichssteuergesetze als Reformmaßnahme

Erzberger sah es als seine Pflicht als guter Reichsfinanzminister an, von der durch Art. 8 WRV geschaffenen Möglichkeit für eine absolute Steuergesetzgebungshoheit des Reiches Gebrauch zu machen.[28] Da *Erzberger* auch zur Steigerung der Steuereinnahmen des Reiches für Steuergerechtigkeit sorgen wollte, nutzte er Art. 8 S. 1 WRV, um 13 Reichsgesetze[29] durchzusetzen, die für

---

27 Vgl. *Hatschek*, Staatsrecht, S. 470; dazu *Lassar*, in: HbdDStR, § 27, S. 307f.

28 S. *Erzberger*, Reden, S. 8f., 26.

29 Außerordentliches KriegsabgabenG v. 10. September 1919, RGBl. 1567ff.; ReichsG über eine Kriegsabgabe vom Vermögenszuwachs v. 10. September 1919, RGBl. 1579ff.; ErbschaftsteuerG v. 10. September 1919, RGBl. 1543ff.; SpielkartensteuerG v. 10. September 1919, RGBl. 1643ff.; ZündwarensteuerG v. 10. September 1919, RGBl. 1629ff.; GrunderwerbsteuerG v. 12. September 1919, RGBl. 1617ff.; TabakwarensteuerG v. 12. September 1919, RGBl. 1667ff.; UmsatzsteuerG v. 24. September 1919, RGBl. 2157ff.; ReichsnotopferG v. 31. Dezember 1919, RGBl. 2189ff.; EinkommensteuerG v. 29. März 1920, RGBl. 359ff.; KapitalertragsteuerG v. 29. März 1920, RGBl. 359ff.; KörperschaftsteuerG v. 30. März 1920, RGBl. 393ff.

alle Steuerpflichtigen des Reichs die Auferlegung derselben Steuern bedeutete, unabhängig davon, in welchem Gliedstaat sich der Wohnsitz befand.[30]

b.) Ertragskompetenz

(aa.) Ausgangssituation und Problematik der Reichsfinanzierung

Im Kaiserreich wies Art. 38 RV dem Reich nur die Ertragshoheit über Zölle und Verbrauchsteuern gem. Art. 35 RV zu. Durch Art. 4 Nr. 2 RV i.V.m. Art. 70 RV konnte es die Ertragshoheit für direkte Reichssteuern durch Reichsgesetze zwar selbst regeln, was die Bundesstaaten durch Ablehnung der Reichsgesetze im Bundesrat aber zu verhindern wussten.[31] Die Bundesstaaten[32] hatten somit die Ertragshoheit über die direkten Steuern. Lediglich die sog. Matrikularbeiträge[33] hatten die Länder nach Art. 70 RV an das Reich abzuführen. Die Länder kamen somit zusammenaddiert auf einen Anteil von 65 Prozent der gesamten Steuereinnahmen, während auf das Reich nur ein Anteil von 35 Prozent abfiel.[34] Das Reich stand somit in finanzieller Abhängigkeit zu den Bundesstaaten.

In der WRV war keine dem Art. 70 RV entsprechende Regelung zu finden, so dass sich die Deckung des enormen Finanzbedarfs ohne die Übernahme des Matrikularbeitrigesystems schwierig bis nahezu unmöglich gestaltet hätte.[35] Auch befand sich in der WRV keine explizite Vorschrift zur Regelung der Ertragskompetenz. In Art. 8 WRV wurde die Ertragshoheit des Reichs zumindest vorausgesetzt.[36] Art. 8 S. 2 WRV räumte dem Reich sogar die Möglichkeit der Inanspruchnahme von Einnahmen ein, die vorher den Ländern zuflossen.

(bb.) Das Landessteuergesetz als Reformmaßnahme

Da Art. 8 S. 1 Hs. 2 WRV als Voraussetzung für die Gesetzgebungshoheit des Reichs enthielt, dass die Einnahmen dem Reich auch zukommen mussten,

30 S. *Erzberger*, Reden, S. 9.

31 Vgl. dazu *Korte*, Steuergesetzgebung, S. 19.

32 Die Gemeinden sollen hierbei im Folgenden mit eingeschlossen sein.

33 Art. 70 S. 2 RV regelte den Finanzausgleich zwischen Reich und Ländern durch die Matrikularbeiträge, die bei nicht ausreichenden Einnahmen des Reichs durch die Zölle, Verbrauchsteuern und das Post- und Telegraphenwesen durch Beiträge der Länder nach Maßgabe ihrer Bevölkerung an das Reich zu leisten waren. Dazu *Hornschu*, Entwicklung des Finanzausgleichs, S. 5ff.

34 S. *Erzberger*, a.a.O., S. 69f.

35 Vgl. *Ders.*, a.a.O., S. 8f.

36 So auch *Gusy*, Die WRV, S. 244; *Heintzen*, in: Münch/Kunig, Art. 106 Rn. 11.

hatte *Erzberger* das Landessteuergesetz[37] auf Grundlage der „Berücksichtigungsklausel“ des Art. 8 S. 2 WRV durchgesetzt. Dieses regelte die Verteilung der Ertragskompetenz durch Einteilung der Steuern in drei Gruppen. Die erste Steuergruppe der Realsteuern und einiger indirekter Steuern unterlag nach § 8 LStG der ausschließlichen Ertragshoheit der Länder. An den Steuererträgen der Einkommen-, Körperschaft-, Erbschaft-, Grunderwerb- und Umsatzsteuer, die die zweite Gruppe bildeten, wurden die Länder nach §§ 17, 34, 37, 41 LStG beteiligt. Zölle und Verbrauchsteuern, Stempelabgaben wegen des Reichsstempelgesetzes, Kohlen-, Wechselstempel-, Kapitalertragsteuer, die Beförderung- und Besitzsteuern unterstanden als dritte Steuergruppe somit der ausschließlichen Ertragshoheit des Reiches.[38] Der weitreichende Verlust der Ertragskompetenz der Länder sollte somit durch ein Steuerüberweisungssystem des Reichs an die Länder ausgeglichen werden.

Somit hatte *Erzberger* die Ertragshoheit des Reichs auch auf die direkten Steuern ausgeweitet. Die finanzielle Abhängigkeit des Reichs von den Ländern wurde dadurch umgekehrt, dass das Haupteinkommen der Steuererträge nun dem Reich zufloss.

c.) Verwaltungskompetenz

(aa.) Ausgangssituation und Problematik der Ineffizienz

Nach Art. 36 Abs. 1 RV lag die Verwaltungskompetenz sowohl für die direkten Steuern als auch über Zölle und Verbrauchsteuern bei den Bundesstaaten, obwohl die Gesetzgebungs- und die Ertragshoheit der Zölle und Verbrauchsteuern beim Reich lagen.[39] Die Kompetenz des Reichs war lediglich auf die Kontrolle der Bundesstaaten durch vom Kaiser ernannte Reichsbeamte (sog. Reichskommissare[40]) nach Art. 36 Abs. 2 RV begrenzt. Die Steuerverwaltungshoheit der Länder führte zu einem unterschiedlichen Aufbau der Verwaltungsbehörden und einem unterschiedlichen Vollzug der Reichsteuern in den Ländern.[41] Lediglich im Zollwesen ließen sich Angleichungen innerhalb der Bundesstaaten aufgrund des Deutschen Zoll- und

---

37 LandessteuerG v. 30. März 1920, RGBl. 402ff.; im Folgenden „LStG“ abge- kürzt; ausf. *Hornschu*, Entwicklung des Finanzausgleichs, S. 10ff.

38 *Hornschu*, a.a.O., S. 11.

39 S. C.I.1.a und C.I.2.a.

40 *Seer*, in: BK, Stand 2011, Art. 108 Rn. 3.

41 S. *Seer*, in: BK, Stand 2011, Art. 108 Rn. 4.

Handelsvereins finden.[42] Ansonsten ließ sich die Verwaltungsbehördensituation als das Ergebnis einer „Fortwucherung" der unterschiedlichsten Strukturen der Verwaltung seit dem 19. Jahrhundert bezeichnen.[43]

In der Nationalversammlung wurde eine reichseigene Zollverwaltung beschlossen und mit der Verwaltungskompetenz für die Verbrauchsteuern[44] in Art. 83 Abs. 1 WRV verankert. Bezüglich der übrigen, der direkten Steuern ließ sich kein dies ausdrücklich regelnder Artikel der WRV finden.[45] Somit wurde der „Grundsatz der Länderzuständigkeit"[46] in Art. 14 Hs. 1 WRV überführt. Er sprach den Ländern die Verwaltungshoheit zu, in dem er bestimmte, dass die Reichsgesetze von den Landesbehörden ausgeführt wurden. Der Grundsatz erfuhr durch Art. 14 Hs. 2 WRV jedoch dahingehend eine Einschränkung, dass er nur bei einer bei den Ländern liegenden Gesetzgebungskompetenz greifen konnte. Da aber kurz nach der Verfassungsgebung noch keine derartigen Reichsgesetze existierten, verwalteten die Länder weiterhin die direkten Steuern. Das hatte zur Folge, dass durch die uneinheitliche Finanzverwaltung der 26 Länder ein „Splitterbild"[47] der Finanzverwaltungen entstanden war.[48] Da dieses System nicht die effektivste Art der Steuerverwaltung sein konnte und die damalige finanzielle Situation Deutschlands das Erfordernis einer enormen Steigerung der Steuereinnahmen mit sich brachte, konnte und durfte es dergestalt nicht fortbestehen.

(bb.) Vereinheitlichung der Verwaltung als Reformmaßnahme

Nach *Erzberger* war neben der Schaffung neuer Einnahmequellen für das Reich durch die neuen Steuergesetze die Effizienzsteigerung der Steuerverwaltung unverzichtbar: Einerseits zur Bewältigung des gesteigerten Verwaltungsbedarfs der vielen neuen Reichssteuern, andererseits um den höchstmöglichen Ertrag der Steuereinnahmen durch die kleinstmöglichen Verwaltungskosten zu erhalten, was durch eine Unitarisierung der Steuerverwaltung geschehen

42 Seit seiner Gründung im März 1833 hatte er in vielen Bundesstaaten für ein einheitliches Recht im Zollwesen (teilweise auch der Verbrauchsteuern) geführt s. *Groth*, Die Reichsfinanzverwaltung, S. 14.

43 S. *Möller*, Reformwerk, S. 34; vgl. *Groth*, Die Reichsfinanzverwaltung, S. 14.

44 Auflistung der damaligen Verbrauchsteuern s. *Hatschek*, Staatsrecht, S. 468.

45 Vgl. *Seer*, in: BK, Stand 2011, § 108 Rn. 6.

46 *Gusy*, Die WRV, S. 239.

47 *Möller*, a.a.O., S. 34.

48 S. *Ders.*, ebda.; vgl. *Weingarten*, Gesetzesvollzug, S. 32.

sollte.[49] Diese wollte *Erzberger* mittels einer für das ganze Reich verbindlichen Abgabenordnung[50] erreichen, die die Regelungen zur Errichtung einer Reichsfinanzverwaltung enthalten sollte. Er ließ die Verwaltungskompetenz für Steuern durch § 8 Abs. 1 RAO, der die Steuerverwaltung durch Reichsbehörden vorsah, gänzlich auf das Reich übertragen, so dass diese nicht mehr nur auf Zölle und Verbrauchsteuern begrenzt war.

2.) Steuerverwaltungsstruktur

a.) Problematik eines „Splitterverwaltungssystems"

Im deutschen Kaiserreich gab es keine Reichsfinanzverwaltung. Auch nur annähernd wurde diese Rolle vom Reichsschatzamt[51] übernommen, dem die Reichskommissare unterstellt waren, doch bedeutete dies auch nur die Überwachung der Länderverwaltung durch das Reich, deren Einfluss wohl auch eher gering war.[52] Mit der Durchführung der Gesetze waren die Landesbehörden und nicht die Reichsbehörden betraut.[53]

In der neuen Republik ließ sich das sich daraus entwickelte, oben erläuterte „Splitterverwaltungssystem" der Landesfinanzverwaltungen finden.[54] Um bei den Steuern den höchsten Ertrag durch niedrige Verwaltungskosten zu erhalten und die neuen Reichssteuern organisatorisch bewältigen zu können, war eine Neugestaltung des Verwaltungsbehördensystems unumgänglich.[55]

b.) Die Reichsfinanzverwaltung als Reformmaßnahme

Erzberger beabsichtigte mit einem neuen Aufbau der Verwaltung durch die Reichsfinanzverwaltung „Klarheit und Ordnung"[56] zu schaffen: Oberste Reichsbehörde sollte das Reichsministerium für Finanzen sein, es folgten die Landesfinanzämter, trotz ihres widersprüchlichen Namens, als mittlere Reichsbehörden. Deren Sachbearbeiter waren zugleich die Richter der angegliederten Finanzgerichte. Unterste Reichsbehörden waren die Finanz- und Hauptzollämter.

49 Vgl. *Erzberger*, Reden, S. 42ff.
50 Im Folgenden mit „RAO" abgekürzt.
51 Allerhöchster Erlass, betreffend die Errichtung des Reichsschatzamts v. 14. Juli 1879, RGBl. 196.
52 Vgl. *Leidel*, Reichsfinanzverwaltung, S. 38; *Seer*, in: BK, Stand 2011, Art. 108 Rn. 3.
53 S. C.I.3.a.
54 S. C.I.3.a.
55 Vgl. *Erzberger*, Reden, S. 42, 70f.; *Seer*, in: BK, Stand 2011, Art. 108 Rn. 6.
56 *Erzberger*, a.a.O., S. 43.

Für die größtmögliche Effektivität sollte ein einheitlich ausgebildeter Beamtenstab geschaffen werden.[57] Ein weiteres, vielleicht sogar gewichtigeres Ziel war dabei auch, Herr über das große Problem der Kapitalflucht zu werden, das nach dem verlorenen Krieg und den dadurch anstehenden Steuererhöhungen entstanden war.[58] Dies sollte durch Buch- und Betriebsprüfungen durch Finanzbeamte im Rahmen eines Steueraufsichts- und Steuerermittlungsverfahren erfolgen.[59] Daher war die Reichsfinanzverwaltung für *Erzberger* der Stein, der die Reform ins Rollen bringen sollte.[60] Für eine schnellere Verwirklichung dieser Ziele ließ *Erzberger* die ursprünglich in seinem Auftrag durch *Becker* in den Entwurf der RAO eingearbeiteten Regelungen bezüglich der Reichsfinanzverwaltung (§§ 8–50, 441, 443, 451) ausgliedern. Für deren Umsetzung zum 1. Oktober 1919 wurden sie sodann als eigenständiges besonderes „Gesetz über die Reichsfinanzverwaltung"[61] von der Nationalversammlung gebilligt.[62] Unwesentlich verändert wurden die Paragrafen wieder in die RAO eingegliedert, mit deren Inkrafttreten am 23. Dezember 1919 das Finanzverwaltungsgesetz außer Kraft gesetzt worden ist.[63]

3.) Steuerverfahrensrecht

a.) Problematik der Uneinheitlichkeit des Verfahrensrechts

Als Folge der „zersplitterten" Finanzverwaltung konnten auch in jedem Bundesstaat die Steuerveranlagungstechnik und das Rechtsmittelverfahren selbstständig geregelt werden. Aufgrund dieser unterschiedlichen Regelungen gab es im Reich kein einheitliches Verfahrensrecht. Zur Vereitelung der daraus resultierenden Rechtszersplitterung waren schon 1918, nach dem Vorbild des Reichsgerichts, der Reichsfinanzhof[64] und die Reichsfinanzhofordnung,

---

57 S. *Erzberger*, a.a.O., S. 71; *ders.*, Verh., 338. Bd., S. 535 (579).

58 Dazu *Pausch*, StBp 1979, 97.

59 §§ 162 Abs. 9, 173 Abs. 3 RAO; s. *Erzberger*, a.a.O., S. 46ff., 120.

60 Vgl. dazu *Erzberger*, a.a.O., S. 68.

61 FinanzverwaltungsG v. 10. September 1919, RGBl. 1591ff.

62 S. 10. Ausschuss über den Entwurf einer RAO (§§ 8–50, 441, 443, 451) in Verh., 338. Bd., S. 877–886; s. *Leidel*, Reichsfinanzverwaltung, S. 124.

63 S. Verordnung zur Einführung der Reichsabgabenordnung v. 18. Dezember 1919, RGBl. 2101 (2107); Bericht des 11. Ausschusses über den Entwurf einer Reichsabgabenordnung in Verh., 339. Bd., S. 1386 (1389f., 1502ff.).

64 Gesetz über die Errichtung eines Reichsfinanzhofs und über die Reichsaufsicht für Zölle und Steuern v. 26. Juli 1918, RGBl. 959ff.; im Folgenden mit „RFH" abgekürzt; dazu *Popitz*, StuW 1928, Sp. 971 (974ff.).

die jedoch nur das nötigste Verfahrensrecht enthielt, geschaffen worden.[65] Der RFH war nach §§ 1, 7 des Errichtungsgesetzes die oberste Spruch- und Beschlussbehörde für Reichsabgabensachen: Besitz-, Verkehrsteuern und Kohlenabgaben. Nach § 8 dieses Gesetzes war für diese Abgaben der ordentliche Gerichtsweg ausgeschlossen. Hingegen lag keine Zuständigkeit für Zölle und Verbrauchsteuern vor. Auch stellte die Reichsfinanzhofordnung kein umfassendes reichseinheitliches Verfahrensrecht dar. Es fehlte somit ein Mantelgesetz, welches die für die finanzielle Situation Deutschlands notwendige Vereinheitlichung bewirken konnte.[66]

b.) Die Reichsabgabenordnung als Reformmaßnahme

Erzberger sah die gerechte Steuerveranlagung durch eine vereinheitlichte Technik mit einem einheitlichen Rechtsmittelverfahren[67], welche durch Vereinheitlichung des Verfahrensrechts geschaffen werden sollten, als notwendig zur Erreichung der oben genannten Ziele an.[68] Schon 1918 war die Vereinheitlichung des Verfahrensrechts im Reichsschatzamt beschlossen worden.[69] Am 30. Oktober 1918 wurde *Enno Becker*, ein Ziviljurist, der zu dieser Zeit ein Oberlandesgerichtsrat und wegen seines Rufs als Steuerexperte Mitglied des Oberverwaltungsgerichts war, mit der Schaffung eben dieser betraut.[70] Am 13. Juli 1919 verkündete *Erzberger*, dass die in dem zu diesem Zeitpunkt noch im Entstehungsprozess befindliche RAO schon in den nächsten Tagen als Entwurf einer RAO mit Regelungen für eine Reichsfinanzverwaltung dem vorher anzuhörenden Staatenausschuss[71] zukommen würde.[72] Das bedeutete, dass *Becker* nun innerhalb kürzester Zeit die reichseigene Reichsfinanzverwaltung in seinen Entwurf der RAO einarbeiten musste. *Becker* arbeitete dafür den Abschnitt

65 Reichsfinanzhofordnung v. 21. September 1918, RGBl. 1119ff.; s. *Kumpf*, FS BFH, S. 24ff.; *Pausch*, FS Wallis, S. 10f.; *Seer*, in: BK, Stand 2011, Art. 108 Rn. 4.

66 S. *Becker*, RAO, Einl. Anm. 1; zur finanziellen Situation s. B.III.

67 Es handelt sich um das heutige Rechtsbehelfsverfahren, im Folgenden daher auch als Rechtsbehelfsverfahren bezeichnet; zur heutigen Unterscheidung s. *Seer*, in: Tipke/Kruse, Stand 2011, Einf. FGO Rn. 22.

68 S. *Erzberger*, Reden, S. 42f.; *ders.* in Verh., 331 Bd., S. 3783 (3802ff.).

69 Popitz, StuW 1928, Sp. 971 (973f.).

70 S. *Cordes*, Untersuchungen der RAO, S. 11; Kurzbiografie s. *Milde*, in: Gedenkschrift Becker, S. 12f.

71 Nach § 2 Abs. 1 des Gesetzes über vorläufige Reichsgewalt v. 10. Februar 1919, RGBl. 169ff.; dazu *Mommsen*, Die verspielte Freiheit, S. 66.

72 *Becker*, RAO, Vor § 217 Anm. 6.

„Behörden" um, der neben der Integration des schon existenten RFH danach auch erstmals Finanzgerichte vorsah.[73] Dabei hatte der Zuständigkeitsbereich des RFH eine Erweiterung um Zölle und Verbrauchsteuern erfahren. Somit war der RFH die oberste Spruchbehörde für alle Steuersachen geworden.[74] Der Rechtsweg vor den ordentlichen Gerichten war nach § 227 S. 1 AO ausgeschlossen. Durch die Neugestaltung des Behördensystems war auch die Umarbeitung des Rechtsbehelfsverfahrens im Entwurf der RAO nötig geworden. Das neue Rechtsbehelfsverfahren der RAO unterschied sodann in § 217 RAO zwischen Zöllen und Verbrauchsteuern und anderen Steuern, so dass der Rechtsbehelf für die ersten Abgaben das Anfechtungsverfahren (Nr. 2) und für die zweiten (Besitz- und Verkehrsteuern) das Berufungsverfahren (Nr. 1) war. Dies war wiederum für den Instanzenzug entscheidend: Beim Anfechtungsverfahren konnte dieser vom Landesfinanzamt zum RFH führen, beim Berufungsverfahren vom Finanzamt über das Finanzgericht zum RFH. Das Rechtsbehelfsverfahren war auf die in § 217 RAO aufgezählten Bescheide beschränkt, so dass das Enumerationsprinzip galt.[75] *Becker* hatte das Rechtsbehelfsverfahren in den §§ 217ff. RAO als ein „erweitertes Festsetzungs- und Verwaltungsverfahren"[76] konzipiert. Dies bedeutete, dass zwischen Verwaltungs- und Gerichtsverfahren keine Trennung erfolgt war. Als Konsequenzen daraus standen den Finanzgerichten nach § 229 RAO dieselben Befugnisse im Ermittlungs- und Festsetzungsverfahren wie den Finanzämtern zu.[77] Auch gilt daher der Amtsermittlungsgrundsatz nach § 228 RAO, der hier zu einem für den Steuerpflichtigen nachteiligen Ergebnis (sog. reformatio in peius[78]) einer Entscheidung über einen Steuerbescheid führen konnte. Die Verknüpfung von Verwaltung und Gerichtsbarkeit bestand dadurch, dass die Sachbearbeiter der Landesfinanzämter parallel in einer Doppelfunktion die Richter der Finanzgerichte darstellten. Die Gründe hierfür lagen darin, dass die Finanzgerichte den Landesfinanzämtern nach § 14 Abs. 1 RAO angegliedert waren und ihre Aufgabe primär darin bestand, die Gesetzmäßigkeit der Verwaltung sicherzustellen.[79]

---

73 S. *Ders.*, ebda.; die Errichtung der Finanzgerichte erfolgte durch Verordnung v. 5. August 1921, RGBl. 1241ff.; zum Behördensystem s. C.II.2.

74 S. § 32 Abs. 1 S. 1 RAO; dazu *Cordes*, a.a.O., S. 93ff.

75 S. *Cordes*, Untersuchungen der RAO, S. 272ff.

76 *Becker*, RAO, Vor § 217 Anm. 3, 4.

77 S. *Ders.*, RAO, § 229 Anm. 2.

78 *Seer*, in: Tipke/Lang, § 22 Rn. 47.

79 S. *Seer*, BK, Stand 2011, Art. 108 Rn. 8; *Pagenkopf*, Finanzausgleich, S. 110.

4.) Erfolg der Erzbergerschen Reformmaßnahmen?

Der Erfolg der Reform ist danach zu beurteilen, ob durch die Neuerungen Missstände behoben werden konnten, die der Erzielung der enormen Steuereinnahmenerhöhung und der Verwirklichung von Steuergerechtigkeit entgegengestanden hätten.

a.) Bewertung der kompetenziellen Reformmaßnahmen

Durch die Nutzung der durch Art. 8 WRV bestehenden Möglichkeit der Gesetzgebungshoheit des Reiches hatte *Erzberger* 13 Steuergesetze, zusammen mit der Ausweitung der Ertragskompetenz des Reiches auf direkte Steuern durch das Landessteuergesetz, zur Steigerung der Steuereinnahmen des Reiches schaffen können. Gleichzeitig wurde durch die einheitliche Steuergesetzgebung des Reichs sichergestellt, dass in jedem Land das „Steuereinnahmepotenzial" ausgeschöpft wurde. Auch sorgte dies für die Verwirklichung von Steuergerechtigkeit, da jeder Steuerpflichtige im Reich mit den gleichen Steuern belastet wurde. Mit den in der RAO enthaltenen Regelungen über die Reichsfinanzverwaltung hatte er auch die Verwaltungshoheit auf das Reich übertragen. Auch mit dieser Maßnahme der Vereinheitlichung der Verwaltung konnte zur Steuergerechtigkeit durch eine reichseinheitliche Steuerveranlagung, deren Technik für das gesamte Reich in der RAO normiert worden war, beigetragen werden. Somit sind diese Reformmaßnahmen (zunächst) als erfolgreich zu bewerten.[80]

Negativ zu bewerten ist dagegen die Unstetigkeit des Landessteuergesetzes. Da die Länder nach §§ 1, 2 LStG nur noch Steuern erheben durften, die weder der Verfassung, noch den Reichsgesetzen entgegenstanden,[81] bewirkte diese großflächige Übertragung der Kompetenzen auf das Reich einen großen Verlust in den Länderhaushalten. Dadurch waren sie neben der Angewiesenheit auf die Steuerüberweisungen durch das Reich zugleich zu größter Sparsamkeit gezwungen, was *Erzberger* als positiven Nebeneffekt erachtete.[82] Die Länder kamen in der Realität jedoch nicht mit den Überweisungen aus, so dass die Regelungen nie einen längeren Zeitraum überdauern konnten. Es bedurfte immer wieder Anpassungen an die jeweilige Situation; das Landessteuergesetz unterlag

80 Vgl. dazu *Pagenkopf*, Finanzausgleich, S. 113f.; zum weiteren Verlauf s. F.I.
81 Aufzählung dieser Steuern in *Erzberger*, Reden, S. 113f.
82 Vgl. *Ders.*, a.a.O., S. 118.

daher so vielen Änderungen wie kaum ein anderes Steuergesetz.[83] Jedoch sahen *Günter Schmölders* und *Hans Pagenkopf* das Versagen bezüglich einer überdauernden Regelung nicht im System selbst, sondern in der kriegsbedingten Inflation und dem Staatsbankrott des Reichs und der Länder.[84]

b.) Bewertung der verfahrensrechtlichen Reformmaßnahme

Durch die RAO wurde eine einheitliche Steuerveranlagungstechnik im gesamten Reich eingeführt. Gleichzeitig wurde ein neues, einheitliches Rechtsbehelfsverfahren geschaffen, das durch Errichtung von Finanzgerichten für eine Erweiterung des Rechtsschutzes der Steuerpflichtigen sorgte.[85] Durch die Gerichte konnte jedoch kein umfassender Rechtsschutz erreicht werden, da die Gerichtsbarkeit nach dem damaligen Rechtsverständnis vornehmlich der Kontrolle der Verwaltung und nicht dem Schutz der Steuerpflichtigen diente.[86] Denn obwohl der RFH gegenüber der Finanzverwaltung selbstständig war,[87] waren Verwaltung und Gerichtsbarkeit durch die Landesfinanzämter mit den angegliederten Finanzgerichten miteinander verknüpft. *Becker* sah die Verknüpfung von Verwaltung und Berufungsinstanz als notwendig für die Gleichmäßigkeit der Besteuerung an.[88] Hinzu kam die damalige Ansicht, dass die Veranlagung eine der Rechtsprechung verwandte Tätigkeit darstellte.[89] Somit führte die RAO zu Vereinheitlichung in all ihren Regelungsbereichen, aber nicht zu einer Trennung von Exekutive und Judikative, was den Rechtsschutz nicht zu voller Geltung kommen ließ.

c.) Bewertung der verwaltungsstrukturellen Reformmaßnahme

Das Reich hatte durch *Erzbergers* Reformmaßnahme der Reichsfinanzverwaltung eine reichseigene und reichseinheitliche Finanzverwaltung erhalten. Diese bedeutete neben der Verselbstständigung der Steuerverwaltung von der allgemeinen

---

83 Z.B. Finanzausgleichsgesetz v. 23. Juni 1923, RGBl. I 494ff.; v. 27. April 1926, RGBl. I 203ff.; s. *Apelt*, Geschichte der Weimarer Verfassung, S. 154 f.; *Pagenkopf*, Finanzausgleich, S. 117.

84 *Pagenkopf*, Finanzausgleich, S. 129; *Schmölders*, Finanzpolitik, S. 150.

85 *Pagenkopf*, a.a.O., S. 110.

86 Vgl. *Becker*, RAO, Vor § 217 Anm. 3, 4; *Seer*, in: Tipke/Kruse, Stand 2011, Einf. FGO Rn. 8, 32.

87 S. *Becker*, RAO, Vor § 217 Anm. 3.

88 Dazu *Ders.*, RAO, § 14 Anm. 1, Vor § 217 Anm. 3.

89 S. *Cordes*, Untersuchungen der RAO, S. 272.

Verwaltung, die gleiche Steuerverwaltung durch die Reichsbehörden in der gesamten Republik. Auch ist die Reichsfinanzverwaltung mit den fachspezifisch ausgebildeten Beamten und der Einführung der Buch- und Betriebsprüfungen wohl das einzige Mittel zur Effizienzsteigerung der Verwaltung, der erfolgreichen Organisation der neuen Reichssteuern und der Bekämpfung des großen Problems der Kapitalflucht gewesen. Das neue System einer einheitlichen Reichsfinanzverwaltung sahen *Willibalt Apelt* und *Klaus Epstein* sogar als den größten und wichtigsten Schritt für den Einheitsstaat seit 1867 an.[90]

IV. Die „Erzbergersche“ Steuerreform?

Nach der Darstellung der Reformmaßnahmen ist zu klären, was für ein Anteil davon *Erzberger* selbst zuzurechnen ist – ob es sich wirklich um die „*Erzbergersche* Steuerreform“ handelt.

1.) Vorliegende Bedingungen

Zunächst ist festzuhalten, dass die neu geschaffene WRV die Grundvoraussetzung für *Erzbergers* Reform darstellte: Durch Art. 8 WRV war die Gesetzgebungskompetenz des Reiches erweitert und durch Art. 14 die Möglichkeit der Einschränkung bzw. des Entzugs der Verwaltungskompetenz der Länder geschaffen worden. Andererseits ist zu beachten, dass *Erzberger* als Abgeordneter in der Nationalversammlung wohl auch einen gewissen Einsatz dafür aufgebracht haben wird, dass die WRV bei gewissen Artikeln zumindest in eine Richtung gegangen ist, die ihm seine Reformarbeit ermöglichen würde.[91] Nicht ohne Grund bezeichnete *Alex Möller* die Ausgestaltung des Art. 14 WRV als Erlangung der von *Erzberger* ersehnten „Ellbogenfreiheit“[92].

2.) Öffentlich vorgestellte Reformpläne

Bereits 1916 hatte *Wilhelm Keil*[93] öffentlich deutlich gemacht, dass ausschließlich die Kompetenz über die indirekten Steuern für das Reich nicht mehr ausreichend sei und hatte sich daher über Jahre hinweg für eine Reichssteuerverwaltung

90 *Apelt*, Geschichte der Weimarer Verfassung, S. 151; *Epstein*, Democracy, S. 336.

91 So auch *Senger*, Reform der Finanzverwaltung, S. 35; vgl. *Möller*, Reformwerk, S. 10, 32; s. Nationalversammlungsmitglied in Verh., 335. Bd., S. 1 (3).

92 *Möller*, a.a.O., S. 31f.

93 *Keil* war später als Mitglied der Nationalversammlung der Steuersprecher der SPD-Fraktion s. *Keil*, Erlebnisse, S. 167, 187.

eingesetzt.[94] 1918 hatte der Rat der Volksbeauftragten der Öffentlichkeit eine Reichssteuerreform präsentiert. Sie sah die Einführung einer Abgabenordnung, den Erlass neuer Steuergesetze zur Schaffung neuer Einnahmequellen und die Erweiterung der Reichskompetenz um die direkten Steuern vor.[95] Zwar verblieb es bei der Vorstellung und kam zu keiner Umsetzung durch den Rat, doch sah *Möller* sie als „grundlegend"[96] für die Reform von *Erzberger* an.

Dass schon diese öffentlichen Vorstellungen stattgefunden hatten, zeigt, dass die Ideen der *Erzbergerschen* Reform nicht neu waren und somit nicht die Alleinigen *Erzbergers* gewesen sein konnten. Auch wird *Erzberger*, als Nationalversammlungsmitglied, der erste Verfassungsentwurf von *Hugo Preuß*[97] wohl bekannt gewesen sein. In diesem hatte *Preuß* beabsichtigt, die Finanzgewalt auf das Reich zu übertragen, in dem er dem Reich den Zugang zu sämtlichen Steuern ermöglichen wollte.[98]

3.) Durchsetzung der Reform als Verdienst Erzbergers

Der größere Erfolg von *Erzberger* lag wohl daher nicht in der Entwicklung der Reformidee, sondern eher in seinem Geschick hinsichtlich ihrer Durchsetzung. Zum einen ist *Erzbergers* Art und Weise, wie er die Reform durchzusetzen versuchte, hervorzuheben: Eine stufenweisen Einbringung von 16 einzelnen Reichsgesetzen. Somit kam die Reform schon ins Rollen, bevor sie vollständig abgeschlossen war. *Erzbergers* Taktik war dabei, auch Druck auf die Abschlussberatungen auszuüben, indem er bei einer für sein Empfinden zu langwierigen Entscheidung schon den nächsten Gesetzesentwurf einbrachte.[99] Das erwünschte Resultat war somit eine schnellere Zustimmung zu seinen Gesetzesentwürfen, was eine zügigere Umsetzbarkeit der Reform bedeutete. Sein Geschick zeigte sich vor allem bei der Einführung der Reichsfinanzverwaltung. Als er am

94 S. *Keil* in Verh., RT, 307 Bd., S. 777 (780ff.); Verh., 327. Bd., S. 1375 (1383ff.); *ders*, Erlebnisse, S. 186f. m.w.N.

95 Der Rat der Volksbeauftragten war ein Zusammenschluss von je drei SPD- und USPD-Mitgliedern s. *Rosenberg*, Entstehung und Geschichte, S. 275; *Winkler*, Weimar 1918–1933, S. 36ff.; zum Programm s. *Möller*, Reformwerk, S. 20ff.

96 *Möller*, a.a.O., S. 20f.

97 *Preuß* war Staatsrechtler und Innenminister, zu den weiteren Themen seiner Entwürfe: *Rödder*, in: Verfassung, S. 12ff.; Tabellarischer Überblick s. *Dreyer*, in: 80 Jahre WRV, S. 39.

98 S. *Leidel*, Reichsfinanzverwaltung, S. 74f.; *Preuß*, Staat, Recht und Freiheit, S. 381f., 404f.

99 *Möller*, Reformwerk, S. 27.

13. Juli 1919 die Notwendigkeit einer Reichsfinanzverwaltung vorstellte, erteilten Bayern, Württemberg, Sachsen und Oldenburg dieser eine Absage.[100] Statt den wohl nicht unproblematischen und mit dem Risiko einer Niederlage behafteten Weg einer Änderung des Art. 83 WRV für eine verfassungsrechtliche Verankerung der Reichsfinanzverwaltung zu gehen, nutzte *Erzberger* die durch Art. 14 Hs. 2 WRV gegebene Möglichkeit, sie nur aufgrund eines Reichsgesetzes zu errichten. Er verkündete also, dass das Konzept der Reichsfinanzverwaltung in den Entwurf der RAO, die als Reichsgesetz erlassen werden sollte, eingearbeitet werden würde, was wohl nicht nur zu einer „großen Überraschung“[101] *Beckers* geführt haben wird.[102] Um die Chancen einer Zustimmung zu erhöhen, wollte *Erzberger* diese noch von der unitarisch gestimmten Nationalversammlung erhalten.[103] Als im Staatenausschuss zahlreiche Landesvertreter ihre Zustimmung verweigerten, räumte *Erzberger* ein, zu Zugeständnissen für die Länder bereit zu sein. Für den Fall der andauernden Verweigerung aber, die das Inkrafttreten einer Reichsfinanzverwaltung zum 1. Oktober 1919 zum Scheitern gebracht hätte, drohte er an, den Entwurf auch ohne Zustimmung durch die Reichsregierung in die Nationalversammlung einzubringen.[104] Somit setzte er seine Position als Finanzminister geschickt ein, um die Länder unter Druck zu setzen, da die unitarisch gestimmte Nationalversammlung einer Reichsfinanzverwaltung wohl zugestimmt hätte. Der Staatenausschuss stimmte dem Entwurf letztlich mehrheitlich zu. Mit den sich noch verweigernden Länderregierungen führte *Erzberger* in den sog. Weimarer Abkommen durch Direktverhandlungen eine Einigung herbei,[105] so dass der Entwurf der Nationalversammlung am 6. August 1919 vorgelegt werden konnte.[106]

Um möglichst schnell mit dem Aufbau der Reichsfinanzverwaltung beginnen zu können, wollte *Erzberger*, dass die RAO noch vor Auseinandertreten der Nationalversammlung, da die WRV am 11. August 1919 ausgefertigt worden war, von ihr gebilligt wurde.[107] Dies war bei einem so umfangreichen Werk jedoch nicht mehr möglich. Aufgrund der von *Erzberger* der Reichsfinanzverwaltung beigemessenen Bedeutung, fasste er die diesbezüglichen Vorschriften des Entwurfs

---

100 S. *Seer*, in: BK, Stand 2011, Art. 108 Rn. 6.

101 *Becker*, RAO, Vor § 217 Anm. 6.

102 *Ders.*, ebda.; s. C.III.2.

103 Vgl. dazu *Cordes*, Untersuchungen der RAO, S. 24ff.

104 S. *Leidel*, Reichsfinanzverwaltung, S. 119.

105 S. *Leidel*, Reichsfinanzverwaltung, S. 125f.

106 Verh., 338. Bd. 338, S. 535–601.

107 S. *Erzberger*, Reden, S. 68.

der RAO als eigenständiges besonderes Gesetz zusammen. Somit bekam er die Zustimmung der Nationalversammlung, die ihm den schnellst möglichen Aufbau der Reichsfinanzverwaltung erlaubt hatte.

Außerdem besaß *Erzberger* wohl einen guten Instinkt und wusste günstige Umstände zu nutzen, was wohl auch ein entscheidendes Kriterium des Erfolges bei der Durchsetzung war. [108] Dies lässt sich an der Nutzung der für *Erzbergers* Ziele günstigen Faktoren verdeutlichen: Die Zusammensetzung der Nationalversammlung und der für die Durchsetzung seiner Reform gewählte Zeitpunkt.[109] *Erzbergers* Einigkeit über eine Reform mit dem der SPD zugehörigen *Keil* sorgte für eine aus SPD und Zentrum bestehende Mehrheit in der Nationalversammlung.[110] Auch hielten zu diesem Zeitpunkt, der Entstehung einer Republik, alle Parteien, die in der Nationalversammlung vertreten waren, eine Vereinheitlichung des Besteuerungsverfahrens für notwendig.[111] Der Zeitpunkt zur Einführung der Reichsfinanzverwaltung konnte daher wohl nicht günstiger gewählt werden. *Herbert Leidel* bezeichnete es als „Ausnutzung des unitarischen Schwunges der Nationalversammlung“[112]. Nicht nur die Wahl des Zeitpunkts, sondern auch die Schnelligkeit der Einbringung von 16 Reichsgesetzesentwürfen in nur neun Monaten waren wohl auch ein Grund für *Erzbergers* Erfolg. Das führte dazu, dass die Länderregierungen „überrumpelt“ wurden und die Reform letztlich nicht verhinderten, da sie noch mit dem Wiederaufbau der Länder beschäftigt waren. *Christoph Gusy* sprach ihnen daher sogar die Fähigkeit ab, die sie selbst betreffenden Folgen der Reform durchschauen zu können.[113]

V. Verfassungsmäßigkeit der Erzbergerschen Steuerreform?

Schon vor Einführung der einheitlichen Reichsfinanzverwaltung wurden während der Beratungen in der Nationalversammlung Stimmen laut, die ihre Verfassungsmäßigkeit bezweifelten.[114] Der Anlass dazu war, dass die Errichtung der

108 So auch *Möller*, Reformwerk, S. 24.

109 S. dazu *Cordes*, Untersuchungen der RAO, S. 22f.

110 S. *Keil*, Erlebnisse, S. 186f.

111 Aussprachen der Abgeordneten für die RAO in Verh., 329. Bd., S. 2379 (2384); Verh., 331. Bd., S. 3675f., 3681f., 3800ff.

112 *Leidel*, Reichsfinanzverwaltung, S. 129.

113 S. *Gusy*, Die WRV, S. 243f.

114 S. *Düringer*, der für die Unitarisierung des Finanzwesens war, aber die für Verfassungsänderungen notwendige Mehrheit einforderte, in Verh., 331. Bd., S. 3783 (3799ff.); vgl. *Becker* in Verh., 329. Bd., S. 2585 (2616ff.).

Reichsfinanzverwaltung nicht durch einen Artikel in der WRV geregelt worden war, sondern durch ein einfaches Reichsgesetz.[115]

1.) Art. 00 Hs. 2 WRV als Ermächtigungsgrundlage?

Erzberger hatte das Finanzverwaltungsgesetz bzw. die RAO auf Art. 14 Hs. 2 WRV als Ermächtigungsgrundlage gestützt. Fraglich ist nun, ob Art. 14 Hs. 2 WRV die Ermächtigungsgrundlage für ein Reichsgesetz darstellen konnte, welches zu einem weitreichenden Verlust der Länderkompetenzen führte und somit in die durch die WRV gewährleisteten Rechte eingriff. Dies ist im Rahmen einer Auslegung von Art. 14 WRV festzustellen.

a.) Auslegung

Im Wege einer Auslegung ist Art. 14 WRV hinsichtlich seines Wortlauts, seiner Systematik, der Entstehungsgeschichte und nach seinem Sinn und Zweck zu erörtern.[116]

(aa.) Wortlaut

In Art. 14 WRV hieß es:

> Die Reichsgesetze werden durch die Landesbehörden ausgeführt, soweit nicht die Reichsgesetze etwas anderes bestimmen.

Nach Art. 14 Hs. 1 WRV war die Ausführung der Reichsgesetze Aufgabe der Länder. Steuern konnten in Form von Reichsgesetzen eingeführt werden. Nach dem Wortlaut dieser sehr allgemein gehaltenen Regelung waren Reichssteuergesetze miterfasst. Die Ausführung der Reichsgesetze konnte bei Steuergesetzen nur die Verwaltung der Steuern bedeuten, die den Ländern oblag. Jedoch beinhaltete Hs. 2 eine Ausnahmeregelung von der Landesbehördenverwaltung, in dem er die Möglichkeit der Einschränkung der Verwaltungshoheit der Länder durch Reichsgesetze schuf. Dem Wortlaut lässt sich daher entnehmen, dass durch ein einfaches Reichsgesetz die Verwaltung von Reichssteuern durch die Landesbehörden diesen entzogen und auf Reichsbehörden übertragen werden konnte. Die Verwaltungskompetenz wurde durch das Finanzverwaltungsgesetz auf das Reich übertragen, welches ein Reichsgesetz darstellte. Somit war

---

115 ReichsfinanzverwaltungsG v. 10. September 1919, später in RAO v. 13. Dezember 1919, welche auch ein einfaches Reichsgesetz war.

116 S. *Wank*, Die Auslegung von Gesetzen, S. 39ff.

Erzbergers Art der Einführung einer Reichsfinanzverwaltung vom Wortlaut des Art. 14 WRV umfasst.[117]

(bb.) Systematik

Hinsichtlich der Systematik könnte ein Problem dahingehend vorliegen, dass in der Verfassung Art. 14 WRV das allgemeinere Gesetz gegenüber Art. 83, 84 WRV gewesen sein könnte. Dies hätte einen Verstoß gegen das „lex specialis derogat legi generali"-Prinzip[118] bedeutet. Die Folge wäre, dass Art. 14 WRV keine hinreichende Ermächtigungsgrundlage für *Erzbergers* Einführung der Reichsfinanzverwaltung dargestellt hätte.

Die Art. 83, 84 WRV hatten folgenden Inhalt:

> Artikel 83
> (1) Die Zölle und Verbrauchsteuern werden durch Reichsbehörden verwaltet.
> (2) Bei der Verwaltung von Reichsabgaben durch Reichsbehörden sind Einrichtungen vorzusehen, die den Ländern die Wahrung besonderer Landesinteressen auf dem Gebiete der Landwirtschaft, des Handels, des Gewerbes und der Industrie ermöglichen.
>
> Artikel 84
> Das Reich trifft durch Gesetz die Vorschriften über:
> 1. die Einrichtung der Abgabenverwaltung der Länder, soweit es die einheitliche und gleichmäßige Durchführung der Reichsabgabengesetze erfordert;
> 2. die Einrichtung und Befugnisse der mit der Beaufsichtigung der Ausführung der Reichsabgabengesetze betrauten Behörden;
> 3. die Abrechnung mit den Ländern;
> 4. die Vergütung der Verwaltungskosten bei Ausführung der Reichsabgaben-gesetze.

Zunächst ist auf die Stellung der Art. 14 und Art. 83, 84 WRV abzustellen: Art. 14 WRV war im ersten Abschnitt der WRV zu finden, in dem Regelungen zu dem Verhältnis zwischen Reich und den Ländern normiert waren. Die anderen beiden Artikel waren im als „Die Reichsverwaltung" betitelten Abschnitt zu finden.

Zum einen lässt sich hier aufführen, dass die Art. 83 und 84 WRV eine Konkretisierung zum allgemeineren Art. 14 WRV gewesen sein könnten. Das hätte zur Folge gehabt, dass nur Normen des Abschnitts „Die Reichsverwaltung" als Vorschriften über die Reichsverwaltung die Ermächtigungsgrundlage für die die Reichsverwaltung betreffenden Änderungen hätten darstellen können. Danach wäre hier keine Änderung der Verwaltungskompetenz möglich gewesen,

117 Vgl. *Anschütz*, Die Verfassung des Deutschen Reichs, Art. 14 Anm. 2; so auch *Bühler*, in: HbdDStR, § 29, S. 324.

118 Dazu *Gröpl*, Staatsrecht I, Rn. 244.

da Art. 83 Abs. 1 WRV mit seiner Festlegung der Reichsverwaltungskompetenz über Zölle und Verbrauchsteuern nur eine Ausnahme zu der in Art. 14 Hs. 1 WRV verankerten Länderverwaltungskompetenz dargestellt hätte. Auch Art. 84 WRV schien von dem „Grundsatz der Länderzuständigkeit“[119] (bei den direkten Steuern) auszugehen, da sein Regelungscharakter sonst ins Leere gelaufen wäre. Eine Änderungsmöglichkeit ließ sich aus den Vorschriften nicht ableiten. Zum anderen könnte dem entgegengehalten werden, dass die Art. 83 und 84 WRV nur die Regelungen für das zu diesem Zeitpunkt bestehende Reichsverwaltungssystem enthielten. Änderungen der Kompetenzen fielen also nicht in diesen Abschnitt, sondern in den ersten Abschnitt der WRV. Eine solche Norm dieses Abschnitts, wie Art. 14 WRV es war, wäre dann bei Kompetenzregelungen „lex specialis“ gegenüber Art. 83 und 84 WRV gewesen.[120] Hier ist auch Art. 83 Abs. 2 WRV näher zu betrachten. In diesem war statt der in Abs. 1 ausdrücklich erwähnten Zölle und Verbrauchsteuern der viel weitreichendere Begriff der „Reichsabgaben“ zu finden. Auch ist in diesem Absatz kein Verweis auf den Vorherigen zu finden. Hieraus lässt sich der Schluss ziehen, dass eine Verwaltung durch die Reichsbehörden letztlich nicht nur auf Zölle und Verbrauchsteuern beschränkt sein sollte.[121] Dies sprach also für eine Änderungsmöglichkeit der Verwaltungshoheit. Um eine Änderung herstellen zu können, hätte es aber eine diesbezügliche Norm in der Verfassung geben müssen. Artt. 83 und 84 WRV trafen jedoch keinerlei Regelungen. Eben eine solche traf Art. 14 Hs. 2 WRV mit der Möglichkeit, die Verwaltungskompetenz der Länder auf das Reich durch Reichsgesetze zu übertragen. Dies wiederum sprach dafür, dass Art. 14 WRV bei verwaltungskompetenziellen Änderungen zur Anwendung kommen sollte.

Gegen die erste Ansicht spricht die aus der Sperrung des Art. 14 WRV von *Friedrich Klein* geschlossene Folgerung: Da Art. 83 Abs. 1 WRV nur von der Verwaltungshoheit des Reiches über Zölle und Verbrauchsteuern sprach und eine Änderung der Kompetenzzuweisung durch Art. 14 Hs. 2 WRV ausgeschlossen gewesen wäre, hätte man von einer Verwaltungshoheit der Länder für die direkten Steuern ausgehen müssen. Um von einer Verankerung in der Verfassung sprechen zu können, lagen jedoch keine hinreichenden Indizien vor, da in Art. 83 WRV keine ausdrückliche Erwähnung einer Kompetenz der

119 *Gusy*, Die WRV, S. 239.

120 Im Ergebnis so auch *Kaufmann*, RuW 1919, 211 (214); *Nawiasky*, Bayerisches Verfassungsrecht, S. 520; abl. *Düringer*, RuW 1920, 2 (5).

121 So auch *Kaufmann*, RuW 1919, 211 (214); *Klein*, StuW 1960, Sp. 9 (14).

Länder über die direkten Steuern zu finden war.[122] Auch die in Art. 14 Hs. 1 WRV verankerte Länderzuständigkeit hätte dann bei der Steuerverwaltung eigentlich keine Anwendung finden dürfen. Folgt man daher der zweiten Ansicht, lässt sich auch das nach der ersten Ansicht entgegenstehende Problem des Art. 84 WRV lösen. Hierbei ist nämlich zu beachten, dass Art. 14 Hs. 2 WRV dem Reich zwar die Möglichkeit eröffnete, durch Reichsgesetze die Verwaltung auch über die indirekten Steuern an sich zu ziehen, jedoch diesbezüglich keinen Zwang auferlegte, es auch tatsächlich zu tun. Art. 84 WRV enthielt die Regelungen wie z.B. über Abgabenverwaltungen der Länder (Art. 84 Nr. 1 WRV), falls es der Gesetzgeber bei der Verwaltung der direkten Steuern durch die Länder ganz oder zum Teil hätte belassen wollen.[123] Da die Argumente für die zweite Ansicht überwiegen, waren demnach Art. 83 und 84 WRV keine „legi speciali" zu Art. 14 WRV.

(cc.) Entstehungsgeschichte

Da Art. 4 RV die Gesetzgebungskompetenz des Reichs und die Aufsicht durch das Reich nur für die dort aufgelisteten Bereiche enthielt, war die Ausführung der Reichsgesetze Sache der Bundesstaaten. Nach vorherrschender Meinung handelte es sich damit um einen Verfassungsgrundsatz.[124] Das bedeutet, dass eine Änderung der Verwaltungskompetenz der Länder nur durch eine Änderung der RV hätte erfolgen können. Durch Art. 14 Hs. 1 WRV war der Länderzuständigkeitsgrundsatz übernommen worden, jedoch erhielt er auch einen Hs. 2, der ein Reichsgesetz für eine Änderung genügen ließ.

Da die Art. 83 und 14 WRV im selben Zeitraum beschlossen wurden,[125] könnte aber auch die Entstehungsgeschichte des Art. 83 WRV Aufschluss darüber geben, welcher Regelungsbereich von Art. 14 WRV umfasst werden sollte. Art. 83 WRV hat sich aus einem Verfassungsentwurf von *Preuß* entwickelt. In dem Entwurf zu seiner Denkschrift vom 3. Januar 1919 forderte er, dem Reich die Gesetzgebungs- und Verwaltungskompetenz über die Zölle und Verbrauchsteuern zuzuweisen. Dafür sollte eine Zollverwaltung des Reichs errichtet werden. Die übrigen Reichssteuern sollten weiterhin durch die Länder verwaltet werden, wobei dem Reich lediglich die Kontrolle der

---

122 *Klein*, StuW 1960, Sp. 9 (14).

123 So auch *Kaufmann*, RuW 1919, 211 (214); *Nawiasky*, Bayerisches Verfassungsrecht, S. 520.

124 S. *Anschütz*, Die Verfassung des Deutschen Reichs, Art. 14 Anm. 1.

125 *Leidel*, Reichsfinanzverwaltung, S. 96.

Länderverwaltungen zukam.[126] Der überarbeitete Entwurf[127] wurde im Staatenausschuss beraten und erfuhr vor allem Ablehnung wegen der Neueinteilung des Reichsgebiets, welche die Aufteilung Preußens vorsah.[128] Mit den von den Länderregierungen gewünschten Modifizierungen folgte schließlich die Beratung der Reichsregierung über den Entwurf vom 17. Februar 1919.[129] An den Regelungen über die Zölle und Verbrauchsteuern wurde, nun in Form des Art. 7 Abs. 3, festgehalten. Allerdings wurde durch Art. 7 Abs. 4 des Entwurfs die Möglichkeit geschaffen, auch indirekte Reichsabgaben durch ein Reichsgesetz auf die Verwaltungsbehörden des Reiches zu übertragen.

> Artikel 7
> [...]
> (3) Die Zölle und Verbrauchsteuern werden durch Reichsbehörden erhoben und verwaltet, die übrigen Reichsabgaben durch die Gliedstaaten.
> (4) Durch die Reichsgesetzgebung kann die Erhebung und Verwaltung auch der nicht unter Abs. 3 fallenden indirekten Reichsabgaben Reichsbehörden übertragen werden.

Hierdurch sollte wohl einer Kompetenzerweiterung der Reichsverwaltung kein Hindernis in den Weg gelegt werden. Auch sollte aber die Verwaltungshoheit der Länder über die direkten Steuern durch Art. 7 Abs. 3 i.V.m. Abs. 4 sichergestellt werden.[130]

Bei der Beratung des Staatenausschusses sicherten sich einige Länder sogar wieder große Teile der Verwaltungshoheit über die Zölle und Verbrauchsteuern, in dem sie dem Entwurf einen Art. 115 zufügten, der es hinsichtlich der Erhebung und Verwaltung der Zölle und Verbrauchsteuern bei der Regelung von Art. 36 Abs. 1 RV beließ.[131] Dieses Resultat[132] wurde am 21. Februar 1919 dem Verfassungsausschuss der Nationalversammlung vorgelegt. Das Bestreben der Länder, die Verwaltungshoheit der Länder über die direkten Steuern

---

126 Der Entwurf ist abgedruckt in *Triepel* Quellensammlung, S. 6ff.; Denkschrift s. *Preuß*, Staat, Recht und Freiheit, S. 368ff., dazu *Mommsen*, Die verspielte Freiheit, S. 64ff.; *Leidel*, Reichsfinanzverwaltung, S. 74f.; *Seer*, in: BK, Stand 2011, Art. 108 Rn. 5.

127 Entwurf (II) v. 20. Januar 1919 ist abgedruckt in *Triepel*, a.a.O., S. 10ff.

128 *Jellinek*, in: HbdDStR, § 12, S. 130.

129 Der Entwurf (III) ist abgedruckt in *Triepel*, a.a.O., S. 17ff.; *Leidel*, a.a.O., S. 77.

130 *Anschütz*, Die Verfassung des Deutschen Reichs, Art. 83 Anm. 2.

131 Diese Länder waren Sachsen, Bayern, Württemberg, Baden, Hessen, Bremen, Hamburg s. Verh., 335. Bd., S. 48 (57).

132 Der Entwurf (IV) ist abgedruckt in *Triepel*, Quellensammlung, S. S. 27ff.

verfassungsmäßig zu verankern, wurde abgelehnt.[133] Das bedeutete, dass Art. 7 Abs. 3 Hs. 2 des Entwurfs gestrichen wurde. Nach der abschließenden Beratung wurde Art. 7 Abs. 3 des Entwurfs, ohne Hs. 2, zu Art. 83 Abs. 1 WRV. Letztlich fand Art. 7 Abs. 4 des Entwurfs, der deutlich gemacht hatte, dass in Abs. 3 nur indirekte Steuern der Verwaltungshoheit des Reiches unterliegen sollten, auch keinen Eingang in Art. 83 WRV. Das spricht dafür, dass man sich der Möglichkeit einer Reichsfinanzverwaltung auch für direkte Steuern nicht verwehren wollte.[134]

Zusammen mit der Entstehungsgeschichte von Art. 83 WRV wirkt die allgemein gehaltene Formulierung in Art. 14 WRV so, als ob durch sie die Schaffung einer Reichsfinanzverwaltung möglich bleiben sollte.[135] Diese Folgerung wird gestützt durch die Äußerungen der Abgeordneten *Carl* und *Keil* in der Sitzung des Verfassungsausschusses. *Carl* hob hervor, dass es in dem damaligen Regelungsversuch für die WRV nicht darum gegangen sei, verfassungsrechtlich festzulegen, ob die Verwaltungskompetenz über die direkten Steuern bei den Ländern zu verbleiben hatte oder nicht. Vielmehr sollte durch die oben genannten Artikel geregelt werden, ob eine mögliche Übertragung der Verwaltungshoheit auf das Reich durch ein qualifiziertes oder ein einfaches Reichsgesetz vorgenommen werden sollte. Diese Entscheidung war deshalb bedeutend, weil nur durch das Genügenlassen des einfachen Reichsgesetzes die Notwendigkeit einer Verfassungsänderung vermieden werden konnte, falls Situationen der Zukunft Änderungen in diesem Bereich nötig gemacht hätten. Dazu passt auch die Ablehnung des vom Abgeordneten *Becker* gestellten Antrags, das Reichsfinanzverwaltungsgesetz unter das Erfordernis einer qualifizierten Mehrheit nach Art. 76 Abs. 1 S. 2 WRV zu stellen.[136] Somit wurde der Art. 14 WRV als eine Regelung in der Verfassung normiert, die eine Umverteilung der Verwaltungskompetenz des Gesetzgebers zu Lasten der Länder ohne ein qualifiziertes Gesetz zur Änderung der Verfassung möglich machte.[137]

Des Weiteren ist zu beachten, dass *Erzberger* am 18. Juli 1919 selbst beantragt hatte, den zu der Zeit schon von dem Verfassungsausschuss genehmigten Art. 83 für die zukünftige WRV gegebenenfalls noch ändern zu dürfen. Er hatte die Erlaubnis sogar erhalten, soweit es sich bei der Änderung um eine

133 Verf. Prot., S. 143 (460) in *Hatschek*, Staatsrecht, S. 469.
134 *Leidel*, Reichsfinanzverwaltung, S. 96.
135 *Ders.*, ebda.
136 Verh., 329. Bd., S. 2585 (2616ff.).
137 So auch *Möller*, Reformwerk, S. 32.

absolute Erforderlichkeit gehandelt hätte.[138] Möglicherweise wollte er so den Art. 83 hinsichtlich der Verwaltungskompetenz des Reiches für die direkten Steuern ergänzen.[139] Letztendlich nutze *Erzberger* aber Art. 14 WRV als Ermächtigungsgrundlage für das Finanzverwaltungsgesetz. Auch dies könnte als ein Argument für eine im Regelungsbereich des Art. 14 Hs. 2 WRV geschaffene Übertragungsmöglichkeit der gesamten Finanzverwaltung auf das Reich zu werten sein. Der fachkundige Finanzminister *Erzberger* hätte das „Fundament" seiner Reform, die Reichsfinanzverwaltung, wohl nicht auf Art. 14 Hs. 2 WRV gestützt, wenn nur ein geänderter Art. 83 WRV die Ermächtigungsgrundlage hätte sein dürfen. Diese den Gegnern *Erzbergers* sich bietende Angriffsfläche, bei der für ihn sehr bedeutenden Reformmaßnahme, hätte er wohl bei der Erforderlichkeit vermieden. Zumal ist sein den Art. 83 WRV betreffender Änderungsantrag grundsätzlich nicht einmal negativ beschieden worden.

Somit wurde gezeigt, dass in Art. 83 WRV lediglich eine Regelung über die Verwaltungshoheit im Bereich der Zölle und Verbrauchsteuern getroffen werden sollte. Der übrige Bereich der Steuerverwaltung wurde in Art. 83 Abs. 1 WRV durch die Streichung des Art. 7 Abs. 3 Hs. 2 des Entwurfs offen gelassen. Durch Art. 14 Hs. 2 WRV sollte auch dieser Bereich durch Reichsgesetze (neu) geregelt werden können, was *Erzberger* mit der reichsgesetzlichen Einführung der Reichsfinanzverwaltung getan hatte.

(dd.) Sinn und Zweck

Art. 14 Hs. 1 WRV sollte eine Regelung darüber treffen, wer die Reichsgesetze allgemein ausführen sollte. Nach Art. 14 Hs. 1 WRV sollte dies durch Landesbehörden geschehen. Da gem. Art. 83 Abs. 1 WRV Zölle und Verbrauchsteuern durch Reichsbehörden verwaltet werden sollten und es keine ausdrückliche Verwaltungsregelung für die übrigen Steuern gab, sollten sie nach Art. 14 Hs. 1 WRV durch Landesbehörden verwaltet werden. Der Sinn von Hs. 2 lag aber wohl darin, genau diesen Zustand mittels eines Reichsgesetzes zu ändern. Diese Änderung konnte dann bedeuten, dass die Reichsgesetze aufgrund eines anderen Reichsgesetzes durch Reichsbehörden ausgeführt werden konnten, was wiederum den Entzug der Länderverwaltungskompetenz bedeuten konnte. Das Finanzverwaltungsgesetz entsprach demnach Sinn und Zweck von Art. 14 WRV.[140]

---

138 *Leidel*, Reichsfinanzverwaltung, S. 112.

139 So auch *Ders.*, ebda.

140 Vgl. *Anschütz*, Die Verfassung des deutschen Reiches, Art. 14 Anm. 2.

b.) Ergebnis

Nach allen vier Auslegungskriterien stellte der Art. 14 WRV, insbesondere sein Hs. 2, eine hinreichende Ermächtigungsgrundlage für das Finanzverwaltungsgesetz dar, wodurch die Reichsfinanzverwaltung errichtet worden ist. *Erzbergers* Reform der Finanzverwaltung war somit verfassungsgemäß.[141]

2.) Umsetzbarkeit der Erzbergerschen Steuerreform im Jahr 2013?

Es ist zu klären, ob heute noch die Möglichkeit besteht, durch ein einfaches Bundesgesetz den Ländern ihre Kompetenzen zu entziehen und sie auf den Bund zu übertragen. *Erzberger* nutzte Art. 14 Hs. 2 WRV als Ermächtigungsgrundlage, um den Ländern die Steuerverwaltungskompetenz zu entziehen und auf Reichsfinanzbehörden zu übertragen. Mit Art. 14 WRV ist der heutige Art. 83 GG vergleichbar. Der Unterschied liegt jedoch darin, dass nach Art. 14 WRV die Länderzuständigkeit bei der Ausführung der Reichsgesetze durch Reichsgesetze durchbrochen werden konnte. Art. 83 Hs. 2 GG enthält für eine Änderung eine größere Hürde: Es muss eine diesbezügliche Regelung im Grundgesetz enthalten sein. Art. 83 GG allein lässt kein Bundesgesetz zur Änderung genügen. Eine verfassungsrechtliche Regelung zur Änderung der Verwaltungskompetenz wurde in Art. 108 Abs. 4 GG getroffen. Hiernach kann die Verwaltungskompetenz der Länder durch ein durch den Bundesrat zustimmungsbedürftiges Bundesgesetz auf die Bundesfinanzbehörden übertragen werden (Art. 108 Abs. 4 Alt. 3 GG). Neben dieser Regelung kann dadurch aber auch die Verwaltungskompetenz des Bundes auf Landesfinanzbehörden übertragen werden (Art. 108 Abs. 4 Alt. 2 GG) oder sogar nach Art. 108 Abs. 4 Alt. 1 GG ein Zusammenwirken von Bundes- und Landesfinanzbehörden bewirkt werden. Solch ein Bundesgesetz steht aber unter der Voraussetzung, dass die Veränderung der in Art. 108 Abs. 1 S. 1, Abs. 2 S. 1, Abs. 3 S. 1 GG enthaltenen Regelungen der Verwaltungskompetenz zu einer erheblichen Verbesserung oder Erleichterung des Vollzuges der Steuergesetze führt. Diese unbestimmten Rechtsbegriffe sind dabei so auszulegen, dass sie dem Ziel von Art. 108 GG des einheitlichen und gleichmäßigen Steuervollzugs gerecht werden.[142]

---

141 So auch die überw. in der Lit.: *Anschütz*, a.a.O., Art. 83 Anm. 2; *Apelt*, Geschichte der Weimarer Verfassung, S. 153; *Bühler*, in: HbdDStR, § 29, S. 324; vgl. *Gusy*, Die WRV, S. 240; s. *Lassar*, in: HbdDStR, § 27, S. 311; *Seer*, in: BK, Stand 2011, Art. 108 Rn. 7 m.w.N.

142 S. *Schlette*, in: v. Mangoldt/Klein/Starck, Art. 108 Rn. 87; *Heintzen*, in: Münch/Kunig, Art. 108 Rn. 36; *Seer*, in: BK, Stand 2011, Art. 108 Rn. 132.

Somit enthält das heutige Grundgesetz zwar kein Verbot der Mischverwaltung,[143] gestattet durch Art. 108 Abs. 4 aber lediglich eine „punktuelle Durchbrechung“[144] der in Art. 108 Abs. 1 bis 3 GG festgelegten Steuerverwaltungskompetenzen (sog. Trennsystem).[145] Daher könnte auch im Jahr 2013 durch ein mit Zustimmung des Bundesrates erlassenes Bundesgesetz nach Art. 83 GG i.V.m. Art. 108 Abs. 4 Alt. 3 GG, welches den Vollzug der Steuergesetze erheblich verbessern oder erleichtern würde, die Verwaltungskompetenz der Landesfinanzbehörden zumindest punktuell diesen entzogen und auf Bundesfinanzbehörden übertragen werden. *Erzbergers* Einführung einer Reichsfinanzverwaltung bzw. Bundesfinanzverwaltung, mit der die gesamte Steuerverwaltung auf den Bund übertragen würde, wäre daher heute wegen der in Art. 108 Abs. 4 enthaltenen Beschränkung auf lediglich punktuelle Ausnahmen vom Trennsystem nicht möglich.

VI. Entwicklung der Erzbergerschen Steuerreform

Nach erfolgreicher Durchsetzung der Steuerreform sind ihre Auswirkungen auf den Verlauf der Weimarer Republik und das heutige Steuerrecht im Jahr 2013 festzustellen.

1.) Verlauf der Steuerreform in der Weimarer Republik

Die von *Erzberger* durchgesetzte Reichsfinanzverwaltung wuchs in der Weimarer Republik zu einem aus 26 Landesfinanzämtern, 240 Hauptzollämtern und 986 Finanzämtern bestehenden Behördensystem.[146] Im Rahmen der Betriebsprüfungen waren circa 1500 Finanzbeamte und weitere 500 Angestellte tätig.[147] Somit wurden sein Plan der Vereinheitlichung des Steuerwesens und seine Maßnahme gegen die Kapitalflucht erfolgreich umgesetzt. Zunächst wurde auch das Ziel der enormen Steigerung der Steuereinnahmen des Reichs zusammen mit den neuen Steuergesetzen und den darin auch enthaltenen Erweiterungen der Reichskompetenzen erreicht.[148] Jedoch stürzte die Republik nach dem Ende von *Erzbergers* Amtszeit als Reichsfinanzminister in eine Inflationskrise, die ihren

143 BVerfGE 63, 1 (38); BVerfGE 106, 1 (20); abw. *Isensee*, in: HStR VI, § 126 Rn. 188ff.; *Oebbecke*, in: HStR VI, § 136 Rn. 2.

144 *Seer*, in: Tipke/Lang, § 2 Rn. 79.

145 BVerfGE 106, 1 (26); s. *Drüen*, FR 2008, 295 (299); *Schlette*, in: v. Mangoldt/Klein/Starck, Art. 108 Rn. 88; *Seer*, in: BK, Stand 2011, Art. 108 Rn. 131.

146 Angaben nach *Gusy*, Die WRV, S. 245; *Weingarten*, Gesetzesvollzug, S. 33f.

147 Angaben nach *Pausch*, StBp 1979, 97 (102).

148 *Pagenkopf*, Finanzausgleich, S. 113f.

Höhepunkt 1923 erreichte.[149] Grund hierfür war, dass *Erzberger* bei seiner Reform die Entwicklung der nachkriegszeitbedingten Geldentwertung nicht ausreichend berücksichtigt hatte. Er ging davon aus, dass der Wert stabil bleiben würde, was aber aufgrund der enormen finanziellen Lasten, die das Reich zu stemmen hatte, nicht der Fall gewesen war. Auch ging *Erzberger* bei den Berechnungen für die Reform zwar von einer hohen Summe an Reparationszahlungen aus, aber fälschlicherweise auch von ihrer Anpassung an die Leistungsfähigkeit des Reichs. Zwar konnte er zur Zeit der Durchsetzung seiner Reform die Höhe der Reparationen noch nicht kennen, da sie erst 1921 auf 132 Milliarden Mark festgelegt worden war,[150] doch handelte es sich hierbei um eine folgenreiche Fehleinschätzung *Erzbergers*.[151] Die von ihm anvisierten Summen zum Wiederaufbau des Reichs, der Begleichung der schwebenden Schulden und der enormen Reparationszahlungen konnten nicht erreicht werden, so dass die Steuerreform hinsichtlich des angestrebten Erfolgs gescheitert war.[152] Zusammen mit der Weltwirtschaftskrise 1929 führte die sich noch verschlechternde finanzielle Situation zu einem Anwuchs der Unzufriedenheit in der Bevölkerung über die Regierung der Republik. Die Entstehung eines Nährbodens für die nationalsozialistische Bewegung wurde dadurch mitbegünstigt, welche schließlich zum Ende der Weimarer Republik führen sollte.[153]

2.) Auswirkung auf das heutige Steuerrecht

Das von *Erzberger* durch die Reichsfinanzverwaltung und die RAO geschaffene eigenständige und im gesamten Reich einheitliche Finanzverwaltungssystem lässt sich als Vorreiter für das heutige Steuersystem bezeichnen, in dem das Steuerrecht sowohl im öffentlichen Recht durch die Finanzverfassung (Art. 104a-115 GG) als auch im Verwaltungsrecht eine Sonderstellung hat.[154] Auch heute enthält die Steuerverwaltung einen einheitlichen Behördenaufbau mit einem fachspezifisch ausgebildeten Finanzbeamtentum. Zusammen mit einer einheitlichen Steuerveranlagung nach den Regeln der heutigen Abgabenordnung soll eine

149 S. dazu *Holtfrerich*, in: Verfassung, S. 49; *Rosenberg*, Entstehung und Geschichte, S. 301f.

150 *Spindler*, in: HbdF, S. 145f.

151 S. *Epstein*, Democracy, S. 347f.

152 Vgl. *Leidel*, Reichsfinanzverwaltung, S. 144.

153 Vgl. *Apelt*, Geschichte der Weimarer Verfassung, S. 412ff.; *Bracher*, Die Auflösung, S. 157f.; *Mommsen*, Die verspielte Freiheit, S. 321ff.

154 S. *Seer*, in: Tipke/Lang, § 1 Rn. 28; *Tipke*, STRO I, S. 34f.; Vgl. *Cordes*, Untersuchungen der RAO, S. 36.

gleichmäßige Steuererhebung erreicht werden.[155] Somit wird noch heute mit denselben Mitteln versucht, das Ziel der Steuergerechtigkeit zu verwirklichen. Aus der RAO von 1919 hat sich die heutige Abgabenordnung für die Verwaltung, aus ihr heraus die Finanzgerichtsordnung für die Gerichtsbarkeit entwickelt: Das Finanzgerichtsverfahren ist verselbstständigt worden und seit 1965 in der Finanzgerichtsordnung[156] geregelt.[157] Heute ist daher im Gegensatz zu *Erzbergers* Zeit die Finanzverwaltung strikt von der Finanzgerichtsbarkeit getrennt. Sie stellt kein verlängertes Veranlagungsverfahren mehr dar. Ihre Aufgabe liegt nun allein in der Rechtskontrolle, mit der der Rechtsschutz des Steuerpflichtigen gewährleistet werden soll.[158] Der umfassende Rechtsschutz ist in Art. 19 Abs. 4 GG verfassungsrechtlich verankert worden, durch den das in § 217 RAO geltende Enumerationsprinzip heute ausgeschlossen ist.[159] Diesem wird durch die Generalklausel des § 33 Abs. 1 FGO Rechnung getragen. Der zweistufige Instanzenzug von Finanzgerichten und Reichsfinanzhof, der damals jedoch nur im Anfechtungsverfahren bei Zöllen und Verbrauchsteuern vorgesehen war,[160] ist in Form der Finanzgerichte und des Bundesfinanzhofs für alle Verfahrensarten übernommen worden. Auch die durch *Erzbergers* Reichsfinanzverwaltung miteingeführte Betriebsprüfung ist nach ihrer Ausgestaltung 1927 der Vorläufer der heutigen Betriebsprüfung.[161] Sogar die Prüfungsabläufe sind bis heute weitestgehend identisch geblieben.[162] Im Gegensatz zum einfachgesetzlichen Landessteuergesetz ist der Finanzausgleich zwischen Bund und Ländern (primär vertikaler Finanzausgleich) heute in Art. 106 GG, somit verfassungsrechtlich normiert worden. Auch kann es heute durch Art. 79 Abs. 3 GG nicht mehr zu einer finanziellen Abhängigkeit der Länder vom Bund kommen, wie durch das Landessteuergesetz geschehen. Lediglich das Einteilen der Ertragskompetenz in drei Gruppen aus dem Landessteuergesetz ist in Art. 106 GG wiederzufinden, so dass

---

155 *Möller*, Reformwerk, S. 62.

156 Finanzgerichtsordnung v. 9. Oktober 1965, BGBl. 1477; die diesbezüglichen Vorschriften der AO wurden durch § 162 Nr. 40 FGO a.F. aufgehoben.

157 Begründung zur FGO, BT-Drucks. IV/1446, S. 36; dazu *Seer*, in: Tipke/Kruse, Stand 2011, Einf. FGO Rn. 13ff.

158 Vgl. *Cordes*, Untersuchungen der RAO, S. 272; s. *Schmidt*, FR 1968, 423; *Seer*, in: Tipke/Kruse, Stand 2011, Einf. FGO Rn. 32.

159 S. *Seer*, in: Tipke/Lang, § 22 Rn. 73; s. C.III.2.

160 § 217 Nr. 2 RAO, für die übrigen Steuern galt § 217 Nr. 1 RAO, s. C.III.2.

161 Sog. Materialerlass v. 7. Juli 1927, RGBl. I 75ff. s. Pausch, StBp. 1979, 97 (101f.); *Seer*, in: BK, Stand 2011, Art. 108 Rn. 9.

162 Vgl. *Pausch*, StBp 1979, 97 (101f.); *Seer*, in: Tipke/Lang, § 21 Rn. 241ff.

in Art. 106 Abs. 1 und 2 GG zwischen ausschließlicher Ertragskompetenz des Bundes und der der Länder unterschieden wird (Trennsystem). Art. 106 Abs. 3 und 4 GG bilden zusammen die dritte Gruppe, in der die ertragreichsten Steuern zwischen Bund und Ländern aufgeteilt werden (Verbundsystem).[163] Trotz Änderungen wie dieser lässt sich insgesamt betrachtet festhalten, dass sich *Erzbergers* Steuerreform bis in das heutige Steuerrecht nachhaltig ausgewirkt hat.

VII. Fazit

Durch die *Erzbergersche* Steuerreform, insbesondere durch die RAO und die Reichsfinanzverwaltung, wurde ein System gerechter, in Form einer im ganzen Reich einheitlichen, Steuerveranlagung und Erhebung durchgesetzt und in Form einer einheitlichen Finanzverwaltung errichtet. Durch die Eingliederung des Reichsfinanzhofs und die Errichtung von Finanzgerichten wurde der Rechtsschutz vereinheitlicht und vor allem erweitert. Zusammen mit der durch die weitreichende Nutzung der durch die WRV geschaffenen Möglichkeiten der Kompetenzübertragung auf das Reich lässt sich festhalten, dass *Erzberger* alle ihm als Finanzminister zustehenden Befugnisse ausgeschöpft hatte, um die katastrophale Finanzsituation Deutschlands zu meistern. Hierbei lag seine große Leistung vor allem in der geschickten, teilweise etwas unorthodoxen, aber verfassungsmäßigen Durchsetzung seiner Vorhaben, trotz zunächst großen Widerstands der Länderregierungen. Zur Zeit der Weimarer Republik konnte die Reform jedoch nicht den gewünschten Erfolg bringen, was aber auch an den zu hohen an sie gestellten Anforderungen lag. Auch wenn diese, gemessen an der finanziellen Situation im Nachkriegsdeutschland, nachvollziehbar waren, waren sie letztlich wohl utopisch und führen daher zumindest beim formellen Teil der Steuerreform zu Unrecht zu einer negativen Bewertung der Reform. Denn obwohl das deutsche Rechtssystem nach dem Zweiten Weltkrieg grundlegende Änderungen durch Schaffung des Grundgesetzes[164] erfahren hatte, die sich mit der Zeit weiterentwickelten, lassen sich ihre Auswirkungen auf das heutige Steuerrecht noch feststellen: Im Verfahrensrecht und im Verwaltungssystem diente die Steuerreform als Grundlage für die Gestaltung der auf das heutige Deutschland abgestimmten Regelungen. Da sich der formelle Teil der Reform bis in das im Jahre 2013 geltende Steuerrecht ausgewirkt hat, lässt sich die *Erzbergersche* Steuerreform aus heutiger Sicht als erfolgreich bewerten.

---

163 Dazu *Heintzen*, in: Münch/Kunig, Art. 106 Rn. 6f.

164 Grundgesetz für die Bundesrepublik Deutschland v. 23. Mai 1949, BGBl. 1ff.

VIII. Quellen- und Literaturverzeichnis

I. Quellentexte

Verhandlungen des Deutschen Reichstags	Stenographische Berichte, XIII. Legislaturperiode, II. Session, Berlin 1916 (zitiert: Verh., RT, Bd., S. …)
Verhandlungen der verfassungsgebenden Deutschen Nationalversammlung	Stenographische Berichte und Anlagen zu den Stenographischen Berichten, Berlin 1920 (zitiert: Verh., Bd., S. …)

II. Fach- und Sekundärliteratur

Anschütz, Gerhard	Die Verfassung des Deutschen Reichs vom 11. August 1919, Ein Kommentar für Wissenschaft und Praxis, 14. Aufl., Berlin 1933, ND Bad Homburg vor der Höhe 1965 (zitiert: *Anschütz*, Die Verfassung des Deutschen Reichs, Art. … Anm. …)
Anschütz, Gerhard/ Thoma, Richard (Hrsg.)	Handbuch des Deutschen Staatsrechts, 1.Band, Tübingen 1930 (zitiert: *Bearbeiter*, in: HbdDStR, § …, S. …)
Apelt, Willibalt	Geschichte der Weimarer Verfassung, München 1946 (zitiert: *Apelt*, Geschichte der Weimarer Verfassung, S. …)
Becker, Enno	Die Reichsabgabenordnung, Kommentar, 7. Aufl., Berlin 1930 (zitiert: *Becker*, RAO, § … Anm. …)
Cordes, Helmut	Untersuchungen über Grundlagen und Entstehung der Reichsabgabenordnung vom 23. Dezember 1919, Diss., Köln 1971 (zitiert: *Cordes*, Untersuchungen der RAO, S. …)
Drege, Hermann Theodor	Deutschland und der Friedensvertrag von Versailles, Berlin 1920 (zitiert: *Drege*, Friedensvertrag, S. …)

Dreyer, Michael — Die Entstehung der Weimarer Reichsverfassung, in: Schriften zur Geschichte des Parlamentarismus in Thüringen, Heft 14, 80 Jahre Weimarer Reichsverfassung (1919–1999), Weimar 1998, S. 31–66 (zitiert: *Dreyer*, in: 80 Jahre WRV, S. …)

Drüen, Klaus-Dieter — Die föderale Steuerverwaltung aus der Sicht des Grundgesetzes, in: Finanz-Rundschau, S. 295–302 (zitiert: *Drüen*, FR 2008, …)

Düringer, Adelbert — Die Verfassungswidrigkeit der Reichsabgabenordnung, in: Recht und Wirtschaft 1920, S. 2–5 (zitiert: *Düringer*, RuW 1920, …)

Epstein, Klaus — Matthias Erzberger and the Dilemma of German Democracy, Princeton 1959 (zitiert: *Epstein*, Democracy, S. …)

Erzberger, Matthias — Reden zur Neuordnung des Deutschen Finanzwesens vom Reichsminister der Finanzen Erzberger, Berlin 1919 (zitiert: *Erzberger*, Reden, S. …)

Fehrenbacher, Oliver — Steuerrecht, 4. Aufl., Baden-Baden 2013 (zitiert: *Fehrenbacher*, Steuerrecht, S. …)

Geiger, Klaus — Die „große" Steuerreform – Was ist aus dem Gutachten der Steuerreformkommission geworden? –, in: Festschrift für Hugo von Wallis zum 75. Geburtstag am 12. April 1985, hrsg. v. Franz Klein u. Klaus Vogel, Bonn 1985, S. 553–564 (zitiert: *Geiger*, FS Wallis, S. …)

Gellinek, Christian — Philipp Scheidemann: Eine biographische Skizze, Köln u.a. 1994 (zitiert: *Gellinek*, Scheidemann, S. …)

Gröpl, Christoph — Staatsrecht I, Staatsgrundlagen, Staatsorganisation, 4. Aufl., München 2012 (zitiert: *Gröpl*, Staatsrecht I, S. …)

Groth, Karl — Die Reichsfinanzverwaltung, 8. Aufl., in: Bücherei des Steuerrechts, 1. Band, Berlin 1944 (zitiert: *Groth*, Die Reichsfinanzverwaltung, S. …)

Gusy, Christoph — Die Weimarer Reichsverfassung, Tübingen 1997 (zitiert: *Gusy*, Die WRV, S. …)

Hatschek, Julius/ Kurtzig, Paul — Deutsches und Preußisches Staatsrecht, 2. Band, 2. Aufl., Berlin 1930 (zitiert: *Hatschek*, Staatsrecht, S. …)

Helfferich, Karl — Fort mit Erzberger!, Flugschriften des „Tag“ Nr. 8, Berlin 1919 (zitiert: *Helfferich*, Fort mit Erzberger!, S. …)

Holtfrerich, Carl-Ludwig — Politische Kultur und ökonomische Probleme der Weimarer Republik aus heutiger Sicht, in: Weimar und die deutsche Verfassung, Zur Geschichte und Aktualität 1919, Stuttgart 1999, S. 25–53 (zitiert: *Holtfrerich*, in: Verfassung, S. …)

Hornschu, Hans-Erich — Die Entwicklung des Finanzausgleichs im Deutschen Reich und in Preußen von 1919 bis 1944, in: Kieler Studien, Forschungsberichte des Instituts für Weltwirtschaft an der Universität Kiel, Kiel 1950 (zitiert: *Hornschu*, Entwicklung des Finanzausgleichs, S. …)

Isensee, Josef/ Kirchhof, Paul (Hrsg.) — Handbuch des Staatsrechts, 6. Band: Aufgaben des Staates, 3. Aufl., Heidelberg u.a. 2008 (zitiert: *Bearbeiter*, in: HStR VI, § …Rn. …)

Kahl, Wolfgang/ Waldhoff, Christian/ Walter, Christian (Hrsg.) — Bonner Kommentar zum Grundgesetz, Loseblattsammlung, Heidelberg, Stand: Dezember 2012, (zitiert: *Bearbeiter*, in: BK, Stand, Art. … Rn. …)

Keil, Wilhelm — Erlebnisse eines Sozialdemokraten, 2. Band, Stuttgart 1948 (zitiert: *Keil*, Erlebnisse, S. …)

Klein, Friedrich — Enno Becker und das Verfassungsrecht, in: Steuer und Wirtschaft 1960, Spalten 9–22 (zitiert: *Klein*, StuW 1960, Sp. …)

Korte, Anja — Die konkurrierende Steuergesetzgebung des Bundes im Bereich der Finanzverfassung: Steuerautonomie der Länder ohne Reform?, Berlin 2008, zugl. Diss., Köln 2007 (zitiert: *Korte*, Steuergesetzgebung, S. …)

Kruis, Konrad — Finanzautonomie und Demokratie im Bundesstaat, in: Die öffentliche Verwaltung 2003, S. 10–16 (zitiert: *Kruis*, DÖV 2003, …)

Kumpf, Johann Heinrich — Kaiserreich, Weimarer Republik und „Drittes Reich". Der Reichsfinanzhof 1918–1938 aus der Sicht seines ersten Präsidenten, in: 75 Jahre Reichsfinanzhof – Bundesfinanzhof: Festschrift, hrsg. v. Präsidenten des BFH, Bonn 1993, S. 23–42 (zitiert: *Kumpf*, FS BFH, S. …)

Leidel, Herbert — Die Begründung der Reichsfinanzverwaltung, in: Schriftenreihe des Bundesministeriums der Finanzen, Heft 1, Bonn 1964, zugl. Diss., Münster 1964 (zitiert: *Leidel*, Reichsfinanzverwaltung, S. …)

Mangoldt, Hermann v./ Klein, Friedrich/Starck, Christian (Hrsg.) — Kommentar zum Grundgesetz, 3. Band: Art. 83–146, 6. Aufl., München 2010 (zitiert: *Bearbeiter*, in: v. Mangoldt/Klein/Starck, Art. … Rn. …)

Milde, Horst — Grußwort in: Gedenkschrift zum 50. Todestag von Dr. h.c. Enno Becker 1869–1940, hrsg. v. Manuel René Theisen, Oldenburg 1990, S. 11–13 (zitiert: *Milde*, in: Gedenkschrift Becker, S. …)

Möller, Alex — Reichsfinanzminister Matthias Erzberger und sein Reformwerk, in: Blickpunkt Finanzen, Heft 7, Informationshefte des Bundesministeriums für Wirtschaft und Finanzen, Bonn 1971 (zitiert: *Möller*, Reformwerk, S. …)

Mommsen, Hans — Die verspielte Freiheit: Der Weg der Republik von Weimar in den Untergang 1918 bis 1933, in: Propyläen-Geschichte Deutschlands, 8. Band, Berlin 1989 (zitiert: *Mommsen*, Die verspielte Freiheit, S. …)

Münch, Ingo von/ Kunig, Philip (Hrsg.) Grundgesetz, Kommentar, 2. Band: Art. 70 bis 146, 6. Aufl., München 2012 (zitiert: *Bearbeiter*, in: Münch/Kunig, Art. … Rn. …)

Nawiasky, Hans Bayerisches Verfassungsrecht, München u.a. 1923 (zitiert: *Nawiasky*, Bayerisches Verfassungsrecht, S. …).

Pagenkopf, Hans Der Finanzausgleich im Bundesstaat: Theorie und Praxis, Stuttgart u.a. 1981 (zitiert: *Pagenkopf*, Finanzausgleich, S. …)

Pausch, Alfons Ein Fundament für die Zukunft des Betriebsprüfungsdienstes, in: Die steuerliche Betriebsprüfung 1979, S. 97–102 (zitiert: *Pausch*, StBp 1979, …)

Ders. Vom Reichskammergericht zum Reichsfinanzhof, in: Festschrift für Hugo von Wallis zum 75. Geburtstag am 12. April 1985, hrsg. v. Franz Klein u. Klaus Vogel, Bonn 1985, S. 3–13 (zitiert: *Pausch*, FS Wallis, S. …)

Popitz, Johannes Betrachtungen über Errichtung und Einrichtung des Reichsfinanzhofs., in: Steuer und Wirtschaft 1928, Spalten 971–986 (zitiert: *Popitz*, StuW 1928, Sp. …)

Preuß, Hugo Staat, Recht und Freiheit: Aus 40 Jahren deutscher Politik und Geschichte, Tübingen 1926, ND Hildesheim 1964 (zitiert: *Preuß*, Staat, Recht und Freiheit, S. …)

Rödder, Andreas Weimar und die deutsche Verfassung. Eine Zeitreise durch die Geschichte, in: Weimar und die deutsche Verfassung, Zur Geschichte und Aktualität 1919, Stuttgart 1999, S. 11–24 (zitiert: *Rödder*, in: Verfassung, S. …)

Rosenberg, Arthur Entstehung und Geschichte der Weimarer Republik, 2. Aufl., Frankfurt am Main 1962 (zitiert: *Rosenberg*, Entstehung und Geschichte, S. …)

Schmidt, Otto Zum 50 jährigen Bestehen des Reichsfinanzhofs/Bundesfinanzhofs, in: Finanz-Rundschau 1968, S. 423–425 (zitiert: *Schmidt*, FR 1968, …)

Schmölders, Günter Finanzpolitik, 3. Aufl., Berlin u.a. 1970, ND 2007 (zitiert: *Schmölders*, Finanzpolitik, S. …)

Senger, Eike Alexander Die Reform der Finanzverwaltung in der Bundesrepublik Deutschland, Wiesbaden 2009, zugl. Diss., Osnabrück 2008 (zitiert: *Senger*, Reform der Finanzverwaltung, S. …)

Spindler, Joachim von Reparationen, in: Handbuch der Finanzwissenschaft, Teil IV, 2. Aufl., hrsg. v. Wilhelm Gerloff und Fritz Neumark, Tübingen 1965 (zitiert: *Spindler*, in: HbdF, S. …)

Tipke, Klaus Die Steuerrechtsordnung, 1. Band: Wissenschaftsorganisatorische, systematische und grundrechtlich-rechtsstaatliche Grundlagen, 2. Aufl., Köln 2000 (zitiert: *Tipke*, StRO I, S. …)

Tipke, Klaus/ Kruse, Heinrich Wilhelm (Hrsg.) Abgaben- und Finanzgerichtsordnung, Kommentar, Loseblattsammlung, Köln, Stand: Oktober 2012 (zitiert: *Bearbeiter*, in: Tipke/Kruse, Stand, § … Rn. …)

Tipke, Klaus/ Lang, Joachim (Hrsg.) Steuerrecht, 21. Aufl., Köln 2013 (zitiert: *Bearbeiter*, in: Tipke/Lang, § … Rn. …)

Triepel, Heinrich Quellensammlungen zum Deutschen Reichsstaatsrecht, in: Quellensammlungen zum Staats-, Verwaltungs- und Völkerrecht, 1. Band, 5. Aufl., Tübingen, 1931; ND Aalen 1987 (zitiert: *Triepel*, Quellensammlung, S. …).

Waldhoff, Christian Reformperspektiven der bundesstaatlichen Finanzverfassung im gestuften Verfahren, in: Zeitschrift für Gesetzgebung 2000, S. 193–221 (zitiert: *Waldhoff*, ZG 2000, …)

Wank, Rolf Die Auslegung von Gesetzen, 5. Aufl., München 2011 (zitiert: *Wank*, Die Auslegung von Gesetzen, S. …)

Weingarten, Joe Finanzverwaltung und Gesetzesvollzug: Anforderungen, Probleme und Vorgehen der Steuerverwaltung bei der Anwendung steuerrechtlicher Normen, in: Studien zur Sozialwissenschaft, 127. Band, Opladen 1993, zugl. Diss., Konstanz 1991 (zitiert: *Weingarten*, Gesetzesvollzug, S. …)

Wieland, Joachim Deutschlands Finanzverfassung vor neuen Herausforderungen, in: Staat, Wirtschaft, Finanzverfassung, Festschrift für Peter Selmer zum 70. Geburtstag, hrsg. v. Lerke Osterloh, Karsten Schmidt, Hermann Weber, Berlin 2004, S. 973–991 (zitiert: *Wieland*, FS Selmer, S. …)

Ders. Neuordnung der Finanzverfassung nach Auslaufen des Solidarpakts II und Wirksamwerden der Schuldenbremse, Gutachten, www.bertelsmann-stiftung.de/cps/rde/xbcr/SID-B89636F8-3D32D399/bst/xcms_bst_dms_36545_2.pdf (Abruf v. 1. März 2013) (zitiert: *Wieland*, Neuordnung, S. …)

Winkler, Heinrich August Weimar 1918–1933, Die Geschichte der ersten deutschen Demokratie, 4. Aufl., München 2005 (zitiert: *Winkler*, Weimar, S. …)

Gebraucht werden die üblichen Abkürzungen, vgl. *Kirchner, Hildebert*: Abkürzungsverzeichnis der Rechtssprache, 7. Aufl., Berlin 2012

Matthias Erzberger basically reformed the former tax system. In how far did he succeed, uniting the idea of fiscal justice with the pursuit of maximisation in profits during postwar circumstances? Do these principles had a major influence in today's tax system?

C. Die Erzbergersche Steuerreform in materieller Hinsicht – Ertrag-, Vermögen,- Erbschaft- und Verbrauchsteuern (Cecilia-Teres Gürtler)

I. Einleitung

„Alle Staatsbürger ohne Unterschied tragen im Verhältnis ihrer Mittel zu allen öffentlichen Lasten nach Maßgabe der Gesetze bei."

Dieser in Artikel 134 der Weimarer Reichsverfassung[1] niedergeschriebene Leitsatz bildete die Grundlage für die nachfolgende Reform der staatlichen Finanzen. Unter Matthias Erzberger, Reichsfinanzminister der Jahre 1919 und 1920, erfolgte eine Neuordnung der deutschen Finanzpolitik. Die im Zuge der Erzbergerschen Steuerreform erlassenen Ertrag-, Vermögens-, Erbschaft- und Verbrauchsteuern sollen in dieser Arbeit gewürdigt und nach ihren materiellen Grundlagen und Regelungen umfassend erschlossen werden.

Unter Berücksichtigung der finanziellen und politischen Lage Deutschlands machte sich die Erzbergersche Steuerreform einzelne Prinzipien zur Aufgabe. Als Hauptbestandteil dieser Arbeit gilt es zu ermitteln, in wie weit diese Grundsätze in den jeweiligen Steuergesetzen verankert werden konnten. Ob und inwiefern sich die Errungenschaften dieser Steuerreform im weiteren geschichtlichen Verlauf der Steuerpolitik aufrechterhalten konnten, gilt als zusätzliche Zielsetzung dieser Seminararbeit.

Um die Erzbergersche Steuerreform in ihrer Gänze erfassen und dessen Bedeutung bewerten zu können, wird zunächst eine Einordnung in den historischen Kontext vorgenommen. Im darauffolgenden Abschnitt wird der Werdegang des Matthias Erzberger in dessen Grundzügen dargelegt. Mit der Darstellung des Verwaltungsaufbaus und der Motive der Reform wird die Grundlage für die anschließende Erläuterung der einzelnen Steuergesetze geschaffen.

---

1 Gesetz vom 11. August 1919, RGBl. 1919, S. 1383.

Dabei werden diese im Hinblick auf ihre wesentlichen materiellen Eigenschaften erläutert und anschließend kritisch gewürdigt. Ein Fazit bildet den Abschluss dieser Arbeit.

II. Die Rahmenbedingungen für die Erzbergersche Steuerreform - politische und wirtschaftliche Lage 1919

Mit der Unterzeichnung des Gesetzes über den Friedensschluss zwischen Deutschland und den alliierten und assoziierten Mächten vom 16. Juli 1919[2], geläufig als der Friedensvertrag von Versailles, katapultierte sich das ohnehin schon kriegsgeschwächte Deutschland in eine aussichtslose Wirtschaftslage. Zwar war der Erste Weltkrieg damit beendet, die Gegebenheiten jedoch, unter denen sich Deutschland wieder aufbauen musste, waren alles andere als günstig. Durch den Kriegsschuldartikel 231 des Friedensvertrags wurden Deutschland langfristig angelegte Reparationszahlungen auferlegt[3], deren Höhe jedoch auf der Versailler Friedenskonferenz nicht abschließend geregelt wurde[4]. Zusätzlich diktierte man Deutschland, Teile seines Reichs abzutreten, wodurch ein zusätzlicher Verlust steuerlicher Einnahmequellen verzeichnet werden musste. Jedoch war die Angst vor einer Aufteilung des Reichs zwischen den Siegermächten so groß, dass Deutschland die drastischen Bedingungen des Versailler Friedensvertrags restlos anerkannte.[5] Auch bereiteten dem Deutschen Reich die Versorgung der Kriegsopfer wie auch die Arbeitslosenhilfe zusätzliche finanzielle Probleme.[6] Hinzu kamen die hohen Verschuldungen aus Anleihen[7], das Resultat der Kriegsfinanzierung, die Deutschlands wirtschaftliche Lage zusätzlich belastete. So verzeichnete Deutschland nach dem letzten Kriegsjahr 1918 einen nahezu unüberschaubaren Schuldenberg in Höhe von 156 Milliarden Mark - im Vergleich dazu war Deutschland zu Kriegsbeginn 1914 mit lediglich 5,4 Milliarden Mark verschuldet.[8] Eine derartige finanzielle Belastung hatte das noch junge Deutschland bis dahin nicht tragen müssen. Die Schulden des Reichs und die aus dem Friedensvertrag resultierenden Forderungen der Siegermächte waren regelrecht unüberschaubar und machten eine Reform der staatlichen Finanzen unumgänglich.

---

2 RGBl. 1919, S. 687.

3 *Niedhart,* Aussenpolitik Weimar, S. 9.

4 *Pietersen,* Kriegsverbrechen, S. 127.

5 *Niedhart,* Aussenpolitik Weimar, S. 10.

6 *Mai,* Weimarer Republik, S. 32f.

7 *Eschenburg,* Matthias Erzberger, S. 140.

8 *Ullmann,* in: Enzykl. 1 WK, S. 229.

Aus politischer Sicht bot die Zeit der Erzbergerschen Steuerreform noch nie zuvor dagewesene Möglichkeiten. Mit der Verfassung des Deutschen Reichs[9] wurden dem Bürger erstmals Grundrechte garantiert und mit ihnen die Grundlage für die Gleichheit aller deutschen Staatsangehörigen geschaffen. Im Zuge der Novemberrevolution 1918 konnte die Monarchie in Deutschland abgeschafft und die parlamentarische Demokratie begründet werden.[10] Die alten Regierungsmächte, die vor allem aus Konservativen und Rechtsliberalen bestanden, wurden durch Sozialdemokraten und Zentrumspolitiker abgelöst, die von nun an den herrschenden Ton in der Politik angeben sollten.[11] Die neue Verfassung wies jedoch auch deutliche Schwächen auf. Durch das breite Parteienspektrum und die schlagartig gewonnene politische Freiheit war der Inhalt der Weimarer Reichsverfassung von Kompromissen gekennzeichnet. Sie war „das Ergebnis von Verhandlungen, in denen höchst widersprüchliche politische Grundauffassungen und Forderungen aufeinander prallten“[12]. So hatte man schon zu Zeiten der Reichsgründung versucht, mithilfe der „Dolchstoßlegende“ die Schuld für das Scheitern der Deutschen an der Front auf die regierenden Parteien abzuladen – nur ein Indiz dafür, dass der Rückhalt der Verfassung in der Bevölkerung schon zu ihrer Gründung nicht bedingungslos gegeben war.[13] Insgesamt schuf die Weimarer Republik neue Chancen, jedoch aber auch neue Risiken. So galt die neue Verfassung seinerseits durchaus als zukunftsweisend und revolutionär, sie musste jedoch dem enormen Druck ihrer Gegner und den unglücklichen Umständen ihrer Zeit Tribut zollen.

III. Die Person Erzberger und die Zentrumspartei

Matthias Erzberger wurde am 20. September 1875 in Buttenhausen geboren.[14] Der aus bescheidenen Verhältnissen[15] stammende Erzberger war ein bedeutender Politiker seiner Zeit, dessen Wirken bis in die Anfänge der Weimarer Republik von großer Relevanz war.[16] So zog Erzberger 1903 mit 28 Jahren als

9 Gesetz vom 11. August 1919, RGBl. 1919, S. 1383.
10 *Kluge,* Weimarer Republik, S. 40.
11 *Kolb/Schuhmann,* Weimarer Republik, S. 20f.
12 *Rürup,* in: Im Namen der Freiheit, S. 65.
13 *Kolb,* in: Umbrüche deutscher Geschichte, S. 224.
14 *Morsey,* in: Reichsminister Erzberger, S. 44.
15 *Epstein,* Matthias Erzberger, S. 18.
16 *Epstein,* Matthias Erzberger, S. 9.

jüngster Abgeordneter in den Reichstag ein.[17] Auf Grund seiner katholischen Erziehung verschrieb er sich Zeit seines Lebens der Zentrumspartei und vertrat als Gegner des Marxismus deren katholische Soziallehre.[18] Seiner Auffassung nach sollten politische Interessen nicht durch revolutionäre Aufstände, sondern durch christliche Vereine vertreten und durchgesetzt werden.[19] Als Erzberger am 11. November 1918 die undankbare Aufgabe der Unterzeichnung des Waffenstillstandsabkommen in Compiègne übernahm und den Posten des Staatssekretärs antrat[20], forderte er parallel dazu einen Umschwung der Zentrumspartei ein[21]. Erzberger versprach sich von der Zentrumspartei den Aufstieg zu einer „Volkspartei", die zwischen den extrem linken und rechten Parteien verhandeln und so dem Deutschen Reich eine stabilere Politik bescheren könne.[22] Dies beruhte vor allem auf der Tatsache, dass zu jener Zeit das Zentrum auf Grund seines religiösen Charakters als einzige Partei unterschiedliche Bevölkerungsgruppen anzusprechen vermochte.[23] Jedoch fürchtete Erzberger in der teils föderalistischen Einstellung der Partei einen hemmenden Faktor für dessen Einflussnahme.[24] Als dem linken Spektrum des Zentrums angehörig, vertrat Erzberger die Demokratisierung und Zentralisierung des Deutschen Reichs.[25] So scheint seine umstrittene Befürwortung der Unterzeichnung des Versailler Friedensvertrags[26] zum Erhalt der Einheit Deutschlands nicht verwunderlich – gleichzeitig eine der größten Leistungen des Matthias Erzberger.[27]

IV. Die Leitgedanken der Erzbergerschen Steuerreform und die Vereinheitlichung der Finanzverwaltung

Die Weimarer Reichsverfassung (im Folgenden WRV) hatte keine ausführlichen Regelungen über ihr Steuersystem getroffen. Lediglich Artikel 6 Nr. 6 WRV

17 *Möller,* Erzberger und sein Reformwerk, S. 10.
18 *Eschenburg,* Matthias Erzberger, S. 11; *Ruge,* Matthias Erzberger, S. 10f.
19 *Teufel,* in: Patriot und Visionär, S. 23.
20 *Morsey,* in: Reichsminister Erzberger, S. 50.
21 *Richter,* Katholizismus Weimarer Republik, S. 68.
22 *Epstein,* Matthias Erzberger, S. 83.
23 *Epstein,* Matthias Erzberger, S. 62.
24 *Epstein,* Matthias Erzberger, S. 63, 325.
25 *Möller,* Erzberger und sein Reformwerk, S. 10; *Richter,* Katholizismus Weimarer Republik, S. 66.
26 *Epstein,* Matthias Erzberger, S. 337f.
27 *Eschenburg,* Matthias Erzberger, S. 8f.

sprach dem Reich die „ausschließliche Gesetzgebung über (...) das Zollwesen sowie die Einheit des Zoll- und Handelsgebiets und die Freizügigkeit des Warenverkehrs" zu. Die WRV war jedoch die rechtliche Grundlage, auf die sich die Erzbergersche Steuerreform zu stützen vermochte.[28] Diese Ausgangslage nutze der am 21. Juli 1919 zum Reichsfinanzminister ernannte Erzberger und stellte nur wenige Wochen später einen umfangreichen Reformvorschlag des deutschen Finanzwesens vor.[29] In seiner ersten Rede zur Reichsfinanzreform stellte Erzberger jene Motive vor, auf welche sich seine gesamte Steuergesetzgebung stützte.[30]

Um die durch die Kriegsniederlage entstandenen Schulden ausgleichen zu können, strebte Erzberger mit seiner Reform die Steigerung der steuerlichen Einnahmequellen des Reichs an.[31] Zudem mussten weiterhin auch die Ausgaben des inländischen Bedarfs gedeckt werden.[32] Die aus den bisherigen Steuern gewonnenen Einnahmen konnten diesem enormen Kostenberg jedoch nicht standhalten. Das Reich verzeichnete zu Kriegsbeginn Steuereinnahmen in Höhe von zwei Milliarden Mark – die Einnahmen jedoch, die das Reich alleine für seine eigenen Bedürfnisse benötigte, beliefen sich nach Kriegsende auf jährlich 17 Milliarden Mark.[33] So verfolgte die neue Finanzreform zum einen einen Fiskalzweck, den Erzberger als quantitative Aufgabe seiner Steuerreform verstand.[34]

Jedoch stand nicht nur die Steigerung steuerlicher Einnahmequellen im Mittelpunkt seines Reformwerks. So zielte seine Steuerreform zum anderen auf die Verankerung sozialpolitischer Überlegungen ab.[35] Die auf Grund des Kriegs entstandene missliche Finanzlage Deutschlands sollte jeden gleich zur Verantwortung ziehen.[36] Erzberger verstand die Steuerpflicht als von jedem gleich zu tragen und deren Erfüllung als geschlossene Aufgabe des Deutschen Reichs.[37] So sollten durch seine Reform die besitzenden Bevölkerungsschichten mehr als zuvor zu ihrer Steuerpflicht herangezogen werden, um die weniger Besitzenden

28 *Haußmann/Cleeves*, Grundriß der gesamten neuen Steuergesetzgebung I, S. 5.
29 *Eschenburg*, Matthias Erzberger, S. 140.
30 *Erzberger*, Reden zur Neuordnung des deutschen Finanzwesens, S. 3ff.
31 *Erzberger*, Reden zur Neuordnung des deutschen Finanzwesens, S. 8.
32 *Erzberger*, Reden zur Neuordnung des deutschen Finanzwesens, S. 9.
33 *Erzberger*, Reden zur Neuordnung des deutschen Finanzwesens, S. 7f.
34 *Erzberger*, Reden zur Neuordnung des deutschen Finanzwesens, S. 96f.
35 *Möller*, Erzberger und sein Reformwerk, S. 24.
36 *Erzberger*, Reden zur Neuordnung des deutschen Finanzwesens, S. 4.
37 *Erzberger*, Reden zur Neuordnung des deutschen Finanzwesens, S. 119.

zu entlasten.[38] Erzberger erklärte die Gerechtigkeit des Steuerwesens als sein oberstes Ziel und stützte sich dabei auf den Grundsatz des Leistungsfähigkeitsprinzips.[39] Dieser Leitgedanke der Erzbergerschen Steuerreform war in Artikel 134 WRV verfassungsrechtlich verankert worden.[40] Dieser Grundsatz lässt sich auf die Besteuerungsprinzipien nach *Adam Smith* zurückführen, nach dem jeder Bürger seinen individuellen ökonomischen Fähigkeiten entsprechend – welche sich anhand dessen Einkommen, Vermögen und Ausgaben bemessen - in gleichem Umfang Steuern entrichten soll.[41] Dieses Leitmotiv, wesentlich Gleiches gleich besteuern zu wollen, machte Erzberger zur qualitativen Aufgabe seiner Reform.[42]

Die Verwirklichung dieser Prinzipien versprach sich Erzberger durch eine Zentralisierung der Finanzkompetenz. Um den Finanzbedarf somit in Zukunft durch steuerliche Einnahmen abdecken zu können, wäre nach Erzberger eine „ganz neue Konstruktion des Aufbaues der Reichs- und Staatsfinanzen (…) nötig“[43]. So könne „der große Steuersouverän der Zukunft nur das einige Deutschland sein“[44]. Zuvor waren die Landesbehörden die Verwalter der direkten Steuern, wie beispielsweise der Einkommensteuer, das Reich bezog lediglich die Einnahmen aus indirekten Steuern, wie der Umsatzsteuer und den Zöllen. So blieben die Länder weitestgehend finanziell unabhängig.[45] Die Reparationszahlungen und Folgeschäden des Krieges zogen jedoch das Reich als Ganzes zur Zahlungspflicht heran und machten somit eine Umgestaltung des Finanzsystems unumgänglich. Erzberger strebte im Zuge der Reform an, 75 Prozent der Steuereinnahmen auf das Reich und 25 Prozent auf die Länder und Gemeinden fallen zu lassen – zuvor hatte das Reich lediglich 40 Prozent und die Länder und Gemeinden 60 Prozent des steuerlichen Gesamtaufkommens bezogen.[46] Dies sollte durch die Übertragung der direkten Steuern auf die Verwaltungskompetenz des Reichs umgesetzt werden.[47] Die WRV hatte Erzberger den Weg zu dieser Vereinheitlichung geebnet. Artikel 14 WRV befähigte das Reich dazu,

---

38 *Erzberger,* Reden zur Neuordnung des deutschen Finanzwesens, S. 18.
39 Vgl. *Erzberger,* Reden zur Neuordnung des deutschen Finanzwesens, S. 5.
40 *Hey,* in: Tipke/Lang, Steuerrecht, § 3, Rz. 40.
41 *Smith,* Reichtum der Nationen, S. 853.
42 *Erzberger,* Reden zur Neuordnung des deutschen Finanzwesens, S. 109f.
43 *Erzberger,* Reden zur Neuordnung des deutschen Finanzwesens, S. 8.
44 *Erzberger,* Reden zur Neuordnung des deutschen Finanzwesens, S. 7.
45 *Bräuer,* Die Neuordnung der deutschen Finanzwirtschaft, S. 16.
46 *Erzberger,* Reden zur Neuordnung des deutschen Finanzwesens, S. 112.
47 *Erzberger,* Reden zur Neuordnung des deutschen Finanzwesens, S. 113.

die Verwaltungshoheit der verschiedenen Steuern der Länder durch einfaches Gesetz auf das Reich übertragen zu können.[48] Auf Grundlage dessen erließ Erzberger am 10. September 1919 das Gesetz über die Reichsfinanzverwaltung[49], welches in der anschließenden Reichsabgabenordnung[50] impliziert war. Sie stellten das rechtliche Gerüst der einzelnen Steuergesetze seiner Reform dar.[51] Auf diese Weise erreichte Erzberger die Vereinfachung der Steuererhebung durch eine Vereinheitlichung der steuerlichen Verwaltungshoheit auf das Reich. Infolgedessen versprach sich Erzberger eine ertragreichere und kostengünstigere Steuererhebung.[52] Zudem war die Steuerlast nicht von der Wahl des Wohnsitzes abhängig, sondern richtete sich ausschließlich nach der ökonomischen Leistungsfähigkeit eines jeden Bürgers.[53]

V. Die Erzbergersche Steuerreform in materieller Hinsicht

Mit der Vereinheitlichung der Finanzverwaltung hatte Erzberger die Basis für die Umsetzung der nachstehenden Steuergesetze geschaffen. Dessen rechtliche Legitimation ergab sich aus Artikel 8 Satz 1 i.V.m. Artikel 12 Absatz 1 WRV, der die Gesetzgebungskompetenz im Hinblick auf das Steuersystem dem Reich zusprach. Auf dieser Grundlage aufbauend konnte das Reich seinen Bedürfnissen nach sämtliche Steuerquellen, insbesondere direkte Steuern, für sich in Anspruch nehmen.[54] Mit dem Landessteuergesetz vom 30. März 1920[55] sollte der in Artikel 8 Satz 2 WRV niedergeschriebene Auftrag der existenziellen Erhaltung der Gemeinden und Länder erfüllt werden. So stand den Ländern und Gemeinden ein Anteil der Steuereinnahmen zu, welche durch das Reich erzielt wurden.[56]

Ziel der Erzbergerschen Steuerreform war eine rigorose Umverteilung der Steuerlast. So sollten die Einnahmen des Reichs zu 60 Prozent aus direkten und zu 40 Prozent aus indirekten Steuern und Zöllen bezogen werden.[57] Um dieses Ziel erreichen zu können, folgte der Finanzreform eine umfangreiche Steuerreform,

48 *Möller*, Erzberger und sein Reformwerk, S. 32.
49 RGBl. 1919, S. 1591.
50 Gesetz vom 13. Dezember 1919, RGBl. 1919, S. 1993.
51 *Decke*, Die neuen Reichssteuern, S. 6.
52 *Erzberger*, Reden zur Neuordnung des deutschen Finanzwesens, S. 70.
53 *Wischermann/Nieberding*, Die institutionelle Revolution, S. 162.
54 *Haußmann/Cleeves*, Grundriß der gesamten neuen Steuergesetzgebung, S. 5.
55 RGBl. 1920, S. 402.
56 *Voigt*, Die Auswirkungen des Finanzausgleichs, S. 86f.
57 *Erzberger*, Reden zur Neuordnung des deutschen Finanzwesens, S. 110.

deren Eckpfeiler die Ertrag-, Vermögens-, Erbschaft- und Verbrauchsteuern bildeten.

1.) Ertragsteuern

In seinem 16 Einzelgesetze umfassenden Reformwerk[58] erließ Matthias Erzberger gesetzliche Regelungen zur Reichseinkommensteuer, der Körperschaftsteuer und der Kapitalertragsteuer. Obgleich auch die Gewerbesteuer eine Steuer auf den Ertrag darstellt, findet sie in dieser Arbeit keine Aufmerksamkeit. Ihre Erhebung wurde gänzlich den Ländern und Gemeinden überlassen und war somit nicht Teil der Erzbergerschen Steuerreform.[59]

a.) Einkommensteuer

Mit dem Gesetz zur Reichseinkommensteuer vom 29. März 1920[60] (im Folgenden REStG) bestand im Deutschen Reich erstmalig eine einheitliche Einkommensteuer natürlicher Personen. Eine Steuererhebung der Länder auf das Einkommen wurde untersagt.[61] Die einheitliche Erhebung dieser Jahressteuer[62] vereinfachte das Verfahren zu Gunsten des Steuerzahlers und schaffte zudem Gleichheit auf diesem Gebiet.[63] Dabei wird das preußische Einkommensteuergesetz von 1891[64] (im Folgenden PEStG) als Vorläufer des Einkommensteuergesetzes der Erzbergerschen Steuerreform verstanden, welches den Umschwung zur modernen Einkommensteuer darstellt.[65]

(aa.) Die subjektive Steuerpflicht

Die subjektive Steuerpflicht nach dem REStG regelte dessen § 2. Dabei unterschied das REStG zwischen der Steuerpflicht des Gesamteinkommens (§ 2 Abs. 1 REStG) und der Steuerpflicht verschiedener inländischer Einkünfte (§ 2 Abs. 2 REStG) - folglich zwischen unbeschränkter und beschränkter Steuerpflicht. Unbeschränkt steuerpflichtig waren zunächst alle deutschen

58 *Möller*, Erzberger und sein Reformwerk, S. 26.
59 *Golecki*, in: Das Kabinett Bauer, S. 213; *Tipke*, Steuerrechtsordnung II, S. 823.
60 RGBl. 1920, S. 359.
61 *Decke*, die neuen Reichssteuern, S. 70.
62 Vgl. § 29 REStG.
63 *Decke*, Die neuen Reichssteuern, S. 70.
64 Einkommensteuergesetz vom 24. Juli 1891, Gesetzsammlung für die königlich preußischen Staaten 1891, S. 175.
65 *Hey*, in: Tipke/Lang, Steuerrecht, § 8 Rz. 6f.

Staatsangehörigen im Sinne des Artikels 110 Absatz 1 WRV, die sich nicht länger als zwei Jahre im Ausland aufhielten und zusätzlich keinen Wohnsitz im Deutschen Reich besaßen (§ 2 Abs. 1 Nr. 1 REStG). Ebenso unbeschränkt Steuerpflichtig waren Beamte oder Militärpersonen mit Wohnsitz im Ausland, die dort nicht zu einer gleichartigen direkten Steuer herangezogen wurden, ungeachtet ihrer Aufenthaltsdauer. Gemäß § 2 Absatz 1 Nr. 2 REStG waren zudem auch Nichtdeutsche steuerpflichtig, die einen Wohnsitz im Deutschen Reich besaßen, sich des Erwerbs wegen dort aufhielten oder mehr als sechs Monate ihren gewöhnlichen Aufenthalt im Reich verbrachten. Beschränkt steuerpflichtig war nach § 2 Absatz 2 REStG inländisches Einkommen natürlicher Personen ohne Rücksicht auf Staatsangehörigkeit, Wohnsitz und Aufenthalt. Gemäß § 3 REStG waren von der Einkommensteuer solche Personen befreit, „(…) denen unter Wahrung der Gegenseitigkeit nach allgemeinen völkerrechtlichen Grundsätzen oder denen nach besonderen, mit anderen Staaten getroffenen Vereinbarungen ein Anspruch auf Befreiung von der persönlichen Steuer (…)“ zustand. So lässt sich § 3 REStG dahin verstehen, dass die aufgeführten Bedingungen der Steuerbefreiung nicht durch das REStG aufgehoben werden konnten, demzufolge die völkerrechtliche Grundsätze oder Vereinbarungen vorrangig waren.[66]

Die Steuerpflicht des REStG beruhte primär auf der deutschen Staatsangehörigkeit, ein Grundsatz, den die Erzbergersche Einkommensteuer von der Preußischen übernommen hatte.[67] Da § 3 REStG die Steuerbefreiung auf ein Minimum reduziert hatte, mussten nun alle Staatsangehörigen im Zuge desselben Gesetzes Steuern auf ihr Einkommen entrichten. Diese Überlegung entsprach dem Erzbergerschen Motiv der Steuergerechtigkeit, nach dem die Steuer eine dem gesamten Volk auferlegte Last sei.

(bb.) Der Einkommensbegriff – die objektive Steuerpflicht

Das REStG hatte den Einkommensbegriff der preußischen Einkommensteuer nicht übernommen. Deren Begrifflichkeit stützte sich auf die sog. Quellentheorie nach dessen Hauptvertreter *Fuisting.*[68] Demnach waren nur solche Einkünfte steuerpflichtig im Sinne des PEStG, die einer zum Ertrag bestimmten Quelle entsprangen.[69] Die §§ 7, 12 bis 15 PEStG legten vier verschiedene Einkunftsquellen abschließend fest. Demnach waren das Einkommen aus

66 *Strutz,* Handausgabe des Einkommensteuergesetzes, § 3, Anm. 1.
67 *Kortz,* Die Rechtsprechung zur beschränkten Einkommensteuerpflicht, S. 18.
68 So *Hey,* in: Tipke/Lang, Steuerrecht, § 8 Rz. 51 zu *Fuisting.*
69 *Birk,* Steuerrecht, § 1, Rz. 20; *Decke,* Die neuen Reichssteuern, S. 71.

Kapitalvermögen, aus Grundvermögen, aus Handel und Gewerbe sowie das Einkommen aus gewinnbringenden Beschäftigungen steuerpflichtig im Rahmen dieses Gesetzes.[70] Gegensätzlich dazu orientierte sich der Einkommensbegriff des REStG an den Grundgedanken der Reinvermögenszugangstheorie nach *Schanz*, der unter dem Begriff des Einkommens jeden Vermögenszugang während einer festgelegten Periode verstand.[71] Diesen Einkommensbegriff machte Erzberger fast vollständig zur Grundlage des REStG.[72] Demzufolge regelte § 5 REStG den Katalog der steuerbaren Einkommensarten nur beispielhaft und traf keine abschließende Regelung.[73] Zum steuerbaren Einkommen zählten demnach „Einkünfte aus Grundbesitz, Gewerbebetrieb, Kapitalvermögen, Arbeit, sowie alle sonstigen Einnahmen ohne Rücksicht darauf, ob es sich um einmalige oder wiederkehrende Einkünfte handelt oder aus welchem rechtlichen oder tatsächlichem Grund sie dem Steuerpflichtigen zugeflossen (…)“ waren.[74]. Die §§ 6 bis 9 REStG definierten die in § 5 REStG aufgezählten Einkünfte. Für Erzberger war es von Bedeutung, diese Begriffe der steuerpflichtigen Einkünfte nicht starr juristisch, sondern ihrem wirtschaftlichen Ursprung nach auszulegen[75], weshalb § 10 REStG im Falle einer Unschlüssigkeit über die Steuerbarkeit eines Einkommens dessen Verkehrsauffassung als maßgebliches Kriterium heranzog. Zudem zählte § 11 REStG, der die sonstigen Einnahmen im Sinne des § 5 REStG regelte, die dazugehörigen Einnahmen als „insbesondere“ auf. So bot eine solche Formulierung Auslegungsspielraum für weitere steuerliche Einkommensquellen und sollte den Regelungsbeispielcharakter des § 11 REStG unterstreichen.

Das REStG enthielt jedoch auch eine Durchbrechung der Reinvermögenszugangsgtheorie.[76] § 12 REStG regelte, welche Einkünfte nicht steuerbar im Sinne dieses Gesetzes waren. Dazu zählte beispielsweise der Vermögenserwerb, welcher nach dem Erbschaftsteuergesetz[77] steuerpflichtig war (§ 12 Nr. 1 REStG). Auch Veräußerungen privater Haushalte (§ 12 Nr. 12 REStG) oder der Veräußerungsgewinn von Grundstücken (§ 12 Nr. 13 REStG) waren nicht steuerpflichtig

70 *Fuisting*, Das Preußische Einkommensteuergesetz, S. 73ff.

71 *Schanz*, Der Einkommensbegriff und die Einkommensteuergesetze, S. 23f.

72 *Birk*, Steuerrecht, § 1, Rz. 21.

73 *Strutz*, Handausgabe des Einkommensteuergesetzes, § 5, Anm. 1.

74 § 5 REStG 1920.

75 *Strutz*, Handausgabe des Einkommensteuergesetzes, § 10, Anm. 2.

76 *Jung*, Einkommensteuerliche Abgrenzung des gewerblichen Grundstückhandels, S. 16.

77 Erbschaftsteuergesetz vom 10. September 1919, RGBl. 1919, S. 1543.

im Sinne des REStG. Jedoch durften die in Nr. 12 und Nr. 13 aufgeführten Einkommen nicht der Weiterveräußerung wegen erwirtschaftet worden sein – auf Grundstücke war zusätzlich die Bedingung des Erwerbs vor dem 1. August 1914 geknüpft. Hier übernahm Erzberger den Grundsatz des PEStG für Gegenstände aller Art, nachdem ihr Ertrag einkommensteuerpflichtig war, sobald deren Veräußerung im Sinne der Gewinnbringung erfolgte.[78]

Die Erzbergersche Einkommensteuer hatte den Rahmen für die objektive Steuerpflicht weit gesteckt. Ihr Einkommensbegriff war nicht rein juristischer Natur, die entsprechenden Rechtsnormen trugen viel mehr auch einen wirtschaftlichen Charakter. So lag das Abgrenzungskriterium in der Verkehrsauffassung der jeweiligen Einkünfte, eine Erklärung dafür, dass die §§ 5ff. REStG keine abschließende Regelungen getroffen hatten. Begründen lässt sich dies mit dem Motiv der Ertragsmaximierung, welches durch die größtmögliche Ausweitung des Einkommensbegriffs treffend umgesetzt wurde. Zudem spiegelte er den Auftrag des § 4 der Reichsabgabenordnung wider. So sollten Gesetze unter Berücksichtigung ihres Zwecks, ihrer wirtschaftlichen Bedeutung und der Entwicklung der Verhältnisse erlassen und auch ausgelegt werden können.

(cc.) **Bemessungsgrundlage der Reichseinkommensteuer**

Erzbergers Ziel war es, die Sätze in der Reichseinkommensteuer bis zum „Höchstmaß des Tragbaren"[79] auszuweiten. Als Konsequenz sollten vor allem die einkommensstarken Steuerpflichtigen in höherem Maße Steuern entrichten als zuvor. Der § 20 Absatz 1 REStG sah für jeden Steuerpflichtigen einen Freibetrag von 1500 Mark vor. Für den Ehegatten und die zum Haushalt zurechenbaren Kinder gem §§ 16, 17 REStG waren zusätzlich jeweils 500 Mark bestimmt, welche der Steuerbefreiung unterlagen.[80] Zudem konnten Abzüge vom zu versteuernden Einkommen durch Werbungskosten vorgenommen werden, unter denen das REStG die zu ihrer Erwerbung, Sicherung und Erhaltung gemachten Aufwendungen verstand (§ 13 REStG). Dabei trat im Hinblick auf die Werbungskosten ein wesentlicher Aspekt hervor: § 13 REStG hatte den Werbungskostenbegriff der auf der Quellentheorie basierenden Preußischen Einkommenssteuer übernommen.[81] Diese verstand nur die aus der Quelle fließenden Einkünfte als steuerpflichtig. Folglich mussten die gemachten

---

78 *Strutz,* Handausgabe des Einkommensteuergesetzes, § 11 Anm. 22.

79 *Erzberger,* Reden zur Neuordnung des deutschen Finanzwesens, S. 49.

80 *Decke,* Die neuen Reichssteuern, S. 78.

81 *Strutz,* Handausgabe des Einkommensteuergesetzes, § 13, Anm. 9a; *Uhländer,* Vermögensverluste im Privatvermögen, S. 75.

Aufwendungen in unmittelbarem Zusammenhang zur Einnahme stehen, um als abzugsfähig zu gelten, mittelbar zum Erhalt der Einnahmequelle gemachte Aufwendungen waren jedoch nicht abzugsfähig.[82] Nach diesem Verständnis waren Aufwendungen zum Zweck der Berufsbildung, wie beispielsweise Fortbildungen, Lehrzeitschriften oder Ähnliches nicht notwendig im Sinne des § 13 Absatz 1 Satz 1 REStG und somit auch nicht abzugsfähig. Sie waren lediglich für die Qualität der Quelle von Vorteil und standen demnach nur in mittelbarem Zusammenhang zu dem aus der Quelle fließenden Einkommen.[83]

Der Steuertarif des REStG war in den §§ 19 bis 29 geregelt. Er sah nach dem Vorbild des PEStG einen progressiven Steuertarif vor.[84] So wurden die steigenden Steuersätze nicht vom gesamten Einkommen, sondern lediglich von dem Teil erhoben, der sich in der höheren Stufe befand.[85] Der Mindeststeuersatz im REStG lag bei 10 Prozent, der Spitzensteuersatz bei 60 Prozent auf ein Einkommen von über 500 000 Mark. Im PEStG lag im Vergleich dazu der Spitzensteuersatz bei vier Prozent.[86] So fand hier eine drastische Umwälzung der Steuerlast auf die Einkommensstarken, die zuvor in unverhältnismäßiger Weise geschont worden waren, bei einer gleichzeitigen Entlastung der einkommensschwachen Bevölkerungsgruppen, statt.

Der Steuertarif des REStG berücksichtigte das Existenzminimum eines jeden Steuerpflichtigen auch im Rahmen seiner familiären Verhältnisse und spiegelte so die sozial-ethische Qualität der Erzbergerschen Steuerreform wider. Im Hinblick auf das Verständnis des Werbungskostenbegriffs fand ein Systembruch statt, welchem mit der Aufnahme der Fortbildungskosten in das Einkommensteuergesetz vom 10. August 1925[87] Abhilfe geschaffen werden sollte.[88] Die Höhe des progressiven Steuersatzes, die Erzberger bereits knapp ein Jahr zuvor angekündigt hatte[89], lud einen Großteil der Steuerlast auf die einkommensstarken Bevölkerungsgruppen ab, die eine solche Besteuerung zuvor nicht gewohnt waren.

---

82 *Strutz,* Handausgabe des Einkommensteuergesetzes, § 13, Anm. 3.
83 *Herb,* Berufliche Ausbildung und Fortbildung im Einkommensteuerrecht, S. 16.
84 *Droege,* Gemeinnützigkeit im offenen Steuerstaat, S. 29.
85 *Decke,* Die neuen Reichssteuern, S. 79.
86 *Born,* in: Handbuch der preußischen Geschichte, S. 117.
87 Einkommenssteuergesetz vom 10. August 1925, RGBl. 1925, S. 189.
88 *Herb,* Berufliche Ausbildung und Fortbildung im Einkommensteuerrecht, S. 17.
89 *Erzberger,* Reden zur Neuordnung des deutschen Finanzwesens, S. 49.

(dd.) Kritische Würdigung der Reichseinkommensteuer

Matthias Erzberger verstand die Reichseinkommensteuer als Zentralsteuer, aus welcher der höchst mögliche Ertrag bei gleichzeitig wahrheitsgemäßer Veranlassung erzielt werden sollte.[90] Demnach erscheint die Umwandlung der Einkommensteuer von einer Ländersteuer hin zu einer reichseinheitlichen Steuer folgerichtig und stringent. Zum einen brachte die Vereinheitlichung eine durchsichtigere und gleichzeitig ertragreichere Steuererhebung. Zum anderen wurde damit der Grundsatz der Steuergleichheit umgesetzt. Demzufolge war die Höhe der Steuerpflicht nicht mehr davon abhängig, in welchem Land des Reichs die Einkommensteuer erhoben wurde.

Die Reinvermögenszugangstheorie vermochte am ehesten dem Grundsatz der Leistungsfähigkeit zu entsprechen.[91] Dessen teils wirtschaftliche Sichtweise des Einkommensbegriff impliziert in besserer Weise dieses Prinzip, da alle Vermögenszugänge zur Steuergrundlage herangezogen und somit die ökonomische „Leistungskraft" des jeweiligen Steuerzahlers genauer erfasst werden konnte. Zudem entsprach die wirtschaftliche Sichtweise des Einkommens den Umständen der damaligen Zeit. Die verfolgte Ertragsmaximierung, die Abhilfe in Bezug auf die immensen Reparationszahlungen und Kriegsschulden des Reichs schaffen sollte, stand im Einklang mit einer weitgefassten Begriffsbestimmung des Einkommens. Je mehr unter den Einkommensbegriff subsumiert werden konnte, desto mehr konnte auch versteuert werden um die Schulden des Reichs zu tilgen. Der quantitative Grundsatz der Erzbergerschen Steuerreform konnte somit weitestgehend treffend durch die Grundgedanken der Reinvermögenszugangstheorie umgesetzt werden. § 10 REStG unterstrich den ökonomischen Charakter dieses Gesetzes, der durch den Begriff der „Verkehrsauffassung" Auslegungsspielraum für die nicht abschließend geregelten Einkunftsarten offen hielt. Jedoch hat sich dieser Grundsatz nicht in die Steuerwirklichkeit durchsetzen können. So traf bereits das EStG 1925 abschließende Regelungen, ein Prinzip, welches sich bis zum aktuellen Einkommensteuergesetz[92] aufrechterhalten konnte.[93]

Der Grundsatz der Leistungsfähigkeit bildete den Kerngedanken des Reichseinkommensteuergesetzes. Diesem darüber hinaus in § 26 REStG ausdrücklich genannten Gebot war es zuzusprechen, dass das REStG ein Existenzminimum,

---

90 *Erzberger,* Reden zur Neuordnung des deutschen Finanzwesens, S. 104.

91 *Hey,* in: Tipke/Lang, Steuerrecht, § 7, Rz. 30.

92 Einkommensteuergesetz vom 08. Oktober 2009, BGBl. 2009 I, S. 3369, ber. S. 3862 mit späteren Änderungen.

93 *Tipke,* Steuerrechtsordnung II, S. 565.

wie auch andere familiäre Umstände in der Steuerbemessungsgrundlage berücksichtigte. Dieser Kanon entspricht in seinem Kern dem heutigen subjektiven Nettoprinzip.

Die Erhöhung des Steuerspitzensatzes auf 60 Prozent bewirkte einen Ausgleich für die einkommensschwachen Bevölkerungsgruppen, die durch die indirekten Steuern relativ höher belastet waren.[94] Die Einkommensstarken wurden so zu ihrer Steuerpflicht in gerechterer Weise als zuvor herangezogen. So gelang es Erzberger, sein Verständnis der Steuer als einheitliche Last des gesamten Reichs, auch in der Einkommensteuer zu verankern. Festzuhalten gilt, dass die Richtung, die Erzberger mit diesem Spitzensteuersatz einschlug, unter Berücksichtigung der finanziellen und wirtschaftlichen Lage jener Zeit, bis heute Bestandskraft hat. So ist nach heutiger Rechtsprechung[95] der Halbteilungsgrundsatz des Bundesverfassungsgerichts[96], nach dem die Gesamtheit der Steuerbelastung die 50 Prozent Grenze nicht wesentlich übersteigen darf, auf das Einkommen als nicht anwendbar erklärt worden.[97] Die von Erzberger gewählte Steuerprogression lässt sich auch im heutigen Einkommensteuergesetz wiederfinden. Dabei wird der progressive Tarif als Sozialnorm mit Umverteilungszweck verstanden, eine Art Wohlstandkorrektur im Zuge der Umverteilung.[98] Diese auf dem Sozialstaatsprinzip beruhende Umverteilung von oben nach unten diente somit den einkommensschwächeren Bevölkerungsgruppen und wies Potenzial auf, die neu gewonnene Demokratie zu bestärken.

Abschließend darf nicht außer Acht gelassen werden, dass die Erzbergersche Einkommensteuer erstmals Regelungen über die Lohnsteuer getroffen hatte.[99] Die in den §§ 45ff. REStG geschaffene Erhebungsform des Steuerabzugs vom Arbeitslohn durch den Arbeitgeber ist als Vorreiter der heutigen Lohnsteuer (§§ 38–42f. EStG) zu verstehen.

b.) Körperschaftsteuer

Mit der Verkündung des Körperschaftsteuergesetzes am 30. März 1920[100] (im Folgenden KStG) wurde die Einkommensteuer für juristische Personen

94 *Möller,* Matthias Erzberger und sein Reformwerk, S. 39.
95 Vgl. BverfG, Beschluss vom 10. Januar 2006–2 BvR 2194/99.
96 Vgl. BverfG, Beschluss vom 22. Juni 1995–BvL 37/91.
97 Vgl. BFH vom 11. August XI R 77/97.
98 *Hey,* in: Tipke/Lang, Steuerrecht, § 3, Rz. 212.
99 *Kortz,* Die Rechtsprechung zur beschränkten Einkommensteuerpflicht, S. 17.
100 RGBl. 1920, S. 393.

erstmals in einem eigenständigen Gesetz geregelt.[101] Damit wurde eine schon Jahre zuvor sichtbare Tendenz zur Eigenständigkeit der Körperschaftsteuer umgesetzt.[102] Begründet lag dies in der Tatsache, dass das Einkommen juristischer Personen keine privaten Abzüge rechtfertige. Die Grundzüge des subjektiven Nettoprinzips kommen in Bezug auf die Körperschaftsteuer nicht zum Tragen, da diese keine subjektiven Bedürfnisse haben. Somit erscheint die Steuerfreiheit des Existenzminimums als nicht gerechtfertigt.[103] Zusätzlich schien auch der Gedanke der Wohlstandskorrektur des progressiven Steuersatzes in Bezug auf juristische Personen als verfehlt.[104] Der Umverteilungsgedanke des Sozialstaatsprinzips kann in Bezug auf die Körperschaften nicht treffend umgesetzt werden.

(aa.) Die subjektive Steuerpflicht

Die subjektive Steuerpflicht regelte § 1 KStG. Unbeschränkt steuerpflichtig waren demnach Erwerbsgesellschaften sowie alle übrigen Körperschaften und Vermögensmassen, deren Sitz oder Ort der Leistung sich im Reich befand.[105] Die Steuerpflicht ausländischer Körperschaften beschränkte sich auf das Einkommen aus inländischem Grundbesitz und Gewerbebetrieb, für den im Inland eine Betriebsstätte unterhalten wurde (§ 1 Nr. 2 Satz 2 KStG). Nicht unter die subjektive Steuerpflicht des KStG fielen Reich, Länder, Gemeinden, Universitäten, Hochschulen und ähnliche Anstalten.[106] Folglich war der Betriebsstandort der Körperschaft ausschlaggebendes Kriterium der subjektiven Steuerpflicht.

(bb.) Die objektive Steuerpflicht

Im Hinblick auf das Verständnis des Einkommens verwies § 5 KStG auf die Ausführungen des REStG. Ferner war § 12 REStG auf das KStG übertragbar (§ 6 S. 1 KStG). Zudem definierte § 12 KStG weitere Ausnahmen der Steuerbefreiung, wie beispielsweise die Einkünfte von Kirchen und öffentlich-rechtlichen Körperschaften, welche unmittelbar zu ihrem Zwecke verwendet wurden (§ 6 Nr. 2 KStG). Entsprechend übernahm das KStG, abgesehen von unerheblichen Ausnahmen

---

101 *Birk*, Steuerrecht, § 1, Rz. 21.

102 *Clauß*, Das Körperschaftsteuer-Gesetz, § 1, Anm. 2.

103 *Kirchhof*, in: Patriot und Visionär, S. 102.; *Knobbe-Keuk*, Bilanz- und Unternehmensteuerrecht, S. 559.

104 *Hüttemann*, in: Aktienrecht im Wandel II, 27. Kapitel, Rz. 9

105 *Kohlenberger*, Die Steuererklärung, S. 49.

106 Zur genaueren Definition siehe § 2 KStG.

der Steuerbefreiung, den auf dem Gedanken der Reinvermögenszugangstheorie basierenden Einkommensbegriff der §§ 5ff. REStG.

(cc.) Bemessungsgrundlage der Körperschaftsteuer

Gemäß § 11 KStG wurde das Einkommen durch einen proportionalen Steuertarif in Höhe von 10 Prozent belastet. Zudem wurde bei den Erwerbsgesellschaften ein Zuschlag auf den Betrag erhoben, welcher aus dem zu versteuernden Einkommen und dem Einkommen früherer Jahre als Gewinnanteil ermittelt wurde. Dies geschah jedoch nur, soweit dieser Betrag mehr als drei Prozent des Grund- und Stammkapitals ausmachte (§ 12 Nr. 2 KStG). Dieser Gewinnausschüttungsanteil konnte mit bis zu 10 Prozent zusätzlich besteuert werden.[107]

Mithin wurde, im Hinblick auf das PEStG, dessen progressiver Steuertarif für die Besteuerung der Körperschaften durch einen proportionalen Tarif ersetzt. Dadurch konnte dem verfehlten Gedanken der Wohlstandkorrektur in Bezug auf die Körperschaften Abhilfe geschaffen werden.

(dd.) Kritische Würdigung der Körperschaftsteuer

Mit der Besteuerung von Körperschaften durch ein spezielles Gesetz schuf Erzberger eine neue Gesetzesart, welche bis zur heutigen Zeit[108], jedoch mit grundlegenden Systemänderungen, beibehalten wurde. Die Körperschaftsteuer 1920 basierte auf dem klassischen System, welches eine steuerliche Doppelbelastung vorsah. Dies beinhaltete die Belastung des Gewinns mit der Körperschaftsteuer und die zusätzlich vollständige Belastung des ausgeschütteten Gewinns beim Anteilseigner mit der Einkommensteuer.[109] Die Rechtfertigung einer Eigenständigkeit der Rechtssubjekte Körperschaft und Anteilseigner, konnte im Laufe der Zeit ihre Bestandskraft jedoch nicht aufrechterhalten.[110] So fand ab 1953 eine Milderung der steuerlichen Doppelbelastung mit Hilfe eines gespaltenen Tarifs statt, welche durch ein Vollanrechnungssystem abgelöst wurde.[111] Seit 2001 existiert in Deutschland zwar das klassische System, dieses sieht jedoch in Bezug auf den Anteilseigner lediglich pauschale Belastungen vor, welche die Steuerpflicht abmildern.[112]

107 *Otto,* Die Besteuerung von gewinnausschüttenden Körperschaften, S. 30.

108 Körperschaftsteuergesetz vom 15. Oktober 2012, BGBl. I, S. 4145, mit späteren Änderungen.

109 *Tipke,* Steuerrechtsordnung II, S. 724.

110 *Hey,* in: Tipke/Lang, Steuerrecht, § 11, Rz. 6ff; *Tipke,* Steuerrechtsordnung II, S. 725.

111 *Hey,* in: Tipke/Lang, Steuerrecht, § 8, Rz. 35; § 11, Rz. 8.

112 Zur genaueren Erläuterung siehe *Hey,* in: Tipke/Lang, Steuerrecht, § 8 Rz. 35; § 11, Rz. 11ff.

Zieht man die Motive Erzbergers zur Beurteilung der Körperschaftsteuer heran, so wird deutlich, dass dieser mit der Schaffung eines eigenständigen Gesetzes und dem Prinzip des klassischen Systems die Steuererträge des Reichs maximieren wollte. Das zuvor gewährleistete Existenzminimum und der Umverteilungsgedanke des progressiven Steuersatzes waren in Bezug auf die Körperschaften nicht sozial-ethisch zu rechtfertigen, im Gegenteil, sie stellten eine Ungerechtigkeit zu Lasten der natürlichen Steuerzahler dar. Durch die Schaffung eines neuen Gesetzes konnte dieser Fehlgedanke in der deutschen Steuerpolitik beseitigt und der Grundsatz der Steuergleichheit erweitert werden.

c.) Kapitalertragsteuer

Mit dem Kapitalertragsteuergesetz vom 29. März 1920[113] (im Folgenden KapEStG) schuf Erzberger erstmals ein separates Gesetz, welches direkt an die Quelle der Leistungsfähigkeit anknüpft. Die Kapitalertragsteuer war mithin eine Quellensteuer.[114] Sie belastete das Vermögen aus Kapital mit einer Sonderbesteuerung, wobei die Belastung dieses Kapitals mit der Einkommensteuer davon unberührt blieb. So konnte die Kapitalertragsteuer nur als Werbungskosten im Sinne des § 13 REStG abgesetzt werden, der verbliebene Ertrag wurde nach den Vorschriften des REStG zusätzlich belastet. So fand eine fast gänzliche Doppelbesteuerung der Kapitalerträge durch die Einkommensteuer und die Kapitalertragsteuer statt.[115]

(aa.) Steuerpflichtigkeit und Bemessungsgrundlage

In § 2 KapEStG waren die zu versteuernden Kapitalerträge definiert. Darunter fielen Erträge aus inländischen Kapitalanlagen (§ 2 Abs. 1 KapEStG), die in sieben Gruppen unterteilt wurden, sowie auch ausländische Kapitalerträge dieser Gruppen (§ 2 Abs. 2 KapEStG). Dazu zählten unter anderem inländische und ausländische Dividenden, Zinsen, Ausbeuten oder sonstige Gewinne, die auf Aktien, Reichsbankanteile usw. entfielen. Gemäß § 7 KapEStG war der Gläubiger der Kapitalerträge steuerpflichtig, Vereinbarungen, nach denen der Schuldner die Pflicht des Gläubigers übernahm, waren als nichtig anzusehen (§ 8 KapEStG). Die §§ 5,6 KapEStG regelten die Höhe der Steuer. Demzufolge betrug diese 10 Prozent des vollständigen Kapitalertrags. Schuldzinsen, Werbungskosten

---

113 RBGl. 1920, S. 345.

114 *Titgemeyer,* Zinsbesteuerung in einkommens- und konsumorientierten Steuersystemen, S. 27.

115 *Decke,* Die neuen Reichssteuern, S. 87.

wie auch die Kapitalertragsteuer waren an sich nicht abzugsfähig im Sinne des KapEStG. Sie konnten jedoch gemäß § 13 Absatz 1 Nr. 1a REStG vom Gesamtbetrag der Einkünfte in Abzug gebracht werden.[116]

(bb.) Kritische Würdigung der Kapitalertragsteuer

Das KapEStG basierte auf dem Prinzip der Fundustheorie. Diese unterscheidet zwischen fundiertem Einkommen, worunter solches aus Vermögen fällt und unfundiertem Einkommen, welches Einkommen aus Arbeit meint.[117] Nach der Fundustheorie indizieren die Einkünfte aus Vermögen eine höhere Leistungsfähigkeit, wonach folglich die Doppelbesteuerung der Kapitaleinkünfte gerechtfertigt erscheint. Begründet wird dies mit der Annahme, dass den Besitzern fundierten Einkommens mehrere Einkommensquellen zur Verfügung stehen und diese demnach auf die Quellen aus unfundierten Einkommen weniger angewiesen sind.[118] Unter Berücksichtigung der finanziellen Lage Deutschlands zur Zeit der Erzbergerschen Steuerreform scheint diese Doppelbelastung nachvollziehbar. Sie bot eine weitere Möglichkeit, die Steuereinnahmen des Reichs zu steigern, um somit die Schulden aus Reparationen und dem vorangegangenen Krieg decken zu können. Das KapEStG traf die vermögenden Bevölkerungsgruppen. So wird auch hier das Bestreben Erzbergers, diese Bevölkerungsgruppe vermehrt in die Verantwortung zu ziehen und gleichzeitig die Steuererträge zu maximieren, erkennbar. Die Kapitalertragsteuer konnte sich als eigene Steuerart bis heute jedoch nicht durchsetzen. So ist sie gegenwärtig lediglich eine Erhebungsform der Einkommensteuer und in den §§ 43ff. EStG vorzufinden.

2.) Vermögenssteuern

Im Zuge der Erzbergerschen Steuerreform wurde die bestehende Besitzsteuer[119] letztmalig am 31. Dezember 1919 veranlagt.[120] Zudem wurde das Wertzuwachssteuergesetz vom 14. Februar 1911[121] weiter geführt. Dies ergab sich aus Artikel 178 Absatz 1, 2 WRV, wonach die Gesetze aus dem Kaiserreich in Kraft blieben, solange sie mit der WRV in Einklang standen. Dies galt auch für die Kriegsgewinnbesteuerung der vorangegangenen Jahre, die mit dem Gesetz über eine Kriegsabgabe vom

116 *Strutz,* Handausgabe des Einkommensteuergesetzes, § 13, Anm. 14f.
117 *Hey,* in: Tipke/Lang, Steuerrecht, § 3, Rz. 60.
118 *Brümmerhoff,* Finanzwissenschaft, S. 410.
119 Gesetz vom 3. Juli 1913, RGBl. 1913, S. 524.
120 *Decke,* die neuen Reichssteuern, S. 52.
121 RGBl. 1911, S. 33.

Vermögenszuwachs[122] und dem Gesetz über eine außerordentliche Kriegsabgabe für das Rechnungsjahr 1919[123] ihren Abschluss fanden.[124] Schlussfolgernd erließ Erzberger im Rahmen der Vermögenssteuern das bereits erwähnte Gesetz über eine außerordentliche Kriegsabgabe vom Vermögenszuwachs und das Gesetz über das Reichsnotopfer[125], welche im Folgenden näher erläutert werden.

a.) Gesetz über eine außerordentliche Kriegsabgabe vom Vermögenszuwachs

Das Gesetz über eine außerordentliche Kriegsabgabe vom Vermögenszuwachs (im Folgenden VZAG) löste das Besitzsteuergesetz ab. Das Besitzsteuergesetz war in seinen Grundzügen nicht auf die Umstände, die der Krieg hinterlassen hatte, vorbereitet. Diesen Umständen sollte nun im Zuge des VZAG Abhilfe geschaffen werden.[126] Das VZAG regelt den, trotz der Mehreinkommensbesteuerung der außerordentlichen Kriegsabgaben der vorangegangenen Jahre, erwirtschafteten Gewinnzuwachs des Vermögens.[127]

(aa.) Abgabepflicht und Bemessungsgrundlage der Abgabe vom Vermögenszuwachs

Gemäß § 2 VZAG waren nur natürliche Personen abgabepflichtig. Darunter fielen alle Reichsangehörigen und Ausländer mit Wohnsitz oder dauerhaftem Aufenthalt im Reich, welche sich seit dem 31. Dezember 1913 im Deutschen Reich aufhielten oder zeitweise aufgehalten hatten (§ 2 Abs. 1 VZAG). Zusätzlich waren jene natürliche Personen, die unabhängig ihres Aufenthaltes im Inland Grund- oder Betriebsvermögen besaßen, abgabepflichtig im Sinne des VZAG (§ 2 Abs. 2 VZAG). So unterschied § 2 VZAG zwischen einer unbeschränkten und beschränkten Abgabepflicht. §§ 3 bis 18 VZAG regelten die objektive Abgabepflicht und dessen Feststellungsverfahren. Indem das Vermögen der natürlichen Person zu Beginn mit dem Vermögen am Ende des Kriegs gegenübergestellt wurde, sollte der Vermögenszuwachs ermittelt werden.[128] Der

122 Gesetz vom 10. September 1919, RGBl. 1919, S. 1579.

123 Gesetz vom 10. September 1919, RGBl. 1919, S. 1567.

124 *Rheinstrom/Reinach,* Gesetz über eine außerordentliche Kriegsabgabe 1919, Einleitung S. XI; *Strutz,* Kommentar zum Gesetz über eine Kriegsabgabe vom Vermögenszuwachs und außerordentliche Kriegsabgabe 1919, Einleitung S. 27.

125 Gesetz vom 31. Dezember 1919, RGBl. 1919, S. 2189.

126 *Strutz,* Kommentar zum Gesetz über eine Kriegsabgabe vom Vermögenszuwachs und außerordentliche Kriegsabgabe 1919, Einleitung S. 33.

127 *Decke,* Die neune Reichssteuern, S. 30.

128 *Decke,* Die neuen Reichssteuern, S. 31.

§ 16 VZAG sah einen progressiven Tarif vor, der ab einem Vermögenszuwachs von 10 000 Mark 10 Prozent Abgabe forderte. Dieser Tarif stieg auf 100 Prozent an und hatte demnach eine radikale Umverteilung zufolge.

(bb.) Kritische Würdigung

Mit diesem abschließenden Gesetz zur Kriegsbesteuerung sollte jeder, dessen Vermögen und Leistungsfähigkeit durch den Krieg nachhaltig gesteigert wurde, diesen Gewinnzuwachs dem Volke wieder zukommen lassen. Keiner sollte sich am Krieg übermäßig bereichert haben.[129] Dieses Verständnis beruhte auf dem Grundsatz der Besteuerung nach der wirtschaftlichen Leistungsfähigkeit. So könne jemandem, der im Zuge der Opfer anderer eine Vermehrung seines Vermögens erfahren hat, dieser Gewinn wieder abgenommen werden.[130] In Anbetracht der finanziellen Umstände jener Zeit erscheint eine solche Sichtweise nachvollziehbar. Demnach war eine solch hohe Verschuldung beinahe nicht zu bewältigen und billigte beinahe jede erdenkbare Steuerquelle. Der Gedanke einer Vermögenszuwachsbesteuerung scheint in der Theorie sozial-ethisch vertretbar, praktisch jedoch kaum umsetzbar. So stellte *Strutz,* Senatspräsident des Reichsfinanzhofs, treffend fest, dass die Abgrenzung zwischen einem bloßen zeitlichen Zusammenhang des Vermögenszuwachs mit dem Krieg und einem durch den Krieg bedingten Vermögenszuwachs nicht durch das Gesetz ausreichend bestimmt werden könne.[131] Eine wahrheitsgemäße Bestimmung des Vermögenszuwachses konnte somit nicht erfolgen. So erscheint der progressive Steuertarif des Gesetzes über eine Kriegsabgabe vom Vermögenszuwachs hier verfehlt. Der Umverteilungsgedanke vermag, auf Grund der Unmöglichkeit der tatsächlichen Ermittlung des kriegsbedingten Vermögenszuwachses, die sozial-ethischen Motive der Erzbergerschen Steuerreform nicht treffend umzusetzen. So konnte in diesem Fall keine Steuergleichheit realisiert werden. Das Ziel Erzbergers, ab einem bestimmten Betrag den Vermögenszuwachs „restlos wegzustaffeln"[132] ist demnach als unverhältnismäßig zu bewerten.

---

129 *Erzberger,* Reden zur Neuordnung des deutschen Finanzwesens, S. 14.

130 *Strutz,* Kommentar zum Gesetz über eine Kriegsabgabe vom Vermögenszuwachs und außerordentliche Kriegsabgabe 1919, Einleitung S. 32f.

131 *Strutz,* Kommentar zum Gesetz über eine Kriegsabgabe vom Vermögenszuwachs und außerordentliche Kriegsabgabe 1919, Einleitung S. 32.

132 *Erzberger,* Reden zur Neuordnung des deutschen Finanzwesens, S. 14.

b.) Gesetz über das Reichsnotopfer

Mit dem Bestreben, keine Quelle unerschöpft zu lassen[133], wurde am 31. Dezember 1919 das Gesetz über das Reichsnotopfer (im Folgenden RNOG) verkündet. Es stellte eine einmalige wesentliche Abgabe des Vermögens dar.[134] Dabei spricht das Gesetz von einer Abgabe und nicht von einer Steuer, um dessen Ausnahmecharakter hervor zu heben.[135] Eine solche Abgabe wird auch als außerordentliche Vermögenssteuer bezeichnet. Sie zielt auf die Deckung der Staatskosten in Ausnahmesituationen ab, beispielsweise in Zeiten des Kriegs oder nach Kriegsende. In solchen Ausnahmesituationen benötigt der Staat zusätzliches Kapital, um den erhöhten Bedarf finanzieren zu können.[136] Folglich ist das Reichsnotopfer seinem Wesen nach eine Steuer auf das Vermögen.[137]

(aa.) Abgabepflicht

§ 2 RNOG regelt die Abgabepflicht. Dabei behandelt Absatz 1 die subjektive und Absatz 2 die objektive Abgabepflicht. Grundgedanke der Abgabepflicht war es, diese auf möglichst alle erfassbaren Vermögen zu erstrecken.[138] So waren unbeschränkt abgabepflichtig Angehörige des Deutschen Reichs mit Ausnahme derjenigen, die sich vor Kriegsbeginn mindestens zwei Jahre im Ausland aufhielten, ohne dabei einen Wohnsitz im Inland zu haben, sowie Staatenlose und ehemalige Staatsangehörige mit Wohnsitz oder Aufenthalt im Deutschen Reich. Für ausländische Staatsangehörige, die sich des Erwerbs wegen dauerhaft im Deutschen Reich aufhielten, erstreckte sich die Abgabepflicht, unter Ausnahme des ausländischen Grund- und Betriebsvermögens auf deren gesamtes Vermögen. Die genauen Bestimmungen der objektiven Abgabepflicht regelten grundsätzlich die §§ 6 bis 12 RNOG. Demnach war das am 31. Dezember vorhandene Vermögen, bestehend aus Grund-, Betriebs- und Kapitalvermögen, von dem Reichsnotopfer umfasst.[139] Dieser Vermögensmasse konnten Schenkungen und Stiftungen hinzugerechnet werden.[140] Gemäß § 15 RNOG waren alle dinglichen

133 *Breunig/Lewinski,* Kommentar zum Gesetz über das Reichsnotopfer, Vorbemerkung S. 21.

134 *Decke,* Die neuen Reichssteuern, S. 39.

135 *Koppe/Varnhagen,* Gesetz über das Reichsnotopfer, § 1, S. 19.

136 *Andreae,* Grundlegung einer neuen Staatswirtschaftslehre S. 218.

137 *Breunig/Lewinski,* Kommentar zum Gesetz über das Reichsnotopfer, § 1, Anm. 3f.

138 *Koppe/Varnhagen,* Gesetz über das Reichsnotopfer, § 2, S. 22.

139 *Decke,* Die neuen Reichssteuern, S. 40.

140 *Haußmann,* Grundriß der gesamten neuen Steuergesetzgebung II, S. 9.

und persönlichen Schulden, mit Ausnahme der Haushaltsschulden in Abzug zu stellen.[141]

Zusätzlich zu den natürlichen Personen waren nach dem RNOG auch juristische Personen des bürgerlichen und öffentlichen Rechts abgabepflichtig (§ 2 Abs. 1 Nr. 4 - 6 RNOG). Hatten vorangegangene Vermögenssteuern, wie das preußische Ergänzungssteuergesetz[142], von einer Besteuerung des Vermögens juristischer Personen weitgehend abgesehen, so sah das RNOG eine solche Auslassung als nicht mehr gerechtfertigt an. In Anbetracht der finanziellen Lage, dem Zwecke des Gesetzes und dem Vermögen der juristischen Personen, erschien deren Besteuerung als legitim.[143] Zudem waren auch inländische Vermögensmassen, insbesondere die nicht rechtsfähiger Vereine und Stiftungen ohne juristische Persönlichkeit, abgabepflichtig (§ 2 Abs. 2 Nr. 6 RNOG).

Mit der weiten Auslegung der Abgabepflicht und der Berücksichtigung juristischer Personen wird ein wiederholtes Mal das Streben nach Einnahmemaximierung deutlich. Zudem bestätigte die Besteuerung juristischer Personen das Verständnis Erzbergers von der Steuer als Last des gesamten Deutschen Reichs.

(bb.) Bemessungsgrundlage des Reichsnotopfers

In Bezug auf die Höhe der Abgabe traf das RNOG unterschiedliche Bestimmungen für natürliche und juristische Personen. § 23 RNOG gewährte den natürlichen Personen eine Freigrenze von 5 000 Mark, bei einem zusammengerechneten Vermögen der Ehegatten im Sinne des § 16 RNOG 10 000 Mark. Unter der Annahme, dass jedes noch so kleine Vermögen bereit war, Opfer zu bringen, wurde auch hier versucht, den Freibetrag auf ein Minimum zu reduzieren.[144] Begründet lag dies in der Rechtfertigung des Reichsnotopfers. Demnach basierte es unter anderem auf ethischen Erwägungen, nach denen das Reichsnotopfer den geldlichen Ausgleich des im Krieg geopferten Blut und Lebens schaffen sollte.[145] Als Folge dessen sollte nahezu jeder im Sinne des Reichsnotopfers abgabepflichtig sein, wie auch nahezu jeder im Krieg zur Wehrpflicht herangezogen worden war.[146] In § 24 RNOG war der Abgabentarif der natürlichen Personen normiert. Dabei handelte es sich um einen

141 *Haußmann,* Grundriß der gesamten neuen Steuergesetzgebung II, S. 10.

142 Gesetz vom 14. Juli 1893, Gesetzsammlung für die königlich preußischen Staaten 1893, S. 134.

143 *Breunig/Lewinski,* Kommentar zum Gesetz über das Reichsnotopfer, § 2, Anm. 9.

144 *Koppe/Varnhagen,* Gesetz über das Reichsnotopfer, § 23, S. 145.

145 *Koppe/Varnhagen,* Gesetz über das Reichsnotopfer, § 1, S. 18.

146 *Koppe/Varnhagen,* Gesetz über das Reichsnotopfer, § 23, S. 145.

progressiven Tarif, der von 10 Prozent bis auf 65 Prozent für einen Vermögensbetrag von mehr als 2 000 000 Mark anstieg. Auf Grundlage dessen lässt sich das Reichsnotopfer als reelle Vermögenssteuer einstufen. Sie zeichnet sich, im Unterschied zu der nominellen Vermögenssteuer, durch hohe Steuersätze aus. Auf Grund der Einmaligkeit der Abgabe[147], der Höhe der Steuersätze und der in der Regel mit ihr verbundenen dringlicheren Notwendigkeit der Einnahmeerzielung, tastet die reelle Vermögenssteuer die Substanz des Vermögens an.[148]

Der Tarif für juristische Personen war in § 25 RNOG normiert. Dieser war proportional und betrug 10 Prozent des abgabepflichtigen Vermögens. Mit der Beschränkung auf 10 Prozent versuchte der Gesetzgeber die Neuartigkeit der Ausdehnung der Abgabepflicht auf die juristischen Personen zu berücksichtigen.[149]

In dem Tarif des Reichsnotopfers fanden sich die Errungenschaften und Erkenntnisse des REStG und des KStG wieder. So wurden deren Tarifarten auf die Abgabesubjekte des Reichsnotopfers übertragen. Hier kann im Weiteren auf die zuvor getroffenen Überlegungen bezüglich des REStG und des KStG verwiesen werden. Zusätzlich wurde, wie im REStG, natürlichen Personen ein Freibetrag gewährt.

(cc.) Kritische Würdigung des Reichsnotopfers

Bereits die Bezeichnung des Reichsnotopfers beschrieb nicht dessen tatsächlichen Charakter. So wird unter einem „Opfer" eine freiwillige, unbegrenzte Abgabe verstanden. Davon kann in Bezug auf ein Gesetz, welches Zwangs- und Strafvorschriften enthält, nicht die Rede sein.[150] Der Name vermag jedoch die sozial-ethische Überlegung Erzbergers widerzuspiegeln. Die finanzielle Verfassung des Deutschen Reichs sei eine, dem gesamten Volk in gleicher Weise, auferlegte Last. Folglich könne es nur im Interesse eines jeden Einzelnen sein, diese Last zu verringern.[151]

Das Reichsnotopfer war in der Bevölkerung heftig umstritten.[152] Nach seiner Verkündung wurden etliche Hetzschriften verfasst, unter anderem vom Staatssekretär *Karl Theodor Helfferich*, welche das Reichsnotopfer scharf kritisierten. Dabei waren es vor allem die Besitzenden, die durch diese reelle

---

147 *Raths*, Bedeutung und Rechtfertigung der Vermögenssteuer, S. 20.

148 *Andreae*, Grundlegung einer neuen Staatswirtschaftslehre S. 218.

149 *Breunig/Lewinski*, Kommentar zum Gesetz über das Reichsnotopfer, § 2, Anm. 9.

150 *Koppe/Varnhagen*, Gesetz über das Reichsnotopfer, § 1, S. 18.

151 *Erzberger*, Reden zur Neuordnung des deutschen Finanzwesens, S. 53.

152 *Ullmann*, Der Deutsche Steuerstaat, S. 103.

Vermögenssteuer den Kern ihres Vermögens bedroht sahen.[153] Zum einen stellte die Steuerpflicht juristischer Personen eine Doppelbelastung der Anteilseigner der Körperschaften dar.[154] Hier kam der Gedanke zum Vorschein, der schon das KStG getragen hatte. Zum anderen stellte die Einmaligkeit der Zahlung, verbunden mit der Höhe der Steuersätze bis zu 65 Prozent für natürliche Personen, eine zusätzliche Bedrohung der Vermögenssubstanz dar und hatte heftige Kritik zur Folge. Der Gesetzgeber wandelte diese Zahlung schließlich auf Grund des öffentlichen Drucks um. So wurde der Möglichkeit einer Ratenzahlung auf 30 Jahre, bei Grundbesitz sogar 50 Jahre, statt gegeben.[155] Der Fiskalzweck des Reichsnotopfers konnte auf Dauer nicht erreicht werden. Das RNOG scheiterte an der Höhe des Steuersatzes im Zuge der Inflation, welche die Ratenzahlungen entwertete.[156] Wie schon in der Vorberatung des RNOG gefordert,[157] folgte dem Reichsnotopfer im Jahr 1922 eine periodische Vermögenssteuer[158].

Aus verwaltungstechnischer Sicht kamen zudem Zweifel an der Umsetzung in Bezug auf die Gleichheit der Vermögensbemessung und die Relation zwischen Kosten und Ertrag des Reichsnotopfers auf.[159] Von Seiten der Pflichtigen befürchtete man Bewertungsprobleme und Probleme mit der Deklaration des Vermögens.[160] Unter Berücksichtigung dessen und weiterer historischer Erfahrungen konnte diese Annahme bestätigt werden. Letztendlich wurde die Vermögenssteuer auf Grund ihrer Bewertungsungleichheit vom Bundesverfassungsgericht für verfassungswidrig erklärt. Sie stehe nicht in Einklang mit dem Gleichheitsgrundsatz des Artikels 3 Absatz 1 GG.[161] Als Folge dessen trat die Vermögenssteuer am 1. Januar 1997 außer Vollzug, da der Gesetzgeber davon absah, eine Neufassung des Vermögenssteuergesetzes zur erlassen.[162] Folglich konnte das Motiv Erzbergers der Gleichheit der Besteuerung, hier nicht treffend umgesetzt werden.

---

153 *Winkler*, Weimar 1918–1933, S. 110.
154 *Helfferich*, Das Reichsnotopfer, S. 12.
155 *Helfferich*, Das Reichsnotopfer, S. 17.
156 *Andreae*, Grundlegung einer neuen Staatswirtschaftslehre, S. 219.
157 *Koppe/Varnhagen*, Gesetz über das Reichsnotopfer, § 1, S. 18f.
158 Gesetz vom 8. April 1922, RGBl. 1922, S. 335.
159 *Würtz*, Vermögensteuer und Zwangsanleihe-Katechismus, S. 5.
160 *Haußmann*, Grundriß der gesamten neuen Steuergesetzgebung II, S. 6.
161 *Seer*, in: Tipke/Lang, Steuerrecht, § 16, Rz. 62.
162 *Seer*, in: Tipke/Lang, Steuerrecht, § 1, Rz. 57.

Der weitere geschichtliche Verlauf Deutschlands zeigt jedoch, dass die Idee einer Vermögensabgabe in Ausnahmesituationen und die damit verbundene Umverteilung der vorhandenen Vermögensmassen durchaus reizvoll ist. So wurde nach dem Zweiten Weltkrieg die Bundessteuer der Lastenausgleichsabgabe[163] (im Folgenden LAG) eingeführt, welche die Kriegsfolgeschäden und Verluste infolge der Vertreibung kompensieren und diese Last auf die deutsche Bevölkerung gleichmäßig verteilen sollte (§ 1 LAG). Dabei belief sich die Hohe der Abgabe auf 50 Prozent des abgabepflichtigen Vermögens, §§ 30, 31 LAG. Gegensätzlich zum RNOG musste dieser Ausgleich jedoch nicht einmalig, sondern in Vierteljahressätzen bis zum 31. März 1979 entrichtet werden (§ 34 Abs. 1 LAG), sodass sich die Steuersätze gemäß § 35 LAG zwischen 1 bis 1,5 Prozent des Vermögenswerts beschränkten. So war die Lastenausgleichsabgabe eine nominelle Vermögenssteuer. Sie ließ die Grundsubstanz des Vermögensmaßes unberührt, viel mehr konnte die Abgabe gegebenenfalls aus denen aus dem Vermögen selbst resultierenden Erträgen bewältigt werden.

Auch in heutiger Zeit ist die Idee einer Vermögensabgabe nicht gänzlich verworfen. Im Rahmen des Artikels 106 Absatz 1 Nr. 5 GG fordern aktuell BÜNDNIS 90/DIE GRÜNEN zur Sanierung der beanspruchten Staatsfinanzen auf Grund der Finanz- und Bankenkrise eine einmalige Vermögensabgabe. Eine solche Forderung erscheint aber verfehlt, da eine dem Bund zustehende Vermögensabgabe im Rahmen des Artikels 106 Absatz 1 Nr. 5 einer Ausnahmesituation bedarf, welche, im Gegensatz zu den Gegebenheiten des RNOG und des Lastenausgleichsgesetzes, gegenwärtig nicht gegeben ist.[164]

3.) Erbschaftsteuergesetz

Das Erbschaftsteuergesetz vom 19. September 1919[165] (im Folgenden ErbStG) reformierte das 1906 erlassene reichseinheitliche Erbschaftsteuergesetz[166] (im Folgenden RErbStG).[167] Dabei trat diese einmalige Steuer gemäß § 74 ErbStG bereits am 1. September in Kraft und war somit rückwirkend.[168] Das ErbStG unterschied zwischen der Nachlasssteuer und der Erbanfall- und Schenkungsteuer.

163 Gesetz vom 14. August 1952, BGBl. I, S. 446.
164 *Seer,* in: Tipke/Lang, Steuerrecht, § 2, Rz. 6, Anm. in. Fn. 6.
165 RGBl. 1919, S. 1543.
166 Gesetz vom 3. Juni 1906, RGBl. 1906, S. 654.
167 *Schulte,* Erbschaftsteuerrecht, § 1, Rz. 2.
168 *Megow,* Erbschaftsteuergesetz, S. 24.

a.) Nachlasssteuer

Die Bestimmungen der Nachlasssteuer waren in den §§ 2 bis 19 ErbStG normiert. Dabei stellte die Nachlasssteuer eine letzte Vermögensabgabe vom ungeteilten Nachlass des Erblassers zu Gunsten des Reichs dar.[169]

(aa.) Der Nachlassbegriff

Unter dem Nachlass im Sinne des ErbStG verstand man gemäß § 2 ErbStG das gesamte Vermögen des Verstorbenen. Darunter fiel auch jenes Vermögen, welches der Erblasser als Vorerbe besaß.[170] Gemäß der §§ 3 bis 6 ErbStG gehörte das Vermögen aus in- und ausländischem Grund und Betrieb zum steuerpflichtigen Vermögen. Zusätzlich zählte auch das Kapitalvermögen des Erblassers, in Form von Geld, Aktien, GmbH- Anteilen o.ä., wie auch Renten und Versicherungen zum Kreis des steuerpflichtigen Nachlass.[171] Steuerfreies Vermögen im Sinne des ErbStG waren gemäß § 7 ErbstG der Hausrat und sämtliche dazu gehörige Mobilien bis zu einem Wert von 50 000 Mark. Auch Mobilien von geistlichem, kunstgeschichtlichem und wissenschaftlichem Wert, die nicht zur Veräußerung bestimmt waren, konnten unter das steuerfreie Vermögen subsumiert werden. Gemäß § 10 ErbStG waren die Schulden des Erblassers, wie auch die Kosten für seine Bestattung vom Nachlassvermögen, abzugsfähig.[172]

Die Nachlasssteuer verstand sich als eine Art Kontrollsteuer für alle weiteren Steuern auf das Einkommen und Vermögen.[173] Mit ihr konnte im Zuge einer Steuerhinterziehung des Erblassers zu Lebzeiten, diese Ungerechtigkeit ausgeglichen werden. Ziel der Nachlasssteuer war es, den Steuerzahler zu Lebzeiten zur richtigen Deklaration seines Vermögens und Einkommens zu lenken.[174] Die Überlegung einer Kontrollsteuer und der damit verbundenen Ausgleich eventueller Ungerechtigkeiten zu Lebzeiten des Erblassers spiegelte das Verständnis Erzbergers der Steuer als einem jedem Deutschen im Rahmen seiner Fähigkeiten gleichermaßen auferlegte Last wider. Der Grundgedanke der Steuergerechtigkeit konnte hier somit weiter ausgedehnt und gesichert werden.

---

169 *Haußmann/Cleeves,* Grundriß der gesamten neuen Steuergesetzgebung I, S. 36.
170 *Decke,* Die neuen Reichssteuern, S. 53.
171 *Haußmann/Cleeves,* Grundriß der gesamten neuen Steuergesetzgebung I, S. 37.
172 *Decke,* Die neuen Reichssteuern, S. 54.
173 *Haußmann/Cleeves,* Grundriß der gesamten neuen Steuergesetzgebung I, S. 36.
174 *Decke,* Die neuen Reichssteuern, S. 53.

(bb.) Bemessungsgrundlage der Nachlasssteuer

Das ErbStG gewährte gemäß § 13 ErbStG eine Freigrenze von 20 000 Mark. Dieser Freibetrag konnte jedoch nur in Anspruch genommen werden, sofern das Gesamtvermögen des Erblassers nicht mehr als 200 000 Mark betrug. Folglich wurde dieser Freibetrag bei einer Vermögensmasse von mehr als 200 000 Mark nicht gewährt.[175] Die zu entrichtenden Steuersätze wurden gemäß § 15 ErbStG ermittelt. Sie sahen einen progressiven Steuersatz vor, der sich auf ein bis fünf Prozent des Vermögens erstreckte. Gemäß § 17 ErbStG musste die Steuer durch den Rechtsnachfolger der Vermögensmasse entrichtet werden. Dies konnten die Erben, Testamentsvollstrecker, Nachlassverwalter usw. sein.[176]

Die Nachlasssteuer war eine Objektsteuer.[177] Sie war unabhängig von den persönlichen Verhältnissen des Steuerschuldners und knüpfte ausschließlich an die Beschaffenheit der Vermögensmasse selbst an.[178] Zudem waren ihre Steuersätze niedrig und standen mit dem verwaltungstechnischen Aufwand der Ermittlung des Nachlass in keinerlei Relation.[179]

b.) Erbanfall- und Schenkungsteuer

Im Sinne der Reinvermögenszugangstheorie sind die Erbanfall- und die Schenkungsteuer Steuern auf das zugewendete Einkommen.[180] Diese werden als Bereicherungssteuer kategorisiert, da sie auf den Betrag erhoben werden, um den der Erwerber reicher geworden ist (§ 25 ErbStG).[181]

(aa.) Steuerpflicht der Erbanfall- und Schenkungsteuer

Als Erbanfall wurde jeder von Todes wegen veranlasste Erwerb definiert (§ 20 ErbstG). Darunter verstand man insbesondere den Erwerb durch Erbanfall, Vermächtnis, auf Grund eines geltend gemachten Pflichtteilanspruchs, durch Schenkung auf den Todesfall und Ähnliches.[182]

Um eine Umgehung der Erbanfallsteuer zu vermeiden, schien ferner die Erhebung einer Schenkungsteuer unumgänglich zu sein.[183] Im Sinne der

175 *Haußmann/Cleeves,* Grundriß der gesamten neuen Steuergesetzgebung I, S. 39.
176 *Haußmann/Cleeves,* Grundriß der gesamten neuen Steuergesetzgebung I, S. 39.
177 *Seer,* in: Tipke/Lang, Steuerrecht, § 15, Rz. 2.
178 *Hey,* in: Tipke/Lang, Steuerrecht, § 7, Rz. 21.
179 *Megow,* Erbschaftsteuergesetz, S. 24.
180 *Hey,* in: Tipke/Lang, Steuerrecht, § 7, Rz. 38.
181 *Decke,* Die neuen Reichssteuern, S. 56.
182 *Haußmann/Cleeves,* Grundriß der gesamten neuen Steuergesetzgebung I, S. 40.
183 *Haußmann/Cleeves,* Grundriß der gesamten neuen Steuergesetzgebung I, S. 46.

Schenkungsteuer waren alle Zuwendungen und Abfindungen für einen Erbverzicht unter Lebenden steuerpflichtig (§ 40 ErbStG).

Die subjektive Steuerpflicht ergab sich aus § 24 ErbStG. So waren deutsche Erwerber, Erwerber mit inländischem Wohnsitz wie auch juristische Personen mit Sitz im Inland steuerpflichtig im Sinne des ErbStG. Ferner galt dies, sobald der Erblasser zum Zeitpunkt des Todes Deutscher oder Ausländer mit Wohnsitz im Inland war.[184]

Das ErbStG versuchte den Kreis des Steuerpflichtigen in Bezug auf objektive wie auch subjektive Gesichtspunkte weit zu stecken, um den höchst möglichen Steuerertrag erzielen zu können.

(bb.) Bemessungsgrundlage der Erbanfall- und Schenkungsteuer

Die Sätze für die Erbanfall- wie auch die Schenkungsteuer, deren Erhöhungen, Ermäßigungen und Befreiungen waren identisch.[185] Jedem Erben stand gemäß § 27 ErbStG ein Freibetrag von 500 Mark zu. Ehegatten, Kindern und Enkelkindern standen 5000 Mark des Erbes steuerfrei zu. Das Gesetz unterschied zwischen sechs verschiedenen Steuerklassen, innerhalb welcher der Erbe nach seinem persönlichen Verhältnis zum Erblasser zunächst eingeordnet werden musste (§ 26 ErbStG). Diese bezogen sich auf den Verwandtschaftsgrad des Erben zum Erblasser.[186] Die Steuersätze waren gemäß § 28 ErbStG progressiv angelegt und bewegten sich zwischen vier und 70 Prozent des Erbes bzw. der Schenkung.

Das ErbStG verpflichtete auch Ehegatten und Kinder zur Steuerzahlung auf den Erbanfall bzw. auf die Schenkung. Dies war im Gegensatz zum Erbschaftsteuergesetz von 1906 eine neuartige Regelung und eine der wesentlichen Veränderungen im Zuge des ErbStG.[187]

c.) Kritische Würdigung der Erbschaftsteuer

Erzberger nutzte die Doppelfunktion der Erbschaftssteuer, die Erfüllung des Fiskalzwecks und ihre Umverteilungsfunktion[188], zur Erreichung seiner Ziele. So wurde im Zuge des ErbStG in doppelter Hinsicht Steuern auf das Vermögen eines Toten erhoben. Dies geschah durch die Nachlasssteuer, die vor der

184 *Haußmann/Cleeves,* Grundriß der gesamten neuen Steuergesetzgebung I, S. 41.
185 *Decke,* Die neuen Reichssteuern, S. 57.
186 *Haußmann/Cleeves,* Grundriß der gesamten neuen Steuergesetzgebung I, S. 42.
187 *Schulte,* Erbschaftsteuerrecht, § 1, Rz. 2.
188 *Hey,* in: Tipke/Lang, Steuerrecht, § 7, Rz. 41.

Erbanfallsteuer auf das gesamte Vermögen erhoben wurde. Zudem wurde die Schenkungsteuer als Ergänzung der Erbanfallsteuer eingeführt. Auf diese Weise sollte an jeden erdenklichen Umstand anknüpft werden können, um somit die höchst mögliche steuerliche Einnahme erzielen zu können. Dabei war an Hand des progressiven Steuersatzes und der Kontrollfunktion der Nachlasssteuer ersichtlich, welchen Zweck Erzberger mit dieser Doppelbesteuerung verfolgte. So waren die Steuergerechtigkeit, wie auch die Stärkung der besitzlosen Bevölkerungsgruppen, die „Verlierer" des Kriegs, für ihn von erheblicher Bedeutung.

Durch das ErbStG wurde das zuvor bestehende RErbStG von 1906 grundlegend reformiert. Die im Vergleich dazu niedrigen Steuersätze von bis zu 25 Prozent wurden durch Erzberger drastisch geschärft. Auch die Schaffung einer Nachlasssteuer, wie auch der Einbezug von Ehegatten und Kindern in die Steuerpflicht kannte das zuvor bestehende RErbStG bis dato nicht.[189] Das ErbStG war auf Grund seiner überzogenen Steuersätze und der verwaltungstechnischen Umstände nicht vertretbar. So wurde im Zuge des Erbschafsteuergesetzes vom 20. Juli 1922[190] die Nachlasssteuer beseitigt und die Erbschaftsteuer somit in eine reine Subjektsteuer umgewandelt. Auch wurden die Ehegatten wieder von der Steuerpflicht im Sinne des ErbStG befreit[191] und die Steuersätze wieder gesenkt[192]. So konnten sich die rigorosen Bedingungen des ErbStG, von denen sich Erzberger die Maximierung steuerlicher Erträge versprach, nicht aufrechterhalten. Auch das heute existierende Erbschaftsteuer- und Schenkungsteuergesetz[193] kennt keine Nachlasssteuer und knüpft als Bereicherungssteuer ausschließlich an den Erbanfall beim Erben an.[194] Das Konzept der Nachlasssteuer ist jedoch nicht gänzlich ausgestorben. So haben andere Rechtssysteme, wie beispielsweise die USA, ihr Erbschaftsteuergesetz in Form der Nachlasssteuer, auch als sogenannte „Tote-Hand-Steuer" bezeichnet[195], ausgestaltet.[196]

189 *Schulte*, Erbschaftsteuerrecht, § 1, Rz. 2.
190 RGBl. 1922, S. 695.
191 *Megow*, Erbschaftsteuergesetz, S. 24.
192 *Schulte*, Erbschaftsteuerrecht, § 1, Rz. 2.
193 Gesetz vom 27.Februar 1997, BGBl. I S. 378, zuletzt geändert durch Artikel 30 G. vom 26. Juni 2013, BGBl. I S. 1809.
194 *Seer*, in: Tipke/Lang, Steuerrecht, § 15, Rz. 1f.
195 *Seer*, in: Tipke/Lang, Steuerrecht, § 15, Rz. 2.
196 *Schulte*, Erbschaftsteuerrecht, § 16, Rz. 981.

4.) Verbrauchsteuern

Artikel 83 Absatz 1 WRV sprach dem Reich die Verwaltungskompetenz der Zölle und Verbrauchsteuern zu. Diese stand seit 1871 dem Reich zu, welches über die Ertragshoheit der indirekten Steuern und Zölle disponierte.[197] Die Verbrauchsteuern des Reichs beinhalteten neben den übernommenen Salz-, Zucker-, Bier-, Branntwein- und Leuchtmittelsteuern, Regelungen der Tabak-, Zündwaren- und Spielkartenbesteuerung.[198] Da diese in erster Linie nur durch Tariferhöhungen gekennzeichnet waren, wird von einer genaueren Betrachtung in dieser Arbeit abgesehen.[199] Aufmerksamkeit soll dem Grenzfall der Umsatzsteuer zukommen, welche am 24. September 1919 in Form des Umsatzsteuergesetzes[200] (im Folgenden UStG) erlassen wurde.

a.) Das Wesen der Umsatzsteuer

Die Umsatzsteuer besteuert generell den Austausch von Gütern.[201] Gegenstand der Besteuerung ist somit die Teilnahme am Rechts- und Wirtschaftsverkehr. Ihrer rechtsgeschäftlichen Form zu folge lässt sich die Umsatzsteuer in die Gruppe der Verkehrssteuern einordnen.[202] Das UStG beruhte auf den Überlegungen *Johannes Popitz* von einer sogenannten „Allphasen-Brutto-Umsatzsteuer“. Diese sah vor, dass jeder Wirtschaftsvorgang, also jeder Austausch von Gütern auch zwischen den Unternehmen, besteuert werden sollte. Demnach wird die Steuer in jeder Austauschphase weitergegeben, das Gut also in jeder Produktions- und Handelsphase der Umsatzsteuer unterworfen[203], welche letztendlich kumulativ den Endverbraucher trifft.[204] Infolgedessen war das UStG auch als eine Art allgemeine Verbrauchsteuer angelegt.[205] So war zwar der Unternehmer Steuerpflichtiger, der Endverbraucher wurde jedoch mit dieser Steuer durch die Zuschläge auf

---

197 *Müller,* Struktur, Entwicklung und Begriff der Verbrauchsteuern, S. 111f.

198 *Becker,* Der Reich-Länder-Finanzausgleich, S. 47f; *Möller,* Erzberger und sein Reformwerk, S. 26.

199 *Englisch,* in: Tipke/Lang, Steuerrecht, § 17, Rz. 10; *Möller,* Erzberger und sein Reformwerk, S. 38.

200 RGBl. 1919, S. 2157.

201 *Decke,* Die neuen Reichssteuern, S. 101.

202 *Peyerl,* in: Betriebswirtschaftslehre für Agrarökonomen, S. 376.

203 *Englisch,* in: Tipke/Lang, Steuerrecht, § 17, Rz. 2.

204 So *Birk,* Steuerrecht, § 10, Rz. 1671ff zu *Popitz.*

205 *Birk,* Steuerrecht, § 1 Rz. 24; *Erzberger,* Reden zur Neuordnung des deutschen Finanzwesens, S. 64.

den Preis des Guts indirekt belastet.[206] Zusammenfassend lässt sich das UStG als Verkehrs- und Verbrauchsteuergesetz charakterisieren.

b.) Gegenstand und Bemessungsgrundlage der Umsatzsteuer

Im Zuge des UStG durften Länder und Gemeinden gemäß § 44 UStG keine Steuern auf den Umsatz von Waren erheben. Das UStG umfasste zunächst die allgemeine Umsatzsteuer.[207] Deren Bemessungsgrundlage bildete das jeweils erwirtschaftete Entgelt ohne vorherige Abzüge. Es fand also eine Berechnung der jeweils zu entrichtenden Umsatzsteuer vom Brutto-Entgelt statt.[208]

Die Umsatzsteuer bezog sich prinzipiell auf alle Lieferungen und sonstige berufliche oder gewerbliche Leistungen (§ 1 UStG).[209] Nach § 13 UStG betrug in diesem Regelfall der Steuersatz 1,5 Prozent. Zudem führte Erzberger die Luxussteuer ein. Diese in den §§ 15 bis 24 UStG geregelte Steuerart umfasste zwei Gruppen von Gegenständen. So definierte sich die erste Gruppe durch besondere Stoff- und Bearbeitungsweise des Gegenstands, die zweite Gruppe unterlag der Luxussteuer im Hinblick auf dessen Verwendungszweck.[210] Die Höhe der Luxussteuer betrug 15 Prozent.

Die allgemeine Umsatzsteuer umfasste auch die Besteuerung der Lebensmittel. So traf sie die breiten Massen der Bevölkerung.[211] Die Luxussteuer hingegen betraf die wohlhabenderen Schichten. Erzberger rechtfertigte den hohen Steuersatz mit seinem Grundverständnis des Steuersystems. Derjenige der im Stande war Luxusgüter zu kaufen, besitze eine höhere wirtschaftliche Leistungsfähigkeit und könne demnach auch in gesteigerter Form die Steuerlast des Reichs tragen.[212] Auf Grund ihrer Höhe und der zusätzlichen Erhebung neben der allgemeinen Umsatzsteuer wurde die Luxussteuer in der Bevölkerung scharf kritisiert und als eine „*Abart der Umsatzsteuer*“[213] bezeichnet.

---

206 *Wengel*, Umsatzsteuer kompakt, S. 1.
207 *Decke*, Die neuen Reichssteuern, S. 101.
208 *Englisch*, in: Tipke/Lang, Steuerrecht, § 17, Rz. 2.
209 Vgl. § 1 UStG.
210 *Decke*, Die neuen Reichssteuern, S. 105f.
211 *Erzberger*, Reden zur Neuordnung des deutschen Finanzwesens, S. 64f.
212 *Erzberger*, Reden zur Neuordnung des deutschen Finanzwesens, S. 65f.
213 *Decke*, Die neuen Reichssteuer, S. 105.

c.) *Kritische Würdigung*

Das UStG löste den Warenumsatzstempel ab.[214] Gleichzeitig etablierte sich in dieser Zeit der Gedanke der allgemeinen Umsatzsteuer auch in anderen europäischen Ländern.[215] Die Umsatzsteuer belastet ihrem Wesen nach die Einkommensverwendung. In diesem Sinne spiegelt sie die Leistungsfähigkeit eines jeden am wirtschaftlichen Markt wider.[216] So war es nur konsequent, neben den Steuern auf das Einkommen und Vermögen, mit der Umsatzsteuer an die Einkommensverwendung anzuknüpfen. Infolgedessen beinhaltet die Erhebung einer Umsatzsteuer die Motive der Steuerreform Erzbergers. Neben dem Fiskalzweck, der vor allem in der Besteuerung jeglicher Dienstleistungen und Waren zum Ausdruck kam, konnten hier seine sozial-ethischen Grundsätze verankert werden. Denn eine höhere wirtschaftliche Leistungsfähigkeit am Markt schließt in der Regel auf ein höheres Einkommen und mithin auf eine höhere Leistungsfähigkeit an sich. Demzufolge konnte eine allgemeine Umsatzsteuer jegliche Form von Güteraustausch umfassen und somit alle Vorgänge am Markt erschließen.

Auch wenn die „Allphasen-Brutto-Umsatzsteuer" sehr ergiebig war, wies sie in ihrer Praxis jedoch eine erhebliche Schwäche auf: durch die Bemessung der Umsatzsteuer am Brutto-Entgelt und der damit verbundenen Kumulationswirkung kam es zu Wettbewerbsverzerrungen. So waren Unternehmen, die mehrere Produktionsphasen eigenständig durchführten denen, die arbeitsteilig zwischen mehreren Betrieben produzierten, überlegen und konnten die Ware dem Endverbraucher günstiger anbieten. Diese mangelnde Wettbewerbsneutralität führte sogar bis hin zu Verfassungsbeschwerden hinsichtlich einer Verletzung des Gleichheitsgrundsatzes.[217] So konnte die Vorstellung der Steuergerechtigkeit, die Erzberger zu einem seiner primären Ziele erklärt hatte, hier nicht treffend umgesetzt werden. Die Besteuerung in jeder zwischenbetrieblichen Austauschphase führte auch bei einem einheitlichen Steuersatz zu einer willkürlichen Steuerlast des Endverbrauchers. Die Umsatzsteuer traf letztendlich jeden Steuerzahler, selbst bei gleichartigen Gütern, in Abhängigkeit der Anzahl der Produktions- und Handelsphasen der jeweiligen Ware.[218] So hatte jeder Steuerzahler die Last der Umsatzsteuer in unterschiedlich hoher Weise zu tragen.

---

214 *Englisch*, in: Tipke/Lang, Steuerrecht, § 17, Rz. 1f.
215 *Ruppe*, Umsatzsteuergesetz, Einführung, Rz. 2.
216 *Hey*, in: Tipke/Lang, Steuerrecht, § 3, Rz. 70.
217 *Englisch*, in: Tipke/Lang, Steuerrecht, § 17, Rz. 2.
218 *Andel*, Finanzwissenschaft, S. 357f.

Im Zuge der Harmonisierung der Umsatzsteuer innerhalb der EU wurde die „Allphasen-Brutto-Umsatzsteuer" 1968 in eine „Allphasen-Netto-Umsatzsteuer" mit Vorsteuerabzügen umgewandelt. Demnach sollte nur noch der durch das jeweilige Unternehmen hervorgerufene Mehrwert besteuert werden, weshalb die heutige Umsatzsteuer auch vielen als „Mehrwertsteuer" geläufig ist. So konnte der Zustand der Wettbewerbsneutralität auch innerhalb der EU größtenteils wieder hergestellt werden. Der Grundgedanke des Systems einer „Allphasen-Netto-Umsatzsteuer" mit Vorsteuerabzug konnte, mit einigen Abänderungen, bis heute seine Gültigkeit aufrechterhalten.[219]

VI. Fazit

In der Steuerreform des Deutschen Reichs der Jahre 1919 und 1920 konnte Matthias Erzberger seine Motive größtenteils treffend umsetzen. Die Struktur dieser Reform entsprach, wie auch seine Grundüberlegungen, prinzipiell seinen Zielen der Ertragsmaximierung und des sozial-ethischen Charakters der einzelnen Steuergesetze.

Erzberger schöpfte, den Fiskalzweck seiner Steuerreform vor Augen, jede greifbare Einnahmequelle bis aufs Äußerste aus. So erscheint auch der Gedanke der Doppelbesteuerung, der die gesamte Erzbergersche Steuerreform prägte, in Anbetracht der misslichen Lage des Deutschen Reichs nachvollziehbar. Die teils unverhältnismäßig hohen Steuersätze konnten ihren Zweck im Nachhinein jedoch nicht gänzlich erfüllen. Die Steuereinnahmen des Reichs wurden im Zuge der Inflation entwertet. Die Aufgabe der Deckung der Reparationszahlungen konnte nicht erfüllt werden. Dem Deutschen Reich war es nach 1923 lediglich durch ausländische Unterstützung in Form von Anleihen möglich, die nötigen Geldbeträge zur Erfüllung der Reparationszahlungen aufzubringen.[220]

Die sozial-ethischen Motive der Erzbergerschen Steuerreform konnten in der Theorie größtenteils umgesetzt werden. Jedoch bildete der Grundsatz der Doppelbesteuerung, welcher sich vor allem im Körperschaftsteuergesetz, dem Gesetz über das Reichsnotopfer und dem Kapitalertragsteuergesetz abzeichnete, die Schwachstelle der sozial-ethischen Überlegungen dieser Reform. Diese sahen auf Seiten der Besitzenden teils unverhältnismäßig starke Belastungen vor. So wirken diese Maßnahmen in mancher Hinsicht als eine Art nachträglicher Ausgleich gegen vorangegangene Steuersysteme, die primär die Besitzlosen durch indirekte Steuern belasteten. Die Leitgedanken der Reform

219 *Englisch*, in: Tipke/Lang, Steuerrecht, § 17, Rz. 3.

220 *Pietersen*, Kriegsverbrechen, S. 139.

waren in der Praxis nicht vollständig umsetzbar. Die Regelungen der Steuern auf das Vermögen, in Form der außerordentlichen Kriegsabgabe auf das Vermögen und des Reichsnotopfers, führten zu partiellen Ungleichbehandlungen. Zudem widersprachen sie teilweise dem Fiskalzweck, da ihr verwaltungstechnischer Aufwand in keiner Relation zum geringen steuerlichen Ertrag stand. Im Zuge der Inflation kam es zu einer Stärkung der Vermögenden. Durch die Entwertung des Gelds bedingt waren die Mittel- und Unterschichten der deutschen Bevölkerung die Leidtragenden dieser Zeit.[221] In seinem historischen Rahmen konnte Erzbergers Ziel der Stärkung der besitzlosen Bevölkerungsgruppen folglich nicht erreicht werden.

Die Erzbergersche Steuerreform und ihre materiellen Regelungen und Grundlagen sind für die bestehenden Steuergesetze von großem Wert. Sie wies zwar Schwächen auf, jedoch ist sie auf Grund des Mangels an Vorerfahrungen, der Kürze ihrer zeitlichen Umsetzung und der finanziellen und politischen Rahmenbedingungen als positive Errungenschaft zu bewerten. Ihre Überlegungen sind zukunftsweisend und entsprechen in ihren Grundzügen dem Steuergerechtigkeitsgedanken der gegenwärtigen Gesetzgebung.

VII. Literaturverzeichnis

Andel, Norbert, Finanzwissenschaft, 4. Auflage, Tübingen 1998 [zitiert: *Andel,* Finanzwissenschaft]

Andreae, Wilhelm, Grundlegung einer neuen Staatswirtschaftslehre, Jena 1930. [zitiert: *Andreae,* Grundlegung einer neuen Staatswirtschaftslehre]

Bayer, Walter (Hrsg.)/ Habersack, Mathias(Hrsg.), Aktienrecht im Wandel, Band II – Grundsatzfragen des Aktienrechts, Tübingen 2007 [zitiert: *Bearbeiter,* in: Aktienrecht im Wandel II]

221 *Winkler,* Weimar 1918–1933, S. 144.

Becker, Reinhard, Der Reich – Länder – Finanzausgleich im Bismarckreich und in der Weimarer Republik, Ein Vergleich zweier unterschiedlicher Finanzausgleichssysteme unter Berücksichtigung des Spannungsverhältnisses zwischen Föderalismus und Unitarismus; Zugl.: Inagural-Diss., Univ., Kiel 1980.
[zitiert: *Becker*, Der Reich-Länder-Finanzausgleich]

Birk, Dieter Steuerrecht, 14. Auflage, Heidelberg u.a. 2011.
[zitiert: *Birk*, Steuerrecht].

Blume, Doris/Breymayer, Ursula/Ulrich, Bernd, Im Namen der Freiheit! – Verfassung und Verfassungswirklichkeit in Deutschland 1849–1919–1949–1989, Dresden 2009.
[zitiert: *Bearbeiter*, in: Im Namen der Freiheit]

Bräuer, Karl, Die Neuordnung des deutschen Finanzwirtschaft und das neue Reichssteuersystem, in: Finanz- und Volkswirtschaftliche Zeitfragen, hrsg. v.: Schanz, Georg/Wolf, Julius, 67. Heft, Stuttgart 1920.
[zitiert: *Bräuer,* Die Neuordnung der deutschen Finanzwirtschaft]

von Breunig, Georg/von Lewinski, Karl, Kommentar zum Gesetz über das Reichsnotopfer vom 31. Dezember 1919/30. April 1920, zum Gesetz, betr. Die beschleunigte Veranlagung und Erhebung des Reichsnotopfers vom 22. Dezember 1920 und zu den einschlägigen Bestimmungen der Reichsabgabenordnung nebst allen Ausführungsbestimmungen und dem Ausgleichsbesteuerungsgesetz, Berlin 1921.
[zitiert: *Breunig/Lewinski,* Kommentar zum Gesetz über das Reichsnotopfer]

Clauß, J., Das Körperschafsteuer-Gesetz vom 30. März 1920 erläutert, Stuttgart 1920.
[zitiert: *Clauß,* Das Körperschaftsteuer-Gesetz]

Decke, Ernst, Die neuen Reichssteuern in knapper, übersichtlicher Darstellung mit Beispielen und Tabellen für den Gemeingebrauch, in: Aus Natur und Geisteswelt – Sammlung wissenschaftlich-gemeinverständlicher Darstellungen, 767. Band, Leipzig, Berlin 1921.
[zitiert: *Decke,* Die neuen Reichssteuern]

Droege, Michael, Gemeinnützigkeit im offenen Steuerstaat, Tübingen 2010.
[zitiert: *Droege,* Gemeinnützigkeit im offenen Steuerstaat]

Epstein, Klaus, Matthias Erzberger und das Dilemma der deutschen Demokratie, München 1976.
[zitiert: *Epstein,* Matthias Erzberger]

Erdmann, Karl Dietrich (Hrsg.), Das Kabinett Bauer: 21. Juni 1919 bis 27. März 1920, Akten der Reichskanzlei Weimarer Republik, Boppard am Rhein 1980.
[zitiert: *Bearbeiter,* in: Das Kabinett Bauer]

Erzberger, Matthias, Rede zur Neuordnung des deutschen Finanzwesens vom Reichsminister der Finanzen, Berlin 1919
[zitiert: *Erzberger,* Reden zur Neuordnung des deutschen Finanzwesens]

Eschenburg, Theodor, Matthias Erzberger – Der große Mann des Parlamentarismus und der Finanzreform, München 1973.
[zitiert: *Eschenburg,* Matthias Erzberger]

Fuisting, Bernhard, Das preußische Einkommensteuergesetz vom 24. Juni 1891 und die Ausführungsanweisung vom 5. August 1891 mit Erläuterungen und einer Einleitung: Die geschichtliche Entwicklung des Preußische Steuersystems und systematische Darstellung der Einkommensteuer, 2. Auflage, Berlin 1892
[zitiert: *Fuisting,* Das Preußische Einkommensteuergesetz]

Haußmann, Fritz/Cleeves, Georg, Grundriß der gesamten neuen Steuergesetzgebung auf Veranlassung des Reichsverbandes der deutschen Industrie für den praktischen Gebrauch – Teil 1: Finanzrechtliche Bestimmungen der Reichsverfassung, Kriegsabgabe 1919, Vermögenszuwachssteuer, Erbschaftssteuer, Grunderwerbssteuer, Berlin 1920.
[zitiert: *Haußmann/Cleeves,* Grundriß der gesamten neunen Steuergesetzgebung I]

Haußmann, Fritz, Grundriß der gesamten neuen Steuergesetzgebung auf Veranlassung des Reichsverbandes der deutschen Industrie für den praktischen Gebrauch – Teil 2: Das Gesetz über das Reichsnotopfer, Ausgleichsbesteuerungsgesetz, Umsatzsteuergesetz, Anhang, Berlin 1920.
[zitiert: *Haußmann,* Grundriß der gesamten neuen Steuergesetzgebung II]

Herb, Ulrich, Berufliche Ausbildung und Fortbildung im Einkommensteuerrecht – Eine Darstellung anhand ausgewählter Bespiele unter besonderer Berücksichtigung der typisierenden Betrachtungsweise; Zugl.: Diss., Univ., Augsburg 1986.
[zitiert: *Herb,* Berufliche Ausbildung und Fortbildung im Einkommensteuerrecht]

Hirschfeld, Gerhard/Krumeich, Gerd/Renz, Irina (Hrsg.), Enzyklopädie Erster Weltkrieg, Paderborn 2009
[zitiert: *Bearbeiter,* in: Enzykl. 1 WK]

Jung, Mathias, Einkommensteuerliche Abgrenzung des gewerblichen Grundstückhandels, in: Schriften zum Steuerrecht, Band 61, Berlin 1998; Zugl.: Diss., Göttingen, Univ., 1995.
[zitiert: *Jung,* Einkommensteuerliche Abgrenzung des gewerblichen Grundstückhandels]

Kluge, Ulrich, Die Weimarer Republik, Paderborn 2006
[zitiert: *Kluge,* Weimarer Republik]

Knobbe-Keuk, Brigitte, Bilanz- und Unternehmenssteuerrecht, 9. Auflage, Köln 1993.
[zitiert: *Knobbe-Keuk,* Bilanz- und Unternehmenssteuerrecht]

Kohlenberger, J., Die Steuererklärung zur Einkommensteuer, Körperschaftsteuer und Umsatzsteuer unter Berücksichtigung der amtlichen Anleitungen und der ergangenen Verordnungen und Erlasse, Stuttgart 1926.
[zitiert: *Kohlenberger,* Die Steuererklärung]

Kolb, Eberhard/Langewiesche, Dieter (Hrsg.)/ Schönhoven, Klaus (Hrsg.), Umbrüche deutscher Geschichte – 1866/71 – 1918/19–1929/33, München 1993.
[zitiert: *Bearbeiter,* in: Umbrüche deutscher Geschichte]

Kolb, Eberhard/Schuhmann, Dirk, Die Weimarer Republik, Grundrisse der Geschichte, 8. Auflage, München 2013.
[zitiert: *Kolb/Schuhmann,* Weimarer Republik]

Koppe, Fritz/Varnhagen, Paul, Gesetz über das Reichsnotopfer vom 31. Dezember 1919 nebst Ausführungsbestimmungen, Richtlinien u.s.w. - Für die Praxis erläutert, 2. Auflage, Berlin 1920.
[zitiert: *Koppe/Varnhagen,* Gesetz über das Reichsnotopfer]

Kortz, Michael, Die Rechtsprechung des Europäischen Gerichtshofs zur beschränkten Einkommensteuerpflicht- Gefahr der Inländerdiskriminierung, in: Europäisches und Internationales Recht, Band 76, München 2010; Zugl.: Diss., Bochum, Univ., 2010.
[zitiert: *Kortz,* Die Rechtsprechung zur beschränkten Einkommensteuerpflicht]

Mai, Gunther, Die Weimarer Republik, München 2009.
[zitiert: *Mai,* Weimarer Republik]

Megow, Heinrich, Erbschaftsteuergesetz in der Fassung des Gesetzes zur Neuordnung von Steuern vom 16. Dezember 1954 (BGBl. 1954 I S. 391) mit Durchführungsverordnung und Verwaltungsanordnung, 3. Auflage, Berlin, Frankfurt a. M. 1955
[zitiert: *Megow,* Erbschaftsteuergesetz]

Michalka, Wolfgang (Hrsg.), Matthias Erzberger: „Reichsminister in Deutschlands schwerster Zeit - Essay zur Ausstellung, Potsdam 2002.
[zitiert: *Bearbeiter,* in: Reichsminister Erzberger]

Möller, Alex, Reichsfinanzminister Matthias Erzberger und sein Reformwerk, Bonn 1971
[zitiert: *Möller,* Erzberger und sein Reformwerk]

Müller, Dirk, Struktur, Entwicklung und Begriff der Verbrauchsteuern, in: Schriften zum Steuerrecht, Band 53, Berlin 1997; Zugl.: Diss., Univ., Bochum 1995/96
[zitiert: *Müller,* Struktur, Entwicklung und Begriff der Verbrauchsteuern]

Neugebauer, Wolfgang (Hrsg.), Handbuch der preußischen Geschichte, Band III, Vom Kaiserreich zum 20. Jahrhundert und Große Themen der Geschichte Preußens, Berlin 2000
[zitiert: *Bearbeiter,* in: Handbuch der preußischen Geschichte]

Niedhart, Gottfried, Die Aussenpolitik der Weimarer Republik, Enzyklopädie Deutscher Geschichte, Band 53, München 2013.
[zitiert: *Niedhart,* Aussenpolitik Weimar]

Otto, Thomas, Die Besteuerung von gewinnausschüttenden Körperschaften und Anteilseignern nach dem Halbeinkünfteverfahren, in: Bonner Schriften zum Steuer-, Finanz- und Unternehmensrecht, Hrsg. von: Hüttemann, Rainer/Fischer, Peter/Waldhoff, Christian, Band 3, Berlin u.a. 2007; Zugl.: Diss., Univ., Bonn 2006.
[zitiert: *Otto,* Die Besteuerung von gewinnausschüttenden Körperschaften]

Palmer, Christoph E. (Hrsg.)/Schnabel, Thomas (Hrsg.), Matthias Erzberger, 1875–1921, Patriot und Visionär, Stuttgart, Leipzig 2007.
[zitiert: *Bearbeiter,* in: Patriot und Visionär]

Peyerl, Hermann (Hrsg.), Betriebswirtschaftslehre für Agrarökonomen, Wien 2011.
[zitiert: *Bearbeiter,* in: Betriebswirtschaftslehre für Agrarökonomen]

Pietersen, Pit, Kriegsverbrechen der alliierten Siegermächte, Norderstedt 2006.
[zitiert: *Pietersen,* Kriegsverbrechen]

Raths, Ernst, Bedeutung und Rechtfertigung der Vermögenssteuer in historischer und heutiger Sicht, Zürich 1977; Zugl.: Diss., Univ., Zürich
[zitiert: *Raths,* Bedeutung und Rechtfertigung der Vermögenssteuer]

Rheinstrom, Heinrich/ Reinach, Heinrich, Gesetz über eine außerordentliche Kriegsabgabe für das Rechnungsjahr 1919 vom 10. September 1919, mit Einleitung, Erläuterungen und Sachregister, München 1919.
[zitiert: *Rheinstrom/Reinach,* Gesetz über eine außerordentliche Kriegsabgabe 1919]

Richter, Reinhard, Nationales Denken im Katholizismus der Weimarer Republik, Zugl.: Bochum, Univ., Diss., Münster u.a. 2000.
[zitiert: *Richter,* Katholizismus Weimarer Republik]

Ruge, Wolfgang, Matthias Erzberger – Eine politische Biographie, Berlin 1976.
[zitiert: *Ruge,* Matthias Erzberger]

Ruppe, Hans Georg, Umsatzsteuergesetz Kommentar, 3. Auflage, Wien 2005.
[zitiert: *Ruppe,* Umsatzsteuergesetz]

von Schanz, Georg, Der Einkommensbegriff und die Einkommensteuergesetze, in: Finanz-Archiv, Zeitschrift für das gesamte Finanzwesen, hrsg. v.: *Schanz, Georg,* 13. Jahrgang, Stuttgart 1896.
[zitiert: *Schanz,* Der Einkommensbegriff und die Einkommensteuergesetze]

Schulte, Wilfried, Erbschaftsteuerrecht, Heidelberg u.a. 2010.
[zitiert: *Schulte,* Erbschaftsteuerrecht]

Smith, Adam, Reichtum der Nationen – Hauptwerke der großen Denker, Paderborn 2005.
[zitiert: *Smith,* Reichtum der Nationen]

Strutz, Georg, Kommentar zum Gesetz über eine Kriegsabgabe vom Vermögenszuwachs und zum Gesetz über eine außerordentliche Kriegsabgabe für das Rechnungsjahr 1919 vom 10. September 1919, Nebst den Ausführungs- und Vollzugsbestimmungen zu beiden Gesetzen, Berlin 1920.
[zitiert: *Strutz,* Kommentar zum Gesetz über eine Kriegsabgabe vom Vermögenszuwachs und außerordentliche Kriegsabgabe 1919]

Strutz, Georg, Handausgabe des Einkommensteuergesetzes vom 29. März 1920 in der Fassung vom 24. März 1921 und 11. Juli 1921, nebst den Ausführungsbestimmungen und Vorschriften über die Rücklagen nach § 59 a sowie die Einkommensteuer vom Arbeitslohn, 3. Auflage, Berlin 1921.
[zitiert: *Strutz,* Handausgabe des Einkommensteuergesetzes]

Tipke, Klaus, Die Steuerrechtsordnung, Band II: Steuerrechtfertigungstheorien, Anwendung auf alle Steuerarten, sachgerechtes Steuersystem, Köln 1993
[zitiert: *Tipke,* Steuerrechtsordnung II]

Tipke, Klaus/Lang, Joachim (Hrsg.), Steuerrecht, 21. Auflage, Köln 2012.
[zitiert: *Bearbeiter,* in: Tipke/Lang, Steuerrecht]

Titgemeyer, Marion, Zinsbesteuerung in einkommens- und konsumorientierten Steuersystemen – Eine Analyse vor dem Hintergrund des Leistungsfähigkeitsprinzips, des Europarechts und der Entscheidungsneutralität, Wiesbaden 2009; Zugl.: Diss., Univ., Osnabrück 2009.
[zitiert: *Titgemeyer,* Zinsbesteuerung in einkommens- und konsumorientierten Steursystemen]

Uhländer, Christoph, Vermögensverluste im Privatvermögen – der Einkünftedualismus als Januskopf der Einkommensteuer, in: Schriften zum Steuerrecht, Band 51, Berlin 1996; Zugl.: Diss., Univ., Bochum 1994/95.
[zitiert: *Uhländer,* Vermögensverluste im Privatvermögen]

Ullmann, Hans-Peter, Der Deutsche Steuerstaat: Geschichte der öffentlichen Finanzen, München 2005.
[zitiert: *Ullmann,* Der Deutsche Steuerstaat]

Voigt, Rüdiger, Die Auswirkungen des Finanzausgleichs zwischen Staat und Gemeinden auf die kommunale Selbstverwaltung von 1919 bis zu Gegenwart, in: Schriften zum Öffentlichen Recht, Band 259, Berlin 1975.
[zitiert: *Voigt,* Die Auswirkungen des Finanzausgleichs]

Wengel, Torsten, Umsatzsteuer kompakt, München 2008
[zitiert: *Wengel,* Umsatzsteuer kompakt]

Winkler, Heinrich August, Weimar: 1918–1933, Die Geschichte der ersten deutschen Demokratie, 4. Auflage, München 2005.
[zitiert: *Winkler,* Weimar 1918–1933]

Wischermann, Clemens/ Nieberding, Anne, Die institutionelle Revolution – Eine Einführung in die deutsche Wirtschaftsgeschichte des 19. und frühen 20. Jahrhunderts, Alzey 2004.
[zitiert: *Wischermann/Nieberding,* Die institutionelle Revolution]

Würtz, Ph., Vermögensteuer und Zwangsanleihe-Katechismus, Was man von der Vermögensteuer und der Zwangsanleihe wissen soll und wie man die Steuerklärung aufstellt – Eine gemeinverständliche Belehrung und Anleitung in Form von Frage und Antwort sowie Beispiel, Freiburg 1923
[zitiert: Würtz, Vermögensteuer und Zwangsanleihe-Katechismus]

Adolf Hitler has been touted as "supreme judge". The tax laws were interpreted according to the Nazi ideology. How was it possible to establish such maxims for the right application? To what extent did they actually influence jurisprudence of Reich Fiscal Court?

D. Die „Unbegrenzte Auslegung" und die Steuerrechtsanwendung - Rechtsprechung des Reichsfinanzhofs im Dritten Reich (Sara Anna La Paglia)

I. Einleitung

„Sagt euch bei jeder Entscheidung die ihr trefft: Wie würde der Führer an meiner Stelle entscheiden?"[1] So hieß es in der Rede des Reichsministers und Rechtsführers Hans Frank am 17. Mai 1936 vor dem Deutschen Juristentag.[2] Der Wille des „Führers", Adolf Hitlers, war zum prägenden Leitsatz für die Gesetzesanwendung geworden. Hitler galt als „oberster Gerichtsherr".[3] Herauszuarbeiten, wie eine solche Entwicklung möglich war und inwiefern die „Machtergreifung" Hitlers und die damit verbundene neue Weltanschauung die Rechtsprechung des Reichsfinanzhofs tatsächlich beeinflusste, ist Zielsetzung dieser Seminararbeit. Dazu sind zunächst die Grundstrukturen der Finanzgerichtsbarkeit zur Zeit der Weimarer Republik und deren Wandlungen nach der „Machtergreifung" im Jahre 1933 zu erörtern. Darauf aufbauend gilt es, die von der neuen Weltanschauung geprägten Bereiche der Rechtsprechung des Reichsfinanzhofs herauszuarbeiten. Besonders zu berücksichtigen ist dabei der § 1 des Steueranpassungsgesetzes, welcher im Dritten Reich den Grundgedanken der Steuerrechtsanwendung darstellen sollte. Im nächsten Schritt ist die Stellung der Richter im Dritten Reich zu erörtern, um mögliche Motive für die vermeintlich neue Art der Rechtsprechung aufzuzeigen. Abschließend wird ein Einblick in die Entwicklung der Rechtsprechung nach Ende des Dritten Reiches im Jahre 1945

1 *Frank,* DR 1936, S. 213 (216).
2 *Frank,* DR 1936, S. 213ff.
3 *Schmitt,* DJZ 1934, S. 946.

gewährt. Im Verlauf der Arbeit soll der Wandel der Unabhängigkeit der Richter zudem als Zwischenziel dargelegt werden.

II. Die historische Entwicklung

1.) Die Finanzgerichtsbarkeit in der Weimarer Republik

Zur Erlangung eines umfassenden Einblicks in die Rechtsprechung des Reichsfinanzhofs im Dritten Reich ist es erforderlich, sich mit dem grundlegenden Aufbau der Finanzgerichtsbarkeit zur Zeit der Weimarer Republik (1918 bis 1933)[4] auseinanderzusetzen.

Die Finanzgerichtsbarkeit wurde mit Gründung des Reichsfinanzhofs durch Gesetz vom 26. Juli 1918[5] zum selbstständigen Zweig der Justiz.[6] Die Reichsfinanzverwaltung gliederte sich ab dem 1. Oktober 1919 in drei Teile. Die oberste Leitung kam dem Reichsfinanzministerium zu. Diesem untergeordnet waren die Landesfinanzämter, welchen wiederum die Finanzämter unterstellt wurden.[7] Der Reichsfinanzminister bildete die Spitze des Reichsfinanzministeriums.[8] Den Landesfinanzämtern war je ein Finanzgericht angegliedert.[9] Die Kammern der Finanzgerichte bestanden im Sinne des § 14 S. 3 der Reichsabgabenordnung (RAO) aus jeweils fünf Mitgliedern, von denen drei ehrenamtlich tätig waren.[10] Die ehrenamtlich tätigen Mitglieder benötigten zum Eintritt in das Amt keinerlei Vorkenntnisse. Sie mussten lediglich deutsche Staatsangehörige sein, das 25. Lebensjahr vollendet haben, seit mindestens einem Jahr im Gerichtsbezirk wohnhaft sein und direkte Steuern zahlen.[11] Damit bestanden die Finanzgerichte zum größten Teil aus Laien.[12] Die hauptberuflichen Richter waren zugleich höhere Beamte des Landesfinanzamts.[13] Sie waren laut § 14 S. 5 der Reichsabgabenordnung „als solche unabhängig und nur

4 *Eisenhardt*, Deutsche Rechtsgeschichte, Rn. 599.
5 RGBl. 1919, S. 959.
6 *Schauer*, Die Steuergesetzgebung des Nationalsozialismus als Mittel der Machtpolitik, S. 194 *Kumpf*, in: Justizalltag im Dritten Reich, 81, 82.
7 RGBl. 1919, S. 1591.
8 Institut „Finanzen und Steuern", Finanzverwaltung und Finanzausgleich in der Weimarer Republik, S. 27.
9 RGBl. 1919, S. 1592.
10 RGBl. 1919, S. 1996; *Kumpf*, in: Justizalltag im Dritten Reich, S. 81 (82).
11 RGBl. 1919, S. 1593.
12 *Kumpf*, in: Justizalltag im Dritten Reich, S. 81 (82).
13 *Kumpf*, in: Die Reichsfinanzverwaltung im Nationalsozialismus, S. 143 (144).

dem Gesetz unterworfen".[14] In ihrer Funktion als Beamte des Landesfinanzamtes unterstanden sie indessen der Weisungsbefugnis ihrer Vorgesetzten.[15] Ihre vollkommene Unabhängigkeit wurde deshalb angezweifelt.[16]

Der Reichsfinanzhof war für die übergeordnete Rechtsprechung zuständig und seit seiner Gründung unabhängig von der Reichsfinanzverwaltung.[17] Seine Aufgabe war es, einen Gegenpol zu den Besteuerungsrechten des Staates zu bilden, um die Bürger vor gesetzeswidriger Besteuerung zu bewahren.[18] Das Reichsfinanzministerium hatte jedoch Einfluss auf die Ernennung seiner Mitglieder und durfte die Anzahl der Senate festlegen.[19] Zudem war es dazu berechtigt, über die Art der Veröffentlichung der Rechtsprechung des Reichsfinanzhofs zu entscheiden. Darüber hinaus musste die Geschäftsordnung des Reichsfinanzhofs dem Reichsfinanzministerium zur Bestätigung vorgelegt werden.[20] Diese Bedingungen standen im Widerspruch zur Unabhängigkeit des Reichsfinanzhofs.[21]

a.) Grundlagen der Rechtsprechung

(aa.) Die Weimarer Verfassung

Die Basis jeden Urteils bildete die „Verfassung des Deutschen Reichs"[22], welche heute auch „Weimarer Reichsverfassung" (WVR) genannt wird.[23] Diese trat am 14. August des Jahres 1919[24] mit ihrer Verkündung in Kraft und stellte die erste demokratische Verfassung Deutschlands dar.[25] So lautete Art. 1 der Verfassung: „Das Deutsche Reich ist eine Republik. Die Staatsgewalt geht vom Volke aus."[26] Wichtige Elemente der Verfassung waren die Gewaltenteilung

---

14 RGBl. 1919, S. 1996.

15 *Kumpf*, in: Justizalltag im Dritten Reich, S. 81 (82).

16 *Kumpf*, in: Die Reichsfinanzverwaltung im Nationalsozialismus, S. 143 (144).

17 *Kumpf*, in: Die Reichsfinanzverwaltung im Nationalsozialismus, S. 143, 144; *Schröder*, Steuerlastgestaltung der Aktiengesellschaften und Veranlagung der Körperschaftssteuer im Deutschen Reich und den USA von 1919 bis 1936, S. 80.

18 *Voß*, Steuern im Dritten Reich, S. 183.

19 RGBl. 1919, S. 1597.

20 RGBl. 1919, S. 1598.

21 *Kumpf*, in: Die Reichsfinanzverwaltung im Nationalsozialismus, S. 143, 144.

22 RGBl. 1919, S. 1383.

23 *Münch*, Die deutsche Staatsangehörigkeit: Vergangenheit- Gegenwart- Zukunft, S. 42.

24 *Gusy*, Die Weimarer Reichsverfassung, S. 77.

25 *Borowski*, Die Glaubens- und Gewissensfreiheit des Grundgesetzes, S. 41.

26 RGBl. 1919, S. 1383.

und das Rechtsstaatsprinzip.[27] Die staatliche Herrschaft sollte allein nach Maßgabe von Recht und Gerechtigkeit ausgeübt werden, nicht nach machtpolitischen Gesichtspunkten.[28] Dadurch sollte das Individuum vor staatlichen Eingriffen geschützt werden.[29] Die herrschenden Grundsätze des Vorrangs und Vorbehalts des Gesetzes, sowie die möglichst exakte Formulierung von Normen schufen zusätzlich Rechtssicherheit.[30] Zudem waren in der Weimarer Reichsverfassung die „Grundrechte und Grundpflichten der Deutschen“[31] enthalten, welche dem Individuum vor allem Ansprüche auf Gleichheit und Freiheit zugestanden haben.[32] Allerdings kannte die Weimarer Verfassung keine Wesensgehaltsgarantie und auch unantastbare Verfassungsprinzipien waren ihr fremd.[33] Damit konnte sie, sofern das Gesetzgebungsverfahren ordnungsgemäß durchgeführt wurde, also auch eine Zweidrittelmehrheit im Sinne des Art. 76 WRV gegeben war, ohne weitere Einschränkungen vom Gesetzgeber geändert werden.[34] Dieser stand mithin über der Verfassung. Außerdem gebührte es dem Reichspräsidenten gemäß Art. 48 Abs. 2 WRV, einen Teil der Grundrechte außer Kraft zu setzen, sofern er es zur Wiederherstellung der öffentlichen Sicherheit und Ordnung im Deutschen Reich für erforderlich hielt.[35]

(bb.) Führende Rechtstheorien

Zu Zeiten der Weimarer Republik war die damals herrschende positivistische Rechtstheorie grundlegend für die Rechtsprechung der Gerichte.[36] Diese besagte, dass das vom Gesetzgeber gesetzte Recht strikt anzuwenden sei.[37] Die gesetzgeberischen Entscheidungen waren mithin durch keinerlei Schranken begrenzt.[38] Der Rechtspositivismus stützte sich vielmehr auf das grenzenlose Vertrauen in die Sittlichkeit des Staates.[39] So hatten Richter nach der Weimarer Verfassung

---

27 *Eisenhardt*, Deutsche Rechtsgeschichte, Rn. 600.
28 *Holste*, JA 2009, S. 359.
29 *Holste*, JA 2009, S. 359.
30 *Holste*, JA 2009, S. 359 (360).
31 RGBl. 1919, S. 1404ff.
32 *Unruh*, Der Verfassungsbegriff des Grundgesetzes, S. 309.
33 *Weber-Fas*, Der Verfassungsstaat des Grundgesetzes, S. 66.
34 *Büttner*, Weimar: die überforderte Republik 1918–1933, S. 114.
35 *Kroeschell*, Deutsche Rechtsgeschichte, S. 252.
36 *Rüthers*, Die unbegrenzte Auslegung, S. 97.
37 *Rüthers*, Die unbegrenzte Auslegung, S. 99.
38 *Rüthers*, Die unbegrenzte Auslegung, S. 97.
39 *Rüthers*, Die unbegrenzte Auslegung, S. 94.

lediglich zu prüfen, ob das Gesetzgebungsverfahren ordnungsgemäß durchgeführt worden war, das Gesetz noch galt und ob Landesrecht gegen Reichsrecht verstieß, da Reichsrecht Landesrecht gemäß Art. 13 Abs. 1 Weimarer Reichsverfassung brach.[40] In den letzten Jahren der Weimarer Republik wurde in der Rechtsprechung vermehrt auch ein materielles Prüfungsrecht der Richter gefordert.[41] Am 4. November 1925[42] entschied das Reichsgericht sodann, dass die Richter basierend auf ihrer Unabhängigkeit das Recht und die Pflicht hätten, die Verfassungsmäßigkeit eines Gesetzes zu überprüfen.[43] Dieser Entscheidung schloss sich auch der Reichsfinanzhof nachdrücklich an.[44] Damit wurde den Richtern auch das geforderte materielle Prüfungsrecht zugesprochen.

Die positivistische Rechtstheorie fand jedoch bereits in den Anfangsjahren der Weimarer Republik keine uneingeschränkte Zustimmung.[45] Einen Gegenpol stellte die sogenannte Freirechtsschule[46] dar. Ihre Vertreter gingen davon aus, dass der Richter zur Rechtsfortbildung autorisiert sein müsse, da die Gesetze klare Lücken aufwiesen, welche nicht aus dem Gesetz heraus hätten geschlossen werden können.[47] Dem Richter sollte im Einzelfall mithin die Befugnis zustehen, ein eigenes „Freirecht" zu gestalten.[48]

Eine ebenfalls vertretene Rechtstheorie war beispielsweise die „Interessenjurisprudenz".[49] Diese war laut ihrem maßgebenden Vertreter Phillip Heck unabhängig von Weltanschauungen oder wissenschaftlichen Vorbildern. Vielmehr beruhe sie auf den Erkenntnissen und Bedürfnissen der juristischen Arbeit.[50] Zusätzlich orientiere sie sich an den herrschenden Lebensverhältnissen.[51] Rechtsnormen waren somit mit Rücksicht auf ihre „Lebenswirkung" zu erfassen und auszugestalten.[52] Die Theorie sah zudem vor, dass die für die Gesetzgebung kausalen Interessen erforscht werden sollen.[53] Lediglich offensichtliche Gesetzeslücken sollten durch

40 *Voß*, Steuern im Dritten Reich, S. 205.
41 *Voß*, Steuern im Dritten Reich, S. 206.
42 RG, Urt. v. 4.11.1925 - V 621/24, RGZ 111, 320.
43 *Voß*, Steuern im Dritten Reich, S. 206.
44 *Voß*, Steuern im Dritten Reich, S. 206.
45 *Kroeschell*, Deutsche Rechtsgeschichte, S. 266f.
46 *Braun*, Einführung in die Rechtsphilosophie, S. 47ff.
47 *Braun*, Einführung in die Rechtsphilosophie, S. 47.
48 *Braun*, Einführung in die Rechtsphilosophie, S. 48.
49 *Kroeschell*, Deutsche Rechtsgeschichte, S. 266, 277.
50 *Heck*, Begriffsbildung und Interessenjurisprudenz, S. 25.
51 *Rüthers*, Die unbegrenzte Auslegung, S. 140.
52 *Heck*, Begriffsbildung und Interessenjurisprudenz, S. 38.
53 *Heck*, Das Problem der Rechtsgewinnung, S. 48–49.

Interessenprüfungen ausgefüllt werden.[54] Der Richter sollte bei der Prüfung der Interessenlage allerdings an die in den Gesetzen enthaltenen Werturteile des historischen Gesetzgebers gebunden sein.[55] Andernfalls sei eine Gefährdung des Gleichheitsgrundsatzes und der Rechtssicherheit nicht auszuschließen.[56] Im Unterschied zur Freirechtsschule war der Richter nach der Interessenjurisprudenz mithin enger an das Gesetz gebunden.

Je nachdem welcher Ansicht der Rechtsanwender folgte, konnte die Gesetzesanwendung zu unterschiedlichen Ergebnissen führen. In der Rechtsprechung blieb zu Zeiten der Weimarer Republik jedoch die positivistische Rechtstheorie herrschend.[57]

Im Steuerrecht galt es bei der Auslegung der Gesetze einen weiteren Punkt zu berücksichtigen: die „wirtschaftliche Bedeutung“[58]. Die Auslegung nach der „wirtschaftlichen Betrachtungsweise“ im Sinne des § 4 RAO[59], später gemäß § 9 AO[60], galt als Grundprinzip für die Anwendung der Steuergesetze. § 4 RAO besagte, dass Steuergesetze entsprechend ihres Zwecks, ihrer wirtschaftlichen Bedeutung und der Entwicklung der Verhältnisse auszulegen seien.[61] Die Vorschrift sollte lediglich als Anhaltspunkt für die Auslegung der Steuergesetze genutzt werden. Sie gab jedoch kein Recht dazu, die Gesetze gegen ihren Wortlaut auszulegen.[62] Der Paragraph sollte den Rechtsanwender nicht über das Gesetz stellen, sondern ihn dazu verpflichten, die im Steuerrecht enthaltenen Rechtsgedanken in seiner Rechtsprechung umzusetzen und dabei Rücksicht auf die aktuellen wirtschaftlichen Verhältnisse zu nehmen.[63] In Zweifelsfällen sollten Steuergesetze zudem im Hinblick auf die Schaffung einer eindeutigen Rechtslage und einer einfachen Handhabung der Gesetze ausgelegt werden.[64]

---

54 *Heck*, in: Interessenjurisprudenz, S. 32.

55 *Heck*, in: Interessenjurisprudenz, S. 32 (34).

56 *Heck*, in: Interessenjurisprudenz, S. 32 (34).

57 *Eisenhardt*, Deutsche Rechtsgeschichte, Rn. 618.

58 *Crezelius*, Steuerrechtliche Rechtsanwendung und allgemeine Rechtsordnung, S. 65ff.

59 RGBl. 1919, S. 1994.

60 RGBl. 1931 I, S. 162.

61 RGBl. 1919, S. 1994.

62 Schaaf, Der Grundsatz der steuerlichen Gerechtigkeit als Auslegungsregel in der Rechtsprechung des Reichsfinanzhofs, S. 5.

63 *Crezelius*, Steuerrechtliche Rechtsanwendung und allgemeine Rechtsordnung, S. 65.

64 *Crezelius*, Steuerrechtliche Rechtsanwendung und allgemeine Rechtsordnung, S. 69.

b.) Die Stellung des Richters in der Weimarer Republik

Der für das Berufsbild des Richters wichtigste Grundsatz ergab sich aus Art. 102 WRV und § 1 Gerichtsverfassungsgesetz (GVG). Diese waren inhaltlich identisch und lauteten: „Die Richter sind unabhängig und nur dem Gesetz unterworfen".[65] Der Richter war somit an keine Weisungen gebunden, hatte das Gesetz aber in jedem Fall hinzunehmen. Außerdem wurde er gemäß Art. 104 WRV auf Lebenszeit ernannt und konnte gegen seinen Willen nur Kraft richterlicher Entscheidung seines Amtes enthoben, an eine andere Stelle oder in den Ruhestand versetzt werden.[66] Dadurch wurden die Richter in ihrer Unabhängigkeit gestärkt.

2.) Von der Weimarer Republik zum nationalsozialistischen Staat

Die Weimarer Verfassung entstand unter ungünstigen Gegebenheiten. Die vorangegangene Niederlage im Ersten Weltkrieg und ihre wirtschaftlichen Folgen stellten eine hohe finanzielle Belastung für die Republik dar.[67] Der Versailler Vertrag verpflichtete Deutschland zu Reparationszahlungen und Gebietsabgaben.[68] Zudem erklärte er Deutschland zum Kriegsschuldigen.[69] Viele Deutsche sahen sich in ihrem Stolz gekränkt und konnten sich nicht mit dem Verzicht auf einen Monarchen anfreunden.[70] Die Mehrheit der Bevölkerung stand der zwangsweise eingeführten Demokratie entgegen. So wurde die Weimarer Republik zu einer „Republik ohne Republikaner"[71]. Dazu trugen vermutlich auch die häufigen Kabinettsumbildungen und Neuwahlen bei.[72] Die Ende 1929 ausgelöste Weltwirtschaftskrise führte schließlich zu einem enormen Anstieg der Arbeitslosigkeit.[73] Im Februar 1932 erreichte diese mit 6,2 Millionen Arbeitslosen ihren Höchststand.[74] Die von verschiedenen Kabinetten ausgeübte

---

65 RGBl. 1919, S. 1403; RGBl. 1924 I, S. 299.

66 RGBl. 1919, S. 1403.

67 *Fieberg*, Justiz im nationalsozialistischen Deutschland, S. 15.

68 RGBl. 1919, S. 687ff.; *Laufs*, Rechtsentwicklung in Deutschland, S. 334.

69 *Fieberg*, Justiz im nationalsozialistischen Deutschland, S. 15.

70 *Laufs*, Rechtsentwicklung in Deutschland, S. 334; *Maier*, Grundlagen des nationalsozialistischen Rechtssystems, S. 35.

71 *Wirsching*, Die Weimarer Republik, S. 84.

72 *Fieberg*, Justiz im nationalsozialistischen Deutschland, S. 16.

73 *Fieberg*, Justiz im nationalsozialistischen Deutschland, S. 16.

74 *Schauer*, Die Steuergesetzgebung des Nationalsozialismus als Mittel der Machtpolitik, S. 30.

Regierung war nicht dazu imstande, die Krise aufzuhalten.[75] Unter der Bevölkerung breitete sich immer größere Unzufriedenheit über die vorherrschenden Verhältnisse aus. Diese nutzte die Nationalsozialistische Deutsche Arbeiterpartei (NSDAP) zur Aushöhlung der Weimarer Verfassung.[76] Sie gewann immer größere Zustimmung im Volk.[77] Am 30. Januar 1933 ernannte der damalige Reichspräsident Paul von Hindenburg den Führer der NSDAP, Adolf Hitler, zum Reichskanzler.[78] Die nach dem Reichstagsbrand vom Reichspräsidenten unterzeichnete Notverordnung „zum Schutze von Volk und Staat", setzte wichtige Grundgesetze wie die Pressefreiheit außer Kraft.[79] Einen weiteren wesentlichen Einschnitt in die demokratische Verfassung von Weimar bildete das vom Reichstag am 24. März 1933 beschlossene Ermächtigungsgesetz.[80] Dieses überließ der Regierung die volle Gesetzgebungsbefugnis und ermöglichte ihr das Abweichen von der Verfassung.[81] Damit war der erste Schritt zur Aufhebung der Gewaltenteilung erfolgt.[82] Entscheidende Grundlage für die Abschaffung der Gewaltenteilung war das noch zu erörternde Führerprinzip.[83] Die Staatsgewalt wurde somit zur „Führergewalt".[84] Das Ermächtigungsgesetz stellte damit eines der wichtigsten Mittel zur Instrumentalisierung des Rechts zu nationalsozialistischen Zwecken dar, allerdings kamen noch andere wesentliche Faktoren hinzu.

3.) Die Finanzgerichtsbarkeit im nationalsozialistischen Staat

a.) Die Umstrukturierung der Finanzgerichtsbarkeit

Am Aufbau der Finanzgerichtsbarkeit änderte sich durch die Machtergreifung Hitlers äußerlich zunächst nichts.[85] Am 7. April 1933 wurde jedoch das Gesetz „zur Wiederherstellung des Berufsbeamtentums" erlassen.[86] Dieses ordnete an, Beamte „nichtarischer Abstammung" in den Ruhestand zu versetzen und

75 *Schauer*, Die Steuergesetzgebung des Nationalsozialismus als Mittel der Machtpolitik, S. 31.
76 *Laufs*, Rechtsentwicklung in Deutschland, S. 334.
77 *Kroeschell*, Deutsche Rechtsgeschichte, S. 254.
78 *Wesel*, Recht, Unrecht und Gerechtigkeit, S. 49.
79 *Kroeschell*, Deutsche Rechtsgeschichte, S. 268.
80 *Eisenhardt*, Deutsche Rechtsgeschichte, Rn. 625.
81 RGBl. 1933 I, S. 141.
82 *Holste*, JA 2009, S. 359 (360).
83 *Holste*, JA 2009, S. 359 (360).
84 *Holste*, JA 2009, S. 359 (360).
85 *Kumpf*, in: Justizalltag im Dritten Reich, S. 85.
86 RGBl. 1933 I, S. 175.

solche, welche nicht rückhaltlos für den nationalsozialistischen Staat eintraten, aus ihrem Dienst zu entlassen.[87] Damit wurde die persönliche Unabhängigkeit der Richter beseitigt.[88] Das Gesetz wurde öffentlich vollzogen und beeinflusste die Personalstruktur aller staatlichen Behörden.[89] Auch nicht im Beamtenverhältnis stehende, jüdische Rechtsanwälte wurden mit Hilfe von Gewalt und Drohungen durch Terrorgruppen der SA zur Aufgabe ihrer Tätigkeit gezwungen.[90] Die frei gewordenen Stellen wurden zum Teil mit Mitgliedern der NSDAP besetzt. Ende 1933 wurde auch der Chefpräsident des Reichsfinanzhofs, Herbert Dorn, aufgrund seiner jüdischen Abstammung in den Ruhestand versetzt.[91] Von 1935 bis 1945 wurde diese Position durch Ludwig Mirre ausgeübt, welcher dem Bund Nationalsozialistischer Deutscher Juristen angehörte.[92] Den Nationalsozialisten ging es mithin nicht darum, beruflich qualifizierte Staatsbeamte zu beschäftigen.[93] Vielmehr sollten dem neuen Staatsbild folgende Beamte im Dienst erhalten bleiben, um die weitere Machtausübung uneingeschränkt zu ermöglichen. In diesem Sinne blieb Lutz Graf Schwerin von Krosigk als Reichsfinanzminister an der Spitze des Reichsfinanzministeriums.[94] Hitler „empfahl" ihm allerdings seinen halbjüdischen Staatssekretär durch Fritz Reinhardt zu ersetzen.[95] Diesem überließ Schwerin von Krosigk schließlich die Bearbeitung von Steuerangelegenheiten.

In den folgenden Jahren kam Kritik gegen das Laienelement der Finanzgerichte auf.[96] Am 28. August 1939 wurden diese mit „Führererlass zur Vereinfachung der Verwaltung" schließlich gegenstandslos und durch „Abteilungen für die Bearbeitung von Anfechtungssachen" ersetzt.[97] Deren Leitung übernahmen ehemalige Finanzgerichtspräsidenten.[98] Gegen ihre Entscheidungen konnte nur Rechtsbeschwerde beim Reichsfinanzhof erhoben werden, wenn diese vom

---

87 RGBl. 1933 I, S. 175.

88 *Holste*, JA 2009, S. 359 (363).

89 *Rüthers*, NJW 1988, S. 2825 (2826).

90 *Eisenhardt*, Deutsche Rechtsgeschichte, S. 429.

91 *Kumpf*, in: Die Reichsfinanzverwaltung im Nationalsozialismus, S. 146.

92 *Kumpf*, in: Die Reichsfinanzverwaltung im Nationalsozialismus, S. 146.

93 *Löffler*, Das Diensttagebuch des Reichsjustizministers Gürtner, S. 60.

94 *Giese*, Abgabenordnung im Dritten Reich, S. 59.

95 *Giese*, Abgabenordnung im Dritten Reich, S. 60.

96 *Kumpf*, in: Justizalltag im Dritten Reich, S. 81 (86).

97 RGBl. 1939 I, S. 1535.

98 *Kumpf*, in: Justizalltag im Dritten Reich, S. 81 (86).

Oberfinanzpräsidenten zugelassen wurde.[99] Dadurch verringerte sich die vom Reichsfinanzhof zu bearbeitende Anzahl von Fällen.[100]

b.) Einführung einer neuen Rechtsprechungsgrundlage

Ein weiteres einschneidendes Element für die Umgestaltung des Reichsfinanzhofs bildete das am 17. Oktober 1934 ausgegebene Steueranpassungsgesetz (StAnpG)[101], welches die Ausübung der juristischen Berufe womöglich vollkommen umfunktionierte. § 1[102] war dabei von besonderer Bedeutung für die Rechtsprechung. § 1 Abs. 1 StAnpG besagte, dass die Steuergesetze nach nationalsozialistischer Weltanschauung auszulegen seien. Der zweite Absatz des Gesetzes legte fest, dass darüber hinaus ebenfalls die Volksanschauung, der Zweck, die wirtschaftliche Bedeutung der Steuergesetze und die Entwicklung der Verhältnisse zu berücksichtigen seien.[103] Damit entsprach er mit Ausnahme des hinzukommenden Begriffs der „Volksanschauung" wörtlich dem früheren § 4 der Reichsabgabenordnung.[104] In der Literatur wurde vertreten, dass sich die Volksanschauung aus den in der Bevölkerung herrschenden, vor allem durch die NSDAP vertretenen Grundsätzen ergeben solle.[105] Die Auslegung der Gesetze nach der wirtschaftlichen Bedeutung sei jedoch überflüssig, da sich der Kerngedanke des Gesetzes bereits aus dessen Zweck entnehmen ließe.[106] Dieser sei in der Regel in der amtlichen Begründung des Gesetzes enthalten.[107] Zudem sei unter „wirtschaftlicher Bedeutung" die wirtschaftliche Bedeutung für die gesamte Bevölkerung anzusehen, also die „volkswirtschaftliche Bedeutung".[108] Die „wirtschaftliche Betrachtungsweise" sei deshalb durch die neue „nationalsozialistische Betrachtungsweise" abzulösen.[109] Auch Tatbestände sollten gemäß § 1 Abs. 3 StAnpG im Sinne der nationalsozialistischen Weltanschauung beurteilt werden. Die Steuerrechtsprechung sollte durch die Einführung des § 1 StAnpG mithin grundlegend beeinflusst werden.

---

99 *Kumpf*, in: Justizalltag im Dritten Reich, S. 81 (86).
100 *Kumpf*, in: Justizalltag im Dritten Reich, S. 81 (86).
101 RGBl. 1934 I, S. 925.
102 RGBl. 1934 I, S. 925.
103 RGBl. 1934 I, S. 925.
104 *Kumpf*, in: Justizalltag im Dritten Reich, S. 81 (89).
105 *Reinhardt*, RStBl. 1936, S. 1041 (1047).
106 *Reinhardt*, RStBl. 1936, S. 1041 (1047).
107 *Reinhardt*, RStBl. 1936, S. 1041 (1047).
108 *Reinhardt*, RStBl. 1936, S. 1041 (1047).
109 *Kumpf*, in: Justizalltag im Dritten Reich, S. 81 (90).

Es zeigt sich, dass einzelne Punkte des Steuerrechts durch neue Gesetze der nationalsozialistischen Herrschaft angepasst wurden. Diese machten jedoch nur einen geringen Teil aus. Allerdings sollten auch die restlichen fortbestehenden Elemente der Weimarer Verfassung vom neuen nationalsozialistischen Weltbild geprägt werden. Deshalb war eine weitere Methode zur Anpassung des Rechts erforderlich: die „Unbegrenzte Auslegung"[110].

III. Das neue Weltbild

Gesetze haben keinen Selbstzweck, sie sind vielmehr Mittel zur Durchsetzung der Rechtsordnung.[111] Deshalb erfordert es der richtigen Deutung der in der Norm enthaltenen Wörter, welche zumeist einen mehrfachen Sinn aufweisen. Diese Aufgabe des Rechtsanwenders bezeichnet man als Auslegung.[112]

§ 1 des StAnpG legte fest, dass die Grundlage der Auslegung von Gesetzen die nationalsozialistische Weltanschauung sein sollte.[113] Die durch die Vorschrift zum Ausdruck kommende, neue Rechtsidee sollte Grundlage jeder Gesetzesanwendung sein. Der „Geist des Nationalsozialismus" sollte das Recht beherrschen.[114] Dieser unbestimmte Rechtsbegriff der „nationalsozialistischen Weltanschauung" sollte jedoch nicht frei ausgelegt werden, sondern sich aus den neu definierten Rechtsquellen ergeben, welche die Leitgedanken des neuen Weltbilds veranschaulichen sollten.

1.) Die neuen Rechtsquellen

Die durch die nationalsozialistische Revolution aufkeimenden neuen Rechtsquellen entsprangen keinem Gesetz, sondern wurden vor allem durch das Schrifttum festgelegt.[115] Dieses orientierte sich an den Zielen der nationalsozialistischen Regierung und ermöglichte in vielen Rechtsgebieten die praktische Durchführung der neuen Weltanschauung anhand ihrer Beiträge.[116] Die vorher allein als Rechtsquelle dienende Weimarer Reichsverfassung sollte mithin durch neue Quellen überlagert werden.

---

110 s. z.B. Rüthers, Die unbegrenzte Auslegung

111 *Felix,* Von der Auslegung und Anwendung der Steuergesetze, S. 127.

112 Schaaf, Der Grundsatz der steuerlichen Gerechtigkeit als Auslegungsregel in der Rechtsprechung des Reichsfinanzhofs, S. 1.

113 RGBl. 1934 I, S. 925.

114 *Schmitt,* JW 1934, S. 713 (717).

115 *Rüthers,* NJW 1988, S. 2825 (2832, 2833).

116 *Rüthers,* NJW 1988, S. 2825 (2832, 2833).

a.) Der geäußerte Wille des „Führers"

Als wichtigste neue Rechtsquelle zur Beantwortung der Frage nach der richtigen Auslegung der Gesetze wurde der geäußerte Führerwille proklamiert.[117] An diesen waren die Richter laut den in der Literatur entwickelten „Leitsätze[n] über Stellung und Aufgaben des Richters" gemäß Punkt zwei und drei gebunden, sofern „in ihnen der Wille, Recht zu setzen, eindeutig zum Ausdruck" kam.[118] Demnach sollten Gesetze und Verordnungen, aber auch Kundgebungen, in welchen der klare gesetzesgestalterische Wille des „Führers" zum Ausdruck kam, für die Gesetzesanwendung maßgeblich sein. So galt auch Adolfs Hitlers Buch „Mein Kampf" als Maßstab für die neue Art der Gesetzesanwendung.[119] Den Richtern sollte damit weder ein formelles noch ein materielles Prüfungsrecht zustehen.[120] Zudem verlor der Richter durch die Bindung an den Willen des Führers auch seine sachliche Unabhängigkeit.[121]

b.) Das Parteiprogramm der NSDAP

Der zweite Leitsatz über die Stellung und Aufgaben der Richter besagte, dass die nationalsozialistische Weltanschauung ebenfalls aus dem Parteiprogramm der NSDAP gefolgert werden könne.[122] Dieses bestand aus 25 Punkten.[123] Aus ihnen folgte einerseits das Streben nach finanzieller und politischer Stärkung Deutschlands. So sollten die „Ehre und die Gleichberechtigung" Deutschlands beispielsweise durch eine geforderte Aufhebung der Friedensverträge von Versailles und St Germain wiederhergestellt werden.[124] Zudem wurde ein Ausbau der Altersversorgung und des Bildungswesens angestrebt. Damit entsprach das Programm sowohl den Interessen der jungen als auch der älteren Bevölkerungsgruppen. Andererseits trat eine extreme antisemitische Einstellung der NSDAP klar zum Vorschein. Staatsbürger konnte laut Punkt vier „[...] nur sein, wer deutschen Blutes [war]"[125]. Nichtdeutsche sollten einer Fremdengesetzgebung unterliegen, bzw. aus dem Lande verwiesen werden. Zudem sollte auch in die

117 *Rüthers*, Die unbegrenzte Auslegung, S. 131.
118 *Kroeschell*, Deutsche Rechtsgeschichte, S. 275.
119 N*icolai*, Der Staat im Nationalsozialistischen Weltbild, S. 5.
120 *Schröder*, Gesetzesauslegung und Gesetzesumgehung, S. 116.
121 *Holste*, JA 2009, S. 359 (363).
122 *Kroeschell*, Deutsche Rechtsgeschichte, S. 275.
123 *Himstedt*, Das Programm der NSDAP. wird erfüllt! S. 9ff.
124 *Himstedt*, Das Programm der NSDAP. wird erfüllt! S. 14.
125 *Himstedt*, Das Programm der NSDAP. wird erfüllt! S. 21.

Glaubens-, Versammlungs- und Pressefreiheit eingegriffen werden. Zusätzlich wurde die beabsichtigte totalitäre Staatsführung deutlich, in welcher der Grundsatz „Gemeinnutz vor Eigennutz“[126] gelten sollte. Diese Programmpunkte der NSDAP sollten nicht als gesetztes Recht, sondern als höherrangige „Stimme des Volksgewissen“[127] bei der Auslegung des Rechts berücksichtigt werden.

c.) Die völkische Weltanschauung

Eine weitere neue Rechtsquelle sollte zudem die „völkische Weltanschauung“[128] oder das „gesunde Volksempfinden“ darstellen. Die Programmpunkte der NSDAP gründeten sich zum größten Teil auf diese Anschauung.[129] Als völkische Weltanschauung oder gesundes Volksempfinden wurde das durch die Rasse bestimmte, im Volk regierende Richtigkeitsempfinden definiert.[130] Aus Leitsatz vier der Stellung und Aufgaben des Richters folgte so beispielsweise, dass vor der Machtergreifung gesetzte Normen nicht angewandt werden durften, sofern „[...] ihre Anwendung dem heutigen gesunden Volksempfinden ins Gesicht schlagen würde“[131]. Eine genaue Definition des Begriffs „völkische Weltanschauung“ gab es jedoch nicht.

Der Führerwille genoss eindeutig Vorrang vor den anderen Rechtsquellen.[132] Ansonsten fehlte es jedoch an einer klaren Anleitung für die Gewichtung der einzelnen Quellen. Diese waren zudem nicht präzise definiert. Allerdings ermöglichte gerade die dadurch entstandene Rechtsunsicherheit den Juristen einen großen Gestaltungsspielraum, welcher von den Nationalsozialisten bezweckt wurde, da er die Abkehr von vorrevolutionären Gesetzen erleichterte.[133]

2.) Die nationalsozialistische Weltanschauung

Aus den genannten und weiteren unbestimmten Rechtsquellen lassen sich die leitenden Grundgedanken der nationalsozialistischen Weltanschauung herleiten. Der Begriff „Weltanschauung“ bezeichnete dabei die auf einem einheitlichen Denken beruhende Bewertung aller in der Welt vorherrschenden Tatbestände.[134]

---

126 *Himstedt*, Das Programm der NSDAP. wird erfüllt! S. 76.
127 *Rüthers*, Die Unbegrenzte Auslegung, S. 132.
128 *Nicolai*, Der Staat im Nationalsozialistischen Weltbild, S. 5.
129 *Nicolai*, Der Staat im Nationalsozialistischen Weltbild, S. 5.
130 *Hildebrandt*, Rechtsfindung im neuen deutschen Staate, S. 33.
131 *Kroeschell*, Deutsche Rechtsgeschichte, S. 275.
132 *Nicolai*, Der Staat im Nationalsozialistischen Weltbild, S. 5.
133 *Majer*, „Fremdvölkische“ im Dritten Reich, S. 917.
134 *Reinhardt*, RStBl. 1936, S. 1041 (1044).

Die nationalsozialistische Weltanschauung sollte sich geschlossen aus den neuen Rechtsquellen entwickeln; durch diese einheitliche Betrachtungsweise sollte laut Auffassung der Nationalsozialisten Rechtssicherheit entstehen.[135]

Wichtigste Ausprägung der nationalsozialistischen Weltanschauung war das Führerprinzip[136]. Dieses ermächtigte Adolf Hitler zur Ausübung unbeschränkter Gewalt.[137] Der Wille des Führers war demnach maßgeblich für die gesamte Staatsführung.[138] Nach der nationalsozialistischen Weltanschauung sollte zudem jedes Handeln dem Interesse der Gesellschaft entsprechen.[139] Demnach war „[...] alles richtig, was dem Volksganzen nützt und alles falsch, was dem Volksganzen abträglich ist".[140] Was im Interesse der Allgemeinheit lag blieb undefiniert. Ein weiteres prägendes Merkmal der nationalsozialistischen Weltanschauung war zudem der „Rassenwahn".[141] Die sogenannte „Rassenlehre" ging davon aus, dass Menschen unterschiedlicher Herkunft auch andersartig seien.[142] Die „arische" oder „nordische Rasse" sei den anderen im Wesentlichen durch ihre Intelligenz und Tatkraft überlegen.[143] Die jüdische Bevölkerung wurde hingegen als „Rassengemisch" angesehen und in besonderem Maße abgelehnt.[144] Der nationalsozialistische Rassenwahn beinhaltete extremen Antisemitismus.[145] Aus der Rassenlehre wurde der Schluss gezogen, dass jede Rasse ihr eigenes spezielles Recht entwickeln müsse.[146] Laut Hitler sollte zudem eine „Blutsvermischung" der differenzierten Bevölkerungsgruppen verhindert werden.[147] Die „Blutsreinheit" sollte zur Staatsaufgabe werden.[148] In Paragraphenform kam die nationalsozialistische Rassenlehre zum ersten Mal im bereits erwähnten „Gesetz zur Herstellung des Berufsbeamtentums"[149] sowie im „Gesetz über die

135 *Reinhardt*, RStBl. 1936, S. 1041 (1044, 1046).
136 *Nicolai*, Der Staat im nationalsozialistischen Weltbild, S. 27ff.
137 *Majer*, Grundlagen des nationalsozialistischen Rechtssystems, S. 77.
138 *Nicolai*, Der Staat im Nationalsozialistischen Weltbild, S. 27.
139 *Reinhardt*, RStBl. 1936, S. 1041 (1044).
140 *Reinhardt*, RStBl. 1936, S. 1041 (1044).
141 *Eisenhardt*, Deutsche Rechtsgeschichte, Rn. 644.
142 *Gobineau*, Die Ungleichheit der Menschenrassen, S. 79.
143 *Gobineau*, Die Ungleichheit der Menschenrassen, S. 613.
144 *Cahnmann*, Völkische Rassenlehre, S. 10.
145 *Werle*, NJW 1995, S. 1267.
146 *Johe*, Die gleichgeschaltete Justiz, S. 15.
147 *Breitling*, Die nationalsozialistische Rassenlehre, S. 26.
148 *Breitling*, Die nationalsozialistische Rassenlehre, S. 26.
149 RGBl. 1933 I, S. 175.

Zulassung zur Rechtsanwaltschaft“[150] zum Ausdruck.[151] Rechtsanwälte nichtdeutscher Herkunft sollten gemäß § 2 des Gesetzes nicht zur Rechtsanwaltschaft zugelassen werden. Mit Einführung dieser Gesetze sollte die Rassenlehre auf amtlichem Wege Einzug in die Rechtsprechung der Gerichte finden.[152]

IV. Methoden zur Einbindung der neuen Weltanschauung in die Rechtsprechung

Die nationalsozialistische Weltanschauung sollte durch „neue“ Auslegungsmethoden auch in der Rechtsprechung Anwendung finden. Wirklich neu waren diese allerdings nicht. Die bereits vorhandenen Mittel wurden vielmehr an die Zwecke der nationalsozialistischen Weltanschauung angepasst.

1.) Das konkrete Ordnungsdenken

Eine Möglichkeit sollte die Theorie des „konkreten Ordnungsdenkens“[153] darstellen. Die Theorie lebte zur Zeit des Nationalsozialismus besonders durch Carl Schmitt wieder auf, welcher in der nationalsozialistischen Literatur stark vertreten war.[154] Die Theorie ging in ihrem Grundsatz davon aus, dass sich Gesetze und deren Anwendung der im Volke herrschenden Lebensordnung untergliedern müssten.[155] Eine Norm schaffe keine Ordnung, ihr komme im Rahmen einer bereits vorhandenen Ordnung lediglich eine gewisse regulierende Funktion zu.[156] Damit seien Normen und Rechtsanwender immer an die in der Gesellschaft herrschenden konkreten Ordnungsvorstellungen gebunden.[157] Der Wirklichkeit komme von daher eine rechtsetzende Funktion zu.[158] Die sich in der Wirklichkeit abbildenden herrschenden Wertanschauungen seien immer von einer bestimmten führenden und maßgebenden Gruppe oder Bewegung bestimmt.[159] In der deutschen Bevölkerung sei dies die nationalsozialistische

150 RGBl. 1933 I, S. 188.
151 *Wrobel*, in: Der Unrecht-Staat II, S. 99 (100).
152 *Wrobel*, in: Der Unrechts-Staat II, S. 99 (101).
153 *Schmitt*, Über die drei Arten rechtswissenschaftlichen Denkens, S. 11ff.
154 *Rüthers*, Carl Schmitt im Dritten Reich, S. 9.
155 *Schmitt*, Über die drei Arten rechtswissenschaftlichen Denkens, S. 13.
156 *Schmitt*, Über die drei Arten rechtswissenschaftlichen Denkens, S. 13.
157 *Schmitt*, Über die drei Arten rechtswissenschaftlichen Denkens, S. 9, 10.
158 *Rüthers*, Entartetes Recht, S. 65.
159 *Schmitt*, JW 1933, S. 2793 (2794).

Bewegung.[160] Diese sei damit sowohl den Gesetzen als auch dem Individuum übergeordnet.[161] Die Theorie des konkreten Ordnungsdenkens sollte somit dazu genutzt werden, die neue nationalsozialistische Ordnung durch die Loslösung der Juristen von der Gesetzestreue auch in der Rechtsprechung durchzusetzen.[162] Nur so könne Gerechtigkeit und Rechtssicherheit herrschen.[163] Lebensrecht und nicht Formalrecht sollte das Ziel sein.[164] Die Theorie des konkreten Ordnungsdenkens enthielt Ansatzpunkte der Interessenjurisprudenz, da auch diese die veränderten Lebensverhältnisse berücksichtigte. Allerdings löste das konkrete Ordnungsdenken den Gesetzesanwender im Gegensatz zur Interessenjurisprudenz von jeglicher Gesetzesbindung. Dem Richter sollte vielmehr die Bildung von „Freirechten" im Sinne der Freirechtsschule ermöglicht werden. Klare Gesetzeslücken waren dafür allerdings nicht erforderlich. Maßgebend war allein die durch die nationalsozialistische Weltanschauung geprägte neue Ordnung. Es sollte mithin gänzlich vom zuvor herrschenden Gesetzespositivismus abgewichen werden.

2.) Generalklauseln und unbestimmte Rechtsbegriffe

Ein weiteres geeignetes Mittel zur Einbindung der neuen Anschauung in die Rechtsprechung stellten Generalklauseln und unbestimmte Rechtsbegriffe dar. Diese waren auf allen Rechtsgebieten in den aus der Weimarer Republik stammenden Gesetzen enthalten.[165] Zu dieser Zeit sollten sie vor allem der Durchsetzung von Einzelfallgerechtigkeit und dem Schutze des Rechtsstaates dienen.[166] Die Einführung einer übergenauen Detailregelung, welche zudem niemals alle Fälle beinhalten könnte, sollte verhindert werden.[167] Unter dem nationalsozialistischen Regime sollten die Generalklauseln und unbestimmten Rechtsbegriffe jedoch der nationalsozialistischen Rechtserneuerung und der damit verbunden Abkehr von den Grundprinzipien der Weimarer Verfassung dienen.[168] Sie sollten es den Richtern und Verwaltungsbeamten ermöglichen, ohne jegliche Schranken ein dem nationalsozialistischen

---

160 *Schmitt*, JW 1933, S. 2793 (2794).
161 *Lange*, JW 1933, S. 2858 (2859).
162 *Rüthers*, Entartetes Recht, S. 66.
163 *Schmitt*, DR 1934, S. 225 (227).
164 *Frank*, DR 1934, S. 231 (232).
165 *Schmitt*, Über die drei Arten des Rechtswissenschaftlichen Denkens, S. 58.
166 *Mertens*, Rechtsetzung im Nationalsozialismus, S. 138, 139.
167 *Mertens*, Rechtsetzung im Nationalsozialismus, S. 99.
168 *Mertens*, Rechtsetzung im Nationalsozialismus, S. 100.

Weltbild entsprechendes Urteil fällen zu können.[169] So betonten die „Neuen Leitsätze für die Rechtspraxis", dass für die Anwendung und Handhabung von Generalklauseln ausschließlich die Grundsätze des Nationalsozialismus maßgebend seien.[170]

3.) Gemeinwohlformeln

Weiterhin sollte die Bezugnahme auf Gemeinwohlformeln der Einbindung der nationalsozialistischen Weltanschauung in die Gesetzesanwendung dienen. Diese fanden besonders im Parteiprogramm der NSDAP ihren Niederschlag.[171] So ist in den Parteipunkten die Rede von den „Interessen der Allgemeinheit", dem „Gemeininteresse", dem „Gemeinwohl" und den „gemeinnützigen Zwecken".[172] Der Begriff „Gemeinwohl" sollte entsprechend der nationalsozialistischen Weltanschauung definiert werden. Der Aufbau der deutschen Wehrmacht und die Herstellung der größtmöglichen Unabhängigkeit Deutschlands stünden demnach sicher im Interesse der Gesellschaft.[173] Im Grundsatz sollte gelten: „Gemeinnutz vor Eigennutz".[174] Auch im Steuerrecht sollten Einzelbelange hinter den Belangen der Gemeinschaft zurücktreten.[175] So wurden Steuervergehen zum Beispiel als schlimmste Form des Eigennutzes angesehen.[176]

V. Der Einfluss des neuen Weltbilds auf die Rechtsprechung des Reichsfinanzhofs

Der Reichsfinanzhof stand der neuen nationalsozialistischen, politisch-orientierten Weltanschauung zunächst zurückhaltend und misstrauisch gegenüber.[177] Diese Einstellung trug sehr wahrscheinlich zur Schaffung des Steueranpassungsgesetzes bei, dessen § 1 zur Richtschnur des gesamten Steuerrechts werden sollte.[178] Dadurch

169 *Mertens*, Rechtsetzung im Nationalsozialismus, S. 138.
170 *Schmitt*, JW 1933, S. 2793 (2794).
171 *Stolleis*, Gemeinwohlformeln im nationalsozialistischen Recht, S. 76.
172 *Stolleis*, Gemeinwohlformeln im nationalsozialistischen Recht, S. 77.
173 Reinhardt, RStBl. 1936, S. 1041.
174 *Stolleis*, Gemeinwohlformeln im nationalsozialistischen Recht, S. 2.
175 *Becker*, DJZ 1934, Sp. 1106 (1109f.).
176 *Stolleis*, Gemeinwohlformeln im nationalsozialistischen Recht, S. 284.
177 *Uffelmann*, Die Rechtsprechung des Reichsfinanzhofs unter nationalsozialistischem Einfluß in den Jahren 1933–1943, S. 16.
178 *Uffelmann*, Die Rechtsprechung des Reichsfinanzhofs unter nationalsozialistischem Einfluß in den Jahren 1933–1943, S. 16.

sollte die Durchsetzung einer neuen Rechtsprechungspraxis auf gesetzgeberischem Wege erzielt werden, auch wenn diese den Grundprinzipien vieler Richter widersprach.[179]

Das erste vom nationalsozialistischen Rassegedanken geprägte Urteil des Reichsfinanzhofs entstand jedoch bereits am 20. Dezember 1933[180] und somit noch vor Einführung des Steueranpassungsgesetzes.[181] Im konkreten Fall ging es um die Auslegung des Reichsfluchtsteuergesetzes. Das Urteil behandelte die Frage, ob die Auswanderung eines „Nichtariers" aus volkswirtschaftlich gerechtfertigten Gründen erfolgte und deshalb von der Erhebung der Reichsfluchtsteuer abzusehen war. Auf Anraten des Reichsministers der Finanzen verneinte der Reichsfinanzhof die Frage. Anhand der Entscheidung wird deutlich, dass nicht das Steueranpassungsgesetz, sondern bereits die Reichsfluchtsteuer als Einfallstor für die rassistische Rechtsprechung genutzt wurde.[182] Auf das Urteil ist im späteren Verlauf der Arbeit einzugehen.

1.) Die Anwendung des Steueranpassungsgesetzes

Wie bereits dargestellt bezweckte § 1 StAnpG die Herbeiführung einer Auslegung aller Steuergesetze bzw. einer Beurteilung aller Tatbestände nach dem nationalsozialistischen Weltbild.[183] Der Reichsfinanzhof hielt jedoch auch nach Inkrafttreten des StAnpG zunächst weitgehend an seinen Grundsätzen fest.[184] So betonte er in seinen Urteilen, dass § 1 StAnpG zwar der Auslegung der Gesetze diene, die Behörden jedoch nicht zu einer Gesetzesänderung anstelle des Gesetzgebers berechtige.[185] Damit widersprach er den Vorstellungen der Finanzämter und des Staatssekretärs Fritz Reinhardt. Letzterem kam im Hinblick auf die Rechtsprechung des Reichsfinanzhofs eine besondere Rolle zu. Nach Inkrafttreten des StAnpG verkündete er, dass die Auslegung und Anwendung der Steuergesetze dem Willen des Gesetzgebers und den §§ 1

---

179 *Uffelmann*, Die Rechtsprechung des Reichsfinanzhofs unter nationalsozialistischem Einfluß in den Jahren 1933–1943, S. 17.

180 RFH, Urt. v. 20.12.1933 – III A 353, 33; RStBl. 1934, S. 90.

181 *Felix*, BB 1993, S. 1297 (1300).

182 *Felix*, BB 1993, S. 1297 (1300).

183 RGBl. 1934 I, S. 925.

184 *Uffelmann*, Die Rechtsprechung des Reichsfinanzhofs unter nationalsozialistischem Einfluß in den Jahren 1933–1943, S. 24.

185 *Uffelmann*, Die Rechtsprechung des Reichsfinanzhofs unter nationalsozialistischem Einfluß in den Jahren 1933–1943, S. 24f.

und 2 des StAnpG entsprechen müsse.[186] Dabei habe der Reichsfinanzhof den § 1 Abs. 3 StAnpG als allgemeinen Beurteilungsgrundsatz anzusehen, welcher Vorrang vor formalrechtlichen Regelungen habe.[187] Gesetze aus der Zeit vor der „Machtergreifung“ sollten mithin durch die „Einlegung“ der nationalsozialistischen Ideologie auch gegen ihren Wortlaut umgedeutet werden.[188] Durch diese „unbegrenzte Auslegung“[189] sollte der in der Weimarer Republik herrschende Gedanke der Rechtssicherheit gänzlich unterlaufen werden.[190] Dem Reichsfinanzhof sollte bei der Gesetzesauslegung und der Gesetzesentwicklung nach der nationalsozialistischen Weltanschauung lediglich die Stellung eines Gehilfen des Reichsministers der Finanzen zukommen.[191] Vorerst ließ sich der Reichsfinanzhof jedoch nicht von seiner Unabhängigkeit abbringen.[192] Der Staatssekretär drängte jedoch weiter auf eine Änderung der Rechtsprechung.[193] Ausschlaggebend für den aufkeimenden Meinungsstreit zwischen dem Reichsfinanzhof und dem Vertreter des Reichsfinanzministeriums Fritz Reinhardt war folgende Fallkonstellation: Die Finanzverwaltung wollte sich basierend auf § 1 StAnpG die Möglichkeit verschaffen, bereits rechtskräftige Steuerbescheide ändern zu können, wenn ansonsten der „Grundsatz der Gleichmäßigkeit“ der Besteuerung verletzt worden wäre.[194] Der Reichsfinanzhof ging in seiner ständigen Rechtsprechung aber davon aus, dass eine Änderungsmöglichkeit wegen offenbarer Unrichtigkeit nur dann gegeben sei, wenn diese eindeutig auf ein Versehen des mit der Bearbeitung der Sache betrauten Beamten beruhe.[195] Solange die Möglichkeit bestehe, dass das Versehen auf einen Rechtsirrtum beruhe, sei der damalige § 92 RAO nicht anwendbar.[196] An diesen Grundsatz hielt der Reichsfinanzhof in seiner Rechtsprechung weiterhin fest. In

186 *Reinhardt*, DStZ, 1935, S. 485.
187 *Reinhardt*, RStBl. 1936, S. 1041 (1048).
188 *Holste*, JA 2009, S. 359 (361).
189 s. z.B. Rüthers, Die unbegrenzte Auslegung
190 *Holste*, JA 2009, S. 359 (361).
191 *Reinhardt*, DStZ, 1935, S. 485 (491).
192 *Uffelmann*, Die Rechtsprechung des Reichsfinanzhofs unter nationalsozialistischem Einfluß in den Jahren 1933–1943, S. 24
193 *Uffelmann*, Die Rechtsprechung des Reichsfinanzhofs unter nationalsozialistischem Einfluß in den Jahren 1933–1943, S. 24
194 *Uffelmann*, Die Rechtsprechung des Reichsfinanzhofs unter nationalsozialistischem Einfluß in den Jahren 1933–1943, S. 23.
195 *Uffelmann*, Die Rechtsprechung des Reichsfinanzhofs unter nationalsozialistischem Einfluß in den Jahren 1933–1943, S. 23.
196 RFH, Urt. v. 12.06.1933 - VI A 38/33, RStBl. 1933, S. 1046.

einem Urteil vom 24. Oktober 1935 führte er aus, dass § 1 StAnpG nicht dazu berechtige, offenbare Rechtsirrtümer der Behörden in rechtskräftigen Bescheiden nach Jahren zu korrigieren.[197] Reinhardt reagierte mit einem sogenannten Gutachtenersuchen, durch welches die Entscheidungen des Reichsfinanzhofs hinsichtlich des § 92 RAO überprüft werden sollten. Damit beabsichtigte er eine Änderung der Urteile. Zur Begründung führte er an, dass sich aus dem in § 1 Abs. 3 StAnpG enthaltenen allgemeinen Beurteilungsgrundsatz die Forderung der Gleichmäßigkeit der Besteuerung ergebe.[198] Überdies diene § 1 Abs. 3 StAnpG grundsätzlich der Loslösung von formalrechtlichen Gesichtspunkten aus vorrevolutionärer Zeit.[199] Mit Inkrafttreten der Vorschrift sei eine vollkommende Veränderung der Rechtslage eingetreten.[200] Zu der Zeit wurde in Kreisen der Reichsfinanzverwaltung bereits offen über die möglicherweise notwendige Aufhebung der Steuergerichtsbarkeit gesprochen, wie sie letztlich im Falle der Finanzgerichte auch eintrat.[201] Infolgedessen sah sich der Reichsfinanzhof gezwungen, der drohenden Entmachtung durch Zugeständnisse entgegenzuwirken.[202] Man erkannte daher an, dass die bisherige Auslegung des § 92 Abs. 3 RAO den Grundsatz der Gleichmäßigkeit und Rechtmäßigkeit der Besteuerung nicht hinreichend berücksichtige.[203] Zudem genüge die Auslegung den sich aus der Geschäftsgrundlage der Reichsfinanzverwaltung ergebenden Erfordernissen nicht.[204] Damit führte der Reichsfinanzhof einen völlig neuen Gesichtspunkt ein. Es wurde jedoch bewusst darauf verzichtet, vorrevolutionäre Gesetze gemäß § 1 Abs. 3 StAnpG grundsätzlich für unanwendbar zu

---

197 Urt. v. 24.10.35, Kartei R 11 zu § 1 StAnpG, zitiert nach *Uffelmann*, Die Rechtsprechung des Reichsfinanzhofs unter nationalsozialistischem Einfluß in den Jahren 1933–1943, S. 25

198 *Reinhardt*, RStBl. 1936, S. 1041 (1047).

199 *Uffelmann*, Die Rechtsprechung des Reichsfinanzhofs unter nationalsozialistischem Einfluß in den Jahren 1933–1943, S. 27.

200 *Uffelmann*, Die Rechtsprechung des Reichsfinanzhofs unter nationalsozialistischem Einfluß in den Jahren 1933–1943, S. 27.

201 *Uffelmann*, Die Rechtsprechung des Reichsfinanzhofs unter nationalsozialistischem Einfluß in den Jahren 1933–1943, S. 22.

202 *Uffelmann*, Die Rechtsprechung des Reichsfinanzhofs unter nationalsozialistischem Einfluß in den Jahren 1933–1943, S. 27.

203 *Uffelmann*, Die Rechtsprechung des Reichsfinanzhofs unter nationalsozialistischem Einfluß in den Jahren 1933–1943, S. 28.

204 *Uffelmann*, Die Rechtsprechung des Reichsfinanzhofs unter nationalsozialistischem Einfluß in den Jahren 1933–1943, S. 28.

erklären.[205] Das Reichsfinanzministerium gewann den „Machtkampf" mithin weitgehend.

Zwischen 1934 und 1943 wurden 1.998 Urteile des Reichsfinanzhofs in der Sammlung der Entscheidungen veröffentlicht.[206] Davon wurden nur 29 Entscheidungen auf § 1 StAnpG als Begründung gestützt.[207] Der Reichsfinanzhof versuchte folglich weiterhin auf die bewusste Anwendung des § 1 StAnpG in seiner Rechtsprechung zu verzichten. Von den 29 Entscheidungen betrafen acht die Gemeinnützigkeit und sechs die Reichsfluchtsteuer.[208] Der Rest verteilte sich auf Verfahrensfragen und die verschiedenen Einzelsteuergesetze.[209] Es kann mithin angenommen werden, dass gerade die Auslegung des Begriffs der Gemeinnützigkeit und die Anwendung der Reichsfluchtsteuergesetze besonders anfällig für die nationalsozialistische Ideologie waren. Gemäß § 17 StAnpG lag Gemeinnützigkeit vor, sofern die Tätigkeit dem Wohle der Bevölkerung auf materiellem, geistigem oder sittlichem Gebiet nutzte.[210] So erkannte der Reichsfinanzhof vielen jüdischen Organisationen, wie einem Säuglingsheim und einem Krankenhaus, die Gemeinnützigkeit mit der Begründung ab, dass jüdische Organisationen dem „Wohle der deutschen Volksgemeinschaft" nicht dienten.[211] Was genau dem „Wohle des Volkes" diente, blieb jedoch weiterhin undefiniert.[212] Der Begriff der Gemeinnützigkeit sollte der Führung vielmehr verschiedene Entscheidungsmöglichkeiten offenhalten. Die dadurch entstehende unbegrenzte Auslegungsmöglichkeit und die damit verbundene Rechtsunsicherheit wurden als Freiheit des Einzelnen im Rahmen des allgemeinen Interesses des Volksganzen angesehen.[213]

Im Laufe seiner Rechtsprechung ging der Reichsfinanzhof schließlich davon aus, dass § 1 StAnpG auch auf vor der Machtergreifung ergangene Rechtsvorschriften anzuwenden sei.[214] Dies bestätigte er in seinem Urteil vom 11 Juli 1936.[215]

205 *Uffelmann*, Die Rechtsprechung des Reichsfinanzhofs unter nationalsozialistischem Einfluß in den Jahren 1933–1943, S. 28.

206 *Franzen*, in: Festschrift für Franz Klein, S. 1061 (1064).

207 *Franzen*, in: Festschrift für Franz Klein, S. 1061 (1065).

208 *Franzen*, in: Festschrift für Franz Klein, S. 1061 (1065).

209 *Franzen*, in: Festschrift für Franz Klein, S. 1061 (1066).

210 RGBl. 1934 I, S. 928, 929.

211 RFH, Bescheid v. 18.12.1937 – VI a und Urt. v. 17.03.1938 – VI a 35/37, RFHE 43, S. 276; RFH, Urt. v. 23.07.1941 – VI a 34/41, RFHE 50, S. 273

212 *Stolleis*, Gemeinwohlformeln im nationalsozialistischen Recht, S. 283.

213 *Reinhardt*, RStBl. 1936, S. 1041 (1046).

214 *Voß*, Steuern im Dritten Reich, S. 196.

215 RFH, Urt. v. 11.07.1936 – D 5/36, RFHE 39, S. 342ff.

Der Reichsfinanzhof behandelte die Auslegungsanordnungen des § 1 StAnpG damit wie Verfahrensregeln.[216] Der Reichsfinanzhof verwendete den Paragraphen somit häufig, um Gesetze gegen ihren Wortlaut auszulegen.[217] Vereinzelt lassen sich dennoch Urteilsbegründungen finden, in denen der Reichsfinanzhof die Anwendung des § 1 StAnpG aufgrund eines eindeutigen Gesetzeswortlauts ablehnt.[218] Auch im Urteil vom 9. April 1937 nimmt er entgegen der Ansicht des beteiligten Finanzgerichts an, dass § 2 Nr. 2 der Reichsfluchtsteuerverordnung der neuen Volksauffassung nicht widerspreche.[219] Die Entscheidung begründet er mit der Untätigkeit des Gesetzgebers. Dieser hätte die Vorschrift, sofern sie der nationalsozialistischen Weltanschauung nicht gerecht würde, bereits durch das Änderungsgesetz vom 18. Mai 1934 aufgehoben. [220]

2.) Die Rechtsprechung in Steuerangelegenheiten von Juden

Die in den Jahren 1933 bis 1943 veröffentlichen Entscheidungen, welche steuerliche Angelegenheiten von Juden behandelten, fielen meist zum Nachteil der Betroffenen aus.[221] Der Reichsfinanzhof untersuchte dabei nur in den seltensten Fällen, ob der Beschwerdeführer tatsächlich Jude war.[222] Jude war gemäß § 5 Abs. 1 der Ersten Verordnung zum Reichsbürgergesetz, wer von mindestens drei volljüdischen Großeltern abstammte.[223] Als volljüdisch galt ein Großelternteil gemäß § 2 Abs. 2 S. 2 bereits, wenn er der jüdischen Religionsgemeinschaft angehörte.[224] Nach § 5 Abs. 2 der Ersten Verordnung zu Reichsbürgergesetz galt zudem als Jude, wer von zwei volljüdischen Großeltern abstammte, sofern noch weitere Voraussetzungen erfüllt waren, wie die Zugehörigkeit zur jüdischen Religionsgemeinschaft oder die Ehe mit einem Juden.[225] Der Reichsfinanzhof weitete diesen Begriff jedoch gegen den Wortlaut des Gesetzes aus und behandelte so „Arier", welche mit Juden verheiratet waren und der jüdischen Religion übergetreten waren, als Juden.[226]

---

216 *Voß*, Steuern im Dritten Reich, S. 196.
217 *Franzen*, in: Festschrift für Franz Klein, S. 1061 (1067).
218 *Franzen*, in: Festschrift für Franz Klein, S. 1061 (1067).
219 RFH, Urt. v. 9.04.1937 – III A 72/37, RFHE 41, S. 194.
220 RFH, Urt. v. 9.04.1937 – III A 72/37, RFHE 41, S. 194 (195).
221 *Kumpf*, in: Die Reichsfinanzverwaltung im Nationalsozialismus, S. 150.
222 *Voß*, Steuern im Dritten Reich, S. 218.
223 RGBl. 1935 I, S. 1334.
224 RGBl. 1935 I, S. 1333.
225 RGBl. 1935 I, S. 1334.
226 RFH, Urt. v. 11.02.1943 – IV 167/42, RStBl. 1943, S. 251.

Wie oben bereits erwähnt, wurde schon am 20. Dezember 1933 zum ersten Mal unbegründet zum Nachteil eines jüdischen Steuerpflichtigen entschieden.[227] Ein jüdischer Rechtsanwalt, welcher zuvor zur Aufgabe seiner Tätigkeit in Deutschland genötigt wurde, wanderte nach England aus.[228] Fraglich war, ob der Rechtsanwalt gemäß § 2 Abs. 3 der Reichsfluchtsteuerverordnung[229] (RflStVO) von der Zahlung der Reichsfluchtsteuer befreit war. Die Reichsfluchtsteuer stammte aus der Weimarer Republik. Sie sollte Auswanderungen aus steuerlichen Motiven reduzieren, um so die stark beeinträchtigte finanzielle Lage der Republik nicht weiter zu schwächen.[230] Sofern jüdische Steuerpflichtige glaubhaft vortrugen, dass sie nicht aus steuerlichen Gründen, sondern beispielsweise aus Angst vor Gewaltanwendungen oder rechtlicher Diskriminierung auswanderten, hätte somit von der Erhebung der Reichsfluchtsteuer abgesehen werden müssen.[231] Die Auswanderung des Rechtsanwalts hätte gemäß § 2 Abs. 3 RflStVO im deutschen Interesse liegen oder aus volkswirtschaftlich gerechtfertigten Gründen erfolgen müssen.[232] Der Reichsfinanzhof ersuchte die Stellungnahme des Reichsministers der Finanzen, wie er es seit dem „Machtkampf" umso häufiger tat.[233] In dem Urteil führte der Reichsfinanzhof sodann aus, dass die Auswanderung des Steuerpflichtigen lediglich aus persönlichen Gründen erfolgt sei.[234] Er hätte in Deutschland sehr wohl einer anderen beruflichen Tätigkeit nachkommen können, da Juden, nach den Ausführungen des Reichsjustizkommissars Dr. Frank, in Deutschland den gleichen Schutz der Gesetze genössen wie andere Deutsche, sofern sie sich dessen würdig erwiesen.[235] Damit lägen keine volkswirtschaftlichen Gründe vor, welche die Auswanderung rechtfertigten.[236] Im deutschen Interesse liege die Auswanderung des Steuerpflichtigen ebenfalls nicht, da gerade das Reichsfluchtsteuergesetz das Auswandern wohlhabender Steuerzahler verhindern soll.[237] Diese Entscheidung

227 RFH, Urt. v. 20.12.1933 – III A 353/33, RStBl. 1934, S. 90f.

228 RFH, Urt. v. 20.12.1933 – III A 353/33, RStBl. 1934, S. 90.

229 RGBl. 1931 I, S. 732.

230 *Schauer*, Die Steuergesetzgebung des Nationalsozialismus als Mittel der Machtpolitik, S. 155.

231 *Tipke*, BB 1993, S. 1813 (1814).

232 RGBl. 1931 I, S. 732.

233 RFH, Urt. v. 20.12.1933–III A 353/33, RStBl. 1934, S. 90f.

234 RFH, Urt. v. 20.12.1933–III A 353/33, RStBl. 1934, S. 90 (91).

235 RFH, Urt. v. 20.12.1933–III A 353/33, RStBl. 1934, S. 90 (91).

236 RFH, Urt. v. 20.12.1933–III A 353/33, RStBl. 1934, S. 90 (91).

237 RFH, Urt. v. 20.12.1933–III A 353 33, RStBl. 1934, S. 90 (91).

widersprach der ansonsten praktizierten Rechtsprechung des Reichsfinanzhofs, welche Juden in anderen Fällen streng zur Auswanderung bewegte.[238] Die nationalsozialistische Politik war grundsätzlich auf die Judenvertreibung angelegt und nun wurden Juden, welche dem Vertreibungsdruck folgten, mit der Reichsfluchtsteuer bestraft.[239] Es folgten noch zahlreiche solcher Fälle. Im Urteil vom 15. März 1934 bagatellisierte der Reichsfinanzhof die Auswanderung von Juden als „Furcht vor Belästigungen".[240] Die Reichsfluchtsteuer sei jedoch nur ausgeschlossen, wenn das Land unter unmittelbarem Zwang verlassen werden müsse.[241] Zwang sei dabei die „Herbeiführung von Bewusstlosigkeit oder Gewalt".[242] An diesem Urteil wird deutlich, dass der Reichsfinanzhof die Reichsfluchtsteuerverordnung in abartiger Weise vollkommen gegen ihren Wortlaut und ursprünglichen Zweck auslegte. Er differenzierte zwischen unmittelbar erzwungenen und „freiwilligen" Auswanderungen.[243] Diese Unterscheidung war auf Grundlage des Gesetzes weder zulässig noch geboten.[244] In einem anderen Fall erklärte der Reichsfinanzhof die „Rassenzugehörigkeit" zum Objekt der Reichsfluchtsteuer.[245] Die RflStVO enthielt jedoch keinerlei Angaben, welche eine auf die Herkunft der Bevölkerung basierende verschiedenartige Anwendung des Gesetzes rechtfertigten. Vielmehr waren die neuen Gesichtspunkte Ausfluss der unbegrenzten Auslegung der RflStVO durch den Reichsfinanzhof.

Auch auf anderen Gebieten des Steuerrechts wurden Zweifelsfragen zu Ungunsten der jüdischen Beschwerdeführer entschieden und Steuervergünstigungen abgesprochen.[246] Dies ergibt sich unter anderem aus einem Urteil des Reichsfinanzhofs vom 10. Dezember 1936.[247] In diesem versagte er einer israelischen Kinderheilstätte die Steuerbefreiung, da nur die Unterstützung bedürftiger deutscher Volksgenossen mildtätig sei.[248] Gemäß der ursprünglichen Fassung des § 18 Abs. 1 StAnpG galten Zwecke als mildtätig, die darauf gerichtet waren, im Inland befindliche Personen oder im Ausland befindliche Deutsche

238 *Kumpf*, in: Die Reichsfinanzverwaltung im Nationalsozialismus, S. 151.
239 *Felix*, BB 1993, S. 1297 (1300).
240 RFH, Urt. v. 15.03.1934 – III A 61/34, RStBl. 1934, S. 794f.
241 RFH, Urt. v. 15.03.1934 – III A 61/34, RStBl. 1934, S. 794f.
242 Seweloh, StuW 1934 Sp. 633 (642).
243 *Tipke*, BB 1993, S. 1813 (1814).
244 *Tipke*, BB 1993, S. 1813 (1814).
245 RFH, Urt. v. 15.09.1938 – III 208/38, RFHE 45, S. 36; *Felix*, BB 1993, S. 1297 (1301).
246 *Franzen*, in: Festschrift für Franz Klein, S. 1061 (1070).
247 RFH, Urt. v. 10.12.1936 – III A 194/36, RStBl. 1937, S. 21.
248 RFH, Urt. v. 10.12.1936 – III A 194/36, RStBl. 1937, S. 21.

zu unterstützen.[249] Das Einführungsgesetz zu den Realsteuern schränkte den Begriff der Mildtätigkeit sodann auf die Unterstützung „deutscher Volksgenossen" ein.[250] Der Reichsfinanzhof führte aus, dass die Unterstützung von Juden der nationalsozialistischen Weltanschauung hingegen nicht entspreche.[251] Für diese sei „die rasse- und blutsmäßige Zugehörigkeit zum Deutschen Volke" entscheidend.[252] Diese Rechtsprechung war bereits durchflutet vom in der nationalsozialistischen Weltanschauung enthaltenen Rassegedanken. Der Reichsfinanzhof verstärkte seine absurde Gesetzesauslegung noch weiter, indem er der Kinderheilstätte die Steuerbefreiung auch rückwirkend für die Zeit vor 1933 verwehrte.[253] Noch zu Zeiten der Weimarer Republik wurde eine Rückwirkung von Steuergesetzen grundsätzlich verneint.[254] Die Rückwirkung wäre auch zur Zeit des nationalsozialistischen Regimes nicht zwingend erforderlich gewesen, denn die nationalsozialistische Weltanschauung galt vor 1933 weder rechtlich noch tatsächlich.[255] Im Ergebnis bedeute die Annahme der Rückwirkung der Steuergesetze, dass für bis zu zehn Jahre zurückliegende Sachverhalte nachträglich Steuern erhoben werden konnten.[256] Die sich dadurch ergebenden Steuerforderung überragten das aktuelle Gesamtvermögen der Organisation häufig.[257] Die Rückwirkungsurteile wurden auch in der Gesellschaft bekannt und führten dazu, dass jüdische Organisationen bei Auseinandersetzungen mit der Finanzverwaltung stets versuchten, eine außergerichtliche Lösung zu finden.[258]

Vor Verkündung eines Urteils wurden oft „Absprachen" mit dem Vertreter des Reichsfinanzministers Fritz Reinhardt gehalten. Diese erfolgten auf Grundlage des § 287 Nr. 2 RAO.[259] Demzufolge konnte der Reichsminister der Finanzen am Verfahren beteiligt werden, sofern der Senat seine Hinzuziehung beantragte.[260] Die Senate des Reichsfinanzhofs beteiligten den Reichsminister der Finanzen scheinbar vor allem an Verfahren, in denen eine Auslegung

249 RGBl. 1934 I, S. 929.
250 RGBl. 1936 I, S. 977.
251 RFH, Urt. v. 10.12.1936 – III A 194/36, RStBl. 1937, S. 21.
252 RFH, Urt. v. 10.12.1936 – III A 194/36, RStBl. 1937, S. 21.
253 RFH, Urt. v. 10.12.1936 – III A 194/36, RStBl. 1937, S. 21.
254 *Tipke*, BB 1993, S. 1813 (1815).
255 *Tipke*, BB 1993, S. 1813 (1815).
256 *Kumpf*, in: Justizalltag im Dritten Reich, S. 81 (95).
257 *Kumpf*, in: Justizalltag im Dritten Reich, S. 81 (95).
258 *Kumpf*, in: Justizalltag im Dritten Reich, S. 81 (95).
259 RGBl. 1931 I, S. 200; *Franzen*, in: Festschrift für Franz Klein, S. 1061 (1068).
260 RGBl. 1931 I, S. 200.

gegen den Gesetzeswortlaut als erforderlich angesehen wurde, um der neuen nationalsozialistischen Weltanschauung gerecht zu werden. Die Ausführungen Reinhardts wurden anschließend oft wortwörtlich im Urteil wiedergegeben.[261] In manchen Fällen widerstrebte es dem Gericht allerdings deutlich, Reinhardts Bekundungen in seiner Rechtsprechung anzuwenden. Ein jüdischer Beschwerdeführer beantragte - dem Gesetz entsprechend - die Zubilligung des ermäßigten Steuertarifs im Sinne des § 34 EStG.[262] Der Reichsfinanzhof sah sich aufgrund der eindeutigen Gesetzeslage dazu veranlasst, zu Gunsten des Beschwerdeführers zu entscheiden.[263] Damit war Staatssekretär Reinhardt jedoch nicht einverstanden, denn einem Juden könne kein ermäßigter Steuersatz zugebilligt werden.[264] Daraufhin regte sich Widerspruch im Senat. Die Richter führten aus, dass § 34 EStG eine reine Tarifvorschrift sei und deshalb bei Anwendung der Vorschrift nicht von Steuerbegünstigung die Rede sein könne.[265] Sofern dem Reichsminister der Finanzen die Anwendung des § 34 EStG auf Juden untragbar erschiene, möge er das Gesetz ändern.[266] Das Urteil fiel jedoch dennoch den Ansichten Reinhardts entsprechend aus. So heißt es in ihm: „Es würde der gesunden deutschen Volksanschauung widersprechen, wenn einem Juden der ermäßigte Steuersatz zugebilligt würde."[267] Zudem wurde angeführt, dass die Entscheidung keine Frage der Gesetzesauslegung sei, sondern vielmehr im Sinne des § 1 Abs. 3 StAnpG zu entscheiden sei, wie der vorliegende Tatbestand nach der nationalsozialistischen Ideologie zu beurteilen sei.[268]Demnach wurde basierend auf das Steueranpassungsgesetz eine neue unangemessene Auslegungsmethode Reinhardts in die Rechtsprechung eingeführt. Nicht die Gesetze, sondern die vorliegenden Sachverhalte sollten im Sinne der nationalsozialistischen Weltanschauung umgeformt werden.[269]

Als Zwischenfazit kann gesagt werden, dass der Reichsfinanzhof der vom Reichsfinanzministerium empfohlenen unbegrenzten Auslegung der Gesetze besonders im Bereich der Anwendung des Reichsfluchtsteuergesetzes folgte

---

261 *Kumpf*, in: Die Reichsfinanzverwaltung im Nationalsozialismus, S. 153.
262 RFH, Urt. v. 20.11.1941–IV 47/41, RStBl. 1941, S. 881.
263 *Kumpf*, in: Die Reichsfinanzverwaltung im Nationalsozialismus, S. 154, 155.
264 *Kumpf*, in: Die Reichsfinanzverwaltung im Nationalsozialismus, S. 155.
265 *Kumpf*, in: Die Reichsfinanzverwaltung im Nationalsozialismus, S. 155.
266 *Kumpf*, in: Die Reichsfinanzverwaltung im Nationalsozialismus, S. 155.
267 RFH, Urt. v. 20.11.1941–IV 47/41, RStBl. 1941, S. 881.
268 RFH, Urt. v. 20.11.1941– IV 47/41, RStBl. 1941, S. 881.
269 *Tipke*, BB 1993, S. 1813 (1815).

und so eine Pervertierung der Rechtsordnung zuließ.[270] Dadurch wurde die aus der Weimarer Republik stammende Reichsfluchtsteuer zum größten Teil als „Juden-Enteignungssteuer“ missbraucht.[271] Hervorgehoben werden muss zudem, dass die divergente Behandlung der jüdischen Bevölkerung in der Rechtsprechung des Reichsfinanzhofs nicht auf gesetzlicher Grundlage basierte, sondern ein Resultat unbegrenzter Auslegung war.[272]

3.) Die Rechtsprechung als Kampf gegen die Kirchen

Die Glaubensinhalte vieler Religionsgemeinschaften standen in einem klaren Widerspruch zu der Rassenideologie des Nationalsozialismus.[273] Deshalb sahen die Nationalsozialisten vor allem die in Deutschland weitverbreiteten großen christlichen Religionsgemeinschaften als Bedrohung für die Durchsetzung ihrer neuen Weltanschauung an.[274] Diese sollten unter anderem durch Einschränkungen von Steuervergünstigungen bekämpft werden.[275] Allerdings sollte die Abneigung der Nationalsozialisten zum Christentum nicht offenkundig werden, um die Bevölkerung nicht zu verstimmen.[276] Auch in der Rechtsprechung des Reichsfinanzhofs lassen sich Benachteiligungen kirchlicher Organisationen wiederfinden. So verwehrte der Reichsfinanzhof beispielsweise einem ausschließlich kirchliche Zwecke verfolgenden Verein des privaten Rechts die Steuerfreiheit.[277] Dazu legte er unter Hinweis auf die Auffassung Reinhardts dar, dass nach § 19 Abs. 1 StAnpG[278] nur Religionsgemeinschaften des öffentlichen Rechts einen Anspruch auf Steuerbegünstigung hätten.[279] Dabei missachteter er den Vorrang des spezielleren § 18 Abs. 1 Nr. 18[280] des Erbschaftsteuergesetzes mit der Begründung, dass es dem Wille des Gesetzgebers entspreche, die Begriffe „gemeinnützige, mildtätige und kirchliche Zwecke“ einheitlich für alle Steuergesetze auszulegen.[281]

---

270 *Felix*, BB 1993, S. 1297 (1300).
271 *Felix*, BB 1993, S. 1297 (1300).
272 *Schorn*, Richter im Dritten Reich, S. 143.
273 *Voß*, Steuern im Dritten Reich, S. 223.
274 *Voß*, Steuern im Dritten Reich, S. 223.
275 *Voß*, Steuern im Dritten Reich, S. 223.
276 *Voß*, Steuern im Dritten Reich, S. 223.
277 RFH, Urt. v. 31.08.1939 - VI a 57/38; RStBl. 1939, S. 1000.
278 RGBl. 1934 I, S. 929.
279 RFH, Urt. v. 31.08.1939- VI a 57/38, RStBl. 1939, S. 1000.
280 RGBl. 1925 I, S. 325.
281 RFH, Urt. v. 31.08.1939–VI a 57/38, RStBl. 1939, S. 1000; *Voß*, Steuern im Dritten Reich, S. 224.

Zudem übernahm der Reichsfinanzhof vom Reichsfinanzministerium entwickelte neue Methoden, um kirchlichen Ordensgesellschaften die Gemeinnützigkeit abzuerkennen. Eine neue Methode stellte die sogenannte „Selbstheilungstheorie"[282] dar. Die Theorie besagte, dass kirchliche Ordensgesellschaften nicht als gemeinnützig angesehen werden könnten, da das Zusammenleben der Ordensmitglieder auch ihre Selbstheilung bezwecke.[283] Diese fördere lediglich die Ordensmitglieder, das „Wohl" der deutschen Bevölkerung hingegen nicht.[284] Von daher sei nicht anzunehmen, dass die Ordensgesellschaften, wie erforderlich, ausschließlich gemeinnützig tätig seien.[285] Die für die Rechtsprechung allein maßgebliche nationalsozialistische Weltanschauung sehe in der Förderung der Selbstheilung keinesfalls eine staatliche Aufgabe.[286] In seinem Urteil vom 29. November 1938 wandte der Reichsfinanzhof die Selbstheilungstheorie erstmalig in seiner Rechtsprechung an.[287] Der Reichsfinanzhof hatte zu entscheiden, ob Zuwendungen eines Ordensmitglieds von der Schenkungssteuer befreit werden sollten.[288] Er entschied sich mit der Begründung, dass der Orden teilweise nur sich selbst fördere, gegen die Anerkennung einer gemeinnützigen Tätigkeit und mithin gegen die Freistellung von der Schenkungssteuer.[289] Eine weitere neue Methode war die „Familientheorie".[290] Diese besagte, dass kirchliche Orden jeweils eine große Familie bildeten und steuerrechtlich entsprechend zu betrachten seien.[291]

---

282 *Volkmann*, Die Rechtsprechung staatlicher Gerichte in Kirchensachen 1933–1945, S. 168ff.

283 *Volkmann*, Die Rechtsprechung staatlicher Gerichte in Kirchensachen 1933–1945, S. 169.

284 RFH, Urt. v. 29.11.1938 -VI a 78/37, RFHE 45, S. 278.

285 *Volkmann*, Die Rechtsprechung staatlicher Gerichte in Kirchensachen 1933–1945, S. 168.

286 *Volkmann*, Die Rechtsprechung staatlicher Gerichte in Kirchensachen 1933–1945, S. 168.

287 RFH, Urt. v. 29.11.1938 - VI a 78/37, RFHE 45, S. 278; *Volkmann*, Die Rechtsprechung staatlicher Gerichte in Kirchensachen 1933–1945, S. 169.

288 RFH, Urt. v. 29.11.1938 - VI a 78/37, RFHE 45, S. 278; *Volkmann*, Die Rechtsprechung staatlicher Gerichte in Kirchensachen 1933–1945, S. 169.

289 RFH, Urt. v. 29.11.1938 - VI a 78/37, RFHE 45, S. 278, 279; *Volkmann*, Die Rechtsprechung staatlicher Gerichte in Kirchensachen 1933–1945, S. 169.

290 *Volkmann*, Die Rechtsprechung staatlicher Gerichte in Kirchensachen 1933–1945, S. 166ff.

291 *Volkmann*, Die Rechtsprechung staatlicher Gerichte in Kirchensachen 1933–1945, S. 166.

Nach dieser Theorie wurden deshalb durch Dritte gezahlte Einnahmen der Ordensmitglieder unmittelbar den Einnahmen des Ordens zugerechnet.[292] Diese unterlagen dann der die Lohnsteuer übersteigenden Körperschafts- und Umsatzsteuer.[293]

Es zeigt sich, dass Urteile, welche Fragen zur Besteuerung von Juden oder kirchlichen Organisationen behandelten, fast vollständig von der nationalsozialistischen Weltanschauung geprägt waren.[294] In diesen vernachlässigte der Reichsfinanzhof häufig genaue Subsumtionstechniken.[295] Stattdessen gab er Zitate zur nationalsozialistischen Weltanschauung wieder, welche teilweise in keinem Zusammenhang zu den richterlichen Erwägungen standen.[296] Zudem wurden Gemeinwohlformeln, wie das „Wohl des Volkes" und die nationalsozialistische Weltanschauung oft nur schlagwortartig in die Begründungen eingebaut. [297] Die Urteile sollten scheinbar auf jedem Wege zum Nachteil der Betroffenen ausfallen. Schritt für Schritt wurde so allen ursprünglich von der Steuer befreiten kirchlichen und jüdischen nicht kirchlichen Organisationen die erteilten Steuervergünstigungen - selbst rückwirkend - entzogen.[298]

4.) Entwickelte Rechtsgrundsätze

Der Reichsfinanzhof entwickelte die grundlegenden Elemente seiner Rechtsprechung bereits zu Zeiten der Weimarer Republik.[299] In durch den Nationalsozialismus weniger beeinflussten Bereichen des Steuerrechts entwickelte er auch zwischen 1933 und 1945 nicht nationalsozialistisch geprägte Grundsätze für die Rechtsprechung. Zu diesen Bereichen gehörten hauptsächlich die Lohnsteuer und die Umsatzsteuer.[300] Die wirtschaftlich geprägten Begriffe wie Lohn und Umsatz boten keinen großen Raum für eine Umdeutung im ideologischen Sinne.[301] Im Jahre 1934 sah der Reichsfinanzhof die Kosten zur Beseitigung der Folgen eines Unfalls als Werbungskosten oder Betriebsausgaben an, wenn die

292 *Voß*, Steuern im Dritten Reich, S. 227.

293 *Voß*, Steuern im Dritten Reich, S. 227.

294 *Uffelmann*, Die Rechtsprechung des Reichsfinanzhofs unter nationalsozialistischem Einfluß in den Jahren 1933–1943, S. 98.

295 *Franzen*, in: Festschrift für Franz Klein, S. 1061 (1066).

296 *Franzen*, in: Festschrift für Franz Klein, S. 1061 (1066).

297 *Franzen*, in: Festschrift für Franz Klein, S. 1061 (1066).

298 *Kumpf*, in: Justizalltag im Dritten Reich, S. 81 (94).

299 *Voß*, Steuern im Dritten Reich, S. 188.

300 *Franzen*, in: Festschrift für Franz Klein, S. 1061 (1074).

301 *Tipke*, BB 1993, S. 1813.

Kraftfahrzeugfahrt lediglich zu beruflichen Zwecken erfolgte und der Unfall durch keine strafbare Handlung herbeigeführt worden war.[302] Vergütungen an im Betrieb der Eltern arbeitende erwachsene Kinder beurteilte er als Arbeitslohn bzw. bei Personengesellschaften als Gewinnbeteiligung und nicht als Unterhaltsbeiträge.[303] Weiterhin entschied der Reichsfinanzhof, dass Verlustbeiträge, die ein stiller Gesellschafter dem Vertrag entsprechend zu tragen hat, als Werbungskosten zu behandeln seien.[304] Es folgten noch weitere, zum größten Teil bis heute fortgeführte Grundsätze.

VI. Die Richter des Reichsfinanzhofs

Bei Betrachtung der Entwicklung der Rechtsprechung des Reichsfinanzhofs mag die Frage aufkommen, was für Menschen zu solchen Entscheidungen fähig sein konnten. Deshalb soll an dieser Stelle auf die unter dem nationalsozialistischen Regime tätigen Richter eingegangen werden.

1.) Die Position des Richters im Nationalsozialismus

Den Nationalsozialisten genügten die Änderungen des materiellen Rechts noch nicht, weil diese den Richtern einen zu großen Gestaltungsspielraum boten. Die Richter sollten ihre neuen Möglichkeiten jedoch bewusst im Dienste des nationalsozialistischen Staates nutzen. Deshalb führten die Nationalsozialisten eine Vielzahl neuer die Richter „lenkenden" Maßnahmen ein.[305] Eine bedeutende Maßnahme stellte die bereits erwähnte neue Personalpolitik dar. Diese sollte nur „lebendige Träger der Weltanschauung" im Richteramt erhalten.[306] Dementsprechend forderte die Neufassung des § 1 a des Reichsbeamtengesetzes, dass Reichsbeamte jederzeit dazu bereit sein müssten, für den nationalsozialistischen Staat einzutreten.[307] Seit dem 28. Februar 1939 war die Mitgliedschaft in der NSDAP gemäß § 2 der Verordnung über die Vorbildung und die Laufbahn

302 RFH, Urt. v. 14.12.1938 - VI 739/38, RFHE 45, 305; *Voß*, Steuern im Dritten Reich, S. 191.

303 RFH, Urt. v. 21.12.1938 - VI 803 u. 804/38, RFHE 46, 10; *Voß*, Steuern im Dritten Reich, S. 191.

304 RFH, Urt. v. 23.05.1933 - VI A 422/33, RFHE 33, 272; *Voß*, Steuern im Dritten Reich, S. 191.

305 *Löffler*, Das Diensttagebuch des Reichjustizministers Gürtner, S. 59.

306 *Löffler*, Das Diensttagebuch des Reichjustizministers Gürtner, S. 60.

307 RGBl. 1933 I, S. 434; *Löffler*, Das Diensttagebuch des Reichjustizministers Gürtner, S. 60.

der deutschen Beamten sogar formal Voraussetzung für den Einstieg in die Beamtenlaufbahn.[308] In den vorherigen Jahren war sie bereits „erwünscht".[309] Die bloße formelle Parteimitgliedschaft genügte dabei jedoch nicht.[310] Vor allem junge Juristen mussten aktiven Einsatz in der nationalsozialistischen Bewegung zeigen.[311] Die Examensergebnisse verloren zunehmend an Bedeutung.[312] Am 24. September 1935 erließ Hitler ein weiteres neues Gesetz, welches die Beteiligung seines Stellvertreters bei der Ernennung von Beamten anordnete.[313] Dadurch sollte die sichere Feststellung der „politischen Zuverlässigkeit" der Beamten gewährt werden.[314] Die Maßnahmen führten zu einer extremen Bespitzelung der Richter. Ihr Ausmaß soll anhand eines Beispiels deutlich werden: Im Laufe des Jahres 1933 lieh sich ein Richter in einer Gerichtsbibliothek Hitlers Buch „Mein Kampf" aus.[315] Dieses versah er mit mehreren Bleistiftbemerkungen, unter anderem mit dem Wort „Blech".[316] Daraufhin wurde er zunächst dazu angehalten ein neues Exemplar des Buches für die Bibliothek zu beschaffen. Seine Bemerkungen erregte jedoch noch weitreichendes Interesse. Die Information über die Vermerke des Richters, von denen das Wort „Blech" die einzige negative Bemerkung war, gelang bis zum Reichsjustizministerium. Dieses erkannte, dass die Mehrzahl der Vermerke zustimmender Art war und der Richter deshalb keinen Mangel an Ehrerbietung gegenüber Hitler an den Tag legen wollte. Damit war die Angelegenheit für das Justizministerium erledigt. Drei Jahre später forderte der Stellvertreter des Führers jedoch die Personalakte des Richters an und führte aus, dass der Richter zu entlassen sei, da seine Bemerkung „Blech" von einer abschätzigen Bewertung der Auffassung Adolf Hitlers zeuge.[317] Die Justizführung widersprach der Ansicht des Stellvertreters jedoch. Erstaunlich war dabei die Begründung, in welcher es unter anderem hieß, dass der Richter sich mehrfach

308 RGBl. 1939 I, S. 371; *Löffler*, Das Diensttagebuch des Reichjustizministers Gürtner, S. 63.
309 *Löffler*, Das Diensttagebuch des Reichjustizministers Gürtner, S. 63.
310 *Löffler*, Das Diensttagebuch des Reichjustizministers Gürtner, S. 60.
311 *Löffler*, Das Diensttagebuch des Reichjustizministers Gürtner, S. 66.
312 *Löffler*, Das Diensttagebuch des Reichjustizministers Gürtner, S. 66.
313 RGBl. 1935 I, S. 1203; *Löffler*, Das Diensttagebuch des Reichjustizministers Gürtner, S. 61.
314 *Löffler*, Das Diensttagebuch des Reichjustizministers Gürtner, S. 61.
315 *Löffler*, Das Diensttagebuch des Reichjustizministers Gürtner, S. 69.
316 *Löffler*, Das Diensttagebuch des Reichjustizministers Gürtner, S. 69.
317 *Löffler*, Das Diensttagebuch des Reichjustizministers Gürtner, S. 70.

zur nationalsozialistischen Weltanschauung bekannt habe, ein ausgesprochener Judengegner sei und diverse Kriegsauszeichnungen verliehen bekommen habe.[318] Das Verfahren gegen den Richter wurde in diesem Fall eingestellt. Das Beispiel veranschaulicht die ständige Kontrolle des richterlichen Verhaltens. Dies galt selbst im Falle außerdienstlichen Verhaltens. Kleinigkeiten, wie in diesem Fall die Bemerkung „Blech", konnten zu schwerwiegenden Folgen, wie der Entlassung aus dem Dienst, führen.[319]

2.) Richterdisziplinierung

Die Nationalsozialisten bespitzelten das Verhalten des Richters nicht nur in extremem Maße, sondern wollten seine Entscheidungen zudem durch weitere Mittel in die von ihnen erwünschte Richtung lenken. Eines der milderen Mittel waren dabei die sogenannten Richterbriefe. Diese wurden vom Reichjustizministerium verfasst und den Richtern übermittelt.[320] Die Briefe sollten ausdrücklich der Geheimhaltung unterliegen.[321] Sie enthielten Kritik an bereits getroffenen Urteilen und „Richtlinien" für noch zu fällende Entscheidungen.[322] Dadurch sollten die Richter zu einer nationalsozialistischen Rechtsanwendung geführt und die Rechtsprechungspraxis vereinheitlicht werden.[323] Das Reichsjustizministerium führte die Richterbriefe erst 1942 ein.[324] Es ergingen jedoch bereits vorher Urteile im Sinne des nationalsozialistischen Weltbilds. Daher können die Richterbriefe kein entscheidender Faktor für die Urteilsfindung der Richter im Dritten Reich gewesen sein. Aufgrund ihrer konkreten Beispiele wandten die Richter sie aber womöglich als Hilfestellungen zur Bewerkstelligung der „richtigen" Umformung des Rechts an.[325] Den Richtern wurde zudem mehrfach mit der Entlassung aus dem Dienst oder anderen beruflichen Nachteilen gedroht,[326] teilweise auch mit körperlichen Übergriffen. In Einzelfällen kam es selbst zu gewalttätigen Ausschreitungen gegen Richter.[327]

318 *Löffler*, Das Diensttagebuch des Reichjustizministers Gürtner, S. 71.
319 *Löffler*, Das Diensttagebuch des Reichjustizministers Gürtner, S. 71.
320 *Eisenhardt*, Deutsche Rechtsgeschichte, Rn. 654.
321 *Schädler*, „Justizkrise" und „Justizreform" im Nationalsozialismus, S. 185.
322 *Eisenhardt*, Deutsche Rechtsgeschichte, Rn. 654.
323 *Schädler*, „Justizkrise" und „Justizreform" im Nationalsozialismus, S. 181.
324 *Schädler*, „Justizkrise" und „Justizreform" im Nationalsozialismus, S. 180.
325 *Schädler*, „Justizkrise" und „Justizreform" im Nationalsozialismus, S. 189.
326 *Löffler*, Das Diensttagebuch des Reichjustizministers Gürtner, S. 123.
327 *Löffler*, Das Diensttagebuch des Reichjustizministers Gürtner, S. 131.

3.) Motive für die schnelle Anpassung der Rechtsprechung an die nationalsozialistische Weltanschauung

Betrachtet man das Gesamtbild der Rechtsprechung des Reichsfinanzhofs, so wird deutlich, dass die entwickelten Methoden zur Einbindung der neuen Weltanschauung in die Rechtsprechung vor allem in den genannten Teilbereichen der Rechtsprechung besonders erfolgreich waren. Warum die Richter eine solch absurde Umgestaltung der Rechtsprechung zuließen, soll im Folgenden erörtert werden.

Teilweise wird dazu bereits auf die Verhältnisse in der Weimarer Republik zurückgegriffen. Einer Ansicht nach sei die damals herrschende positivistische Rechtstheorie Grund für die strikte Anwendung neuer Vorgaben gewesen.[328] Allerdings missachtet diese Ansicht einen äußerst wichtigen Bestandteil der nationalsozialistischen Rechtsprechung. Diese erfolgte zum größten Teil nicht auf Grundlage neuer Gesetze, sondern durch die Missachtung, beziehungsweise die unbegrenzte Auslegung weiterhin geltender Normen.[329] Wären die Richter dem Gesetzespositivismus weiterhin gefolgt, so hätte eine Auslegung der Gesetze gegen ihren Wortlaut auf Basis höherrangiger Prinzipien oder Anschauungen nicht erfolgen dürfen.[330] Der Gesetzespositivismus kann mithin keine entscheidende Ursache gewesen sein. Die Unzufriedenheit der Richter mit den in der Weimarer Republik herrschenden Umständen könnte die Anpassung an die neue Weltanschauung ebenfalls erleichtert haben. Aufgrund der politischen und finanziellen Probleme der Republik herrschte eine allgemeine Unzufriedenheit mit der neuen Staatsform.[331] Hinsichtlich der Finanzgerichte stand vor allem das Laienelement in der Kritik.[332] Diese Voraussetzungen könnten die Annahme einer neuen Staatsform, mit welcher „alles besser werden sollte", in der Tat erleichtert haben. Trotzdem hätte es durch diese allein wahrscheinlich nicht zu einer derartigen Perversion der Rechtsprechung kommen können. Entscheidend war meiner Ansicht nach viel mehr die harte Reaktion der führenden Nationalsozialisten gegen jeglichen Widerstand. So trug die erfolgte „Personalsäuberung"[333] einen wichtigen Teil zur Umsetzung der neuen Weltanschauung bei. Zum einen hielt sie die Richter davon ab, über ihre Bedenken bezüglich der neuen Rechtsauffassung zu reden, da viele auf ihre Arbeitsstelle angewiesen waren. Zum anderen

328 *Rüthers*, Die unbegrenzte Auslegung, S. 98.
329 *Rüthers*, Die unbegrenzte Auslegung, S. 99.
330 *Rüthers*, Die unbegrenzte Auslegung, S. 99.
331 *Fieberg*, Justiz im nationalsozialistischen Deutschland, S. 15.
332 *Kumpf*, in: Justizalltag im Dritten Reich, S. 81 (82).
333 *Löffler*, Das Diensttagebuch des Reichsjustizministers Gürtner, S. 67f.

entfernte sie von vornherein Glieder der Rechtsprechung, welche der totalitären Machtergreifung möglicherweise im Wege gestanden hätten. Durch diese Aktionen wurden sicherlich viele Richter davon abgehalten, Widerstand zu leisten. Sie hätten ihre Rechtsprechung ohne Aufstand zu erregen jedoch vermutlich weiterhin neutral ausführen können. Doch auch dies wussten die Nationalsozialisten im Bereich der Finanzgerichtsbarkeit durch ein weiteres Mittel zu verhindern: Fritz Reinhardt. Dieser wurde durch Hitler in das Amt des Staatssekretärs des Reichsministers der Finanzen eingeführt.[334] Die vorherigen Ausführungen zeigen jedoch, dass er in Wahrheit sogar die Stellung des Reichsministers einnahm. Seine ständige Einflussnahme auf die Rechtsprechung des Reichsfinanzhofs war sicherlich von besonderer Bedeutung für die sich der nationalsozialistischen Weltanschauung beugenden Rechtsprechung des Reichsfinanzhofs. Sicherlich mag es auch Richter gegeben haben, die sich der „Unrechtsrevolution" wie der Großteil der Bevölkerung bewusst anschlossen, sei es aus Unwissenheit oder Überzeugung.

VII. Die Rechtsprechung des Reichsfinanzhofs nach 1945

Nach der deutschen Kapitulation am 8. Mai 1945 galt grundsätzlich jegliches deutsche Recht weiter.[335] Änderungen erfolgten durch den Alliierten Kontrollrat, welcher die oberste Gesetzgebungsbefugnis über das deutsche Gebiet innehatte.[336] Die erste Gesetzesänderung hob alle Normen, die eine Auslegung der Gesetze im nationalsozialistischen Geist vorsahen, und alle Vorschriften die je nach Rasse, Glauben oder politischer Einstellung eine unterschiedliche Gesetzesanwendung bezweckten, auf.[337] Die Weitergeltung des sonstigen Steuerrechts diente in der Nachkriegszeit vor allem fiskalischen Zwecken.[338] Auch die Rechtsprechung des Reichsfinanzhofs wurde mithin wieder frei von den nationalsozialistischen Auslegungsmethoden. Die im Dritten Reich erfolgten, von der nationalsozialistischen Weltanschauung geprägten Urteile waren für die folgenden Entscheidungen gänzlich unberücksichtigt zu lassen.[339] Das am 23. Mai 1949 erlassene Grundgesetz (GG) bildete schließlich die Basis für

334 *Giese*, Abgabenordnung im Dritten Reich, S. 60.

335 *Giese*, Abgabenordnung im Dritten Reich, S. 185.

336 *Giese*, Abgabenordnung im Dritten Reich, S. 185.

337 *Giese*, Abgabenordnung im Dritten Reich, S. 185.

338 *Rüping*, in: Festschrift für K. W. Nörr S. 827 (843).

339 *Uffelmann*, Die Rechtsprechung des Reichsfinanzhofs unter nationalsozialistischem Einfluß in den Jahren 1933–1943, S. 146.

eine unverrückbare, gerechte Ordnung.[340] Das in Art. 1 Abs. 3 in Verbindung mit Art. 20 Abs. 3 enthaltene Rechtsstaatsprinzip band jegliche Staatsgewalt, somit auch die Steuerrechtsprechung, an die rechtsstaatliche Ordnung und die Grundrechte.[341] Die Rechtsstaatlichkeit genoss von nun an, anders als in der Weimarer Republik, besonderen Schutz durch Art. 79 Abs. 3 GG.[342] Darauf aufbauend trat 1977 die neue Abgabenordnung in Kraft.[343] Diese enthielt keine dem § 1 StAnpG entsprechenden maßgeblichen Auslegungsregeln mehr.[344] Die Gesetzesauslegung sollte von nun an auf allen Rechtsgebieten einheitlich anhand von vier Auslegungsmethoden erfolgen: der grammatischen, systematischen, historischen und teleologischen Auslegung.[345] Auch die wirtschaftliche Betrachtungsweise war als Teil der „systematisch-teleologischen Gesetzesinterpretation" weiterhin zu berücksichtigen.[346] Der Wortlaut des Gesetzes bildete dabei die Grenze der Auslegung.[347] Die einzige Möglichkeit zur Rechtsfortbildung bildeten fortan eindeutig erkennbare, vom Gesetzgeber nicht beabsichtigte Gesetzeslücken.[348] Damit war die unbegrenzte Auslegung vollkommen aus der Rechtsprechung verbannt.

VIII. Fazit

Die Ausführungen machen deutlich, dass die schnelle Umformung des demokratischen Verfassungsstaates zum totalitären Unrechtsstaat nur wenige grundlegende Gesetzesänderungen durch den Gesetzgeber erforderte. Die Auslegung gegen das Gesetz benötigte keine neuen Auslegungsmethoden, die bereits vorhandenen Mittel mussten lediglich mit neuem Inhalt gefüllt werden. In besonderem Maße eigneten sich dabei die in den Gesetzen enthaltenen unbestimmten Rechtsbegriffe für die „Einlegung" der neuen Weltanschauung. Die Richter waren zwar nicht mehr an das positive Recht gebunden, ihre dadurch vermeintlich entstehende grenzenlose Unabhängigkeit wurde ihnen jedoch

---

340 *Laufs*, Rechtsentwicklung in Deutschland, S. 398.

341 *Hey*, in: Tipke/Lang, Steuerrecht, § 3 Rz. 90.

342 *Hey*, in: Tipke/Lang, Steuerrecht, § 3 Rz. 90.

343 *Möller*, Die wirtschaftliche Betrachtungsweise im Privatrecht, S. 71.

344 *Möller*, Die wirtschaftliche Betrachtungsweise im Privatrecht, S. 71; *Englisch*, in: Tipke/Lang, Steuerrecht, § 5 Rz. 55.

345 *Englisch*, in: Tipke/Lang, Steuerrecht, § 5 Rz. 55–69.

346 *Englisch*, in: Tipke/Lang, Steuerrecht, § 5 Rz. 70.

347 *Englisch*, in: Tipke/Lang, Steuerrecht, § 5 Rz. 58.

348 *Englisch*, in: Tipke/Lang, Steuerrecht, § 5 Rz. 74–76.

durch eine „Wertbindung“ genommen.[349] Dieser konnte sich auch der Reichsfinanzhof nicht gänzlich entziehen. Der Reichsfinanzhof stand dem neuen Weltbild kritisch gegenüber und versuchte in den Anfangsjahren des Dritten Reichs seine Unabhängigkeit zu wahren. Das Gesamtbild seiner Rechtsprechung macht jedoch deutlich, dass er sich letztendlich von der neuen Ideologie beeinflussen ließ. Die Bereiche der Besteuerung von Juden und kirchlichen Organisationen waren dabei besonders von der neuen Weltanschauung geprägt. Ausschlaggebend dafür war wahrscheinlich das besondere Interesse der Nationalsozialisten am „richtigen“ Ausgang der Entscheidung. Die Richter waren sich der ständigen Kontrolle bewusst und fürchteten die schwerwiegenden Folgen, welche das Abweichen von den nationalsozialistischen Vorgaben mit sich bringen konnte. Auffällig ist zudem, dass der Reichsminister der Finanzen in diesen Verfahren häufig hinzugezogen wurde und sich die Urteilsbegründungen in diesen Fällen auf seine Ausführungen stützten. Zudem wurden häufig Zitate zur nationalsozialistischen Weltanschauung im Urteil wiedergegeben. Diese stammten jedoch nicht vom „Führer“ oder aus dem Parteiprogramm der NSDAP, sondern von herausstechenden Nationalsozialisten. Der Reichsfinanzhof machte in seiner Urteilsfindung mithin kaum von den neuen Rechtsquellen Gebrauch und auch die nationalsozialistische Weltanschauung und Gemeinwohlbegriffe gab er oftmals nur schlagwortartig im Urteil wieder. Ursächlich dafür könnte die Tatsache gewesen sein, dass es zu den meisten nationalsozialistischen Begriffen keine genauen Definitionen gab. Der Reichsfinanzhof zeigte im Großen und Ganzen allerdings auch kein Interesse daran, sich aktiv an der Umformung des Rechts im nationalsozialistischen Sinne zu beteiligen. Die einzige ersichtliche Mitwirkung solcher Art bildete die - sicherlich schwerwiegende - Annahme einer rückwirkenden Geltung des § 1 StAnpG. All diese Merkmale können Ausdruck dafür sein, dass sich der Reichsfinanzhof sehr wohl des herrschenden Unrechts bewusst war und es vermeiden wollte, sich über dem „notwendigen“ Maße hinaus daran zu beteiligen. So sollten die ausdrücklich kenntlich gemachten Zitate möglicherweise hervorheben, dass der Reichsfinanzhof lediglich den herrschenden Regeln nachkam, ihn selbst jedoch keine Schuld an der auf der unbegrenzten Auslegung basierenden absurden Rechtsprechung traf. Es muss jedoch festgestellt werden, dass sich der Reichsfinanzhof dem nationalsozialistischen Regime hingab, obwohl diesem zumindest in Teilbereichen sicherlich mildere Möglichkeiten offenstanden, welche kein großes Aufsehen erregt hätten. Der Reichsfinanzhof hatte sich das selbstständige Denken jedoch scheinbar in vielen Bereichen

349 *Laudenklos*, Die Autonomie des Rechts im Nationalsozialismus, S. 11.

abgewöhnt und gab sich stattdessen fast unterwürfig dem Reichsfinanzministerium hin. Die Rechtsprechung des Reichsfinanzhofs hat damit im Ergebnis zumindest einen Teil zum herrschenden Unrecht beigetragen.

IX. Literaturverzeichnis

Becker, Enno: Steuerrecht und Privatrecht, in: Deutsche Juristen-Zeitung 1934, Sp. 1105–1113.
[zitiert: *Becker*, DJZ 1934]

Borowski, Martin: Die Glaubens- und Gewissensfreiheit des Grundgesetzes, Tübingen 2006.

Braun, Johann: Einführung in die Rechtsphilosophie: Der Gedanke des Rechts, Tübingen 2006.
[zitiert: *Braun,* Einführung in die Rechtsphilosophie]

Breitling, Rupert: Die nationalsozialistische Rassenlehre, Entstehung, Ausbreitung, Nutzen und Schaden einer politischen Ideologie, Meisenheim am Glan 1971.
[zitiert: *Breitling,* Die nationalsozialistische Rassenlehre]

Büttner, Ursula: Weimar: Die überforderte Republik, 1918–1933, Leistung und Versagen in Staat, Gesellschaft, Wirtschaft und Kultur, Stuttgart 2008.
[zitiert: *Büttner*, Weimar: Die überforderte Republik]

Cahnmann, Werner: Völkische Rassenlehre, Darstellung, Kritik und Folgerungen, Berlin 1932.
[zitiert: *Cahnmann,* Völkische Rassenlehre]

Eisenhardt, Ulrich: Deutsche Rechtsgeschichte, 2. Auflage, München 1995.

Felix, Günther: Der Reichsfinanzhof im „Dritten Reich", die jüdischen Deutschen und die unbegrenzte Auslegung, in: Betriebs-Berater 1993, S. 1297–1303.
[zitiert: *Felix*, BB 1993]

Fieberg, Gerhard: Justiz im nationalsozialistischen Deutschland, Köln 1984.

Frank, Hans: Lebensrecht, nicht Formalrecht, in: Deutsches Recht 1934, S. 231–233
[zitiert: *Frank,* DR 1934]

Frank, Hans: Rede des Reichsrechtsführers, Reichsministers Dr. Frank auf der Schlußkundgebung des Deutschen Juristentags 1936, in: Deutsches Recht 1936, S. 213–217
[zitiert: *Frank,* DR 1936]

Franzen, Klaus: Die nationalsozialistische Weltanschauung in der Rechtsprechung des Reichsfinanzhofs, in: Steuerrecht, Verfassungsrecht, Finanzpolitik: Festschrift für Franz Klein, hrsg. von Paul Kirchhoff, Klaus Offerhaus und Horst Schöberle, Köln 1994, S. 1061–1074.
[zitiert: *Franzen*, in: Festschrift für Franz Klein]

Giese, Frank Paul: Abgabenordnung im Dritten Reich, Rechtsentwicklung und -entartung im Steuerverfahrens und allgemeinen Steuerrecht, Frankfurt am Main 1998, zugleich Diss. iur., Frankfurt 1997
[zitiert: *Giese*, Abgabenordnung im Dritten Reich]

Gobineau, Arthur: Die Ungleichheit der Menschenrassen, übersetzt von R. Kempf, Berlin 1935.

Gusy, Christoph: Die Weimarer Reichsverfassung, Tübingen 1997.

Hildebrandt, Heinz: Rechtsfindung im neuen deutschen Staate, Ein Beitrag zur Rezeption und den Rechtsquellen, zur Auslegung und Ergänzung des Gesetzes, Berlin/Leipzig 1935.
[zitiert: *Hildebrandt*, Rechtsfindung im neuen deutschen Staate]

Himstedt, Alfred: Das Programm der NSDAP wird erfüllt! 6. Auflage, München 1941.

Holste, Heiko: Die Zerstörung des Rechtsstaates durch den Nationalsozialismus, in: Juristische Arbeitsblätter 2009, S. 359–366
[zitiert: *Holste*, JA 2009]

Institut „Finanzen und Steuern"(Hrsg.): Finanzverwaltung im Dritten Reich, Heft 42, Bonn am Rhein 1956.

Johe, Werner: Die gleichgeschaltete Justiz, Organisation der Rechtsprechung 1933–1945 dargestellt am Beispiel des Oberlandesgerichtsbezirks Hamburg, Frankfurt am Main 1967.
[zitiert: *Johe*, Die gleichgeschaltete Justiz]

Kroeschell, Karl: Deutsche Rechtsgeschichte 3, seit 1650, 2. Auflage, Opladen 1993.
[zitiert: *Kroeschell,* Deutsche Rechtsgeschichte]

Kumpf, Johann Heinrich: Der Reichsfinanzhof und seine Rechtsprechung in steuerlichen Angelegenheiten von Juden, in: Die Reichsfinanzverwaltung im Nationalsozialismus, Darstellung und Dokumente, hrsg. von Martin Friedenberger, Klaus-Dieter Gössel und Eberhard Schönknecht, Temmen 2002, S. 143–185.
[zitiert: *Kumpf*, in: Die Reichsfinanzverwaltung im Nationalsozialismus]

Kumpf, Johann Heinrich: Die Finanzgerichtsbarkeit im Dritten Reich, in: Justizalltag im Dritten Reich, hrsg. von Bernhard Diestelkamp und Michael Stolleis, Frankfurt am Main 1988, S. 81–100.
[zitiert: *Kumpf*, in: Justizalltag im Dritten Reich]

Lange, Heinrich: Generalklauseln und neues Recht, in: Juristische Wochenschrift 1933, Heft 51/52, S. 2858–2859.

Laudenklos, Frank: Die Autonomie des Rechts im Nationalsozialismus, zugleich Diss. iur. Frankfurt am Main 2003.

Laufs, Adolf: Rechtsentwicklung in Deutschland, 5. Auflage, Berlin/New York 1996.

Löffler, Matthias: Das Diensttagebuch des Reichsjustizministers Gürtner 1934 bis 1938, Eine Quelle für die Untersuchung der „Richterdiziplinierung“ während der Anfangsjahre des Nationalsozialismus, Frankfurt am Main 1997.
[zitiert: *Löffler*, Das Diensttagebuch des Reichsjustizministers Gürtner]

Maier, Diemut: Grundlagen des nationalsozialistischen Rechtssystems - Führerprinzip, Sonderrecht, Einheitspartei, Stuttgart u.a. 1987.
[zitiert: *Maier*, Grundlagen des nationalsozialistischen Rechtssystems]

Majer, Diemut: „Fremdvölkische“ im Dritten Reich, Ein Beitrag zur nationalsozialistischen Rechtssetzung und Rechtspraxis in Verwaltung und Justiz unter besonderer Berücksichtigung der eingegliederten Ostgebiete und des Generalgouvernements, Boppard am Rhein 1981.
[zitiert: *Majer*, „Fremdvölkische“ im Dritten Reich]

Mertens, Bernd: Rechtsetzung im Nationalsozialismus, Tübingen 2009.

Münch, Ingo von: Die deutsche Staatsangehörigkeit: Vergangenheit-Gegenwart- Zukunft, Berlin 2007.
[zitiert: *von Münch,* Die deutsche Staatsangehörigkeit]

Nicolai, Helmut: Der Staat im Nationalsozialistischen Weltbild, Leipzig 1933.

Reinhardt, Fritz: Aufgaben und Bedeutung des Reichsfinanzhofs – Auslegung der Steuergesetze nach nationalsozialistischer Weltanschauung, in: Deutsche Steuer-Zeitung 1935, S. 485–491.
[zitiert: *Reinhardt,* DStZ 1935]

Reinhardt, Fritz: Beurteilung von Tatbeständen nach nationalsozialistischer Weltanschauung, in: Reichsteuerblatt 1936, S. 1041–1056
[zitiert: *Reinhardt*, RStBl. 1936]

Rüping, Hinrich: Aufstieg und Fall des Reichsfinanzhofs, S. 827–844, in: „Ins Wasser geworfen und Ozeane durchquert", Festschrift für Knut Wolfgang Nörr, Köln 2003
[zitiert: *Rüping*, in: Festschrift für K. W. Nörr]

Rüthers, Bernd: Carl Schmitt im Dritten Reich, Wissenschaft als Zeitgeist- Verstärkung? 2. Auflage, München 1990.
[zitiert: *Rüthers,* Carl Schmitt im Dritten Reich]

Rüthers, Bernd: Die unbegrenzte Auslegung, Zum Wandel der Privatrechtsordnung im Nationalsozialismus, Tübingen 1968.
[zitiert: *Rüthers,* Die unbegrenzte Auslegung]

Rüthers, Bernd: Entartetes Recht, Rechtslehren und Kronjuristen im Dritten Reich, München 1988.
[zitiert: *Rüthers*, Entartetes Recht]

Rüthers, Bernd: Recht als Waffe des Unrechts- Juristische Instrumente im Dienst des NS-Rassenwahns, in: Neue Juristische Wochenschau 1988, Heft 45, S. 2825–2920.
[zitiert: *Rüthers*, NJW 1988]

Šarčević, Edin: Missbrauch eines Begriffs. Rechtsstaat und Nationalsozialismus, in: Rechtstheorie, Zeitschrift für Logik, Methodenlehre, Kybernetik und Soziologie des Rechts, 24. Band, S. 205–216.
[zitiert: *Šarčević*, in: Rechtstheorie]

Schaaf, Heinz: Der Grundsatz der steuerlichen Gerechtigkeit als Auslengsregel in der Rechtsprechung des Reichsfinanzhofes, zugleich Diss. iur. Kallmünz 1933.

Schauer, Ralf Erich: Die Steuergesetzgebung des Nationalsozialismus als Mittel der Machtpolitik, Vom Steuerrecht zum Steuerunwesen, Frankfurt am Main 2003, zugleich Diss. iur., Regensburg 2003.
[zitiert: *Schauer,* Die Steuergesetzgebung des Nationalsozialismus als Mittel der Machtpolitik]

Schmitt, Carl: Der Führer schützt das Recht, Zur Reichstagsrede Adolf Hitlers vom 13. Juli 1934, in: Deutsche Juristen- Zeitung 1934, Heft 15, Sp. 945–950.
[zitiert: *Schmitt,* DJZ 1934]

Schmitt, Carl: Der Weg des deutschen Juristen, in: Deutsche Juristen-Zeitung 1934, Heft 11, Sp. 691–698.
[zitiert: *Schmitt,* DJZ 1934]

Schmitt, Carl: Nationalsozialismus und Rechtsstaat, in: Juristische Wochenschrift 1934, S. 713–718.
[zitiert: *Schmitt,* JW 1934]

Schmitt, Carl: Nationalsozialistisches Rechtsdenken, in: Deutsches Recht 1934, Nr. 10, S. 225–229.
[zitiert: *Schmitt,* DR 1934]

Schmitt, Carl: Neue Leitsätze für die Rechtspraxis, in: Juristische Wochenschrift (JW) 1933, Heft 50, S. 2793–2794.
[zitiert: *Schmitt,* JW 1933]

Schmitt, Carl: Über die drei Arten des Rechtswissenschaftlichen Denkens, Hamburg 1936.

Schorn, Hubert: Der Richter im Dritten Reich, Geschichte und Dokumente, Frankfurt am Main 1959.
[zitiert: *Schorn,* Der Richter im Dritten Reich]

Schröder, Jan: Gesetzesauslegung und Gesetzesumgehung, Das Umgehungsgeschäft in der rechtswissenschaftlichen Doktrin von der Spätaufklärung bis zum Nationalsozialismus, hrsg. von Alexander Hollerbach, Hans Maier und Paul Mikat, Paderborn u.a. 1985.
[zitiert: *Schröder,* Gesetzesauslegung und Gesetzesumgehung]

Schröder, Susanne: Steuerlastgestaltung der Aktiengesellschaften und Veranlagung der Körperschaftssteuer im Deutschen Reich und den USA von 1919 bis 1936, Ein Beitrag zum Problem der Besteuerung in der Demokratie, Berlin 1996.

Seweloh, Arthur: Zum Vermögenssteuerrecht, in: Steuer und Wirtschaft 1934, Sp. 633–648
[zitiert: *Seweloh,* StuW 1934]

Stolleis, Michael: Gemeinwohlformeln im nationalsozialistischen Recht, hrsg. von Sten Gagnér, Arthur Kaufmann und Dieter Nörr, Berlin 1974, zugleich Diss. iur., München 1973.

Tipke, Klaus/Lang, Joachim (Hrsg.): Steuerrecht, 21. Auflage, Köln 2012.
[zitiert: Bearbeiter in: Tipke/Lang, Steuerrecht]

Tipke, Klaus: Über die Juden-Rechtsprechung des Reichsfinanzhofs, in: Betriebs-Berater 1993, Heft 26, S. 1813–1816.
[zitiert: *Tipke,* BB 1993]

Uffelmann, Gerd: Die Rechtsprechung des Reichsfinanzhofs unter nationalsozialistischem Einfluß in den Jahren 1933–1943, zugleich Diss. iur. Köln 1948.

Unruh, Peter: Der Verfassungsbegriff des Grundgesetzes: Eine verfassungstheoretische Rekonstruktion, Tübingen 2002, zugleich Habilitationsschrift, Göttingen 2001.
[zitiert: *Unruh,* Der Verfassungsbegriff des Grundgesetzes]

Volkmann, Klaus J.: Die Rechtsprechung staatlicher Gerichte in Kirchensachen 1933–1945, Mainz 1978.

Voß, Reimer: Steuern im Dritten Reich, Vom Recht zum Unrecht unter der Herrschaft des Nationalsozialismus, Ort 1995.
[zitiert: *Voß,* Steuern im Dritten Reich]

Weber-Fas, Rudolf: Der Verfassungsstaat des Grundgesetzes: Entstehung, Prinzipien, Gestalt, Tübingen 2002
[zitiert: *Weber-Fas,* Der Verfassungsstaat des Grundgesetzes]

Werle, Gerhard: „Das Gesetz ist Wille und Plan des Führers“ – Reichsgericht und Blutschutzgesetz, in: Neue Juristische Wochenschau 1995, Heft 19, S. 1267–1269
[zitiert: *Werle*, NJW 1995]

Wesel, Uwe: Recht, Unrecht und Gerechtigkeit, Von der Weimarer Republik bis heute, München 2003.
[zitiert: *Wesel*, Recht, Unrecht und Gerechtigkeit]

Wirsching, Andreas: Die Weimarer Republik: Politik und Gesellschaft, München 2000.
[zitiert: *Wirsching*, Die Weimarer Republik]

Wrobel, Hans: Die Anfechtung der Rassenmischehen, Diskriminierung und Entrechtung der Juden in den Jahren 1933 bis 1935, S. 99–124, in: Der Unrechts-Staat, Band II, Recht und Justiz im Nationalsozialismus, hrsg. von Redaktion Kritische Justiz, Baden-Baden 1984.
[zitiert: *Wrobel*, in: Der Unrechts-Staat II]

The National Socialists hollowed the content of the Weimar Republics' constitution and made arbitrary decisions possible. How did they succeed in exploiting the written law for their politics? How did they change the laws with regard to form and substance?

E. Die Nationalsozialistische Steuergesetzgebung am Beispiel der Reichsfluchtsteuer und des Steueranpassungsgesetztes (Susanne Jessica Certa)

I. Einleitung

> „Die Volksanschauung führt zur Politik und über diese hinweg zum Gesetz. [...] Gesetzgeber ist der Führer. [...] Dessen Beauftragter zur Wahrung der Grundsätze des Nationalsozialismus in der gesamten Steuergesetzgebung bin ich selbst."[1]

Die Worte des Staatssekretärs im Reichsfinanzministerium, Fritz Reinhardt, vermitteln einen treffenden Eindruck davon, auf welche Art und Weise Gesetze während des NS Regimes zustande kamen und welchen materiell rechtlichen Anforderungen sie genügen mussten. Diese Seminararbeit, die sich mit dem Thema „Nationalsozialistische Steuergesetzgebung am Beispiel der Reichsfluchtsteuer und des Steueranpassungsgesetzes" beschäftigt, hat es zur Zielsetzung, die formell und materiell rechtliche Steuergesetzgebung näher zu beleuchten. In diesem Zusammenhang steht besonders die Veränderung der Steuerrechtsetzung in der Weimarer Republik zur „Steuerunrechtsetzung" durch die Nationalsozialisten im Fokus der Ausführungen. Auch soll vereinzelt ein Blick darauf geworfen werden, ob und inwiefern der heutige Steuergesetzgeber Konsequenzen aus der Rechtsetzungspraxis der Nationalsozialisten gezogen hat.

Um sich dieser Zielsetzung nähern zu können, ist nach einer Einordnung der Geschehnisse in ihren historischen Kontext zunächst das nationalsozialistische Weltbild darzustellen, durch dessen einzelne Gesichtspunkte die nationalsozialistische Steuergesetzgebung maßgeblich beeinflusst wurde. Daraufhin erfolgt eine allgemein gehaltene Darstellung der formellen und materiellen Seite der Steuergesetzgebung. Hierbei soll das Augenmerk besonders auf dem Vergleich zur

---

1 *Reinhardt*, RStBl 1935, S. 647.

Weimarer Republik liegen, um die einzelnen Auswirkungen des diktatorischen Regimes der Nationalsozialisten auf die Rechtsetzung zu verdeutlichen. Die konkreten durchaus bedauernswerten Auswirkungen, die die veränderte Auffassung von Rechtsetzung mit sich brachte, und wie die nationalsozialistische Weltanschauung das formelle und materielle Recht tatsächlich geprägt, verzerrt und machtpolitisch in Dienst genommen hat, sollen abschließend exemplarisch anhand des Steueranpassungsgesetzes und der Reichsfluchtsteuer erläutert werden.

II. Historische Einordnung

Zunächst erscheint es für die Betrachtung der nationalsozialistischen Steuergesetzgebung sinnvoll, dies unter Einbeziehung der Voraussetzungen ihrer Zeit zu tun. Daher ist zunächst die wirtschaftliche, finanzielle und gesellschaftliche Situation als Überblick darzustellen, um ihre Auswirkung auf die Steuergesetzgebung deutlich zu machen.[2] Den Beginn der nationalsozialistischen Herrschaft stellt Adolf Hitlers Machtergreifung dar, die am 30.01.1933 dadurch erfolgte, dass der damalige Reichspräsident der Weimarer Republik, Paul von Hindenburg, ihn zum Reichskanzler ernannte.[3] Die Diktatur endete mit der Kapitulation der deutschen Wehrmacht im zweiten Weltkrieg am 08.05.1945.[4]

Begünstigt wurde Hitlers Machtergreifung und die mit ihr verbundene staatliche Umstrukturierung durch die gesellschaftliche, politische und finanzielle Situation im noch vom 1. Weltkrieg gebeutelten Deutschland.[5] Diese machte die deutsche Bevölkerung empfänglicher für Hitlers Politik und Ideologie.[6] Nach Anerkennung der alleinigen Kriegsschuld und Unterzeichnung des Versailler Vertrages 1919 war Deutschland zur Zahlung hoher Reparationen verpflichtet.[7] Die folgende Hyperinflation und die Weltwirtschaftskrise 1929 machten die wirtschaftliche Situation des ohnehin hoch verschuldeten Deutschlands noch aussichtsloser.[8] Währenddessen erhöhten sich die Arbeitslosenzahlen (Februar 1932: 6,2 Mio. Erwerbslose), die industrielle Produktion verringerte sich, die Investitionen gingen zurück und die Löhne

---

2 *Voß*, Steuern im Dritten Reich, S. 2, 5.

3 *Eisenhardt*, deutsche Rechtsgeschichte, S. 411 Rn. 624; *Schorn*, Die Gesetzgebung des Nationalsozialismus, S. 14f.

4 *Fehr*, Deutsche Rechtsgeschichte, S. 259; *Von Münch*, Gesetze des NS-Staates, S. 15.

5 *Fehr*, Deutsche Rechtsgeschichte, S. 258.

6 *Schaefer*, in: Staatsrecht im Dritten Reich, S. 89.

7 *Pohl*, Reichsverfassung und Versailler Vertrag, S. 24f.

8 *Schulz*, Weimarer Republik, S. 32f.

sanken in einem für die Bevölkerung unerträglichem Maße.[9] Höchstes steuerpolitisches Ziel war daher die Deckung des notwendigen Finanzbedarfs des öffentlichen Haushalts. Um sich diesem Fiskalzweck zu nähern, setzte Brüning[10] finanzpolitisch auf Einsparungsmaßnahmen im Haushalt anstatt auf Arbeitsbeschaffung, und verminderte dadurch die Kaufkraft der Bevölkerung.[11] So wurden die Steuertarife wichtiger Steuerarten erhöht und eine Reichsfluchtsteuer[12] eingeführt, um eine Kapital- und Steuerflucht ins Ausland zu verhindern.[13] Hierdurch verschlechterte sich die Grundstimmung stetig und das Vertrauen in die Fähigkeit der Demokratie, die Krise zu bewältigen, nahm ab. Auch die später durch die Regierung unter von Papen[14] und danach durch die unter von Schleiche[15] gesetzten wirtschaftsankurbelnden und arbeitsschaffenden steuerpolitischen Impulse - wie z.B. Reichauftragsvergabe, Lohnprämien oder Steuergutscheine - zeigten nicht früh genug Wirkung, als dass sie das Vertrauen in die Republik zurückgebracht hätten.[16] Diese allgemeine Unzufriedenheit in der Bevölkerung nutzte Hitler für die Verbreitung seiner Weltanschauung und Prinzipien. Dabei übersteigerte er das in der Weimarer Republik bereits vorhandene antidemokratische Denken[17] ins Groteske und gab der Bevölkerung so einen Sündenbock und eine Zielscheibe, auf die sie ihre Wut und Unzufriedenheit mit ihrer Lebenssituation projizieren konnten. Diese von Spannungen gezeichnete Situation erließ die von Hitler zu erwartende autoritäre Führung attraktiver erscheinen und suggerierte die Hoffnung auf einen Weg aus der Krise.

III. Die nationalsozialistische Weltanschauung und ihre Auswirkungen auf die Steuerpolitik des Reichsfinanzministeriums

Da die nationalsozialistische Weltanschauung einen enormen Einfluss auf die formelle und materielle Steuergesetzgebung des Dritten Reichs hatte, sind vorab die wesentlichen Punkte von Hitlers Ideologie zu erläutern. Hitler hat

9 *Schauer*, Die Steuergesetzgebung des Nationalsozialismus, S. 30.
10 Heinrich Brüning, Reichskanzler von 1930–1932.
11 *Schauer*, Die Steuergesetzgebung des Nationalsozialismus, S. 31.
12 RGBl 1931 I, 699.
13 *Schauer*, Die Steuergesetzgebung des Nationalsozialismus, S. 65.
14 Franz von Papen, Reichskanzler 02.06.-03.12.1932.
15 Kurt von Schleicher, Reichskanzler 03.12.1932–28.01.1933.
16 *Schauer*, Die Steuergesetzgebung des Nationalsozialismus, S. 31.
17 Vergleiche beispielsweise: Dolchstoßlegende.

seine Weltanschauung, aus der schließlich eine Staatsdoktrin wurde, begrifflich nie genau definiert.[18] Zur Kanalisierung der kollektiven Frustration politisierte Hitler keineswegs seine originäre Denkweise. Vielmehr trug er sein Weltbild durch die Verknüpfung der antisemitischen, sozialdarwinistischen[19], nationalistischen, imperialistischen, antidemokratischen[20] und antimarxistischen Vorstellungen zusammen, die seit dem 19. Jahrhundert in Deutschland und anderen Teilen Europas bekannt waren.[21] Als verbindende Elemente dieser Ideologie sind die Begriffe „Rasse“ und „Raum“ anzusehen.[22] Zunächst ließen sich die Völker nach Hitlers pseudowissenschaftlicher Begründung als minder- und höherwertig klassifizieren. Hierbei sollte es sich beim deutschen Volk um Arier handeln, die zum Herrschen bestimmt seien, während die anderen kulturlosen, lebensuntüchtigen Völker dienen müssten bzw. vernichtet werden könnten.[23] Den Bogen zum Antisemitismus schlug er durch die Darstellung der Juden als Sündenböcke für den historischen Wandel und als „Gegenrasse“, die ausgerottet werden müsse, da sie andernfalls die arische Gesellschaft wie ein Parasit aushöhlen und zerstören würde.[24] Somit stellte es sich für Hitler als natürliche Konsequenz dar, dass die arische Rasse sich aus einem Selbsterhaltungstrieb von allem Schädlichen reinhalten müsse.[25] So könne biologisch Ungleiches auch nicht rechtlich gleich behandelt werden,[26] wodurch der rechtliche Gleichheitsgrundsatz im Verhältnis Bürger Staat hinfällig wurde[27]. Steuerrechtliche Auswirkungen dieses Antisemitismus waren eine Diskriminierung der Juden in Form von hohen Sondersteuern und die Entziehung jüdischen Vermögens, welche vor dem Holocaust schon praktisch den „Finanztod“ der Juden bedeuten sollten.[28] Ein weiterer Aspekt war, dass der persönlichen Freiheit des Einzelnen innerhalb dieser Rassenideologie nur noch ein geringer Wert

---

18 *Schauer*, Die Steuergesetzgebung des Nationalsozialismus, S. 34.

19 Die durch Charles Darwin aufgestellte biologische Theorie vom „survival of the fittest“ bekam von den Sozialdarwinisten eine politische und ausgrenzende Bedeutung zugemessen.

20 Ablehnung von Parlamentarismus und des Parteiensystems.

21 *Thamer*, in: bpb Nr. 251/2003, S. 13f.

22 *Schauer*, Die Steuergesetzgebung des Nationalsozialismus, S. 34.

23 *Schauer*, Die Steuergesetzgebung des Nationalsozialismus, S. 35.

24 *Schauer*, Die Steuergesetzgebung des Nationalsozialismus, S. 35; *Thamer*, in: bpb Nr. 251/2003, S. 15.

25 *Thamer*, in: bpb Nr. 251/2003, S. 14.

26 *Majer*, Nationalsozialismus, S. 7.

27 *Majer*, Grundlagen des nationalsozialistischen Rechtssystems, S. 147.

28 *Kuller*, Der Steuerstaat als Unrechtsstaat, S. 75.

zugemessen wurde.[29] Vielmehr orientierte sich der Wert des Individuums von nun an seinem Wert für die Gemeinschaft.[30] Der Einzelne sei als Glied einer Vielheit und nicht mit Rechten, sondern nur mit Pflichten geboren,[31] was gerade im Steuerrecht als Eingriffsverwaltung zu großer Schutzlosigkeit des Einzelnen gegenüber dem Zugriff des Staates führen sollte. So wurde die Steuerzahlung durch den Steuerpflichtigen als „eine aus der Volksgemeinschaft entspringende Pflicht“ angesehen, die dem Staat im Kampf um das „allgemeine Wohl“ unterstütze.[32] Zur Erreichung dieser Ziele bedurfte das deutsche Volk nach nationalsozialistischer Anschauung einen mit diktatorischen Vollmachten ausgestatteten Führer, dessen Entscheidungen als unfehlbar und unantastbar angesehen wurden, sodass sie praktisch die Funktion eines Gesetzes erfüllten.[33] Mit der durch das Führerprinzip verbundenen Machtkonzentration auf Hitler war eine Gewaltenteilung zwischen Exekutive, Legislative und Judikative nicht vereinbar.[34] Vielmehr sollte das Recht der Durchsetzung des Führerstaates und der Ausgrenzung ungeliebter Gruppen dienen. Zum Beispiel diente der noch fortbestehende Reichstag Hitler lediglich als „Akklamationsorgan“[35], das den schönen Schein für das Ausland wahrte. Diese von den Nationalsozialisten geschaffene Weltanschauung wurde als Naturrecht angesehen, das in der Rangordnung höher als das bisher geltende normative Recht stand.

Diese Grundsätze sollten wie in allen anderen Rechtsgebieten auch im Steuerrecht gewahrt, beziehungsweise erst noch spezifisch umgesetzt werden.[36] Allerdings ist besonders die Umsetzung im Steuerrecht von immenser Bedeutung, da die Steuern dem nationalsozialistischen Staat die finanzielle Grundlage zur Erreichung seiner politischen Ziele boten. Wesentlicher Drahtzieher für die politische Planung und Verwirklichung des Nationalsozialismus im Steuerrecht war Fritz Reinhardt.[37] In seiner Funktion als Staatssekretär im Reichsfinanzministerium

---

29 *Reinhardt*, RStBl 1935, S. 646.

30 *Bracher*, Stufen der Machtergreifung, S. 370f; *Reinhardt*, RStBl 1936, S. 1045.

31 *Reinhardt*, RStBl 1936, S. 1046; *Voß*, Steuern im Dritten Reich, S. 53.

32 *Heß*, Der Begriff „Allgemeines Wohl“, S. 66.

33 *Eisenhardt*, deutsche Rechtsgeschichte, S. 423, Rn. 642.

34 *Voß*, Steuern im Dritten Reich, S. 15.

35 *Eisenhardt*, deutsche Rechtsgeschichte, S. 423, Rn. 643.

36 *Reinhardt*, RStBl 1935, S. 645.

37 Fritz Reinhardt war seit 1926 Parteimitglied bei der NSDAP. Er wurde 1933 vom damaligen Reichsfinanzminister Johann Ludwig Graf Schwerin von Krosigk zum Staatssekretär im Reichsfinanzministerium ernannt und behielt dieses Amt bis zum Ende des 2. Weltkrieges 1945.

war er im Besitz umfangreicher Vollmachten, wie das Recht Entscheidungen in Vertretung des Reichsfinanzministers Graf Schwerin von Krosigk zu treffen.[38] Dies machte ihn zum „eigentlichen Motor der Finanzverwaltung unter Hitler“[39]. Die meisten Steuergesetze, die während der nationalsozialistischen Diktatur verabschiedet wurden, trugen seine Hand- und Unterschrift.[40] Außerdem publizierte er häufig, z.B. im Reichssteuerblatt, um der Steuerfachpresse die von ihm vertretene und somit herrschende Meinung mitzuteilen.[41] Politisch gesehen stand er nach eigener Aussage für die Wahrung, Umsetzung und Propagierung des nationalsozialistischen Gedankenguts im Steuerrecht.[42] Alle steuerrechtlich relevanten Maßnahmen, die Reinhardt ergriff, befanden sich im Rahmen von vier Grundsätzen, die nach seiner Auffassung bei der Steuerpolitik beachtet werden mussten.[43] Zuerst sollten sich die Steuern inhaltlich nach Maßgabe der nationalsozialistischen Weltanschauung richten und somit dem angeblichen Interesse der Bevölkerung dienen.[44] Weiterhin sollten sie einen Fiskalzweck erfüllen[45], wobei die Steuereinnahmen neben der Deckung des Haushalts zunächst zur Verringerung der Arbeitslosigkeit und später zur Kriegsfinanzierung dienten. Außerdem hatten die Steuern eine wirtschaftliche, familien- und volkspolitische Funktion, wodurch dann auch die Steuermoral gestärkt werden sollte.[46] Des Weiteren sorgte er dafür, dass das Steuerrecht auf keiner Gewaltenebene wertneutral blieb.[47] Neben zwei für ihre Zielsetzung erfolgreichen Steuerreformen, bei denen er als Legislativorgan tätig war, nahm er Einfluss auf die Rechtsprechung des Reichfinanzhofs und seiner untergeordneten Finanzgerichte und strukturierte die Steuerbeamtenausbildung um[48] Damit bezweckte er, dass innerhalb des Verwaltungsapparats nur Steuerbeamte tätig waren, die sich ohne Wenn und Aber mit dem Nationalsozialismus identifizierten und auf dessen Grundlage

38 *Schauer,* Die Steuergesetzgebung des Nationalsozialismus, S. 67.

39 *Schauer,* Die Steuergesetzgebung des Nationalsozialismus, S. 66; *Voß,* Steuern im Dritten Reich, S. 52.

40 *Heß,* Der Begriff „Allgemeines Wohl“, S. 72.

41 *Voß,* Steuern im Dritten Reich, S. 52f.

42 *Reinhardt*, RStBl 1935, S. 647.

43 *Reinhardt*, RStBl 1935, S. 646.

44 *Reinhardt*, RStBl 1935, S. 645; *Voß,* Steuern im Dritten Reich, S. 53.

45 *Reinhardt*, RStBl 1935, S. 646.

46 *Reinhardt*, RStBl 1934, S. 145; *Schauer,* Die Steuergesetzgebung des Nationalsozialismus, S. 68.

47 *Reinhardt*, RStBl 1935, S. 642, 643, 645–648.

48 *Schauer,* Die Steuergesetzgebung des Nationalsozialismus, S. 69f.

handelten.[49] Bereits hier wird deutlich, dass die Steuerpolitik, die Reinhardt praktizierte, die Grundprinzipien wie Besteuerung nach der wirtschaftlichen Leistungsfähigkeit, Gesetzmäßigkeit und Gleichheit der Besteuerung, denen jedes rechtsstaatliche Steuersystem folgen sollte,[50] nicht nur außer Acht ließ, sondern gegenüber bestimmten, ausgegrenzten Gruppen in der Bevölkerung ins Gegenteil verkehrte. Die genaue Umsetzung dieser steuerpolitischen Ziele als Steuergesetzgebung in formeller und materieller Hinsicht soll im Folgenden zunächst allgemein und darauffolgend exemplarisch am Beispiel des Steueranpassungsgesetzes und dessen einzelner Regelungen aufgezeigt werden.

IV. Steuergesetzgebung im Nationalsozialismus

1.) In formeller Hinsicht

a.) Verfassung des NS Staates

Die Verfassung eines Staates ist relevant für die Beurteilung seines Besteuerungsrechts, da dort die staatliche Organisationsstruktur, seine Einrichtungen, das Verhältnis zwischen Bürger und Staat sowie die staatlichen Ziele gesetzlich normiert sind.[51] Diese dienen dann zur Legitimation politischer Macht.[52] Ob im nationalsozialistischen Deutschland allerdings überhaupt eine Verfassung existierte, ist zweifelhaft.[53] Zwar wurde die Weimarer Reichsverfassung während der nationalsozialistischen Diktatur bis 1945 formell nicht abgeschafft, dennoch wurden ihre gesetzlichen Regelungen doch praktisch schrittweise für unwirksam erklärt. So muss man doch zumindest von einer verfassungsähnlichen Lage sprechen, deren tatsächliche Ordnung durch den Erlass einfacher Gesetze und anderer Entscheidungen geprägt war.[54] Diese inhaltliche Aushöhlung erfolgte parallel mit der Festigung der nationalsozialistischen Diktatur. Im Folgenden sind daher die wesentlichen Merkmale der Weimarer Reichsverfassung, ihre Stärken und Schwächen, und die der nationalsozialistischen Verfassungslage dargestellt.

Bis zum Beginn der nationalsozialistischen Diktatur herrschte in Deutschland mit der Weimarer Republik (1919–1933) der erste demokratische Rechtsstaat,[55]

49 *Köttgen*, Deutsche Verwaltung, S. 6ff; *Reinhardt*, RStBl 1935, S. 642.
50 *Schauer*, Die Steuergesetzgebung des Nationalsozialismus, S. 61.
51 *Voß*, Steuern im Dritten Reich, S. 7.
52 *Gröpl*, Staatsrecht I, S. 28 Rn. 130.
53 *Voß*, Steuern im Dritten Reich, S. 7.
54 *Schmidt-Jortzig*, Verfassung des »Großdeutschen Reiches«, S. 72f.
55 *Staff*, Justiz im Dritten Reich, S. 40f.

welcher sich durch Prinzipien wie Volkssouveränität (Art. 1 WRV[56]), Gewaltenteilung und der Gewährung von Grundrechten (Art. 109–165 WRV) auszeichnete.[57] Organe der Weimarer Republik waren erstens der Reichstag, der durch direkte Wahl vom Volk für die Dauer von vier Jahren gewählt wurde, und für Gesetzesentwürfe und -verabschiedungen[58] zuständig war. Zweitens der Reichsrat, der die Länder auf Reichsebene vertrat und ein Einspruchsrecht gegenüber den Gesetzesentwürfen des Reichtags hatte (Art. 74 WRV). Drittens der Reichspräsident, der das Reich völkerrechtlich vertrat, den Oberbefehl über die Reichswehr innehatte und dem ein Notverordnungsrecht gem. Art. 48 WRV zustand. Weiterhin ernannte und entließ er den Reichskanzler, der wiederum seine Reichsminister vorschlug.[59] Hinzu kamen direktdemokratische Elemente wie Gesetzesvorschlag und -verwerfung durch Volksentscheid (Art. 73 II, III WRV). Wesentliche steuerrechtliche Neuerungen, wie das erste einheitliche Steuersystem, brachte die Erzbergische Steuerreform von 1919/20 mit sich. Hierdurch lag die Gesetzgebungs-, Verwaltungs- und Ertragshoheit aller wichtigen Steuern beim Reich.[60] Als Schwächen der Weimarer Reichsverfassung lassen sich exemplarisch die unzureichend geregelte funktionelle Gewaltenteilung[61], der Mangel an einer 5%-Sperrklausel[62], das Fehlen der Möglichkeit der selbstständigen Einklagbarkeit von Grundrechten oder der oft missbrauchte Art. 48 II WRV nennen. Dieser gab dem Reichspräsidenten ein Notverordnungsrecht, die Möglichkeit zum Militäreinsatz innerhalb Deutschlands und zur Außerkraftsetzung von Grundrechten.[63] In einer Gesamtschau ihrer Strukturen ist die Weimarer Reichsverfassung trotzdem für die Voraussetzungen ihrer Zeit als innovativ und zukunftsweisend für den Aufbau einer parlamentarischen Demokratie anzusehen.

Die erste wesentliche Änderung erfuhr die WRV durch den Erlass der „Verordnung des Reichspräsidenten zum Schutz von Volk und Staat".[64] Sie

---

56 Weimarer Reichsverfassung.

57 *Laufs*, Rechtsentwicklungen in Deutschland, S. 324ff.

58 vgl. Art. 68ff WRV.

59 *Schauer*, Die Steuergesetzgebung des Nationalsozialismus, S. 26; *Sturm*, in: bpb Nr. 261/1998, S. 16.

60 *Voß*, Steuern im Dritten Reich, S. 61.

61 *Gusy*, WRV, S. 143.

62 Dies führte zu einem großen Parteienspektrum und zur Bildung von handlungsunfähigen Minderheitskabinetten.

63 *Adam*, Judenpolitik, S. 108f; *Sturm*, in: bpb Nr. 261/1998, S. 17f.

64 RGBl 1933 I, 83; *Meder*, Rechtsgeschichte, S. 359.

stützte sich auf Art. 48 II WRV und setzte wichtige bis dato durch die WRV garantierte Grundrechte wie das Eigentumsrecht, die Meinungs- und Pressefreiheit außer Kraft. Somit entfiel nun auch ihre Wirkung als Schranke der Besteuerung zugunsten des Steuerpflichtigen. Daraufhin folgte der Erlass des Ermächtigungsgesetzes mit dem Titel „Gesetz zur Behebung der Not von Volk und Reich"[65] vom 24.03.1933. Dieses stellte inhaltlich einen großen Schritt in Richtung Diktatur und das Einfallstor für die nationalsozialistische Gestaltung der Steuergesetze dar, da es gemäß seines Artikels 1 der Reichsregierung neben dem Reichstag die volle Gesetzgebungsmacht überließ und mit der Volkssouveränität brach.[66] Weiterhin wurden den Ländern im Zuge der Gleichschaltung jegliche Kompetenzen entzogen[67], sodass sie gegenüber dem Reich praktisch nur noch die Funktion selbstständiger Verwaltungseinheiten hatten.[68] Auch die Regelungen über den Finanzausgleich zwischen Reich und Ländern, die in der WRV geregelt waren, wurden gegenstandslos.[69] Weitere Merkmale der Machtkonzentration nach dem Führerprinzip waren die Auflösung des Reichtags, die Erklärung der NSDAP zur einzigen deutschen Partei und die Vereinigung der Ämter des Reichskanzlers und Reichspräsidenten auf Hitler.[70]

b.) Steuergesetzgebungs- und Steuerertragshoheit

Die Regelungen, die durch die Erzbergersche Finanzreform 1919/20, das darauffolgende Landessteuergesetz[71] vom 30.03.1920 und schließlich durch das Reichsfinanzausgleichsgesetz[72] vom 27.04.1926 getroffen wurden, gingen größtenteils in das Steuersystem des Dritten Reichs ein und formten den Weg für die Entwicklung eines Einheitsstaates.[73] So wurde das „[...] Schwergewicht des gesamtdeutschen Steuersystems auf das Reich verlegt [...]"[74], indem die Steuergesetzgebungshoheit für die Verbrauchs-, Besitz-, Kapitalertrags-, Vermögens-, Einkommens-, Körperschafts-, Umsatz-, Erbschafts- und Grunderwerbssteuer

---

65 RGBl 1933 I, 141.
66 *Kroeschell*, Rechtsgeschichte, S. 77.
67 *Voß*, Steuern im Dritten Reich, S. 12f.
68 *Wesel*, Geschichte des Rechts, S. 481.
69 *Schauer*, Die Steuergesetzgebung des Nationalsozialismus, S. 39.
70 RGBl 1933 I, 429; RGBl 1934 I, 81, 89, 747; *Staff*, Justiz im Dritten Reich, S. 45; *Voß*, Steuern im Dritten Reich, S. 13f.
71 RGBl 1920 I, 402.
72 RGBl 1926 I, 203.
73 *Hensel*, Steuerrecht, S. 12f.
74 *Hensel*, Steuerrecht, S. 9.

auf das Reich übertragen wurde. Somit verblieben dem Land nur die Objekthoheit über Realsteuern und indirekte lokale Steuern. Im Rahmen des Finanzausgleichs wurden die in ihrer Position geschwächten Länder allerdings am Steuerertrag beteiligt.[75] Im Folgenden steht somit die Reichsgesetzgebung in Steuersachen im Mittelpunkt der Ausführungen.

c.) Gesetzgebungsorgane

Wie bereits erwähnt, wurde der gem. Art. 68ff WRV mit der Gesetzgebungskompetenz ausgestattete Reichstag durch Erlass des Ermächtigungsgesetzes am 24.03.1933 praktisch entmachtet. Sein Initiativ- und Beschlussrecht wurde zwar nicht offiziell abgeschafft[76], aber neben ihm sollte gemäß Artikel 1 des Ermächtigungsgesetzes die Reichsregierung mit der vollen Gesetzgebungskompetenz ausgestattet werden. So haben die Reichstagsabgeordneten der NSDAP nach Einführung der Regierungsgesetzgebung ihr Gesetzesinitiativrecht nicht mehr gebraucht.[77] Gemäß Artikel 2 des Ermächtigungsgesetzes wurde weiterhin die inhaltliche Abweichung von der WRV ausdrücklich legalisiert und durch das Gesetz über den Neuaufbau des Reiches[78] vom 30.01.1934 wurde der Reichsregierung die Kompetenz zur Setzung von Verfassungsrecht übertragen. Auch die zuvor für den Gesetzeserlass notwendigen Kontrollinstanzen wie die gemäß Art. 69 WRV vorgesehene Notwendigkeit der Zustimmung des Reichsrats wurden gem. Art. 1 des Ermächtigungsgesetzes aus den Angeln gehoben. Weiterhin war das gemäß Art. 73 WRV vorgeschriebene Erwirken eines Volksentscheids nach Erlass des Ermächtigungsgesetzes nicht mehr vorgesehen. Dies entsprach der Aufhebung der Gewaltenteilung zwischen Legislative und Exekutive und einem Bruch mit dem Prinzip der Volkssouveränität. Der durch die NS Regierung praktizierte Abbau staatlicher Strukturen sollte in einem „Durcheinander der Gesetzgebungszuständigkeiten“[79] enden. So beschränkte sich die Reichsregierung häufig auf die bloße Vorgabe von Rahmenbedingungen in Form von Blankettermächtigungen gegenüber bestimmten Ministerien[80] Diese Ministerien führten die Gesetzgebung praktisch selbstständig aus[81] und waren auch bei

75 *Hensel*, Steuerrecht, S. 9; *Voß*, Steuern im Dritten Reich, S. 16f.
76 *Kirschenmann*, Gesetz im Staatsrecht und in der Staatsrechtlehre des NS, S. 102.
77 *Mertens*, Rechtsetzung im Nationalsozialismus, S. 13.
78 RGBl 1934 I, 75.
79 *Voß*, Steuern im Dritten Reich, S. 11.
80 *Reinhardt*, RStBl 1935, S. 648.
81 *Reinhardt*, RStBl 1935, S. 641.

der inhaltlichen Gestaltung relativ frei, da sie nur an die in der Ermächtigung formulierten politischen Zielvorgaben gebunden waren.[82] Ihre Selbstständigkeit endete dort, wo Hitler selbst die betreffende Angelegenheit in die Hände nahm.[83] Faktisch lagen in Bezug auf die Steuergesetzgebung alle Gesetzgebungsbefugnisse beim Reichsfinanzminister Graf Schwerin von Krosigk.[84] Bei der Ausarbeitung der Gesetze im Reichsfinanzministerium hatte sein Staatssekretär Fritz Reinhardt wesentlichen Einfluss auf die inhaltliche Ausgestaltung der Rechtsakte.[85] Diese Machtkonzentration unterstreicht auch hier das neue nach dem Führerprinzip ausgerichtete Gesetzgebungsverständnis, und diente der Verwendung der Rechtsetzung als Machtinstrument.

d.) Gesetzgebungsverfahren und Form der Rechtsakte

Durch den Erlass des Ermächtigungsgesetzes wurde allerdings nicht nur ein neuer Gesetzgeber eingeführt, sondern auch das Gesetzgebungsverfahren wurde umstrukturiert. Wobei man auch hier eher von Strukturlosigkeit als von neuer Struktur sprechen kann, was der rote Faden der nationalsozialistischen Rechtsetzung zu sein scheint.

So fanden die Artikel 68–77 WRV gemäß Artikel 3 Satz 3 des Ermächtigungsgesetzes auf die Gesetze der Reichsregierung keine Anwendung. In den außer Kraft gesetzten Artikeln der WRV befanden sich bisher die Regelungen über das Gesetzgebungsverfahren, so zum Beispiel Vorschriften über die Gesetzesinitiative, die Beschlussfassung und die Verkündung der Reichsgesetze. Lediglich die in Art. 70 WRV getroffene Regelung über die Ausfertigung und Verkündung von Reichsgesetzen durch den Reichskanzler im Reichsgesetzblatt fand gem. Artikel 3 Satz 1 des Ermächtigungsgesetzes entsprechende Anwendung auf die Reichsregierungsgesetze. An die Stelle der ursprünglichen Verfahrensvorschriften traten entweder eine Reihe von Regelungen, die nur Einzelfälle betraf, oder generelle Vorschriften, deren formale Einhaltung nicht genau genommen wurde. Diese sind im Folgenden dargestellt.

Die Ausarbeitung der Gesetze und Verordnungen der Reichsregierung erfolgte im jeweils zuständigen Ministerium.[86] Dieser Gesetzesentwurf sollte

---

82 *Mertens,* Rechtsetzung im Nationalsozialismus, S. 29ff; *Reinhardt*, RStBl 1935, S. 641.
83 *Mertens,* Rechtsetzung im Nationalsozialismus, S. 33; *Reinhardt*, RStBl 1935, S. 647.
84 *Voß,* Steuern im Dritten Reich, S. 11.
85 *Heß,* Der Begriff „Allgemeines Wohl“, S. 72.
86 *Reinhardt*, RStBl 1935, S. 641, 648; *Mertens,* Rechtsetzung im Nationalsozialismus, S. 36.

dem Chef der Reichskanzlei und den nicht beteiligten Reichsministern nach den Regelungen der Novelle zur GGO II[87] von 1933 rechtzeitig vorgelegt werden, damit diese dazu Stellung nehmen konnten. Praktisch wurden diese Vorschriften jedoch nur selten eingehalten.[88] Nach Ausarbeitung des Gesetzesentwurfs folgte die Beschlussfassung über die Reichsregierungsgesetze. Diese wurde aber nicht mehr durch Abstimmung durchgeführt, sondern nach dem Führerprinzip durch Entscheidung Hitlers, der als alleiniger Entscheidungsträger galt.[89] Ob diese Beschlussfassung durch Hitler im Rahmen einer Kabinettssitzung der Reichsminister oder nach einem schriftlichen Umlaufverfahren des Gesetzesentwurfs stattfand, entschied der Chef der Reichskanzlei.[90] Nach der Beschlussfassung fand eine Mitzeichnung des jeweiligen Gesetzes durch den zuständigen Reichsminister statt, wodurch dieser formal die Verantwortung für die sachliche Richtigkeit und Ordnungsmäßigkeit der Vorlage übernahm.[91] Hierbei handelte es sich tatsächlich aber nur um eine Formalität ohne Kontrollfunktion, da Hitler auf die Mitzeichnung verzichten konnte, ohne dass das Gesetz dadurch ungültig wurde. Weiterhin konnte der zuständige Reichsminister hierbei von seinem Staatssekretär vertreten werden[92], was in Bezug auf Steuersachen durch Fritz Reinhardt des Öfteren der Fall war.[93] Nach erfolgter Verkündung (s.o.) traten Regierungsgesetze und Verordnungen einen Tag später in Kraft, insofern gesetzlich nichts anderes vorgesehen war.[94]

Abgesehen davon, dass es kein nach festen Strukturen geordnetes Gesetzgebungsverfahren gab, bei dessen Verstoß ein formaler Fehler vorgelegen hätte, war auch die Abgrenzung dazu, wann genau es sich um ein formelles Gesetz handelte, mehr als schwierig. Um das nationalsozialistische Verständnis des Gesetzes im formellen Sinne nachvollziehen zu können, muss man sich von dem heutigen Gedanken lösen, dass ein Gesetz an äußeren formalen Kriterien wie seiner Entstehungsweise und Form erkennbar ist. In der NS Zeit verstand man unter einem Gesetz das hoheitliche Rechtsgebot des Führers, welches in einem

87 Besonderer Teil der Gemeinsamen Geschäftsordnung der Reichsministerien.
88 *Adam,* Judenpolitik, S. 110f; *Mertens,* Rechtsetzung im Nationalsozialismus, S. 36ff.
89 *Mertens,* Rechtsetzung im Nationalsozialismus, S. 49f, 58.
90 *Adam,* Judenpolitik, S. 110; *Mertens,* Rechtsetzung im Nationalsozialismus, S. 51f; *Rebentisch,* Führerstaat und Verwaltung, S. 54.
91 *Mertens,* Rechtsetzung im Nationalsozialismus, S. 60f.
92 *Mertens,* Rechtsetzung im Nationalsozialismus, S. 60.
93 RGBl 1937 I, 1386; *Heß,* Der Begriff „Allgemeines Wohl“, S. 72.
94 RGBl 1933 I, 141; RGBl 1923 I, 959.

besonderen Verfahren erlassen wurde.[95] Da dieser freie Wille des Führers aber nicht in ein steifes Verfahrenskorsett gepresst werden könne, spiele die genaue Erscheinungsform des Rechtsaktes oder das Verfahren, das dieser zuvor durchlaufen habe, eine untergeordnete Rolle. Die Regelung müsse nur die Funktion eines Gesetzes als politisches Instrument erfüllen und verkündet werden.[96] Zu diesen verschiedenen Erscheinungsformen des nationalsozialistischen Gesetzes im formellen Sinne gehörten, neben dem Reichsregierungsgesetz und der Verordnung, der Führer-Erlass, Verwaltungsverordnungen, Richtlinien und Runderlasse.[97] So erließ z.B. der Reichsfinanzminister zur konkreten Durchführung der Steuergesetze selbstständig Rechtsverordnungen und Verwaltungsvorschriften,[98] die sowohl für die Gerichte als auch für die Verwaltung bindend waren und somit wie geltendes materielles Recht behandelt wurden.[99] Dies führte dazu, dass das formelle Gesetzgebungsverfahren zunehmend an Bedeutung verlor, und die einzelnen formell unkonventionell entstandenen Rechtsetzungsakte durch das Reichsfinanzministerium praktisch seinen Platz einnahmen. Eine weitere Konsequenz war ein zunehmendes Durcheinander auch in Bezug auf die Normenhierarchie. Folge dieser Gesetzgebung war somit auch ein Zusammenspiel von sich teilweise widersprechenden Normen, die in Bezug auf ihre Hierarchie in einem unklaren Verhältnis zueinander standen. Dies öffnete die Tür für ihre willkürliche Anwendung.

2.) In materieller Hinsicht

In der Weimarer Republik mussten die erlassenen Gesetze materiell rechtlich den Grundsätzen der Weimarer Reichsverfassung genügen, sodass sie nicht bloße Machtansprüche darstellten[100]. Das geltende materielle Recht war ausschließlich- und im Prinzip weltanschaulich neutral - in den vorhandenen Gesetzen festgesetzt. Wegen der faktischen Aufhebung der WRV im Dritten Reich fielen wesentliche materiell rechtliche Anforderungen an die Gesetze fort. Beispielsweise war der nationalsozialistische Gesetzgeber nicht mehr durch die Gewährleistung von Grundrechten oder von sonstigen aus der

95 *Kirschenmann,* Gesetz im Staatsrecht und in der Staatsrechtlehre des NS, S. 96.

96 *Adam,* Judenpolitik, S. 112f.; *Kirschenmann,* Gesetz im Staatsrecht und in der Staatsrechtlehre des NS, S. 97.

97 *Adam,* Judenpolitik, S. 111; *Rapsch,* Gesetzgebung unter nationalsozialistischer Gewaltherrschaft, S. 143f; *Voß,* Steuern im Dritten Reich, S. 74f.

98 *Reinhardt,* RStBl 1935, S. 641.

99 *Reinhardt,* RStBl 1935, S. 647.

100 *Schorn,* Die Gesetzgebung des Nationalsozialismus, S. 10.

WRV abgeleiteten Grundsätzen, wie der Gleichheit der Besteuerung gemäß Art. 109 I, Art. 134 WRV[101], bei der materiell rechtlichen Gesetzesgestaltung beschränkt. Das materielle Recht im nationalsozialistischen Sinne verstand man als das Synonym für die nationalsozialistische Vorstellung von Sitte.[102] Daher war das nationalsozialistische Steuergesetz in seiner jeweiligen Erscheinungsform vielmehr eine politische Entscheidung, als ein materielles Gesetz im heutigen Sinne.[103] Wobei mit politischer Entscheidung im Grunde die Umsetzung des Führerwillens gemeint ist, welche einer gesetzlich legalen Untermauerung bedurfte.[104] Damit man unter dem Schein von legalem Handeln dazu ermächtigt war, im Einzelfall auf gesetzlicher Grundlage nach Belieben zu entscheiden, bedurfte es materiell rechtlich generalklauselartiger Regelungen, unbestimmter Rechtsbegriffe auf der Tatbestandsseite und der Einräumung von Ermessen auf der Rechtsfolgenseite. Da einziger Wertmaßstab der nationalsozialistischen Steuergesetze die nationalsozialistische Ideologie war,[105] wurden bisher gewahrte Prinzipien, wie die Rechtssicherheit, umgedacht.[106] Das materielle Gesetz selbst wurde als Richtlinie zur Rechtsfindung im Sinne des Nationalsozialismus gesehen,[107] sodass die ungleiche Behandlung von wesentlich Gleichem möglich war, solange sie nur unter dem Deckmantel geschah, dass sie einen Nutzen für die „Volksgemeinschaft" habe. Als Konsequenz des Gesetzes als Richtlinie folgerte man, dass sich Gerechtigkeit oder Rechtssicherheit nicht durch Gesetzesanwendung mit stetig gleichem und dadurch logisch voraussehbarem Ergebnis ergebe,[108] sondern diese nur dort entstünde, wo die Gesetzesanwendung allein unter Zweckmäßigkeitsbeweggründen erfolge.[109] Zwar sind auch in der heutigen Rechtsordnung Generalklauseln in Form von bewusst offen formulierten und somit auslegungsfähigen Tatbeständen notwendig, um zum Beispiel im Sinne der Anwendung des Treu und Glauben Grundsatzes gemäß § 242 BGB zu einem sittlich

101 *Hensel,* Steuerrecht, S. 46f; *Voß,* Steuern im Dritten Reich, S. 164.

102 *Reinhardt,* RStBl 1936, S. 1044; *Rüthers,* Entartetes Recht, S. 62; *Von Rozycki - Von Hoewel,* Die Justiz am Scheideweg, S. 72f.

103 *Adam,* Judenpolitik, S. 112; *Reinhardt,* RStBl 1935, S. 647.

104 *Schneider,* Rechtsgedanken und Rechtstechniken, S. 185; *Von Hippel,* Die nationalsozialistische Herrschaftsordnung, S. 8.

105 *Reinhardt,* RStBl 1935, S. 642, 645.

106 *Von Hippel,* Die nationalsozialistische Herrschaftsordnung, S. 8.

107 *Von Rozycki – Von Hoewel,* Die Justiz am Scheideweg, S. 27.

108 *Von Rozycki – Von Hoewel,* Die Justiz am Scheideweg, S. 30.

109 *Von Rozycki – Von Hoewel,* Die Justiz am Scheideweg, S. 57f.

angemessenen Ergebnis zu kommen. Dennoch bedürfen die normativen Regelungen auch einer gewissen Bestimmtheit, um nicht durch ihre unscharfe Formulierung die Tür zum Missbrauch des Rechts und somit zur Ungerechtigkeit zu öffnen, wie es durch den nationalsozialistischen Gesetzgeber geschah. Eine genauere Erläuterung der aus diesen Denkansätzen gefolgerten materiell rechtlichen „Qualität" der nationalsozialistischen Steuergesetze soll im Folgenden exemplarisch anhand des Steueranpassungsgesetzes und der Reichsfluchtsteuer erfolgen.

V. Das Steueranpassungsgesetz[110]

1.) Steuerpolitische Einordnung des Reformwerks vom 16.10.1934

Die Reinhardt'sche Steuerpolitik lässt sich sowohl zeitlich als auch inhaltlich in drei Phasen einteilen,[111] wobei hier nur die Zweite von Belang ist. In dieser steuerpolitischen Phase wurde die Umgestaltung des Weimarer Steuersystems durch die Reinhardt'sche Steuerreform vom 16.10.1934 in Angriff genommen.[112] Hierbei strebte Reinhardt eine grundsätzliche Vereinfachung und Vereinheitlichung des Steuerrechts und der Steuerverwaltung an.[113] Dieses Ziel der Praktikabilität und Wohlfeilheit der Besteuerung setzte sich auch schon Adam Smith durch seine Steuermaximen,[114] jedoch sollte die Umsetzung Reinhardts nicht zur Steuergerechtigkeit, sondern zur Steuerungerechtigkeit in großem Ausmaß führen. Zugunsten der Steuerpflichtigen sollte durch Reinhardts Steuerreform erstens die Steuerlast gesenkt werden, und zweitens sollten die Kosten, die sich für den Steuerpflichtigen aufgrund seiner steuerlichen Pflichten ergaben, verringert werden.[115] Steuerhöhungen sollte es nur geben, insofern diese mit den allgemeinen Interessen des „Volksganzen"[116] in Einklang seien. In materieller Hinsicht stand die Umgestaltung des Steuerrechts nach nationalsozialistischen Grundsätzen im Vordergrund. Obwohl von dieser Steuerreform wichtige Steuerarten wie die Einkommenssteuer betroffen waren, war das im Folgenden näher erläuterte

110 Im Folgenden auch: StAnpG.
111 *Schauer*, Die Steuergesetzgebung des Nationalsozialismus, S. 70f.
112 *Reinhardt*, RStBl 1936, S. 1042.
113 *Reinhardt*, RStBl 1935, S. 645; *Reinhardt*, RStBl 1936, S. 1042.
114 *Hey*, in: Tipke/Lang, Steuerrecht, § 7, Rn. 12–15.
115 *Reinhardt*, RStBl 1934, S. 146; *Reinhardt*, RStBl 1936, S. 1041f.
116 *Reinhardt*, RStBl 1936, S. 1041.

Steueranpassungsgesetz[117] doch seine Hauptgrundlage.[118] Durch seine Änderungen der Reichsabgabenordnung wurde Hitlers Ideologie zum Wertmaßstab für alle anderen Einzelsteuergesetze.[119]

2.) Das StAnpG in formeller Hinsicht

Bereits in den 1920er Jahren gab es einen Gesetzesentwurf für ein Steuervereinheitlichungsgesetz des Reichsfinanzministeriums, an welches Fritz Reinhardt mit seinem Steueranpassungsgesetz inhaltlich anknüpfte.[120] Das Steueranpassungsgesetz[121] vom 16.10.1934 kam im Rahmen des oben dargestellten Gesetzgebungsverfahrens als Reichsregierungsgesetz zustande.[122] Sein Gesetzesentwurf wurde im Reichsfinanzministerium unter wesentlicher Beteiligung von Fritz Reinhardt ausgearbeitet.[123] Weiterhin nahmen an den Beratungen auch Vertreter des Reichsfinanzhofs und der Finanzverwaltung teil.[124] Nach Beschlussfassung und Mitzeichnung durch den Reichsfinanzminister Graf Schwerin von Krosigk wurde das Steueranpassungsgesetz am 17.10.1934 im Reichsgesetzblatt verkündet.[125] Bestimmte Vorschriften traten mit Verkündung, andere erst am 01.01.1935 in Kraft.[126] Gemäß Art. 96 EGAO trat das StAnpG mit Inkrafttreten der Abgabenordnung[127] am 01.01.1977 außer Kraft.

3.) Das StAnpG in materieller Hinsicht

Das Steueranpassungsgesetz vom 16.10.1934 zerfällt in neun Abschnitte. Die wichtigsten materiell rechtlichen Neuerungen sollen nachfolgend dargestellt werden. Allerdings kann nicht jeder Abschnitt des StAnpG angesprochen werden, da das den Rahmen dieser Arbeit sprengen würde. So bleiben zum Beispiel die Änderungen bezüglich der Kraftfahrzeugsteuer, des Finanzausgleichs, der Vermögenssteuer, des Volksverratgesetzes, der zweiten Steueramnestieverordnung und der Verordnung über die Devisenbewirtschaftung außerhalb der nachführenden Betrachtung.

---

117 RGBl 1934 I, 925.
118 *Reinhardt*, RStBl 1936, S. 1044.
119 *Schauer*, Die Steuergesetzgebung des Nationalsozialismus, S. 81f.
120 *Schauer*, Die Steuergesetzgebung des Nationalsozialismus, S. 83.
121 RGBl 1934 I, 925.
122 *Reinhardt*, RStBl 1936, S. 1041.
123 *Voß*, Steuern im Dritten Reich, S. 83f.
124 *Reinhardt*, RStBl 1935, S. 643.
125 RGBl 1934 I, 925.
126 RGBl 1934 I, 941.
127 *Fasolt*, in: DStR, S. 7.

a.) Allgemeines Steuerrecht (Abschnitt I, StAnpG)

Die Änderungen in diesem Abschnitt hatten abgesehen von den inhaltlichen Neuerungen, die sie mit sich brachten, auch wegen ihrer systematischen Stellung im Gesetz einschneidende Bedeutung. Ihre Stellung noch vor der Reichsabgabenordnung hatte zur Folge, dass die hier getroffenen Regelungen auf alle Einzelsteuergesetze Anwendung zu finden hatten. Die Reichsabgabenordnung[128] wurde in ihrer ersten Fassung am 13.12.1919 erlassen.[129] Grundlage etwaiger Vergleiche ist jedoch die RAO in ihrer Fassung vom 30.05.1931.[130]

(aa.) Die Generalklausel § 1 StAnpG

(1.) Ursprüngliche Fassung: § 9 RAO

Die vielleicht wichtigste Vorschrift des gesamten Steueranpassungsgesetzes befindet sich bereits in der Generalklausel § 1 StAnpG. Diese ersetzte den ursprünglichen § 9 der Reichsabgabenordnung, der als steuerrechtliche Grundsatzregelung die Auslegungskriterien für alle Steuergesetze festlegte.[131] Hierbei war der Zweck des Steuergesetzes, seine wirtschaftliche Bedeutung und die Entwicklung der Verhältnisse zu berücksichtigen. Diese wirtschaftliche Betrachtungsweise gemäß § 9 RAO bedeutete für die Rechtsanwendung durch die Finanzverwaltung und die Rechtsprechung des Reichsfinanzhofs, dass bei der Subsumtion des Tatbestandes unter den Wortlaut der einschlägigen Norm auf den wirtschaftlichen Vorgang oder Kern der Situation und nicht bloß auf die äußerliche rechtliche Gestaltung der Rechtsform oder des Rechtsgeschäfts abzustellen war. Dies diente dazu, z.B. ungerechtfertigte Steuerverminderungen zu unterbinden (siehe auch: Typentheorie des RFH).[132] Auch war die zweckgebundene Auslegung der Steuerrechtsnormen nur unter Beachtung der Schranke durch die Rechte des Steuerpflichtigen zulässig.[133] Eine überdehnende Anwendung des § 9 RAO unter Zweckmäßigkeitserwägungen war unzulässig, da der Normzweck lediglich bei der Normanwendung berücksichtigt und sich nicht ausschließlich danach gerichtet werden sollte.[134]

128 Im Folgenden: RAO.
129 RGBl 1919, Nr. 242, S. 1993ff.
130 RGBl I 1931, 161ff.
131 RGBl I 1931, 162.
132 *Hensel*, Steuerrecht, S. 53f.
133 *Hensel*, Steuerrecht, S. 55.
134 *Hensel*, Steuerrecht, S. 56.

(2.) Die nationalsozialistische Fassung: § 1 StAnpG

Im Gegensatz hierzu machte der Wortlaut des neuen § 1 I StAnpG die schrankenlose Zweckmäßigkeitserwägung zum höchsten Kriterium bei der Auslegung von Steuergesetzen, da gemäß dem Wortlaut die Auslegung der Steuergesetze nach nationalsozialistischer Weltanschauung zu erfolgen hatte. Fritz Reinhardt selbst legte § 1 I StAnpG dahingehend aus, dass nach nationalsozialistischer Weltanschauung alles richtig sei, was dem Volksganzen nütze, und alles falsch sei, was ihm schade. Was genau dem Volksganzen nütze, ergebe sich aus den Äußerungen von Adolf Hitler beziehungsweise aus dem Parteiprogramm der NSDAP.[135] Gemäß § 1 II StAnpG wurde der unbestimmte Rechtsbegriff der nationalsozialistischen Weltanschauung dahingehend näher bestimmt, als dass die „Volksanschauung, der Zweck und die wirtschaftliche Bedeutung der Steuergesetze und die Entwicklung der Verhältnisse"[136] zu beachten seien. Das Kriterium der Volksanschauung stellte hier eine Neuerung dar. Zwar blieb es in § 1 II StAnpG im Vergleich zu § 9 RAO bei der Formulierung „berücksichtigen". Deren Bedeutung war aber eine gänzlich andere, da der § 1 I StAnpG nun mehr einziger Wertmaßstab war, und somit ein „Grundgesetz des Steuerrechts"[137] repräsentierte. In § 1 II StAnpG sei allerdings die Beachtung der wirtschaftlichen Bedeutung überflüssig, da es nur noch auf die nationalsozialistische Bedeutung ankomme.[138] Absatz 3 bestimmte, dass diese Vorschrift auch für die Beurteilung von Tatbeständen Anwendung finden sollte. Dies hatte zur Folge, dass zukünftig auch die Ermittlung einer lebenswirklichen Tatsache wie der des Einkommens, Vermögens oder des Gewinns nicht sachlich neutral aufgrund von wirtschaftlichen Termini, sondern unter dem subjektiven Einfluss der nationalsozialistischen Weltanschauung zu erfolgen hatte,[139] wodurch eine Ungleichbehandlung verschiedener Steuerpflichtiger beabsichtigt wurde. Zu dieser Auffassung kommentierte Tipke später richtig, dass zum Beispiel eine Bilanz zwar gemessen an ihrem Zweck falsch sein könne, aber nicht nationalsozialistisch, antifaschistisch oder demokratisch.[140] Des Weiteren sei bei unbestimmten Rechtsbegriffen auf den Beurteilungsgrundsatz des § 1 III StAnpG zurückzugreifen oder auch, wenn die Anwendung eines Steuergesetzes unter normalen Umständen zu einem

135 *Reinhardt*, RStBl 1936, S. 1044.

136 RGBl 1934 I, 925.

137 *Reinhardt*, RStBl 1936, S. 1044.

138 *Reinhardt*, RStBl 1935, S. 647; *Reinhardt*, RStBl 1936, S. 1047.

139 *Börner*, Die Bedeutung der Generalklauseln, S. 146; *Tipke*, in: Betriebs-Berater, S. 1813.

140 *Tipke*, in: Betriebs-Berater, S. 1813.

mit dem Nationalsozialismus nicht vereinbaren Ergebnis führen würde.[141] Im Ringen des gesamten Steuerrechts um Rechtssicherheit und Klarheit gäbe es laut Reinhardt nun im Gegensatz zu vorher eine sichere Grundlage zur Beurteilung aller Erscheinungen.[142] Daher sollte § 1 StAnpG nach Reinhardt auch rückwirkend auf die vor der nationalsozialistischen Machtergreifung erlassenen Steuergesetze und schon abgeurteilte Sachverhalte angewandt werden, sodass diese nun anders ausgelegt werden müssten.[143] Frei nach dem Grundsatz in *dubio pro fisco*[144] forderte Reinhardt zum Beispiel, dass die Rechtskraft von für die Finanzbehörden nachteiligen Steuerbescheiden über § 92 RAO hinaus mit Verweis auf § 1 StAnpG aufgehoben werden solle.[145] Diese grundsätzliche Aufhebung des Rückwirkungsverbots und dessen Umwandlung in ein Rückwirkungsgebot stellte einen weiteren Bruch mit dem Vertrauenschutzgrundsatz, und somit auch einen weiteren Schritt gegen die Rechtssicherheit dar. Dies unterstreicht zum wiederholten Male das Ausmaß der Willkür, welches der nationalsozialistischen Steuergesetzgebung innewohnte.

(3.) Auswirkungen auf die Rechtsprechung des Reichsfinanzhofs[146]

Zunächst wehrte sich die Rechtsprechung gegen diese Auslegung entgegen dem ausdrücklichen Wortlaut der Norm,[147] aber schließlich kamen sie dem vehementen Druck aus dem Reichsfinanzministerium doch nach.[148] Schließlich wurde die Anwendung des § 1 StAnpG in für heutige Vorstellungen rechtswidriger und missbräuchlicher Weise zur gängigen Rechtsprechung des RFH.[149] Um hier nur exemplarisch ein Beispiel von vielen zu nennen, soll das „Säuglingsheim-Urteil" des VI. Senats des RFH aus 1938 angeführt werden.[150] Dort verneinte der RFH den Anspruch einer jüdischen Stiftung auf Körperschaftssteuerfreiheit gemäß § 18 I StAnpG rückwirkend mit dem Verweis auf § 1 StAnpG. Dies wurde damit begründet, dass Juden keine Deutschen seien, und die mit der Steuerbefreiung

141 *Reinhardt*, RStBl 1936, S. 1049.

142 *Droege*, Gemeinnützigkeit im offenen Steuerstaat, S. 48.

143 *Reinhardt*, RStBl 1935, S. 645; *Reinhardt*, RStBl 1936, S 1052f.

144 *Strickrodt*, Allgemeines Steuerrecht, S. 154.

145 *Börner*, Die Bedeutung der Generalklauseln, S. 150.

146 Im Folgenden: RFH.

147 *Tipke*, in: Betriebs-Berater, S. 1813.

148 *Börner*, Die Bedeutung der Generalklauseln, S. 149, 151ff; *Reinhardt*, RStBl 1935, S. 642; *Reinhardt*, RStBl 1936, S. 1049ff.

149 *Börner*, Die Bedeutung der Generalklauseln, S. 157; *Felix*, in: Betriebs-Berater, S. 1297ff.

150 *Felix*, in: Betriebs-Berater, S. 1297.

verbundene Unterstützung der Juden nicht im Einklang mit der nationalsozialistischen Weltanschauung liegen würde.[151] In diesem Zusammenhang soll auch erwähnt werden, dass der Geltungsbereich des § 1 StAnpG durch die Rechtsprechung auch auf andere Rechtsgebiete, wie z.B. das Baurecht, ausgedehnt wurde. So formulierte das sächsische Oberverwaltungsgericht 1935 floskelartig mit Verweis auf § 1 StAnpG, es gebe keine materielle Baufreiheit im weiteren Sinne mehr, da dies dem Grundsatz widersprechen würde, dass ein Bauwerk die Volksgemeinschaft nicht schädigen dürfe.[152]

(4.) Fazit zu § 1 StAnpG in seiner Fassung von 1934

Besonders unter Zugrundelegung der Programmpunkte 4 und 5 des 24 Punkte Parteiprogramms[153] der NSDAP wird die verheerende Auswirkung von Reinhardts' Aussagen deutlich. Denn ganze Bevölkerungsgruppen - wie vor allem die Juden – waren aus dem Volksganzen ausgeschlossen. Ihre Bedürfnisse sollten also bereits von Gesetzeswegen unbeachtlich bleiben, was durch die Reichsfinanzverwaltung und die Rechtsprechung als Diskriminierungsinstrument verwendet wurde. Währenddessen stieg der Steuerdruck der aufgrund ihrer „Rasse“ akzeptierten Steuerpflichtigen durch diese Vorschrift selbst nicht. Hieran wird mehr als deutlich, dass jegliche Äußerungen Reinhardts bezüglich der Wahrung des Grundsatzes der Gleichheit der Besteuerung durch seine Steuerreform höchstens als ein skurriler Witz aufgefasst werden können. Inbegriff seiner Steuerreform war Ungerechtigkeit in Form der Verschiebung der Steuerlast zulasten ungeliebter Bevölkerungsgruppen, welche keinerlei objektive Rechtfertigung durch z.B. höhere wirtschaftliche Leistungsfähigkeit dieser Personengruppe hatte. Anknüpfungspunkt waren lediglich biologische Gesichtspunkte. Somit kann § 1 StAnpG als Sinnbild dafür verstanden werden, wie die Nationalsozialisten es im gesamten Normengefüge des Steuerrechts bewerkstelligten, sich über den Gesetzeswortlaut hinwegzusetzen, um zu einem Ergebnis zu gelangen, dass ihrem Rechtsdenken entsprach. Mithin stellt § 1 StAnpG einen wichtigen Schritt vom Steuerrecht der RAO zum „Steuerunwesen“ während des Nationalsozialismus dar.

(5.) Konsequenzen des § 1 StAnpG nach 1945

Aufgrund der vorangegangenen Ausführungen erscheint es überraschend, dass 1945 nur § 1 I StAnpG abgeschafft wurde,[154] aber § 1 II, III StAnpG bis 1977

151 *Felix,* in: Betriebs-Berater, S. 1298.

152 *Börner,* Die Bedeutung der Generalklauseln, S. 164ff.

153 *Himstedt,* Das Programm der NSDAP, S. 21.

154 *Strickrodt,* Allgemeines Steuerrecht, S. 155.

weiter galt. Diese Tatsache stellte die Rechtsprechung vor die Frage, inwiefern eine Steuergesetzesauslegung gegen den eindeutigen Wortlaut weiterhin zulässig sei.[155] Dieses Problem lösten der RFH und andere Gerichte so, dass sie die Auslegung gegen den eindeutigen Wortlaut dann für rechtmäßig erachteten, wenn die bloße Wortlautauslegung dem Sinngehalt des Gesetzes klar widersprochen hätte.[156] Hierbei sei aber Zurückhaltung geboten, denn man müsse sich in den Grenzen des durch § 133 BGB erteilten Auslegungsauftrages halten. Aufgrund dieser Erwägungen bestünde somit durch § 1 II StAnpG keine Ermächtigung zur wortlautwidrigen Auslegung, sondern es sei dort nur das ohnehin geltende Auslegungsprinzip der teleologischen Reduktion verschriftlicht.[157] Auch in Bezug auf die Berücksichtigung der wirtschaftlichen Betrachtungsweise käme dem § 1 II StAnpG kein die allgemeinen Auslegungsregeln modifizierendes Prinzip zu.[158] Hier wird deutlich, dass man nach Ende der nationalsozialistischen Diktatur versuchte, die Anwendung des noch geltenden § 1 II, III StAnpG in akzeptabler Weise mit den im Rechtsstaat bewährten Auslegungskriterien in Einklang zu bringen.

Im heutigen Grundgesetz ist durch Art. 20 III GG der Vorrang und der Vorbehalt des Gesetzes verankert. Der Vorrang des Gesetzes konkretisiert sich im Steuerrecht durch ein Abweichungsverbot und ein Anwendungsgebot, welche ihre normative Regelung im § 85 AO (Besteuerungsgrundsätze) finden.[159] Zwar unter dem Eingeständnis einer stetigen Optimierungsbedürftigkeit ist in der heutigen Abgabenordnung durch diese Verfassungsprinzipien die Gesetzmäßigkeit im Gesamtvollzug der Steuergesetze verankert.[160] Daher kann davon ausgegangen werden, dass sich eine Besteuerung gegen das Gesetz oder eine Nichtbesteuerung trotz Gesetz, zu der es aufgrund von § 1 StAnpG in Bezug auf viele Einzelsteuern in großem Ausmaß kam, nicht wiederholen wird. Auch ein prinzipielles Rückwirkungsverbot für Steuergesetze leitet das Bundesverfassungsgericht heute aus dem rechtstaatlichen Rechtssicherheitsprinzip in Verbindung mit den betroffenen Grundrechten ab.[161] Auf die davon möglichen Ausnahmen und deren Voraussetzungen ist in diesem Zusammenhang nicht näher einzugehen.[162]

155 *Paulick*, in: Die Auslegung der Steuergesetze, S. 174.
156 *Paulick*, in: Die Auslegung der Steuergesetze, S. 174.
157 *Paulick*, in: Die Auslegung der Steuergesetze, S. 175f.
158 *Niemann*, in: Die Auslegung der Steuergesetze, S. 25.
159 *Hey*, in: Tipke/Lang, Steuerrecht, § 3, Rn. 238ff.
160 *Hey*, in: Tipke/Lang, Steuerrecht, § 3, Rn. 238ff.
161 *Hey*, in: Tipke/Lang, Steuerrecht, § 3, Rn. 260.
162 *Hey*, in: Tipke/Lang, Steuerrecht, § 3, Rn. 261ff.

(bb.) Ermessensentscheidungen gemäß § 2 StAnpG

§ 2 I StAnpG legte fest, dass eine Ermessensentscheidung nur dann rechtmäßig war, wenn sie sich innerhalb der gesetzlich festgelegten Grenzen für das Ermessen bewegte. Hierin ist ein Verweis auf § 1 I, II StAnpG zu sehen, der die Auslegung der Steuergesetze nach nationalsozialistischer Weltanschauung vorschrieb. Besonders deutlich wird hier die mit der nationalsozialistischen Ideologie verbundene Einschränkung der persönlichen Freiheit und der persönlichen Rechte, die bereits oben dargelegt wurde. So fällt auf, dass Ermessensentscheidungen in der ursprünglichen Fassung des § 1 1 RAO aufgrund von Recht- und Billigkeitserwägungen zu treffen waren. Das Erfordernis der Ermessensausübung im Sinne des Gesetzeszwecks fiel durch die nationalsozialistische Fassung des § 2 StAnpG fort, während eine subjektive Zweckmäßigkeitserwägung an dessen Stelle trat. Denn während Billigkeitsentscheidungen die individuellen Belange der Person in den Vordergrund stellen, ist die oberste Zielsetzung der Zweckmäßigkeitserwägung die subjektiven Interessen zu repräsentieren, die die deutsche Bevölkerung und die Verwaltung nach nationalsozialistischer Rechtsanschauung hatte.[163] Somit standen sich die Belange der öffentlichen Hand und die individuellen Interessen vermeintlich gleichwertig gegenüber. Die öffentlichen Belange genossen praktisch aber schon deswegen Vorrang, weil die Ermessensgrenzen gemäß Absatz III nach nationalsozialistischer Weltanschauung zu beurteilen waren. Und diese ordnete dem Individualinteresse, wie bereits dargelegt, eine untergeordnete Bedeutung zu. Zusammenfassend lässt sich feststellen, dass, während § 1 III StAnpG die Anwendung der nationalsozialistischen Weltanschauung auf alle Steuergesetze auf Tatbestandsseite übertrug, § 2 StAnpG inhaltlich genau den gleichen Zweck auf Rechtsfolgenseite erfüllen sollte. Obwohl bei der Ermessensausübung auf Rechtsfolgenseite noch die individuellen Belange des Steuerpflichtigen zu berücksichtigen waren, kann man doch sagen, dass § 1 III StAnpG und § 2 StAnpG ähnliche Funktionen hatten. Hierin verdeutlicht sich zum wiederholten Male der dahingehend gerichtete unbedingte Machtanspruch auch das steuerliche Rechtsdenken der rechtsanwendenden Finanzbehörden kontrollieren zu wollen. Gegen diesen subjektivierten verwaltungsmäßigen Zweckmäßigkeitsbegriff, der bei den Ermessensentscheidungen der nationalsozialistischen Finanzbehörden maßgebliche Berücksichtigung zu finden hatte, wurden nach 1945 dann auch rechtsstaatliche Bedenken geäußert.[164] Als Konsequenz dessen lässt sich heute die klare Bindung an den Gesetzeszweck

163 *Schauer,* Die Steuergesetzgebung des Nationalsozialismus, S. 83f.
164 *Lohmann,* Die Zweckmäßigkeit der Ermessensausübung, S. 56.

und die Ablehnung autonomer Ermessensdeterminanten als herrschende „Ermessensdoktrin“ im Steuerrecht bezeichnen.[165] So dürfen sozialpolitische oder wirtschaftliche Gesichtspunkte bei der finanzbehördlichen Ermessensausübung nicht dahingehend Berücksichtigung finden, dass die Finanzbehörde als zweites Legislativorgan rechtsfortbildend tätig wird. Vielmehr hat sie ihre Entscheidung aufgrund der gesetzlich vorgegebenen Kriterien zu treffen.[166]

(cc.) §§ 17–19 StAnpG: Gemeinnützige, mildtätige und kirchliche Zwecke

(1.) Die nationalsozialistische Regelung

Die durch §§ 17–19 StAnpG getroffenen Änderungen standen im Zusammenhang mit der Verschiebung der Steuerlast zuungunsten von politisch unerwünschten Einrichtungen. So waren die Begriffsbestimmungen über gemeinnützige, mildtätige und kirchliche Zwecke maßgeblich für die Frage, ob Steuervergünstigungen oder Befreiungen in Einzelsteuergesetzen aus persönlichen oder sachlichen Gründen gewährt werden konnten oder nicht.[167] Hier ist auch auf das oben angeführte Rechtsprechungsbeispiel des RFH zu verweisen. Zuvor waren die Begriffsbestimmungen in den verschiedenen Einzelsteuergesetzen von Reich und Ländern teilweise voneinander abweichend geregelt. Die Anpassung durch §§ 17–19 StAnpG brachte erstmalig einheitliche Auslegungsvorschriften für diese unbestimmten Rechtsbegriffe.[168] Wenn man diese Tatsache losgelöst vom Inhalt der Definition betrachtet, kann es unter Gerechtigkeitsaspekten als positiv betrachtet werden, dass die Förderung bestimmter Einrichtungen durch steuerliche Vergünstigungen im gesamten Staat aufgrund der gleichen Kriterien geschieht. Dieser Gedanke wird aber dann hinfällig, wenn man sich inhaltlich mit den Begriffsbestimmungen der Nationalsozialisten für gemeinnützige, mildtätige und kirchliche Zwecke beschäftigt, die den Inbegriff von Ungerechtigkeit repräsentieren. So waren gemäß § 17 I StAnpG nur solche Zwecke gemeinnützig, die unmittelbar der Förderung der Allgemeinheit dienlich waren. Eine normative Konkretisierung dessen, was als für die Allgemeinheit förderlich angesehen wurde, fand sich in § 17 II StAnpG. Mit ähnlich unscharfer Formulierung hieß es dort „[…] wenn die Tätigkeit dem gemeinen Besten, das heißt dem Wohl der

---

165 *Lohmann*, Die Zweckmäßigkeit der Ermessensausübung, S. 57.

166 *Felix*, Ermessensausübung im Steuerrecht, S. 96; *Lohmann*, Die Zweckmäßigkeit der Ermessensausübung, S. 57, 60.

167 *Voß*, Steuern im Dritten Reich, S. 94f.

168 *Droege*, Gemeinnützigkeit im offenen Steuerstaat, S. 48; *Voß*, Steuern im Dritten Reich, S. 94f.

Deutschen Volksgemeinschaft [...] nutzt"[169]. Hierin ist wieder ein Verweis auf die nationalsozialistische Weltanschauung zu sehen, welche sich, wie bereits erläutert, nur in Hitlers Äußerungen und dem Parteiprogramm der NSDAP verschriftlicht fand. Unter Zugrundelegung der Annahme, dass die Steuerzahlung selbst der Regierung im Kampf für das allgemeine Wohl helfe,[170] wurde gefolgert, dass Steuererleichterungen und -befreiungen dem ganzen deutschen Volk als organischer Einheit dienlich sein müssten.[171] Da man alle nicht nationalsozialistischen Bürger und Einrichtungen nicht in dieser „Volksgesamtheit" inbegriffen sah, war die Konsequenz, dass eine Förderung durch Steuererleichterung die Steuerlast zuungunsten des deutschen Volkes verschieben würde, sodass dies nicht als gemeinnützig zu kategorisieren war. Dies entsprach der grundsätzlichen normativen Ausgrenzung aller „Fremdrassigen" von Steuervergünstigungen. Im Zuge des Rückwirkungsgebots durch § 1 StAnpG wurden weiterhin auch die bereits erhaltenen Spenden schenkungssteuerpflichtig.[172] Gemäß § 17 V StAnpG war eine vorwiegend erwerbswirtschaftlich motivierte Tätigkeit nicht als gemeinnützig anzusehen. Diese unklare Formulierung hatte zur Folge, dass die Abgrenzung zwischen der gemeinnützigen und somit steuerfreien Tätigkeit und der erwerbswirtschaftlichen und somit steuerpflichtigen Tätigkeit durch weitere untergesetzliche Regelungen vorgenommen werden musste.[173] Die Steuervergünstigungen zugunsten von kirchlichen Zwecken sollten gemäß § 19 StAnpG fortan nur noch den christlichen Religionsgemeinschaften des öffentlichen Rechts zugutekommen. Dies bedeutete den Ausschluss aller anderen, z.B. der jüdischer Religionsgemeinschaften. Allerdings wurde im Zuge des „Kirchenkampfes" der Nationalsozialisten auch diese steuerliche Begünstigung von christlichen Religionsgemeinschaften im späteren Verlauf weitestgehend revidiert.[174] Durch den Wortlaut des § 18 I StAnpG schien es zunächst so, als ob auch die Unterstützung einer nicht arischen Person als mildtätig zu bewerten sei, solange sich diese im Inland aufhalte.[175] Nach einer desbezüglichen Urteilsanmerkung des RFH wurde der Gesetzeswortlaut dahingehend geändert, dass fortan auch hier die Unterstützung eines deutschen

169 RGBl 1934 I, 929.

170 *Heß*, Der Begriff „Allgemeines Wohl", S. 66.

171 *Heß*, Der Begriff „Allgemeines Wohl", S. 70f, 72f.

172 *Schauer*, Die Steuergesetzgebung des Nationalsozialismus, S. 150.

173 *Droege*, Gemeinnützigkeit im offenen Steuerstaat, S. 48.

174 *Droege*, Gemeinnützigkeit im offenen Steuerstaat, S. 54.

175 *Droege*, Gemeinnützigkeit im offenen Steuerstaat, S. 50.

„Volksgenossen“ Voraussetzung für die Mildtätigkeit einer Organisation war.[176] Auch die wegen ihres körperlichen oder geistigen Zustands Bedürftigen fielen nicht mehr unter § 18 II StAnpG.[177] Zusammenfassend lässt sich feststellen, dass die Nutzbarmachung des Gemeinnützigkeitsrechts ein weiteres Beispiel für die Indienstnahme des Steuerrechts zur Lenkung der Steuerpflichtigen im Zuge der menschenverachtenden Politik eines totalitären Machtregimes darstellt.[178]

(2.) Heutige Regelung in §§ 52, 53, 54 AO

In der Abgabenordnung gibt es ebenfalls Steuervergünstigungen für Körperschaften, die gemeinnützige (§ 52 AO), mildtätige (§ 53 AO) oder kirchliche (§ 54 AO) Zwecke fördern, und dadurch den Fiskus und die staatliche Bürokratie entlasten.[179] Um den unbestimmten Wertbegriff der Förderung der Allgemeinheit auf materiellem, geistigen oder sittlichem Gebiet (§ 52 I 1 AO) näher zu konkretisieren, enthält § 52 II AO einen abschließenden Katalog gemeinnütziger Zwecke.[180] Diese begünstigenden Zwecke müssen unmittelbar (§§ 51, 57 AO), ausschließlich (§§ 51, 56 AO) und selbstlos (§§ 52 I, 53, 54 I, 55, 61 AO) erfüllt werden, wobei im Merkmal der Ausschließlichkeit die Abgrenzung zum erwerbswirtschaftlichen Zweck vorzunehmen ist.[181] Im Gegensatz zur Regelung im StAnpG fällt auf, dass der Begriff der Allgemeinheit nicht mehr auf die deutsche Bevölkerung oder auf die Förderung einer bestimmten Religion beschränkt ist. Weiterhin wird durch den abschließenden Katalog willkürliche Förderung vermieden. Somit erfüllt die Vorschrift keine diskriminierende und unrechtsschaffende Funktion mehr, sondern nutzt seine Lenkungsfunktion mit objektivierter Betrachtungsweise.

b.) Änderung der Reichsabgabenordnung (Abschnitt II, StAnpG)

Da der ursprüngliche Plan die gesamte RAO von 1931 zu reformieren aus zeitlichen Gründen scheiterte, beschränkte man sich innerhalb des StAnpG auf die Änderung einzelner Vorschriften der RAO[182]. Zwei dieser Änderungen, bei denen sich das nationalsozialistische Rechtsdenken mit unmittelbarer Wirkung für die Arbeit in der Verwaltung durchsetzte, sind im Folgenden kurz dargestellt.

---

176 *Droege*, Gemeinnützigkeit im offenen Steuerstaat, S. 50.
177 *Droege*, Gemeinnützigkeit im offenen Steuerstaat, S. 50f.
178 *Droege*, Gemeinnützigkeit im offenen Steuerstaat, S. 46.
179 *Hey*, in: Tipke/Lang, Steuerrecht, § 20, Rn. 1f.
180 *Hey*, in: Tipke/Lang, Steuerrecht, § 20, Rn. 3.
181 *Hey*, in: Tipke/Lang, Steuerrecht, § 20, Rn. 5–10.
182 *Voß*, Steuern im Dritten Reich, S. 93.

Gemäß § 12 I RAO[183] war der Reichsfinanzminister ermächtigt zur Durchführung und zur Ergänzung der vom Reich erlassenen Steuergesetze Rechtsverordnungen und Verwaltungsvorschriften zu erlassen. Im Vergleich zur ursprünglichen Fassung von § 12 RAO[184] wurden seine Befugnisse insofern erweitert, als dass die Zustimmungsbedürftigkeit durch den Reichsrat wegfiel und er erstmalig ermächtigt war neues Recht zu setzen. Außerdem konnte er gemäß § 12 I 2 RAO den Umfang der Steuerbefreiungen, -vergünstigungen und –ermäßigungen bestimmen. In diesem Zusammenhang ist auf das oben schon angerissene Problem der wachsenden Unklarheit in Bezug auf die steuerrechtliche Normenhierarchie zu verweisen. Diese machte die Gesetzesanwendung besonders dort schwierig, wo einzelne Normen sich widersprachen, und man sich nicht sicher sein konnte, ob nun das einschlägige Gesetz, die Verordnung oder die Verwaltungsrichtlinie vorrangig war. In dieser Stärkung der Stellung des Reichfinanzministers durch § 12 RAO ist die Durchsetzung des nationalsozialistischen Führerprinzips zu erblicken. Allerdings ging die Erweiterung seiner Kompetenzen mit einem Kompetenzverlust seitens des RFH einher, der nun gemäß § 297 RAO[185] im Sinne einer Ermessenskontrolle[186] nicht mehr dazu befugt war nachzuprüfen, ob eine durch den Reichsfinanzminister erlassene Vorschrift mit dem Gesetz im Einklang stand. Denn diese habe ihre Autorität und Bindungswirkung für die Gerichte bereits durch ihre Verkündung im Reichsgesetzblatt erhalten.[187]

Eine weitere Änderung der RAO, die unter dem Schatten des nationalsozialistischen Führerprinzips stand, betraf die §§ 30–38 RAO[188]. Bisher hatten Steuerausschüsse, deren Mitglieder auch nicht arische Laien sein konnten (vgl. § 34 II RAO[189]), bei der Verwaltung der Einkommens-, Vermögens-, Ertrags- und Umsatzsteuer durch das zuständige Finanzamt mitgewirkt (§§ 30, 31 RAO[190]). Ihre Mitwirkung war als Regelfall und das Ausbleiben als Ausnahme normiert (§§ 31, 32 RAO[191]). Im Zuge des Reformwerks wurden die Steuerausschüsse in Beiräte umgewandelt, deren Mitglieder männlich, arischer

183 RGBl 1934 I, 929f.
184 RGBl 1931 I, 162.
185 RGBl 1934 I, 936.
186 *Voß*, Steuern im Dritten Reich, S. 97.
187 *Bühler*, in: StuW I, 1940, S. 582.
188 RGBl 1934 I, 930, 931.
189 RGBl 1931 I, 166.
190 RGBl 1931 I, 166.
191 RGBl 1931 I, 166.

Abstammung, deutsche Staatsbürger und im Besitz bürgerlicher Ehrenrechte sein mussten. Weiterhin hatte er nur noch beratende Funktion (§§ 30, 34 RAO[192]), welche er im Ausnahmefall ausüben sollte (§§ 31, 32, 33 RAO[193]). Mithin waren die zuständigen Finanzämter weniger Kontrollen unterworfen. Dies kam dem autoritären Führungssystem in der nationalsozialistischen Diktatur zugute, da nun die in den Finanzämtern getroffenen Entscheidungen leichter zu beeinflussen waren.

c.) Verlängerung der Reichsfluchtsteuer (Abschnitt VI, StAnpG)

Im Rahmen des StAnpG wurde gemäß § 43 I StAnpG die Geltungsdauer über die Reichsfluchtsteuerverordnung bis zum 31.12.1937 verlängert und der Reichfinanzminister gemäß § 43 III StAnpG dazu ermächtigt, ein neues Reichsfluchtsteuergesetz zu erlassen. Die Bedeutung dessen ist im Folgenden noch genauer zu erläutern.

4.) Zwischenfazit

Die dargestellten Neuerungen, die das StAnpG mit sich brachte, hatten eine immense Bedeutung, da sie die gesetzliche Manifestation des nationalsozialistischen Gedankenguts im Steuerrecht verwirklichten. Da von nun an die nationalsozialistische Ideologie maßgebliches Entscheidungskriterium für alle steuerlichen Belange war, öffnete das StAnpG Tür und Tor für die nationalsozialistischen Willkürentscheidungen auf dem Gebiet des Steuerrechts. Nach Erlass des Steueranpassungsgesetzes konnte das Reichsfinanzministerium vom mühsamen Abändern der Einzelsteuergesetze absehen, da mit Verweis auf § 1 StAnpG jeder Gesetzeswortlaut nach Belieben interpretiert und überdehnt werden konnte. Somit erreichte Reinhardt durch das StAnpG nur insofern sein Ziel der Steuervereinfachung, als dass § 1 StAnpG den Gesetzesmissbrauch vereinfachte.

VI. Die Reichsfluchtsteuer

1.) Historische Einordnung und Zielsetzung

Im Zuge seiner Einsparungspolitik zur Schuldenbewältigung während seiner Zeit als Reichskanzler der Weimarer Republik setzte Heinrich Brüning steuerpolitisch

192 RGBl 1934 I, 930.
193 RGBl 1934 I, 930.

auf Einsparmaßnahmen (s.o.). Dazu wurden die Steuertarife wichtiger Steuern erhöht, der freie Kapitalverkehr beschränkt, und zu einer Zwangsbewirtschaftung von Devisen gegriffen. Dadurch stieg die Steuerbelastung auf die Bevölkerung immens an. Dies führte dazu, dass wohlhabende Steuerpflichtige ihren Wohnsitz vermehrt ins Ausland verlegten, um der unbeschränkten steuerrechtlichen Erfassung ihres Einkommens und Vermögens in Deutschland zu entgehen ohne aber ihre sonstigen Verbindungen nach Deutschland abzubrechen.[194] Daher beabsichtigte der Gesetzgeber gegen alle diese „Fahnenflüchtige[n]" vorzugehen, die nun ins Ausland abwanderten, und sie der Steuerpflicht zu unterwerfen, solange sie noch deutsche Staatsbürger waren.[195] Ziel der Reichsfluchtsteuer war also die Steuerpflichtigen von der Kapitalflucht abzuhalten.[196] Gelang dies nicht, konnte der Staat durch die Erhebung der Reichsfluchtsteuer aber zumindest einen Teil der ihm entgangenen Steuern kompensieren.[197] Neu war dieser Gedanke allerdings nicht.[198] So erließ Kaiser Wilhelm II im Jahr 1918 das erste Gesetz gegen die Steuerflucht, welches aber bereits 1925 wieder aufgehoben wurde.[199] Während der nationalsozialistischen Diktatur erfuhr die Reichsfluchtsteuer mehrere verschärfende Änderungen und wurde zur finanziellen Ausplünderung der Juden missbraucht.[200] Der Anteil der Reichsfluchtsteuer am Gesamtsteueraufkommen war trotzdem relativ gering. So betrug er im Jahr 1939, in dem das höchste Reichsfluchtsteueraufkommen während der gesamten NS-Diktatur eingezogen wurde, nur 2,4% des Gesamtsteueraufkommens.[201] Dies verdeutlicht, dass sich die Wichtigkeit dieser Steuer für die Nationalsozialisten eher aus politischen Gründen ergab. So hatte die Reichsfluchtsteuer im Zusammenhang mit anderen Judenvermögensabgaben und speziell antisemitisch ausgerichteten Regelungen[202] stark unrechtsschaffende Wirkung, da die jüdischen Auswanderungswilligen laut der Berechnung eines Referenten im Reichswirtschaftsministeriums nach Begleichung aller geforderten Abgaben etwa 80% ihres ursprünglichen Vermögens verloren hatten[203].

194 *Mußgnug,* Die Reichsfluchtsteuer, S. 19.
195 *Tarrab-Maslaton,* Rechtliche Strukturen der Diskriminierung, S. 227.
196 *Tipke,* in: Betriebs-Berater, S. 1814.
197 *Mußgnug,* Die Reichsfluchtsteuer, S. 18f.
198 *Schauer,* Die Steuergesetzgebung des Nationalsozialismus, S. 155.
199 *Mußgnug,* Die Reichsfluchtsteuer, S. 11.
200 *Durner,* in: Maunz/Dürig, Art. 11 GG, Rn. 25.
201 *Schauer,* Die Steuergesetzgebung des Nationalsozialismus, S. 156.
202 *Aalders,* Geraubt, S. 372ff; *Bearbeiter,* in: Vor der Vernichtung, S. 69.
203 *Mußgnug,* Die Reichsfluchtsteuer, S. 47.

2.) In formeller Hinsicht

Am 08.12.1931 erließ der damalige Reichskanzler Heinrich Brüning per Notverordnung gemäß § 48 II WRV die Reichsfluchtsteuerverordnung[204] mit dem Titel „Vierte Verordnung des Reichpräsidenten zur Sicherung von Wirtschaft und Finanzen und zum Schutze des inneren Friedens“[205]. Die eigentlich als Ausnahme vorgesehene Notverordnung ersetzte das förmliche, in einem parlamentarischen Gesetzgebungsverfahren erlassene Gesetz und wurde in diesem Fall genutzt, weil die im Reichstag notwendige Mehrheit zum Gesetzeserlass nicht zustande kam. [206] Teil sieben der in acht Teile gegliederten Notverordnung betraf die Sicherung der Haushalte und führte unter anderem die Reichsfluchtsteuer ein.[207] Gemäß § 12 RFlStV hatte das Reich die Ertragshoheit bezüglich des Steueraufkommens. Die Änderungen der ursprünglichen Reichsfluchtsteuerverordnung durch das Reichsfinanzministerium in der Zeit der nationalsozialistischen Diktatur kamen nicht im oben dargestellten Gesetzgebungsverfahren für Reichsregierungsgesetze zustande, sondern wurden auf dem Verordnungs- oder Erlasswege teilweise auch erst rückwirkend festgesetzt.[208] Zwar wurden anfangs die formell erforderlichen Verlängerungs- und Änderungsanträge durch das Reichsfinanzministerium noch gestellt, dies nahm aber parallel mit dem Abbau der bürokratischen Erfordernisse ab.[209] Die Rechtsakte wurden jedoch unabhängig von ihrer formellen Qualität wie materielle Gesetze behandelt und waren diesen auch nicht nachrangig.[210] Die erste Änderung der Reichsfluchtsteuer durch die Nationalsozialisten erfolgte durch den Erlass des Änderungsgesetzes mit dem Titel „Gesetz über Änderung der Vorschriften über die Reichsfluchtsteuer“[211] vom 19.05.1934. Diesem folgte das „Gesetz zur Verlängerung der Vorschriften über die Reichsfluchtsteuer“[212] vom 21.12.1937. Daraufhin erließ das Reichsfinanzministerium noch fünf weitere Verordnungen zur Verlängerung der Reichsfluchtsteuer, wobei die letzte vom 09.12.1942 die unbefristete Geltungsdauer festsetzte.[213]

---

204 Im Folgenden: RFlStV.
205 RGBL 1931 I, 699, 731ff.
206 *Mußgnug,* Die Reichsfluchtsteuer, S. 11f, 24.
207 RGBL 1931 I, 699.
208 *Mußgnug,* Die Reichsfluchtsteuer, S. 34.
209 *Mußgnug,* Die Reichsfluchtsteuer, S. 34.
210 *Mußgnug,* Die Reichsfluchtsteuer, S. 35.
211 RGBl 1934 I, 391–393.
212 RGBl 1937 I, 1385–1386.
213 RGBl 1939 I, 125; RGBl 1939 I, 2443; RGBl 1940 I, 1605; RGBl 1941 I, 801; RGBl 1942 I, 682.

3.) In materieller Hinsicht

Bei der Reichsfluchtsteuer handelte es sich um eine der Vermögenssteuer ähnelnde besondere Strafsteuer gegen die drohende Kapitalflucht. Zielsetzung war es ursprünglich die Auswanderung zu verhindern und den Verlust an Kaufkraft zu kompensieren.[214] Dieser Grundgedanke wurde von den Nationalsozialisten allerdings dahingehend umfunktioniert, als dass die Reichsfluchtsteuer fortan zur konsequenten finanziellen Ausbeutung der jüdischen deutschen Bevölkerung instrumentalisiert wurde. Zu diesem Zwecke wurden auch die materiell rechtlichen Regelungen angepasst, wie im Folgenden dargestellt werden soll.

a.) Die subjektive Steuerpflicht

Gemäß § 1 RFlStV der ursprünglichen Verordnung waren deutsche Staatsangehörige, die nach dem 30.03.1931 und vor dem 01.01.1933 ihren inländischen Wohnsitz oder gewöhnlichen Aufenthalt in Deutschland aufgaben, subjektiv steuerpflichtig. Um aber nur besonders leistungsfähige Staatsbürger durch die Abgabe zu belasten,[215] waren Befreiungen hiervon in § 2 RFlStV geregelt. So musste gemäß § 2 Nr. 4 RFlStV das Einkommen des Steuerpflichtigen im Kalenderjahr 1931 oder einem späteren steuerlich relevanten Zeitabschnitt höher als 20.000 Reichsmark[216] gewesen sein. Oder aber sein steuerpflichtiges Vermögen musste am Stichtag des 01.01.1931 oder im Zeitpunkt einer späteren Vermögenssteuerveranlagung vor der Auswanderung mehr als 200.000 RM umfasst haben, um der Reichsfluchtsteuerpflicht zu unterfallen.[217] Hierbei war es nicht relevant, ob der Steuerpflichtige auch sein Vermögen ins Ausland verbrachte.[218] Weitere Steuerbefreiungen ergaben sich aus § 2 Nr. 1, 2, 3 RFlStV. Neben der Befreiung von Auslandsbeamten (Nr. 1) oder von Personen, die erst nach 1927 eingewandert waren (Nr. 2), konnte die Auswanderung aus volkswirtschaftlichen Gründen gerechtfertigt sein oder im deutschen Interesse liegen (§ 2 Nr. 3 RFlStV). Dies musste allerdings bescheinigt werden. Bei der Frage, ob die Auswanderung im deutschen Interesse lag, hatte die Rechtsprechung sachlich zwischen Vor- und Nachteilen abzuwägen.[219]

---

214 *Voß*, Steuern im Dritten Reich, S. 146.
215 *Tarrab-Maslaton*, Rechtliche Strukturen der Diskriminierung, S. 228.
216 Im Folgenden: RM.
217 *Voß*, Steuern im Dritten Reich, S. 147.
218 *Voß*, Steuern im Dritten Reich, S. 146.
219 *Tarrab-Maslaton*, Rechtliche Strukturen der Diskriminierung, S. 229.

Besonders auf der Ebene der subjektiven Steuerpflicht griffen die Nationalsozialisten schärfend ein, und gaben der Steuer einen antisemitischen Beigeschmack. Bereits durch das erste Änderungsgesetz der Nationalsozialisten von 1934 wurden die Grenzen für die Steuerbefreiung drastisch nach unten versetzt. So betrug die vermögensbezogene Freigrenze gemäß Art. 1 Nr. 1[220] nun nur noch 50.000 RM. Dies führte dazu, dass weitaus mehr Menschen dem Kreis der subjektiv Steuerpflichtigen unterfielen. Aber auch die Einführung der Zusammenveranlagung von Eltern und Kindern (§§ 26, 27 EStG[221]) im Rahmen der Änderung des Einkommensteuergesetzes von 1934 führte indirekt zu einer größeren Zahl subjektiv Steuerpflichtiger, insofern das Kind eigenes Einkommen besaß, durch welches bei Zusammenveranlagung die Freigrenze von 20.000 RM überschritten wurde. In Bezug auf die Vermögensgrenze von 50.000 RM trat der gleiche Effekt durch den Erlass des Vermögenssteuergesetzes vom 16.10.1936 ein.[222] Durch einen Runderlass[223] vom 23.12.1937 wurde festgelegt, dass die Befreiungsvorschriften über die subjektive Steuerpflicht gemäß § 2 Nr. 3 RFlStV keine Anwendung mehr auf Juden finden durften. Ausnahmen von dieser Diskriminierung durften nur gemacht werden, nachdem sie vom Reichsfinanzminister abgesegnet worden waren.[224] Spezielle Auswirkungen auf die Juden hatte auch die Änderung des § 14 III StAnpG[225]. Dieser ersetzte den ursprünglichen § 81 Nr. 2 RAO, der bisher den Wohnsitz oder dauernden Aufenthalt im Inland für im Ausland tätige Angestellte inländischer Unternehmen fingiert hatte.[226] Da dies durch § 14 III StAnpG untersagt wurde, unterfielen die im Ausland tätigen Juden nun der Reichsfluchtsteuerpflicht.

b.) Die objektive Steuerpflicht

(aa.) Bemessungsgrundlage

Bemessungsgrundlage für die Berechnung der zu entrichtenden Steuer war gemäß § 3 II, III RFlStV das im letzten Vermögenssteuerbescheid vor Aufgabe des inländischen Wohnsitzes festgestellte Gesamtvermögen des Steuerpflichtigen. Diesem Gesamtvermögen waren gegebenenfalls vorhandene Vermögensteile im

220 RGBl 1934 I, 392.
221 RGBl 1934 I, 1013.
222 *Voß*, Steuern im Dritten Reich, S. 148.
223 RStBl 1937, 1295.
224 *Schauer*, Die Steuergesetzgebung des Nationalsozialismus, S. 157.
225 RGBl 1934 I, 928.
226 *Voß*, Steuern im Dritten Reich, S. 148.

Sinne von § 3 III Nr. 1 RFlStV hinzuzurechnen, die nach dem Reichsbewertungsgesetz von 1931 einer selbstständigen Vermögenssteuerpflicht unterlagen, wie Anteile an einer Handels- oder Kommanditgesellschaft.[227]. Weiterhin war gemäß § 3 III Nr. 2 RFlStV noch nicht durch eine Vermögenssteuer erfasstes, durch Erbschaft oder Schenkung erworbenes Vermögen zu berücksichtigen,[228] das den Betrag von 10.000 RM überstieg und in einem bestimmten Zeitraum erlangt worden war.

Das nationalsozialistische Änderungsgesetz erweiterte diese Hinzurechnungsvorschriften insofern, als dass gemäß Art. 1 Nr. 3 Ziffer 3 auch der Zugewinn aus der Aufhebung einer fortgesetzten Gütergemeinschaft oder aus dem Verzicht auf ebendiese, gemäß Ziffer 4 Reichs(bahn-)anleihen und gemäß Ziffer 5 auch Aktien im zu versteuernden Vermögen berücksichtigt werden mussten, welche bisher unberücksichtigt geblieben waren. Eine weitere Verschärfung in Bezug auf die Hinzurechnungsvorschriften brachte das Verlängerungsgesetz vom 16.10.1937, sodass nun unter bestimmten Voraussetzungen[229] auch der Wert von Schenkungen und Grundstücken zu dem zu versteuernden Vermögen hinzuzufügen war. Damit wollte man bezwecken, dass auch die Vermögensteile von der Reichsfluchtsteuer erfasst würden, die der Steuerpflichtige zuvor verschenkt hatte, um die Steuerpflichtigkeit zu umgehen oder den Steuerbetrag zumindest zu verringern.[230]

(bb.) Der Steuersatz

Der Steuersatz, der auf die Bemessungsgrundlage angewendet wurde, um die Höhe der zu entrichtenden Reichsfluchtsteuer zu bestimmen, betrug 25% des zu versteuernden Vermögens, § 3 I RFlStV. Diese hohe Summe sah das Reichsfinanzministerium zur Zeit der Weimarer Republik dadurch gerechtfertigt, dass die Summe für die besonders leistungsfähigen betroffenen Steuerpflichtigen fühlbar sein müsse.[231] Diese Regelung wurde von den Nationalsozialisten beibehalten.

(cc.) Zahlung der Steuer

Die Reichsfluchtsteuer wurde ohne weitere Aufforderung oder den förmlichen Erlass eines Steuerbescheides wie eine Vermögenssteuer sofort fällig,[232] und war

---

227 *Voß*, Steuern im Dritten Reich, S. 147.
228 *Schauer*, Die Steuergesetzgebung des Nationalsozialismus, S. 156.
229 Vergleiche: RGBl 1937 I, 1385, Art. 1 Nr. 2.
230 *Mußgnug*, Die Reichsfluchtsteuer, S. 33.
231 *Mußgnug*, Die Reichsfluchtsteuer, S. 28.
232 *Mußgnug*, Die Reichsfluchtsteuer, S. 26.

an das bisher zuständige Finanzamt zu zahlen, § 5 II RFlStV. Auf Antrag des Steuerpflichtigen hin wurde allerdings ein Steuerbescheid erteilt, § 8 I RFlStV. Der Tag der Fälligkeit richtete sich nach dem Zeitpunkt der Aufgabe des inländischen Wohnsitzes oder des gewöhnlichen Aufenthalts durch den Steuerpflichtigen, § 5 I RFlStV. Hier fällt auf, dass die Steuerpflichtigen auch rückwirkend zahlungspflichtig wurden, wenn sie ihren Wohnsitz nach dem 31.03.1931, aber vor Erlass der RFlStV ins Ausland verlagert hatten (§ 5 I Nr. 1 RFlStV). Damit bezweckte man auch die vor und nach der Bankenkrise verschobenen Gelder zu erfassen.[233] Dieser Zahlungspflicht konnte der Steuerpflichtige gemäß § 7 RFlStV nur entgehen, indem er neben der Leistung von Sicherheiten nachwies, dass er seinen Wohnsitz innerhalb von zwei Monaten nach Entstehung der Steuerschuld (§ 4 RFlStV) wieder ins Inland zurückverlagerte. Diese „goldene Brücke" verdeutlicht, dass die ursprüngliche RFlStV noch die Intention hatte, die Steuerpflichtigen zum Verbleib in Deutschland zu motivieren.[234] Diese Zielsetzung revidierten die Nationalsozialisten bereits mit Erlass des Änderungsgesetzes. So änderten sie den § 7 dahingehend, dass der Steuerpflichtige die Möglichkeit verlor, durch die Rückkehr nach Deutschland von der Steuerentrichtungspflicht befreit zu werden. Weiterhin bekam das Finanzamt gemäß § 7 I Nr. 2 in seiner neuen Fassung von 1934[235] einen Ermessensspielraum zugebilligt. In dessen Rahmen konnte es Sicherheiten auf noch nicht entstandene Reichsfluchtsteueransprüche gegen den Steuerpflichtigen verlangen,[236] insofern es dies für erforderlich hielt. Im Gegensatz dazu war das Verlangen einer Sicherheitsleistung in der ursprünglichen Fassung erst nach tatsächlichem Entstehen der Forderung möglich.[237] Für erforderlich hielt das Finanzamt die Sicherheitsleistung immer dann, wenn das Entstehen der Forderung als wahrscheinlich galt.[238] Wie sich leicht erschließen lässt, lag diese Wahrscheinlichkeit regelmäßig bei jüdischen Bürgern vor,[239] die Deutschland vermehrt aus Angst vor dem Verlust ihrer Erwerbstätigkeit oder Gewalt verließen.

233 *Mußgnug*, Die Reichsfluchtsteuer, S. 20.
234 *Tarrab-Maslaton*, Rechtliche Strukturen der Diskriminierung, S. 230f.
235 RGBl 1934 I, 393.
236 *Tarrab-Maslaton*, Rechtliche Strukturen der Diskriminierung, S. 237.
237 RGBl 1931 I, 733.
238 *Voß*, Steuern im Dritten Reich, S. 148.
239 *Tarrab-Maslaton*, Rechtliche Strukturen der Diskriminierung, S. 234.

c.) Steuerstrafrechtliche Konsequenzen der Nichtzahlung

Die Konsequenzen für die Nichtbegleichung der Steuerpflicht wurden schon unter Brüning so streng gefasst, dass die Nationalsozialisten diese Regelungen zunächst unverändert übernahmen. So war bereits bei verspäteter Zahlung ein Säumniszuschlag von 5% für jeden angebrochenen Monat zu entrichten § 6 I, II RFlStV, wobei gemäß § 6 III RFlStV keine Verzugszinsen erhoben wurden. Bei Hochrechnung wird deutlich, dass dies im Jahr 120% der ursprünglich zu entrichtenden Steuer ausmachte. Überraschenderweise wurde dieser fünfprozentige Zuschlag mit dem Erlass des Änderungsgesetzes vom 19.12.1937 gemäß Art. 1 Nr. 3 auf 1% des zu versteuernden Vermögens herabgesetzt[240], was im Gegensatz zum ansonsten durchgehend reichsfluchtsteuerschärfenden Gesetzgebungsverhalten der Nationalsozialisten steht.

Die Wirkungen der Nichtzahlung ergaben sich aus § 9 RFlStV. Zunächst hatte der Steuerpflichtige mit einer mindestens dreimonatigen Gefängnisstrafe wegen Steuerflucht und einer Geldstrafe in unbegrenzter Höhe zu rechnen, es sei denn er konnte nachweisen, dass ihn kein Verschulden traf (Beweislastumkehr), § 9 Nr. 1 RFlStV. Weiterhin hatte das Finanzamt gegenüber dem Steuerpflichtigen einen Steuersteckbrief zu erlassen, aufgrund dessen der Steuerpflichtige vorläufig festgenommen werden konnte (§ 9 Nr. 2 RFlStV). Dies begründete man damit, dass andernfalls Fluchtgefahr des Steuerpflichtigen bestehen würde[241]. Um diese Maßnahme durchführen zu können, forderte das Reichsfinanzministerium die Finanzämter auf die polizeilichen Melderegister auf potenzielle Steuerpflichtige zu überprüfen.[242] Der Steuersteckbrief enthielt den Namen des Steuerpflichtigen, seine neue und alte Adresse, die Höhe der geschuldeten Reichsfluchtsteuer[243] und wurde dann vom Finanzamt öffentlich im Reichsanzeiger oder Reichsteuerblatt bekannt gegeben (§ 9 Nr. 4 RFlStV).[244] Außerdem war das Finanzamt dazu ermächtigt das im Inland befindliche Vermögen des Steuerpflichtigen zu beschlagnahmen, § 9 Nr. 3 RFlStV. Auch hier wird die Verwirklichung des Führerprinzips deutlich, da das Finanzamt als Behörde der Finanzverwaltung über weitgehende eigenständige Kompetenzen bezüglich der Durchführung und Durchsetzung der Steuerzahlung verfügte, und sogar behördenübergreifend

---

240 RGBl 1937 I, 1386.

241 *Mußgnug,* Die Reichsfluchtsteuer, S. 26.

242 *Mußgnug,* Die Reichsfluchtsteuer, S. 26.

243 RStBl 1937, 1299.

244 *Mußgnug,* Die Reichsfluchtsteuer, S. 27.

tätig wurde. Sie arbeitete zum Beispiel eng mit den Polizeibehörden zusammen, um die bessere Überwachung der Steuerpflichtigen gewährleisten zu können.[245]

4.) Zwischenfazit

Zusammenfassend lässt sich sagen, dass die Änderungen, die zur Zeit des Nationalsozialismus an der vorher relativ wertneutralen Reichsfluchtsteuer vorgenommen wurden, größtenteils steuerschärfende und -lenkende Funktion hatten. Die Steuer wurde grundlegend zu einem Instrument dafür umfunktioniert, die ohnehin nicht erwünschten auswanderungswilligen Juden in finanzieller Hinsicht auszubeuten, indem der größte Teil ihres Vermögens als abgabepflichtig erklärt wurde. Die größten Änderungen fanden auf der Ebene der subjektiven Steuerpflicht und bei der Bemessungsgrundlage statt, während beispielsweise die Konsequenzen für die Nichtzahlung der Steuer oder der Steuertarif größtenteils aus der Weimarer Zeit übernommen wurden.

Das nationalsozialistische Reichsfinanzministerium behauptete zwar nach wie vor, dass es sich bei der Reichsfluchtsteuer um eine letzte große Abgabe handele, die das Reich für entgangene Steuern entschädigen solle.[246] Dass es sich hierbei nur um einen Deckmantel für die finanzielle Erdrosselung der Juden handelte, wird offensichtlich, wenn man sich das sonstige mit dieser Aussage im Widerspruch stehende Verhalten des Reichsfinanzministeriums vor Augen hält.

Beispielsweise aus dem Ausland nach Deutschland zurückkehrende jüdische Emigranten bekamen nicht etwa die Reichsfluchtsteuer rückerstattet,[247] was logisch gewesen wäre, wenn die Steuer wirklich das Ziel gehabt hätte, die Kapitalflucht zu verhindern. Stattdessen wurden die jüdischen Emigranten zunächst in Schutzhaft genommen. Als weiteres Beispiel für die Scheinheiligkeit des Reichsfinanzministeriums lässt sich anführen, dass auch die aus „völkisch-nationalen Grundsätzen" Ausgebürgerten zur Zahlung der Reichsfluchtsteuer herangezogen wurden.[248] Weiterhin scheint es erwähnenswert, dass die Zahlung der Reichsfluchtsteuer den Steuerpflichtigen nicht dazu ermächtigte sein übriges Vermögen ins Ausland zu verbringen.[249] Durch immer strenger werdende Devisenbestimmungen wurde es den Auswandernden praktisch unmöglich gemacht, ihr Hab und Gut ins Ausland mitzunehmen oder aus dem

---

245 *Meinl*, in: Legalisierter Raub, S. 41.

246 *Mußgnug*, Die Reichsfluchtsteuer, S. 37.

247 *Mußgnug*, Die Reichsfluchtsteuer, S. 41.

248 *Mußgnug*, Die Reichsfluchtsteuer, S. 41.

249 *Schauer*, Die Steuergesetzgebung des Nationalsozialismus, S. 157.

Ausland auf ihr inländisches Vermögen zuzugreifen, wobei die Regelungen in Bezug auf die Juden stets enger gefasst wurden als für „arische" Staatsbürger.[250]

Um diese Widersprüche zu erklären, wurden im Reichsfinanzministerium Aussagen getroffen wie, die Auswanderung von „Nichtariern" sei zwar an sich erwünscht, es könne aber trotzdem nicht angehen, dass dadurch die deutsche Bevölkerung höhere Lasten zu tragen habe.[251] Während die Reichsbehörden also dafür sorgten, dass die Auswanderungswilligen immer höher steigende Lasten zu tragen hatten, „förderten" sie die Auswanderung damit, dass sie den Juden bei Rückkehr nach Deutschland lebenslängliche Haft im Konzentrationslager androhten.[252] Trotz dieser Drohungen und dem erklärten außenpolitischen Ziel der Auswanderung aller Juden wurde im Reichsfinanzministerium die Auffassung vertreten, dass es den Juden völlig frei stünde in Deutschland zu bleiben, was wiederum die Steuerpflicht rechtfertige.[253] Durch das für die Juden ab 1941 geltende Auswanderungsverbot wurden dann auch die Überlegungen bezüglich der Reichsfluchtsteuer hinfällig.[254] Somit hatte die Reichsfluchtsteuer während des NS Regimes Anteil an der antijüdischen Enteignungspolitik, die die Vorstufe zur „Endlösung" darstellte. Dadurch fällt es schwer, die ursprüngliche Reichsfluchtsteuerverordnung in neutralem Licht zu bewerten, obwohl sich das grundsätzliche Problem der Steuerflucht heute noch stellt.

5.) Die Reichsfluchtsteuer nach 1945

Durch das Kontrollratsgesetz Nr. 1 der Alliierten Besatzungsmächte vom 20.09.1945 wurden alle Rechtsvorschriften außer Kraft gesetzt, durch die jemand wegen seiner Rasse, Staatsangehörigkeit, seines Glaubens oder seiner politischen Einstellung diskriminiert wurde.[255] Die Reichsfluchtsteuer, die zwar auch zur Diskriminierung der Juden missbraucht worden war, blieb formell in Kraft,[256] da diese im Gegensatz zur Judenvermögensabgabe prinzipiell einen wertneutralen Regelungscharakter gehabt habe.[257] Eventuell bestehende Ersatzansprüche derjenigen Steuerpflichtigen, die während der nationalsozialistischen Diktatur

250 *Mußgnug*, Die Reichsfluchtsteuer, S. 39f.
251 *Mußgnug*, Die Reichsfluchtsteuer, S. 46.
252 *Mußgnug*, Die Reichsfluchtsteuer, S. 46.
253 *Mußgnug*, Die Reichsfluchtsteuer, S. 48, 51.
254 *Durner*, in: Maunz/Dürig, Art. 11 GG, Rn. 25; *Mußgnug*, Die Reichsfluchtsteuer, S. 52.
255 *Etzel*, Die Aufhebung von nationalsozialistischen Gesetzen, S. 80–83.
256 BFH v. 20.12.1951, III, 282/51 S; *Durner*, in: Maunz/Dürig, Art. 11 GG, Rn. 26.
257 *Mußgnug*, Die Reichsfluchtsteuer, S. 63ff.

zur Steuerzahlung herangezogen worden waren, wurden bezüglich der Gewährung und ihrer Voraussetzungen in den verschiedenen Besatzungszonen innerhalb Deutschlands unterschiedlich gehandhabt.[258] Weiterhin wurde über die weitere Erhebung der Reichsfluchtsteuer in reformierter Form und unter dem Titel „Abwanderungsabgabe" diskutiert. Das Bundesfinanzministerium rechtfertigte dies damit, dass der Staat in der schwierigen Zeit des Wiederaufbaus auf die Mitarbeit jedes Einzelnen angewiesen sei. Es bestehe zwar Auswanderungsfreiheit, aber diese entledige den Auswanderungswilligen nicht von jeder verpflichtenden Bindung zum deutschen Staat.[259] Schließlich wurden aber die Stimmen, die gegen die Erhebung einer der Reichsfluchtsteuer ähnlichen Abgabe plädierten, aus außenpolitischen Gründen lauter, sodass es letztendlich im Jahr 1953 zur uneingeschränkten Abschaffung der Reichsfluchtsteuer kam.[260] Das Problem der Steuerflucht durch Verlagerung von Einkommen oder Vermögen von Hochsteuerländern in Niedrigsteuerländer existiert heute nach wie vor.[261] Gesetzliche Bestimmungen bezüglich der Sicherung des deutschen Steuerzugriffs auf im Inland erwirtschaftetes Einkommen und Vermögen trifft das Außensteuergesetz[262] (AStG), das erstmals 1973 eingeführt, aber seitdem des Öfteren geändert wurde.[263] Eine Erläuterung dessen, inwiefern die Regelungen des AStG Ähnlichkeiten mit den Regelungen der ursprünglichen Reichsfluchtsteuer aufweisen, würde den Rahmen dieser Arbeit sprengen.

VII. Schlussbetrachtung

Die vorliegende Seminararbeit hat verdeutlicht, dass die Steuergesetzgebung im Nationalsozialismus nicht besonders viel mit der in einem Rechtsstaat gemein hatte. Vielmehr dienten die Steuergesetze als Mittel die politischen Akte und Zielsetzungen des nationalsozialistischen Reichsfinanzministeriums juristisch zu untermauern. Das dem geschriebenen Recht für die Beherrschung eines Industriestaates herausragende Bedeutung zukommt, da Gesellschaft und Wirtschaft nicht allein durch Terror und Zwang hinreichend gesteuert werden können, steht außer Frage. So hatte die Instrumentalisierung des Steuerrechts neben der rechtfertigenden, legitimierenden und herrschaftsstabilisierenden

258 *Mußgnug*, Die Reichsfluchtsteuer, S. 64–67.
259 *Mußgnug*, Die Reichsfluchtsteuer, S. 72.
260 BGBl. 1953 I, 689; *Mußgnug*, Die Reichsfluchtsteuer, S. 74f.
261 *Seer*, in: Tipke/Lang, Steuerrecht, § 1, Rn. 89.
262 BGBl 1972 I, 1713.
263 *Seer*, in: Tipke/Lang, Steuerrecht, § 1, Rn. 89.

Aufgabe vor allem eine gesellschaftliche, wirtschaftliche und rassenpolitische Lenkungsfunktion.

„Nun aber ist uns das Recht etwas ganz anderes geworden.“[264]

Von der Weimarer Reichsverfassung blieb nichts anderes über als ihr formelles Gerüst. Sowohl in formeller als auch in materieller Hinsicht mussten die Steuergesetze nur der nationalsozialistischen Weltanschauung und dem Führerwillen genügen. Von jeglichen gesetzlichen Beschränkungen zum Schutz des Individuums befreit konnte der nationalsozialistische Steuergesetzgeber, also das Reichsfinanzministerium, ungehindert sein „Steuerunwesen“, welches er als Gesetzgebung bezeichnete, treiben. Dass die materiell rechtlichen Neuerungen vor allem zu Lasten ungeliebter Bevölkerungsgruppen gingen, hat sich besonders an den Bestimmungen der Reichsfluchtsteuer und an § 1 StAnpG gezeigt.

Es wurde aber auch deutlich, dass in den heutigen Steuergesetzen ebendiese diskriminierenden und menschenverachtenden Regelungen keinen Platz mehr finden. Besonders durch den in Art. 3 GG verankerten Gleichheitssatz, der seine Konkretisierung in den in § 85 AO geregelten Besteuerungsgrundsätzen findet, verdeutlicht sich, dass die Steuergerechtigkeit heute als wesentlicher Grundsatz des Steuerrechts zu kategorisieren ist. Zwar finanziert sich auch die Bundesrepublik durch die Besteuerung der deutschen Bundesbürger, doch diese orientiert sich heute an den Grundsätzen der Allgemeinheit und Gleichheit der Besteuerung und am Prinzip der Leistungsfähigkeit. Weiterhin gewährleistet die aus Art. 1 III, 20 III GG abgeleitete Bindung der Legislative an die Verfassung, dass es heute nicht mehr möglich wäre, Steuergesetze mit illegitimer Lenkungsfunktion zu erlassen, wie es bei den antijüdischen Steuergesetzen der Nationalsozialisten der Fall war. Schutz vor einer etwaigen inneren Aushöhlung der Verfassung gewährleistet das Bonner Grundgesetz durch die Ewigkeitsklausel gemäß Art. 79 III GG. Zwar sind durch diese gesetzlichen Bestimmungen wichtige Schranken dafür gesetzt worden, dass sich die verheerende Geschichte der nationalsozialistischen Steuergesetzgebung in Zukunft nicht wiederholen wird. Dennoch ist abschließend zu sagen, dass sich jeder denkende Mensch die Geschichte des NS Regimes eine Warnung und Lehre sein lassen sollte auch gefestigte Strukturen und Denkansätze stets kritisch zu hinterfragen, anstatt sich ohne Blick auf den Inhalt mit den bereits bestehenden Gesetzen abzufinden.

---

264 *Freisler*, Nationalsozialistisches Recht, S. 53.

VIII. Literaturverzeichnis

Aalders, Gerard — Geraubt! Die Enteignung jüdischen Besitzes im zweiten Weltkrieg, Den Haag 1999.
[zitiert: *Aalders,* Geraubt, S.]

Adam, Uwe Dietrich — Judenpolitik im Dritten Reich, in: Tübinger Schriften zur Sozial- und Zeitgeschichte, hrsg. v. Gerhard Schulz, Düsseldorf 1972.
[zitiert: *Adam,* Judenpolitik, S.]

Bracher, Karl Dietrich — Stufen der Machtergreifung, in: Die nationalsozialistische Machtergreifung, Studien zur Errichtung des totalitären Herrschaftssystems in Deutschland 1933/34, Band I, Frankfurt/Berlin/Wien 1962.
[zitiert: *Bracher,* Stufen der Machtergreifung, S.]

Böckenförde, Ernst-Wolfgang (Hrsg.) — Staatsrecht und Staatsrechtlehre im Dritten Reich, Heidelberg 1985.
[zitiert: *Bearbeiter,* in: Staatsrecht im Dritten Reich, S.]

Börner, Fritjof — Die Bedeutung der Generalklauseln für die Umgestaltung der Rechtsordnung in der nationalsozialistischen Zeit, in: Europäische Hochschulschriften, Reihe II, Band 828, zugleich Univ. Diss., Göttingen 1988.
[zitiert: *Börner,* Die Bedeutung der Generalklauseln, S.]

Bühler, Ottmar — Der heutige Stand des Verordnungsrechts in Steuersachen., in: Steuern und Wirtschaft (StuW) I, 1940, S. 562–594.
[zitiert: *Bühler,* in: StuW I, 1940, S.]

Droege, Michael — Gemeinnützigkeit im offenen Steuerstaat, Tübingen 2010.
[zitiert: *Droege,* Gemeinnützigkeit im offenen Steuerstaat, S.]

Eisenhardt, Ulrich Deutsche Rechtsgeschichte, 2. Auflage, München 1995.
[zitiert: *Eisenhardt,* deutsche Rechtsgeschichte, S. Rn.]

Etzel, Matthias Die Aufhebung von nationalsozialistischen Gesetzen durch den Allierten Kontrollrat (1945–1948), in: Beiträge zur Rechtsgeschichte des 20. Jahrhunderts, Band 7, hrsg. v. Knut Wolfgang Nörr u.a., Berlin 1992.
[zitiert: *Etzel,* Die Aufhebung von nationalsozialistischen Gesetzen, S.]

Fasolt, Volker Das deutsche Steuerrecht zu Beginn des 21. Jahrhunderts – Notwendige Reformen aus Sicht des steuerberatenden Berufsstandes, in: Deutsches Steuerrecht (DStR) 2000, S. 7ff.
[zitiert: *Fasolt,* in: DStR, S.]

Fehr, Hans Deutsche Rechtsgeschichte, 4. Auflage, Berlin 1948.
[zitiert: *Fehr,* Deutsche Rechtsgeschichte, S.]

Felix, Günther Der Reichsfinanzhof im „Dritten Reich", die jüdischen Deutschen und die unbegrenzte Auslegung, in: Betriebs-Berater, Zeitschrift für Recht und Wirtschaft, Heft 19, 10.07.1993, S. 1297–1303.
[zitiert: *Felix,* in: Betriebs-Berater, S.]

Felix, Günther Ermessensausübung im Steuerrecht, in: Schriftenreihe des Instituts der Wirtschaftsprüfer, Band 11, Düsseldorf 1955.
[zitiert: *Felix,* Ermessensausübung im Steuerrecht, S.]

Freisler, Roland Nationalsozialistisches Recht und Rechtsdenken, in: Schriften des Reichsverbandes deutscher Verwaltungs-Akademien, Heft 4, Berlin 1938.
[zitiert: *Freisler,* Nationalsozialistisches Recht, S.]

Gröpl, Christoph Staatsrecht I, Staatsgrundlagen, Staatsorganisation, 2. Auflage, Saarbrücken/St. Ingbert 2010.
[zitiert: *Gröpl,* Staatsrecht I, S. Rn.]

Gusy, Christoph Die Weimarer Reichsverfassung, Tübingen 1997 [zitiert: *Gusy,* WRV, S.]

Hensel, Albert Steuerrecht, Reprintausgabe, Herne 1986, ursprünglich 1933. [zitiert: *Hensel,* Steuerrecht, S.]

Heß, Klaus-Günther Der Begriff „Allgemeines Wohl" in der neueren Gesetzgebung, zugleich Univ. Diss., Kiel 1937. [zitiert: *Heß,* Der Begriff „Allgemeines Wohl", S.]

Himstedt, Alfred Das Programm der NSDAP wird erfüllt!, 6. Auflage, München 1941. [zitiert: *Himstedt,* Das Programm der NSDAP, S.]

Kirschenmann, Dietrich Gesetz im Staatsrecht und in der Staatsrechtlehre des NS, in: Schriften zum Öffentlichen Recht, Band 135, zugleich Univ. Diss., Tübingen 1970. [zitiert: *Kirschenmann,* Gesetz im Staatsrecht und in der Staatsrechtlehre des NS, S.]

Köttgen, Arnold Deutsche Verwaltung, in: Neue Rechtsbücher für das Studium der Rechts- und Wirtschaftswissenschaften, hrsg. v. Karl Blomeyer, 3. Auflage, Berlin 1944. [zitiert: *Köttgen*, Deutsche Verwaltung, S.]

Kroeschell, Karl Rechtsgeschichte Deutschlands im 20. Jahrhundert, Freiburg 1992. [zitiert: *Kroeschell*, Rechtsgeschichte, S.]

Kuller, Christiane Der Steuerstaat als Unrechtsstaat. Die fiskalische Ausplünderung der Juden in der NS-Zeit, in: Justiz im Nationalsozialismus, Positionen und Perspektiven, hrsg. v. Joachim Arntz u.a., Hamburg 2006. [zitiert: *Kuller,* Der Steuerstaat als Unrechtsstaat, S.]

Laufs, Adolf Rechtsentwicklungen in Deutschland, 5. Auflage, Heidelberg 1996. [zitiert: *Laufs,* Rechtsentwicklungen in Deutschland, S.]

Lohmann, Hans Henning Die Zweckmäßigkeit der Ermessensausübung als verwaltungsrechtliches Rechtsprinzip, in: Schriften zum Öffentlichen Recht, Band 199, Berlin 1972.
[zitiert: *Lohmann,* Die Zweckmäßigkeit der Ermessensausübung, S.]

Majer, Dietmut Grundlagen des nationalsozialistischen Rechtssystems, Führerprinzip, Sonderrecht, Einheitspartei, Stuttgart/Berlin/Köln/Mainz 1987.
[zitiert: *Majer,* Grundlagen des nationalsozialistischen Rechtssystems, S.]

Majer, Dietmut Nationalsozialismus im Lichte der juristischen Zeitgeschichte, Ideologie – Staat – Besatzungsregime in Europa 1939–1945, in: Juristische Zeitgeschichte, Band 9, hrsg. v. Thomas Vormbaum.
[zitiert: *Majer,* Nationalsozialismus, S.]

Maunz, Theodor/Dürig, Günter (Hrsg.) Grundgesetz-Kommentar, 66. Auflage, München 2012.
[zitiert: *Durner,* in: Maunz/Dürig, Art., Rn.]

Meder, Stephan Rechtsgeschichte, 2. Auflage, Hannover 2005.
[zitiert: *Meder,* Rechtsgeschichte, S.]

Meinl, Susanne/Zwilling, Jutta Legalisierter Raub, Die Ausplünderung der Juden im Nationalsozialismus durch die Reichsfinanzverwaltung in Hessen, in: Wissenschaftliche Reihe des Fritz Bauer Instituts, Band 10, Frankfurt 2004.
[zitiert: *Bearbeiter,* in: Legalisierter Raub, S.]

Mertens, Bernd Rechtsetzung im Nationalsozialismus, in: Beiträge zur Rechtsgeschichte des 20. Jahrhunderts, hrsg. v. Hans-Peter Haferkamp u.a., Erlangen 2009.
[zitiert: *Mertens,* Rechtsetzung im Nationalsozialismus, S.]

Mußgnug, Dorothee Die Reichsfluchtsteuer 1931–1953, in: Schriften zur Rechtsgeschichte, Heft 60, Berlin 1992.
[zitiert: *Mußgnug,* Die Reichsfluchtsteuer, S.]

Pohl, Heinrich Reichsverfassung und Versailler Vertrag, in: Recht und Staat in Geschichte und Gegenwart, eine Sammlung von Vorträgen und Schriften aus dem Gebiet der Staatswissenschaften, Band 50, Tübingen 1927. [zitiert: *Pohl,* Reichsverfassung und Versailler Vertrag, S.]

Rapsch, Arnulf Gesetzgebung unter nationalsozialistischer Gewaltherrschaft, in: Recht und Unrecht im Nationalsozialismus, Münster 1985. [zitiert: *Rapsch,* Gesetzgebung unter nationalsozialistischer Gewaltherrschaft, S.]

Rebentisch, Dieter Führerstaat und Verwaltung im zweiten Weltkrieg, Verfassungsentwicklung und Verwaltungspolitik 1939–1945, in: Frankfurter Historische Abhandlungen, Band 29, hrsg. v. Johannes Fried u.a., Stuttgart 1989. [zitiert: *Rebentisch,* Führerstaat und Verwaltung, S.]

Reinhardt, Fritz Beurteilung von Tatbeständen nach nationalsozialistischer Weltanschauung, in: Reichssteuerblatt (RStBl) 1936, S. 1041–1056. [zitiert: *Reinhardt*, RStBl 1936, S.]

Reinhardt, Fritz Rede des Staatssekretärs Fritz Reinhardt, in: Reichssteuerblatt (RStBl) 1935, S. 641–649. [zitiert: *Reinhardt*, RStBl 1935, S.]

Reinhardt, Fritz Volksgemeinschaft und Steuerpflicht, in: Reichssteuerblatt (RStBl) 1934, S. 145f. [zitiert: *Reinhardt,* RStBl 1934, S.]

Rüthers, Bernd Entartetes Recht, Rechtslehren und Kronjuristen im Dritten Reich, 2. Auflage, München 1989. [zitiert: *Rüthers,* Entartetes Recht, S.]

Schauer, Ralf Erich Die Steuergesetzgebung des Nationalsozialismus als Mittel der Machtpolitik, Vom Steuerrecht zum Steuerunwesen, zugleich Univ. Diss., Regensburg 2003. [zitiert: *Schauer,* Die Steuergesetzgebung des Nationalsozialismus, S.]

Schmidt-Jortzig, Edzard Entstehung und Wesen der Verfassung des »Großdeutschen Reiches«, in: Recht und Rechtslehre im Nationalsozialismus, hrsg. v. Franz Jürgen Säcker, Kiel 1992.
[zitiert: *Schmidt-Jortzig,* Verfassung des »Großdeutschen Reiches«, S.]

Schneider, Otmar Rechtsgedanken und Rechtstechniken totalitärer Herrschaft, aufgezeigt am Recht des öffentlichen Dienstes im dritten Reich und der DDR, in: Beiträge zur Politischen Wissenschaft, Band 51, Arnsberg 1988.
[zitiert: *Schneider,* Rechtsgedanken und Rechtstechniken, S.]

Schorn, Hubert Die Gesetzgebung des Nationalsozialismus als Mittel der Machtpolitik, Frankfurt am Main 1963.
[zitiert: *Schorn,* Die Gesetzgebung des Nationalsozialismus, S.]

Schulz, Gerhard Verfassung, Regierung und politisches System der Republik, in: Weimarer Republik, Eine Nation im Umbruch, Freiburg/Würzburg 1987.
[zitiert: *Schulz,* Weimarer Republik, S.]

Stengel, Katharina (Hrsg.) Vor der Vernichtung, Die staatliche Enteignung der Juden im Nationalsozialismus, in: Wissenschaftliche Reihe des Fritz Bauer Instituts, Band 15, Frankfurt 2007.
[zitiert: *Bearbeiter,* in: Vor der Vernichtung, S.]

Strickrodt, Georg Allgemeines Steuerrecht, in: Steuerrecht, Grundriß in zwei Bänden, Band I, hrsg. v. Ottmar Bühler u.a., 3. Auflage, Frankfurt/Darmstadt 1960.
[zitiert: *Strickrodt,* Allgemeines Steuerrecht, S.]

Staff, Ilse Justiz im Dritten Reich, Eine Dokumentation, Frankfurt 1978.
[zitiert: *Staff,* Justiz im Dritten Reich, S.]

Sturm, Reinhard Vom Kaiserreich zur Republik 1918/19, in: Informationen zur politischen Bildung (bpb) 2003, Nr. 261/1998.
[zitiert: *Sturm,* in: bpb Nr. 261/1998, S.]

Tarrab-Maslaton, Martin Rechtliche Strukturen der Diskriminierung der Juden im Dritten Reich, in: Schriften zur Rechtsgeschichte, zugleich Univ. Diss., Heft 61, Bonn 1991.
[zitiert: *Tarrab-Maslaton,* Rechtliche Strukturen der Diskriminierung, S.]

Thamer, Hans-Ulrich Die nationalsozialistische Bewegung in der Weimarer Republik, in: Informationen zur politischen Bildung (bpb) 2003, Nr. 251/2003.
[zitiert: *Thamer,* in: bpb Nr. 251/2003, S.]

Thoma, Gerhard/Niemann, Ursula (Hrsg.) Die Auslegung der Steuergesetze in Wissenschaft und Praxis, Eine Sammlung von Beiträgen sowie Auszüge aus der Rechtsprechung zum Andenken an Armin Spitaler, Köln 1965.[zitiert: *Bearbeiter,* in: Die Auslegung der Steuergesetze, S.]

Tipke, Klaus Über die Juden-Rechtsprechung des Reichfinanzhofs, in: Betriebs-Berater, Heft 26, 20.09.1993, S. 1813–1816.
[zitiert: *Tipke,* in: Betriebs-Berater, S.]

Tipke, Klaus/Lang, Joachim (Hrsg.) Steuerrecht, 21. Auflage, Köln 2013.
[zitiert: *Bearbeiter,* in: Tipke/Lang, Steuerrecht, §, Rn.]

Von Hippel, Fritz Die nationalsozialistische Herrschaftsordnung als Warnung und Lehre, in: Recht und Staat in Geschichte und Gegenwart, Band 129, Tübingen 1946.
[zitiert: *Von Hippel,* Die nationalsozialistische Herrschaftsordnung, S.]

Von Münch, Ingo (Hrsg.) Gesetze des NS-Staates, Dokumente eines Unrechtssytems, 3. Auflage, Paderborn 1994.
[zitiert: *Von Münch*, Gesetze des NS-Staates, S.]

Von Rozycki – Von Hoewel, Fred Die Justiz am Scheideweg, Kampfschrift für eine gemeinschaftsbewußte Rechtfindungsmethode und Neuordnung der Rechtspflege, Magdeburg 1941.
[zitiert: *Von Rozycki – Von Hoewel,* Die Justiz am Scheideweg, S.]

Voß, Reimer Steuern im Dritten Reich, Vom Recht zum Unrecht unter der Herrschaft des Nationalsozialismus, München 1995.
[zitiert: *Voß,* Steuern im Dritten Reich, S.]

Wesel, Uwe Geschichte des Rechts, Berlin 2000.
[zitiert: *Wesel,* Geschichte des Rechts, S.]

End of the Second world war Germany required a constitution. The structure of the financial administration is of high importance regarding to the state. Examined the power struggle between Allied Control Council and Parliamentary Council in terms of the Federal Ministry of Finance.

F. Der Kampf um die Bundesfinanzverwaltung bei Entstehung des Grundgesetzes (Julia Klaftke)

I. Einleitung

„Wer eine Verfassung macht, will nicht ein Ding an sich in die Welt setzen, sondern will damit die Erreichung bestimmter Ziele fördern und bestimmte Gefahren abwehren. Er will damit Machtverhältnisse und Chancen festlegen."[1]

Die Bundesfinanzverwaltung ist für die Organisation des Staatshaushalts mitverantwortlich und ist damit Teil der öffentlichen Verwaltung. Oberste Bundesbehörde ist das Bundesfinanzministerium. Befasst man sich mit der globalen Wirtschafts- und Finanzkrise, den alltäglichen Nachrichten und der Einbindung in die EU, wird einem schnell bewusst, dass es heutzutage kaum eine mächtigere Erscheinung der Staatsgewalt gibt, als die der Finanzen und Steuern. Je stärker die Finanzkraft eines Staates, je stärker seine Liquidität, desto größer ist die wirtschaftliche Handlungsfähigkeit und folglich auch die außenpolitische Macht. Gerade mit Blick auf die Geschichte der Bundesrepublik Deutschland offenbart sich die Bedeutung einer effektiven Finanzverwaltung sowie eines wirksamen Steuersystems für den staatlichen und sozialen Frieden.

Es war ein langer Weg bis zu einer Bundesfinanzverwaltung. Ende des Zweiten Weltkrieges sah sich das Instrument der Finanzverwaltung einem harten politischen Kampf ausgesetzt: Die Wehrmacht hatte die bedingungslose Kapitulation verkündet, der Zweite Weltkrieg war beendet; Deutschland lag in Trümmern und der Alltag war von Armut geprägt. Die Besatzungsmächte begannen mit der Schaffung einer neuen Staatsstruktur. Zwischen den Besatzungsmächten gab es eine große Diskrepanz über die Organisation einer neuen Finanzverwaltung: Sollte Deutschland künftig Länderverwaltungen innehaben

1 Carlo Schmid, Politik und Geist, Stuttgart 1961.

oder setzte sich eine einheitliche Dachorganisation in Form einer Bundesfinanzverwaltung durch? Die Seminararbeit thematisiert diesen „Kampf um die Bundesfinanzverwaltung bei Entstehung des Grundgesetzes". Gegenstand der Arbeit ist u.a. unter föderalen Gesichtspunkten zunächst die Entwicklung vom ursprünglichen Reichsschatzamt des Deutschen Kaiserreichs zum Reichsministerium der Finanzen der Weimarer Republik, das Ende des Nationalsozialismus und der Neuaufbau Deutschlands durch die Besatzungsmächte unter dem Aspekt des Kampfes mit unterschiedlichen politischen Richtungen der Vertreter Deutschlands um das verfassungsrechtliche Instrument einer Bundesfinanzverwaltung bis zum Inkrafttreten des Grundgesetztes der Bundesrepublik Deutschland am 23.05.1949, wobei letzteres den Schwerpunkt dieser Seminararbeit ausmacht. Abschließend erfolgt im Resümee ein kritischer Blick auf die aktuelle europapolitische Entwicklung in Bezug auf die Notwendigkeit einer europäischen, unitarischen Finanzverwaltung.

II. Die Finanzverwaltung bis 1945

1.) Deutsches Kaiserreich

Das deutsche Kaiserreich von 1871 bestand aus einem freiwilligen Zusammenschluss deutscher Einzelstaaten.[2] Aufgrund des fehlenden Willens eine unitarische Finanzverwaltung zu bilden, blieb es bei einer föderalistischen Struktur[3] und die Einzelstaaten bestimmten weitgehend eigenständig über ihre inneren Verwaltungen.[4] Die alleinige Steuerverwaltungshoheit lag somit gem. Art. 36 RV (1871) bei den einzelnen Ländern.[5] Erst durch kaiserlichen Erlass vom 14. Juli 1879[6] erfolgte die Trennung der Finanzabteilung vom Reichskanzleramt und ihre Erhebung zu einem obersten Reichsamt[7], „Das Reichsschatzamt". Zum Geschäftskreis gehörten zahlreiche Aufgaben, wie zum Beispiel die Zölle oder Reichsschuldangelegenheiten.[8] Dem Reichsschatzamt waren sogenannte „Reichskommissare"[9] unterstellt und jene besaßen das

2 RGBl 1871 S. 64; Vgl. Präambel zur Reichsverfassung v. 16. April 1871.
3 *Fetzer/Arndt* S. 6.
4 *Althammer* S. 41.
5 Bonner Komm./*Seer*, April 2011, Art. 108 GG Rn. 2.
6 RGBl S. 169.
7 *Morsey* S. 197; *Leidel* S. 37, 38.
8 *Morsey* S. 197; *Leidel* S. 38.
9 *Leidel* S. 38.

Recht auf uneingeschränkte Akteneinsicht, aber eben kein Recht selbst in die Verwaltung einzugreifen.[10] Wegen erheblicher Systemmängel, z.B. etwa einem fehlenden Überweisungssystem[11], befand sich das Kaiserreich in ständiger Finanznot. Auch die Kosten des Krieges wurden hauptsächlich vom Reich getragen.[12] Doch die Verhandlungen der bundesstaatlichen Finanzminister über die Bildung einer einheitlichen Steuerverwaltung blieben bis Ende des Ersten Weltkrieges erfolglos.[13]

2.) Weimarer Republik

Die Niederlage des Ersten Weltkrieges, der Untergang des Kaiserreichs, die Reparationszahlungen und der Verlust wirtschaftlich bedeutsamer Gebiete stürzte das Land in schwere finanzielle Nöte.[14] Der Reichsfinanzminister Erzberger entschloss sich, eine sämtliche Reichsabgaben umfassende Reichsfinanzverwaltung zu gründen.[15] Er war der Auffassung, dass nur eine starke Zentralgewalt auf dem Gebiet der Finanzverwaltung die vollständige Sicherheit dafür schaffen könne, dass die Steuergesetze lückenlos und unter geringsten Kosten durchgeführt würden.[16] Das durch die Folgen des Krieges genötigte Reich musste den Bundesstaaten die Verwaltung der Steuern abnehmen. Dies war der Sinn der von Erzberg gewollten Reichsfinanzverwaltung.[17] Die Last des Versailler Friedensvertrages ließ den bisher in steuerlicher Selbstverwaltung stehenden Bundesstaaten keine andere Wahl, als sich mit der Verfassung des Deutschen Reichs vom 11. August 1919 einer unitarischen,[18] reichseigenen Steuerverwaltung zu unterwerfen.[19] Mit Gesetz vom 10. September 1919 wurde die Reichsfinanzverwaltung eingeführt.[20]

---

10 *Leidel* S. 39.
11 Bonner Komm./*Seer*, April 2011, Art. 108 GG Rn 4.
12 *Lassar*, JöR 1926 Bd. 14 S. 4, 132.
13 *Lassar*, JöR 1926 Bd. 14 S. 4, 133.
14 Vgl. *Friedensburg*, S. 13–23.
15 *Leidel*, S. 101; *Friedensburg*, S. 25; *Senger*, S. 34.
16 *Leidel*, S. 103.
17 *Eyck*, S. 161.
18 In einem unitarischen Staat steht die Finanzverwaltung einheitlich dem Bundeszentralsstaat zu, in einem föderativen Staat liegt sie bei den einzelnen Gliedstaaten.
19 Vgl. *Heiber* S. 43; RGBl S. 1383; Isensee/Kirchhoff/*Jestaedt* HStR II § 29 Rn 3.
20 *Lassar*, JöR 1926 Bd. 14 S. 4,137.

Die Reichsfinanzverwaltung war dreistufig aufgebaut: an der Spitze stand der Reichsminister der Finanzen, Mittelbehörden waren die Landesfinanzämter, örtliche Behörden die Finanzämter und Hauptzollämter.[21]

3.) Nationalsozialismus

Am 30.01.1933 wurde Hitler zum Reichskanzler ernannt und Deutschland wurde Schlag auf Schlag entföderalisiert und zu einem totalitären Einheitsstaat.[22] Die Weimarer Republik wurde zum Einheits- und Einparteienstaat.[23] Durch das Gesetz vom Neuaufbau des Reiches verloren die Länder ihre Hoheiten.[24] Die Steuerhoheiten und die Finanzverwaltung unterlagen nun im vollen Umfang der Reichsgewalt.[25] Offiziell wurde die Reichsfinanzverwaltung vom Reichsfinanzminister Graf Schwerin von Korsigk geleitet, ausgebaut wurde sie jedoch durch den Staatssekretär Reinhardt.[26]

III. Die Finanzverwaltung nach 1945

Um zu erkennen, in welcher Situation die Finanzverwaltung sich nach Ende des Zweiten Weltkrieges befand und um den folgenden Kampf um diese nachvollziehen zu können, ist es nötig sich zunächst einen kleinen Überblick über die politische Gesamtsituation infolge der sog. Berliner Deklaration[27] zu verschaffen.

Am 8. Mai 1945[28] hat die Wehrmacht die bedingungslose Kapitulation verkündet. Deutschland befand sich in einem Zustand der völligen Zerstörung. Um die Kosten des Aufbaus und der Entschädigung zahlen zu können, war es von immenser Bedeutung dem wirtschaftlich am Boden liegenden Deutschland eine funktionierende Finanzverwaltung zu geben. Am 5. Juni 1945 stellten die vier Besatzungsmächte (USA, Frankreich, GB, Sowjetunion) mit ihrer

---

21 Bonner Komm./*Vogel, Kirchhoff, Walter*, Juni 1971 Vorbem. z. Art. 104a–115 Rn 17; *Lassar*, JöR 1926 Bd. 14 S. 4, 137; *Senger*, S. 34.

22 Bonner Komm./*Seer*, April 2011, Art. 108 GG Rn 10; *Fischer*, S. 34; *Henneke*, S. 20.

23 *Fischer*, S. 34.

24 RGBl. I S. 75; *Fischer*, S. 34, *Strauß* S. 24.

25 *Fischer*, S. 35.

26 *Fischer*, S. 35; Bonner Komm./*Seer*, April 2011, Art. 108 GG Rn 11.

27 Erklärung der Besatzungsmächte zur politischen und wirtschaftlichen Machtübernahme Deutschlands, siehe ABl des Kontrollrats Deutschlands, Ergänzungsblatt Nr. 1 S. 7.

28 ABl des Kontrollrats Deutschlands, Ergänzungsblatt Nr. 1 S. 6.

„Erklärung in Anbetracht der Niederlage Deutschlands und der Übernahme der obersten Regierungsgewalt hinsichtlich Deutschlands“[29] fest, dass es in Deutschland keine zentrale Regierung oder Behörde mehr gebe.[30] Somit übernahmen die Alliierten selbst die oberste Gewalt und folglich auch die Kontrolle über die Finanzgewalt.[31] Auf Grundlage der Berliner Deklaration wurde Deutschland in vier Besatzungszonen unterteilt,[32] in denen die jeweilige Besatzungsmacht die Steuerverwaltungshoheit ausübte.[33]

1.) Sowjetische Besatzungszone

Die Sowjetunion begann schon früh und konsequent in den von ihnen besetzten Ländern (Vorpommern, ein großer Teil Brandenburgs, Sachsen, Thüringen, Sachsen-Anhalt, Mecklenburg) Institutionen zu schaffen, die ihren Vorstellungen entsprachen.[34] Ihrer Besatzungspolitik legten sie somit ihr eigenes zentralistisches Staatsverständnis zugrunde, in dem föderative Strukturen keine Chance hatten.[35] In der sowjetischen Besatzungszone wurde die Finanzhoheit von der Deutschen Zentralverwaltung in Ostberlin ausgeübt.[36]

2.) Französische Besatzungszone

Frankreich organisierte seine Zone (Baden, Rheinland-Pfalz, Württemberg-Hohenzollern) streng föderalistisch.[37] Die Militärregierung duldete keine Zusammenarbeit der Verwaltungen der Zonenländer, da es mit Blick auf die eigene Geschichte (deutsch-französischer Krieg) Angst vor einem starken Deutschland hatte.[38] Im Bereich der Finanzverwaltung gestattete Frankreich jedoch eine Ausnahme, wobei die Finanzverwaltungen eher desorganisiert

---

29 ABl des Kontrollrats Deutschlands, Ergänzungsblatt Nr. 1 S. 7.

30 *Kunert*, JuS 1979, 322 (323).

31 Vgl. *Schweigert*, S. 26; *Kun*ert, JuS 1979, 322 (323).

32 *Pieroth*, NJW 1989, 1333 (1335).

33 Bonner Komm./*Vogel, Kirchhoff, Walter*, Juni 1971, Vorbem. z. Art. 104a - 115 Rn 175; Vgl.*Ziekow*, JuS 1999, 417.

34 *Diestelkamp*, JuS 1980, 790 (792).

35 Bonner Komm./*Seer*, April 2011, Art. 108 GG Rn 14; *Diestelkamp*, JuS 1980, 790 (792).

36 Bonner Komm./*Seer*, April 2011, Art. 108 GG Rn 14.

37 *Diestelkamp*, JuS 1980, 790 (792).

38 *Diestelkamp*, JuS 1980, 790 (792); Bonner Komm./*Seer*, April 2011, Art. 108 GG Rn 14.

arbeiteten.[39] Es fehlte den jeweiligen Landesfinanzverwaltungen eine übergeordnete, koordinierende Institution, weshalb eine interzonale Anpassung der Finanzverwaltung in der französischen Besatzungszone bis zur Konstituierung der Bundesrepublik Deutschland nicht möglich war.[40]

3.) Amerikanische Besatzungszone

Die amerikanische Zone (Bayern, Württemberg-Baden, Groß-Hessen) sah eine föderative Verwaltung auf Grundlage der Proklamation Nr. 2 der amerikanischen Militärregierung nach der Schaffung der jeweiligen Länder vor.[41] Die USA wollten eine durch Wahlen legitimierte deutsche Selbstverwaltung aufbauen und dabei möglichst viele Zuständigkeiten den neuen Verwaltungen überlassen.[42] In Bayern und Württemberg-Baden wurde eine dreistufige Finanzverwaltung wiederbelebt, Groß-Hessen verfügte dagegen nur über eine zweistufige Finanzverwaltung.[43]

4.) Britische Besatzungszone

In den von den Briten besetzten Ländern (preußische Provinzen Hannover, Schleswig-Holstein, Westfalen, den Norden der Rheinprovinz, Braunschweig, Hamburg, Lippe, Oldenburg, Schaumburg-Lippe - daher auch Nordwestzone genannt), wurde eine föderalistische Struktur und eigenstaatliche Verantwortlichkeit nicht zugelassen.[44] Die britische Militärregierung führte mit denselben Behörden, die bis zur deutschen Kapitulation als Behörde der Reichsfinanzverwaltung dienten, die Steuerverwaltung fort.[45] Allerdings verwalteten sie die Finanzen jetzt nicht mehr für das nationalsozialistische Reichsamt der Finanzen, sondern von nun an für die Hamburger Zonenhauptkasse.[46]

5.) Bizone

Diese verschiedenartigen Steuerhoheiten der Besatzungszonen hatten nichts gemein. Nach dem Scheitern der Pariser Außenministerkonferenzen (1946)

---

39 *Schweigert*, S. 79, 80.

40 *Schweigert*, S. 87.

41 *Schweigert*, S. 44.

42 *Pieroth*, NJW 1989, 1333 (1335).

43 *Schweigert*, S. 45.

44 *Schweigert*, S. 56, Bonner Komm./*Seer*, April 2011, Art. 108 GG Rn 14; vgl. *Diestelkamp*, NJW 1989, 1312 (1314).

45 *Schweigert*, S. 58;*Höpker-Aschoff*, S. 21.

46 *Schweigert*, S. 58.

forcierten die Amerikaner eine wirtschaftliche Integration Gesamtdeutschlands.[47] Frankreich lehnte eine Angleichung der westlichen Besatzungsländer ab und so unterzeichnete nur Großbritannien das Kooperationsangebot der Amerikaner.[48] 1947 schlossen sich die britische und amerikanische Zone zur sog. Bizone zusammen und koordinierten ihre Steuerhoheiten von nun an durch den Deutschen Finanzrat.[49] Er sollte langfristig in einer einheitlichen Finanzverwaltung münden.[50] Die Amerikaner wollten aber ihr föderalistisches Konzept auch der bizonalen Verwaltung unterstellen, während die Briten an einer unitarischen Bizonenverwaltung festhielten.[51] So kam es, dass der Deutsche Finanzrat wegen der unterschiedlichen Verwaltungsstrukturen in den beiden Zonen recht bald scheiterte.[52] Dem Deutschen Finanzrat folgte als erneuter Koordinierungsversuch in der Bizone die Verwaltung für Finanzen.[53] Sie erhielt zwar mehr Befugnisse als der Deutsche Finanzrat, war aber im Verhältnis zum Bipartite Control Office weisungsgebunden.[54] Die Verwaltung für Finanzen musste dementsprechend Rechenschaft über jeden ihrer Schritte gegenüber dem Bipartite Control Office ablegen.[55] Eine eigenverantwortliche und selbstständige Verwaltung war so nicht möglich. Die Arbeit der Verwaltung für Finanzen war wegen mangelnder Koordination und Zuständigkeitskonflikten zum Scheitern verurteilt.[56]

6.) Herrenchiemseer Konvent

a.) Die Einberufung des Herrenchiemseer Konvents

Trotz der Koordinierungsversuche der Zonen kam es in Westdeutschland zu einer fortschreitenden Zersplitterung der Finanzverwaltungen.[57] Der sich seit 1947 verstärkende Ost-West-Konflikt sowie mehrere erfolglose Außenministerkonferenzen der Siegermächte in Moskau und London verdeutlichten die

---

47 *Ziekow*, JuS 1999, 417 (418).
48 *Ziekow*, JuS 1999, 417 (418); *Schweigert*, S. 87.
49 *Senger*, S. 45.
50 *Senger*, S. 45.
51 *Diestelkamp*, JuS 1981,409 (412).
52 *Senger*, S. 45; *Diestelkamp*, JuS 1981, 409 (412).
53 *Senger*, S. 45; *Schreiber*, S. 115.
54 *Senger*, S. 46.
55 *Schweigert*, S. 116.
56 Vgl. *Senger*, S. 46; dazu ausf. *Schweigert*, S. 117.
57 *Senger*, S. 46; Bonner Komm./*Seer*, April 2011, Art. 108 GG Rn 16; *Schweigert*, S. 140.

Unüberbrückbarkeit der verschiedenen Positionen.[58] Diese Konflikte zwangen die drei westlichen Besatzungsmächte von einem Zusammenschluss aller vier Besatzungszonen abzuweichen.[59] Sie planten daher einen westdeutschen Teilstaat, welcher imstande sein sollte (politisch und wirtschaftlich) sich gegen den stärker werdenden Druck der Sowjetunion auflehnen zu können.[60] Auf der Londoner 6-Mächte-Konferenz (USA, Belgien, Frankreich, Luxemburg, Niederlande, Groß-Britannien) im Sommer 1948 einigten sich die Westmächte, einen Westdeutschen Staat zuzulassen.[61] Nach Beratungen der Westmächte übergaben ihre Militärgouverneure den elf Ministerpräsidenten der jeweiligen westlichen Besatzungszonen die Frankfurter Dokumente am 1. Juli 1948.[62]

Die in Dokument Nr. I festgehaltene Erklärung[63] ermächtigte die Ministerpräsidenten eine verfassungsgebende Versammlung einzuberufen, die spätestens am 1. September 1948 zusammentreffen sollte.[64] Im Juli 1948 einigten sich die Westmächte in einem Schluss-Kommuniqué, dass es statt einer „Verfassungsgebenden Versammlung" einen „Parlamentarischen Rat" geben sollte und statt einer „Verfassung" nur ein „Grundgesetz", um den vorläufigen Charakter des zu bildenden Staates zu verdeutlichen.[65] Auf Vorschlag des Ministerpräsidenten Stock[66] wurde ein Sachverständigenausschuss einberufen, der die Arbeit des Parlamentarischen Rats vorbereiten sollte.[67] Bei diesen vorbereitenden Arbeiten waren die elf Westzonenländer durch Bevollmächtigte vertreten, welche sich durch vierzehn Mitarbeiter unterstützen ließen.[68]

---

58 *Pieroth*, NJW 1989, 1335 (1336); *Kröger*, NJW 1989, 1318 (1319).

59 Vgl. *Berger*, DVBl 1949, 309 (309); vgl. *Bernhardt*, JuS 1986, 839 (840).

60 *Pieroth*, NJW 1989, 1335 (1336); *Kröger*, NJW 1989, 1318 (1319).

61 *Schweigert*, S. 157.

62 *Schweigert*, S. 157; *Pieroth*, NJW 1989, 1335 (1336); *Kröger*, NJW 1989, 1318 (1319); Vgl. *Berger*, DVBl 1949, 309 (309); *Drüen*, FR 2008 295 (296).

63 „Die verfassungsgebende Versammlung wird eine demokratische Verfassung Ausarbeiten, die für die beteiligten Länder eine Regierungsform des föderalistischen Typs schafft, die am besten geeignet ist, die gegenwärtig zerrissene deutsche Einheit wiederherzustellen, und die Rechte der beteiligten Länder schützt, eine angemessene Zentralinstanz schafft, und Garantien der Individuellen Rechte und Freiheiten enthält…", zitiert aus Schweigert S. 158.

64 *Säcker*, DÖV 1998, 784 (785); Vgl. *Berger*, DVBl 1949, 309 (309).

65 *Pieroth*, NJW 1989, 1336 (1336).

66 Christian Stock, SPD, gehörte 1919 der Weimarer Nationalversammlung an und wurde am 20.12.1946 zum ersten Ministerpräsidenten Hessens gewählt.

67 *Feldkamp*, S. 28; *Kunert*, JuS 1979, 322 (324).

68 *Fischer*, S. 60; *Säcker*, DÖV 1998, 784 (786); *Kunert*, JuS 1979, 322 (324); *Benz*, S. 185f.

b.) Die Arbeit der Kommission II

Der Verfassungskonvent (unabhängiges Sachverständigengremium) tagte vom 10.-23. August 1948 auf der bayerischen Insel Herrenchiemsee. Zur besseren Bearbeitung der Grundgesetz-Fragen bildeten sich, auf Anraten von Anton Pfeiffer,[69] drei Kommissionen.[70]

Kommission II wurde von Theodor Spitta[71] geleitet und war mit der Bildung eines Entwurfs für die Finanzverfassung/-verwaltung betraut.[72] Als Sachverständige des Ausschusses waren für die Frage der Steuerverwaltung Richard Ringelmann[73] und Herbert Fischer-Menshausen[74] sowie Hans Storck[75] beauftragt worden.[76] Die Verteilung der Finanzverwaltung war ein umkämpftes Thema. Der Ausschuss stand vor der schwierigen Aufgabe die unterschiedlich geregelte Zonenfinanzverwaltung der Westmächte in eine bundesstaatliche Grundordnung zu bringen und dabei klare Verantwortlichkeiten zu schaffen.[77] Als Leitfaden diente der Kommission II ein Arbeitspapier aus Bayern, welches nach und nach um alternative Vorschläge zur Bundesfinanzverwaltung erweitert wurde.[78]

Die Diskussionen des Ausschusses waren von gegensätzlichen Denkweisen geprägt. So setzte sich der Hamburger Sachverständige Fischer-Menshausen für eine einheitliche Finanzverwaltung durch Bundesbehörden ein, während der Referent des Deutschen Städtetages Storck dagegen zusammen mit dem bayerischen Minister Ringelmann einen kompromisslosen Föderalismus in Form von ungeteilten, selbstständigen Landesfinanzverwaltungen favorisierte.[79]

---

69 Anton Pfeiffer, 1945 Gründungsmitglied der CSU und Mitglied der verfassungsgebenden Landesversammlung Bayern. Im selben Jahr übernahm er die Leitung der Bayrischen Staatskanzlei. Der Herrenchiemseer Verfassungskonvent wählte ihn zum Vorsitzenden.

70 *Benz*, S. 188.

71 Theodor Spitta wurde am 5.6.1945 von der amerikanischen Militärregierung zum Senator für Justiz und zum Bürgermeister Bremens berufen. Er nahm für Bremen am Herrenchiemseer Konvent teil.

72 *Fischer*, S. 60; Benz, S. 188.

73 Ministerialdirektor im bayerischen Finanzministerium.

74 Hauptreferent für Finanzen beim Länderrat der Bizone.

75 Finanzdezernent im deutschen Städtetag.

76 Ausführliche Zusammensetzung der Kommission II in Parlamentarischer Rat 1948–1949, Akten und Protokolle, Bd. 2, S. LXXIV.

77 Bonner Komm./*Vogel, Kirchhoff*, Juni 1971, Vorbem. z. Art. 104a–115 Rn 54.

78 Parlamentarischer Rat 1948–1949, Akten und Protokolle, Bd. 2, S. LXXXII.

79 *Schweigert*, S. 160.

Ringelmann setzte sich ambitioniert für eine föderalistische Organisation der Finanzverwaltung ein. In seinem Vortrag auf der 5. Sitzung des Unterausschusses II verdeutlichte er anhand der Reichsfinanzverwaltung der Weimarer Republik die Gefahren einer einheitlichen Bundesfinanzverwaltung. [80] Ringelmann vertrat den Gesichtspunkt, die Reichsfinanzverwaltung „blähte" sich in der Position des Steuersouveränen immer mehr auf, bis sie in ihrem unitarischen Höhepunkt der NS-Zeit die Steuerverwaltungen der Länder und folglich ihre Finanzen verschluckte.[81] Er ließ seine Hörer wissen, dass dieser Unitarismus mit der Kapitulation der Wehrmacht zum Glück ein Ende gefunden hätte und es keine andere Lösung geben könne als eine Rückkehr zur Regelung der Bismarck'schen Verfassung.[82] Ringelmann unterstützte somit den Vorschlag II zur Regelung des Bundesfinanzwesens des bayerischen Vertreters Kollmann zur Bundesfinanzverwaltung im Unterausschuss II. Dort heißt es, der Bund solle diejenigen Zoll- und Steuergesetze überwachen, für die ihm das Recht der Gesetzgebung zustehe.[83] Ringelmann als auch Kollmann verfolgten somit eine durch festumrissene, engbegrenzte Handlungsspielräume zentrale Gewalt des Bundes.[84] Die Sachverständigen waren sich uneins, wie genau die Verteilung der Verwaltungshoheit auszusehen habe. Der Sachverständige Fischer-Menshausen sah in der Neuorganisation der Finanzverwaltung kein Mittel zur Durchsetzung eines radikalen Föderalismus. Einig war er sich mit Ringelmann nur in dem Punkt, den Ländern auch eigene Befugnisse zu gestatten. Als radikaler Gegenpol zu Ringelmann und Kollmann betrachtete er es als eine Gefahr, den Aufbau der Finanzverwaltung nur unter dem Punkt „Föderalismus oder Unitarismus" zu wollen. So kam es, dass Fischer-Menshausen dem Vorschlag Kollmanns und Ringelmanns widersprach, dass Zölle und Steuern, deren Aufkommen dem Bunde zustehen, von den Ländern aber erhoben und von ihnen verwaltet werden, der Bund den Ländern im Gegenzug jedoch einen Teil des Aufkommens hierzu vergütet.[85] Er sprach sich vielmehr dafür aus, dass die Steuern und Zölle, die dem Bund zustehen, auch von ihm durch Bundesbehörden verwaltet werden, berechtigte Landesinteressen aber zu gewährleisten

80 Bonner Komm./*Seer*, April 2011, Art. 108 GG Rn 4.

81 Vgl. Parlamentarischer Rat 1948–1949, Akten und Protokolle, Bd. 2, S. LXXXVIII.

82 Vgl. Parlamentarischer Rat 1948–1949, Akten und Protokolle, Bd. 2, S. LXXXVIX.

83 Parlamentarischer Rat 1948–1949, Akten und Protokolle, Bd. 2, S. 236; Vgl. Parlamentarischer Rat 1948–1949, Akten und Protokolle, Bd. 2, S. LXXXVIX.

84 Parlamentarischer Rat 1948–1949, Akten und Protokolle, Bd. 2, S. LXXXVIX.

85 Parlamentarischer Rat 1948–1949, Akten und Protokolle, Bd. 2, S. 242.

seien.[86] In den folgenden Sitzungen des Unterausschusses II kam es zu intensiven Debatten. Dem Vorschlag von Fischer-Menshausen folgten nur zwei weitere Delegierte, während sich Kollmann und Ringelmann weiterhin in der Ansicht, die alleinige Finanzverwaltungsbefugnis den Ländern zuzusprechen, unterstützten.[87] Nach intensiven Erörterungen einigte man sich schließlich noch auf eine weitere, vermittelnde Ansicht. Diese sah vor, die Bundesfinanzverwaltung in Form einer Auftragsverwaltung zu konstruieren, die die Weisungsgebundenheit der Länder vom Bund klarstellt.[88] Folglich schlug die Kommission II in Art. D ihres Berichts zum einen vor, die Finanzverwaltungen stark föderalistisch zu gestalten, die Finanzverwaltungen also auf die Landesverwaltungen zu stützen, jedoch durch die Weisungsbefugnis des Bundes eine einheitliche Führung der Finanzverwaltungen zu gewährleisten. Alternativ schlug die Kommission II vor, eine bundeseigene Finanzverwaltung einzurichten.[89]

c.) Der Schlagabtausch im Plenum des Konvents

Dachte man, die Zusammenkunft der Sachverständigen schien schon ein schwieriges Unterfangen beim Erarbeiten einiger Vorschläge für die Neuorganisation zu sein, so muss einem die Debatte um ihre Vorschläge im Plenum des Herrenchiemseekonvents als ein unmögliches Unterfangen erscheinen. Im Plenum bildeten sich schließlich diverse Auffassungen heraus. Eine Gruppe wollte die Erhebung und Verwaltung sämtlicher Steuern, also auch der Zölle, durch die Länder als deren eigene Angelegenheit. Die Vertreter dieses kompromisslosen Föderalismus waren lediglich dazu bereit, dem Bund ein Überwachungsrecht einzuräumen.[90] Befürworter eines gemäßigten Föderalismus bevorzugten eine nach Weisung des Bundes zu führende Länderverwaltung, also die Steuern und Zölle die dem Bund zustehen, für diesen zu erheben und zu verwalten.[91] Eine dritte Gruppierung setzte sich für eine rein unitarische Bundesfinanzverwaltung ein, also die Zölle und Steuern, deren Aufkommen

---

86 Parlamentarischer Rat 1948–1949, Akten und Protokolle, Bd. 2, S. 242.

87 Parlamentarischer Rat 1948–1949, Akten und Protokolle, Bd. 2, S. XCII.

88 Vgl. Parlamentarischer Rat 1948–1949, Akten und Protokolle, Bd. 2, S. XCIII.

89 Vgl. Parlamentarischer Rat 1948–1949, Akten und Protokolle, Bd. 2 S. 273.

90 Parlamentarischer Rat 1948–1949, Akten und Protokolle, Bd. 2, S, 571; *Schreiber*, S 162; *Fischer*, S. 127; Bonner Komm. /*Vogel, Kirchhoff*, Juni 1971, Vorbem. z. Art. 104a - 115 Rn 58.

91 Parlamentarischer Rat 1948–1949, Akten und Protokolle, Bd. 2, S. 571; *Schreiber*, S 162; *Fischer*, S. 127; Bonner Komm./*Vogel, Kirchhoff*, Juni 1971, Vorbem. z. Art. 104a - 115 Rn 58.

den Ländern oder dem Bund zustehen, unitarisch vom Bund verwalten zu lassen.[92] Andere wiederum wollten eine getrennte Finanzverwaltung von Bund und Länder und dass jeder seine ihm zustehenden Steuern selbstständig verwalte.[93] Das Plenum hielt seine Vorschläge in Art. 123 Verfassungsentwurf des Herrenchiemseekonvents wie folgt fest[94]:

„Vorschlag a)

1. Die Erhebung und Verwaltung der Zölle und derjenigen Steuern, deren Aufgaben dem Bund zustehen, wird den Ländern als eigene Angelegenheit zugewiesen.
2. Der Bund überwacht den Vollzug der Zollgesetze sowie der Steuergesetze auf den Gebieten, auf denen ihm das Recht zur Gesetzgebung zusteht, durch Beauftragte die den Zoll- und Steuerbehörden der Länder.
3. Der Bund vergütet den Ländern einen bestimmten Hundertsatz für die Verwaltung und Erhebung, sowie einen nach den Zollgrenzen der Länder zu bemessenden Betrag.

Vorschlag b)

Die Zölle und diejenigen Steuern, deren Aufkommen dem Bund oder den Ländern zufließt, werden vom Bund verwaltet. Näheres bestimmt ein Gesetz.

Vorschlag c)

1. Die Länder erheben und verwalten für den Bund diejenigen Zölle und Steuern, deren Aufkommen dem Bund zusteht, nach dessen Weisung.
2. Der Bund vergütet den Ländern einen bestimmten Hundertsatz für die Verwaltung und Erhebung, sowie einen nach der Länge der Zollgrenzen der Länder zu bemessenen Betrag."

Dem Verfassungskonvent von Herrenchiemsee gelang es nicht, einen einheitlichen Vorschlag zu erarbeiten.[95] Der Abschlussbericht des Verfassungskonvents wurde am 30. August 1948 der Ministerpräsidentenkonferenz überreicht und

---

92 Parlamentarischer Rat 1948–1949, Akten und Protokolle, Bd. 2, S. 571; Schreiber, S. 162; Fischer, S. 127; Bonner Komm./Vogel, Kirchhoff, Juni 1971 Vorbem. z. Art. 104a - 115 Rn 58.

93 Parlamentarischer Rat 1948–1949, Akten und Protokolle, Bd. 2, S. 571; *Schreiber*, S. 162; *Fischer*, S. 127; Bonner Komm./*Vogel, Kirchhoff*, Juni 1971 Vorbem. z. Art. 104a - 115 Rn 58.

94 Der Vorschlag der getrennten Finanzverwaltung fand keine Aufnahme in den Entwurf; *Schreiber*, S. 163; Parlamentarischer Rat 1948–1949, Akten und Protokolle, Bd. 2, S. 608.

95 Vgl. *Berger*, DVBl 1948, 76 (78); *Berger*, DVBl 1949, 309 (311); *Kröger*, NJW 1989, 1318 (1320); Schmidt-Bleibtreu/Hoffmann/Hopfauf/*Brockmeyer*, Art. 108 GG Rn. 6; vgl. Schmidt-Bleibtreu/Hoffmann/Hopfauf/*Henneke* Vorb. v. Art. 104a Rn. 9.

tags darauf übergab deren Vorsitzender den Bericht an den Parlamentarischen Rat weiter.[96]

7.) Parlamentarischer Rat

a.) Die Konstituierung des Parlamentarischen Rates

Der Parlamentarische Rat trat, wie von den Frankfurter Dokumenten vorgesehen, am 1.9.1948 zu seiner konstituierenden Sitzung in Bonn zusammen.[97] Der Rat bestand aus insgesamt 65 Abgeordneten der Länder der westlichen Besatzungszonen sowie fünf weitere Berater. Die Abgeordneten wurden im August desselben Jahres auf der Grundlage eines Gesetzes gewählt, welches nach einem Entwurf von Herrmann Brill[98] durch einen von den Ministerpräsidenten bestellten Ausschuss vorgeschlagen war.[99] Die Zahl der Abgeordneten bestimmte sich nach der Bevölkerungszahl der jeweiligen Länder. Je 750.000 Einwohner entsprachen einem Abgeordneten, für jedes Land sollte aber mindestens ein Vertreter entsandt werden.[100] Die jeweilige Fraktionsstärke der Parteien der Landtage bestimmte die Anzahl der Vertreter.[101] Im Ergebnis saßen im Parlamentarischen Rat in seiner ersten Sitzung jeweils 27 Parlamentarier der SPD und CDU/CSU, fünf der FDP und jeweils zwei aus der DP, Zentrum und KPD. Präsident des Parlamentarischen Rates wurde Konrad Adenauer (CDU).[102] Der Rat bildete nach dem Vorbild des Verfassungskonvents von Herrenchiemsee sechs Ausschüsse, die jeweils für die Beantwortung unterschiedlicher Grundgesetz-Fragen zuständig waren.[103] Vorgesehen war, dass die Ausschüsse themenbezogene Ergebnisse für das Grundgesetz erarbeiteten, die wiederum nach Fertigung des Abschlussberichts dem Allgemeinen Redaktionsausschuss, dessen Aufgabe es war die Entwürfe der Fachausschüsse zu prüfen, zur Beratung vorgelegt wurden.[104] Nach Beendigung der Arbeit der

---

96 *Säcker*, DÖV 1998, 784 (791).

97 *Kröger*, NJW 1989, 1318 (1320).

98 Gründer des Bundes demokratischer Sozialisten im Mai 1945 und war Mitglied des Verfassungskonvents von Herrenchiemsee.

99 *Benz*, S. 194; *Pfeiffer*, DÖV 1948, 49(49).

100 *Kunert*, JuS 1979, 322 (323); *Benz*, S. 194; *Ziekow*, JuS 1999, 417 (420).

101 *Kunert*, JuS 1979, 322 (323); *Ziekow*, JuS 1999, 417 (420).

102 *Feldkamp*, S. 47.

103 Im einzelnen *Feldkamp*, S. 59ff; *Schweigert*, S. 165 zählt zehn Ausschüsse, wobei er den Geschäftsordnungsausschuss und Ältestenrat zu den eigentlichen sechs Ausschüssen hinzu, sowie auch die jeweiligen Teilausschüsse des „Kombinierten Ausschusses“ einzeln zählt.

104 Vgl. Parlamentarischer Rat 1948–1949, Akten und Protokolle, Bd. 12, S. VII.

Fachausschüsse und des Allgemeinen Redaktionsausschusses trat am 10. November 1948 der Hauptausschuss zusammen, um erneut die Ergebnisse zu beraten und ein endgültiges Grundgesetz zu erarbeiten.[105] Der hier interessierende Ausschuss für Finanzfragen bestand aus insgesamt 10 Mitgliedern: vier Mitglieder der CDU/CSU, vier der SPD, ein Mitglied jeweils von der FDP und der DP und trat das erste Mal am 15. September 1948 zusammen.[106] Vorsitzender des Finanzausschusses war Dr. Binder, Staatssekretär im württemberg-hohenzollernschen Finanzministerium.[107]

b.) Die Anstrengung des Finanzausschusses

(aa.) Die Positionen der Parteien

Wie schon auf dem Verfassungskonvent von Herrenchiemsee erkennbar, kristallisierte sich bei Aufnahme der Arbeit des Ausschusses die große Diskrepanz zwischen den Vorstellungen der Unitaristen und Föderalisten noch deutlicher heraus. Die Neuordnung der Finanzverwaltung stellte somit eine scheinbar unlösbare Aufgabe des Ausschusses für Finanzen dar.

(1.) SPD und FDP

SPD und FDP setzten sich gemeinsam für eine unitarische Bundesfinanzverwaltung ein. Sie vertraten die Position: Je zentralistischer die Finanzverwaltung, desto mehr Einfluss sollten die Länder dafür bei der Gesetzgebung zugesprochen bekommen, da die Aufteilung der Gesetzgebungskompetenzen im System einer Bundesfinanzverwaltung von enormer Wichtigkeit war.[108] Zugleich heißt es beispielsweise in den „Nürnberger Richtlinien für den Aufbau der Deutschen Republik" von Juni/Juli 1947, dass eine einheitliche Finanzpolitik nötig sei, da sie ein wesentliches Mittel zur Lenkung der Wirtschaft darstelle.[109] Ebenso war das entworfene Finanzsystem der FDP[110] auf eine zentrale Bundesfinanzverwaltung angewiesen.[111] Unterstützt wurde die Position der beiden Parteien von Hans Böckler, dem Sprecher des Gewerkschaftsrates der vereinigten Westzonen, der

105 Parlamentarischer Rat 1948–1949, Akten und Protokolle, Bd. 12, S. VII.

106 *Feldkamp*, S. 80.

107 *Schweigert*, S. 165.

108 *Feldkamp*, S. 81.

109 Siehe Parlamentarischer Rat 1948–1949, Akten und Protokolle, Bd. 12, S. XIX.

110 Im Einzelnen dazu *Höpker-Aschoff* in AÖR Bd. 75, S. 306ff.

111 Parlamentarischer Rat 1948–1949, Akten und Protokolle, Bd. 12, S. XXIV.

Ende Oktober vor den Abgeordneten des Rates ebenfalls für eine einheitliche Bundesfinanzverwaltung plädierte.[112]

(2.) CDU/CSU

Die Mitglieder der CDU/CSU vertraten unterschiedliche Zielsetzungen bezüglich der Neugestaltung der Finanzverwaltung. Die föderalistisch geprägten Mitglieder wollten eine möglichst dezentrale Länderfinanzverwaltung und ließen im Ellwanger Entwurf vom 13. April 1948[113] verkünden, dass sowohl Rechtsprechung und Verwaltung grundsätzlich Ländersache sei.[114] Ihnen standen Mitglieder mit weniger föderalistischen Ambitionen gegenüber. Schließlich konnte sich der Verfassungsausschuss der CDU/CSU im Mai 1948 darauf einigen, dass die Finanzverwaltung, wieder wie vor 1918, einschließlich der Zölle und Verbrauchsteuern Sache der Länder sei.[115] Die CSU Bayerns verteidigte indes weiterhin ihren Kurs des kompromisslosen Föderalismus.[116]

(bb.) Eröffnungsreferat von Höpker-Aschoff und Reaktionen

Dr. Höpker-Aschoff[117] wurde am 16. September 1948, namentlich der zweiten Sitzung des Ausschusses, zum Berichterstatter gewählt und hielt am selben Tag sein Eröffnungsreferat. Er nutzte sein Referat für eine schneidende Kritik an der Arbeit des Verfassungskonvents und äußerte den Verdacht mangelnder Zeitaufwendung in Anbetracht der Materie für die Erarbeitung eines möglichen Konzepts der Finanzverwaltung.[118] Dr. Höpker-Aschoff stellte sein entworfenes Steuerkonzept vor, welches auf eine einheitliche Bundesfinanzverwaltung angewiesen war.[119] Als Argumentationshilfe zog Dr. Höpker-Aschoff das Finanzsystem Erzbergers hinzu und bezeichnete die von Erzberger geschaffene Reichsfinanzverwaltung als „großes Werk".[120] Er vertrat ferner die Auffassung, wolle man auf den Gebieten mit starken Finanzaufkommen auch eine einheitliche Gesetzgebung sowie eine einheitliche Durchführung dieser, sei es unumstößlich eine Bundesfinanzverwaltung

112 *Benz*, S. 210.
113 Siehe *Schneider*, Art. 108, S. 48.
114 Siehe Parlamentarischer Rat 1948–1949, Akten und Protokolle, Bd. 12, S. XX.
115 Parlamentarischer Rat 1948–1949, Akten und Protokolle, Bd. 12, S. XXI.
116 Parlamentarischer Rat 1948–1949, Akten und Protokolle, Bd. 12, S. XXI.
117 FDP, Finanzminister Preußens, 1951 erster Präsident des Bundesverfassungsgerichts.
118 Vgl. Parlamentarischer Rat 1948–1949, Akten und Protokolle, Bd. 12, S. 3.
119 Vgl. *Fischer*, S. 127.
120 Vgl. *Schneider*, Art. 108, S. 100; Parlamentarischer Rat 1948–1949, Akten und Protokolle, Bd. 12, S. XXIV.

aufzubauen.[121] Andernfalls würden parallel funktionierende Länderfinanz- wie auch Bundesfinanzverwaltungen gestaltet werden, die zu einer fruchtlosen Verkomplizierung des Steuerrechts führen.[122] Sein Vortrag fand auf Seiten der SPD, namentlich Dr. Suhr, große Zustimmung. Dieser mahnte jedoch, dass es nicht möglich sei, die Finanzverwaltung gerade mit Blick auf den wirtschaftlichen Tiefstand von der Wirtschaftspolitik losgelöst zu betrachten.[123] Dem schloss sich ebenso Dr. Greve (SPD) an und sprach sich dafür aus, dem klaren System Dr. Höpker-Aschoffs zu folgen.[124] Im Gegensatz dazu kamen von der CDU Bedenken zu der vorgestellten Gestaltungsweise zum Vorschein. So nahm Dr. Binder direkten Bezug auf seine Arbeit bei der Finanzverwaltung Württemberg-Hohenzollern und stellte klar, dass es durchaus möglich sei, die Finanzverwaltungen den Ländern zu unterstellen.[125] Er hinterfragte auch die Gefahr der fehlenden Wahrnehmung der Länderinteressen bei einer reinen Bundesfinanzverwaltung.[126]

(cc.) Die Mühen des Ausschusses für Finanzen

(1.) Fragebogen

Die Abgeordneten einigten sich bereits am Ende der zweiten Sitzung auf die Erarbeitung eines Fragebogens mit Bitte zur Stellungnahme zur Frage der Neugestaltung der Finanzverwaltung.[127] Dieser sollte an die zu hörenden Sachverständigen entsandt werden. Die Sachverständigen sollten ihren Standpunkt zu folgenden komplexen Fragen erläutern:

„Soll die Finanzverwaltung bundeseigene oder Landesfinanzverwaltungen, und wenn Landesfinanzverwaltung, selbstständige Landesfinanzverwaltungen oder Auftragsverwaltung sein?

Wenn Landesfinanzverwaltung – durch welche Maßnahme kann die einheitliche und sorgfältige Verwaltung der dem Bund zufallenden Steuern gesichert sein? Wie hoch sind die Kosten der Finanzverwaltung?“[128]

---

121 *Schneider*, Art. 108, S. 100.

122 Parlamentarischer Rat 1948–1949, Akten und Protokolle, Bd. 12, S. XXIV; *Fischer*, S. 128.

123 *Schneider*, Art. 108, S. 106.

124 Siehe *Schneider*, Art. 108, S. 104.

125 Vgl. *Schweigert*, S. 165f; Vgl. *Fischer*, S. 128.

126 Siehe Parlamentarischer Rat 1948–1949, Akten und Protokolle, Bd. 12, S. 24ff.

127 *Schweigert*, S. 166.

128 Entnommen aus *Schweigert*, S. 167.

(2.) Anhörung der Sachverständigen

Der Finanzausschuss lud insgesamt 25 Sachverständige ein, die bis zum 5. Oktober 1948 gehört wurden. Nicht alle waren Experten im Bereich der Finanzverwaltung.[129]

Im Laufe der Anhörungen wurde immer deutlicher, dass sich eine große Mehrheit der Sachverständigen für eine einheitliche Bundesfinanzverwaltung aussprach.[130] Als Argument wurde häufig angeführt, dass dies die einzige Handhabe sei, ein einheitliches Wirtschaftsgebiet zu gestalten und es unzumutbar sei, von den Wirtschaftsunternehmen zu verlangen, sich mit unterschiedlichen Länderfinanzverwaltungen auseinanderzusetzen.[131] Die unterschiedlichen Verordnungen und Gesetze in den Westzonenländern seien fatal und forderten schon allein durch diesen Umstand eine unitarische Bundesfinanzverwaltung.[132] Doch auch gemeinsame Gesetze und Durchführungsverordnungen allein würden nicht viel nützen, wenn sie nicht durch eine gleichartig besorgte Verwaltungspraxis sichergestellt sei.[133] Es sei nicht vorstellbar, wie insgesamt elf Länderfinanzverwaltungen dieses Pensum an zu verkündenden Gesetzen bei der Unübersichtlichkeit und Vielschichtigkeit der Materie ohne übergeordnete Bundesfinanzverwaltung bewältigen könne.[134] So führte der Sachverständige Hoffmann an, dass es trotz Länderverwaltungen gar ein natürliches Bedürfnis sei, die Verwaltung mit den Nachbarländern zu koordinieren, jedoch sei dieser Versuch bereits in der Vergangenheit gescheitert.[135] Ferner seien die Kosten einer Bundesfinanzverwaltung bei weitem geringer als die von Länderfinanzverwaltungen, da allein die Besoldung für so viele Beamten den finanziellen Rahmen sprengen würden.[136] Die Befürworter einer unitarischen Bundesfinanzverwaltung sahen gerade in der starken Zersplitterung der Länderfinanzverwaltungen in den westlichen Besatzungszonen einen Beweis für die

129 *Feldkamp*, S. 83.

130 Parlamentarischer Rat 1948–1949, Akten und Protokolle, Bd. 12, S. XXX; *Fischer*, S. 130; *Schweigert*, S. 167.

131 Parlamentarischer Rat 1948–1949, Akten und Protokolle, Bd. 12, S. XXX; *Schweigert*, S. 167.

132 *Fischer*, S. 130; Parlamentarischer Rat 1948–1949, Akten und Protokolle, Bd. 12, S. XXX; *Schweigert*, S. 167.

133 Vgl. *Schweigert*, S. 167.

134 *Schweigert*, S. 167; Vgl. Parlamentarischer Rat 1948–1949, Akten und Protokolle, Bd. 12; S. XXX f.

135 Parlamentarischer Rat 1948–1949, Akten und Protokolle, Bd. 12, S. 133.

136 Vgl. *Fischer*, S. 130; *Schweigert*, S. 169.

unmögliche Koordination dieser – die Zersplitterung sei ja immerhin Anlass für die Frankfurter Dokumente gewesen.[137]

Völlig entgegengesetzt war der Standpunkt der „Föderalismuskämpfer“ - hauptsächlich aus den Ländern der französischen und amerikanischen Besatzungszone. Bedingt durch ihre eigenen Erfahrungen mit Länderfinanzverwaltungen in den letzten Jahren sahen sie ihre Verwaltungen in der Position einer gefestigten Staatsautorität, die sie nicht bereit waren abzugeben.[138] Der Sachverständige Lauerbach betonte, dass die Länderfinanzverwaltungen allmählich gewachsen seien und ihre Aufgaben gut, richtig und vor allem auch kostengünstig vollbracht haben.[139] Es sei doch nur gebührlich, den Ländern ihre Finanzverwaltungen zu lassen, wenn sie schon durch die zugesicherten Zugeständnisse in der Gesetzgebungskompetenz Abstriche machen müssten.[140] Ansonsten würde die prägende bundesstaatliche Struktur berührt.[141] Es bestünde folglich die Gefahr, dass das „föderale Gleichgewicht“ verloren gehe.[142] Konsequent widersprachen die Anhänger des Föderalismus auch dem Argument der Kostenproduktion. Ferner hatten sie kein Verständnis dafür, nach den noch frischen und katastrophalen Erfahrungen mit unitarischen Staatsstrukturen diese erneut bei der Gestaltung der Finanzverwaltung einzuführen. Sie betrachteten es quasi als „politisch-psychologisch“ erforderlich die betriebenen Länderfinanzverwaltungen aufrechtzuerhalten.[143] Der Sachverständige Hartmann bemerkte zwar, dass es durchaus einfach und auch günstig sei, die Reichsfinanzverwaltung nach Erzberger wiederherzustellen, aber er stellte das Trauma der Bevölkerung mit einer unitarischen Staatsstruktur in den Vordergrund, da es einfach noch zu präsent sei.[144] Hartmann machte deutlich, dass er für eine kompromisslose Länderfinanzverwaltung sei.[145] Sogleich sprach sich der Sachverständige Klein[146]

---

137 Vgl. *Schweigert*, S. 169.

138 *Fischer*, S. 129; Parlamentarischer Rat 1948–1949, Akten und Protokolle, Bd. 12, S. XXX; *Schweigert*, S. 169.

139 Parlamentarischer Rat 1948–1949, Akten und Protokolle, Bd. 12, S. 382.

140 Parlamentarischer Rat 1948–1949, Akten und Protokolle, Bd. 12, S. XXXI; *Fischer*, S. 129.

141 *Fischer*, S. 129.

142 *Niclauß*, S. 161.

143 Schweigert, S. 169; Parlamentarischer Rat 1948–1949, Akten und Protokolle, Bd. 12, S. XXX.

144 Parlamentarischer Rat 1948–1949, Akten und Protokolle, Bd. 12, S. 194.

145 *Schneider*, Art. 108, S. 178.

146 1944 war er Rechtswissenschaftler der Universität Münster.

in seiner Anhörung für eine „gliedstaatliche“ Finanzverwaltung aus. Er führte an, dass es immer indirekte Steuern mit geringem Volumen geben werde, die unstreitig zur Zuständigkeit der Länder gehören. Illusion sei es anzunehmen, dass eine Bundesfinanzverwaltung jemals etwa eine Hundesteuer verwalte.[147] Das einzige Zugeständnis der Kämpfer für eine föderalistische Finanzverwaltung an die Verfechter der unitarischen Verwaltungsstruktur lag darin, dass sie sich bereit erklärten, dem Bund – nach dem Vorbild der Reichskommissare des Deutschen Kaiserreichs – eine Überwachungsfunktion zuzusprechen.[148]

(dd.) Ergebnis der Beratungen im Ausschuss

Der Berichterstatter Dr. Höpker-Aschoff wurde nach Anhörung der Sachverständigen beauftragt, die Ergebnisse in einem Bericht zu erfassen. Da die Mehrheit der Sachverständigen sich ausdrücklich für eine Verwaltung der Finanzen durch eine einheitliche Bundesverwaltung aussprach, formulierte Dr. Höpker-Aschoff den Vorschlag eines Artikels 123 Grundgesetzes, der eben eine einheitliche Bundesfinanzverwaltung vorsah.[149]

Die CDU/CSU ließ durch den Abgeordneten Schlör verlauten, dass sie diesen Entwurf nicht annehmen könne.[150] Binder (CDU) schlug sogleich in einem Minderheitenvotum vor, dass das Bundesgesetz zwar Steuern und Zölle festhalten solle, die Länder jedoch diese erheben und dabei für eine einheitliche Verwaltung und Ausbildung der benötigten Beamten einstehe.[151] Binder versuchte unterdessen weitere Abgeordnete von diesem Entwurf zu überzeugen, indem er darauf aufmerksam machte, dass eine Finanzverwaltung keine Interessenskonflikte zwischen Wirtschaft und Staat schüren solle.[152] Für die SPD kam ein Entgegenkommen nicht in Betracht. Schließlich wurde sowohl der Mehrheitsbeschluss des Art. 123 GG als auch das Minderheitsvotum der DP und den Unionsparteien dem Hauptausschuss zur Debatte vorgelegt.[153]

---

147 Siehe Parlamentarischer Rat 1948–1949, Akten und Protokolle, Bd. 12, S. 57; *Schneider*, Art. 108, S. 111.

148 *Schweigert*, S. 169f.

149 *Fischer*, S. 131; Abgedruckt ist der Vorschlag in Parlamentarischer Rat 1948–1949, Akten und Protokolle, Bd. 12, S. XXXVI.

150 *Fischer*, S. 131.

151 Vgl. Schweigert, S. 171f; Abgedruckt ist das Minderheitsvotum in Parlamentarischer Rat 1948–1949, Akten und Protokolle, Bd. 12, S. XXXVII.

152 *Fischer*, S. 132.

153 *Feldkamp*, S. 83; *Fischer*, S. 134.

Den Militärgouverneuren war nicht entgangen, dass sich die Mehrzahl des Rates für eine Bundesfinanzverwaltung ausgesprochen hatte. Die Militärgouverneure Clay, Koenig und Robertsen ließen mitteilen, dass sie sich mit der Bildung einer Bundesfinanzverwaltung nicht einverstanden erklären.[154]

Auf Drängen der SPD, aber gegen den ausdrücklichen Willen von FDP und CDU/CSU, wurden die Abgeordneten des Parlamentarischen Rates am 20. Oktober 1948 zu einer Vollversammlung bestellt.[155] In dieser wurde dem Vizepräsidenten des Parlamentarischen Rates, Schönfelder, am 20. Oktober die Alliiertenerklärung vom 19. Oktober 1948 mündlich vorgetragen.[156] Da es sich aber hauptsächlich um Kritik in Fragen des Finanzwesens handelte, suchte Schönfelder im Anschluss zusammen mit Höpker-Aschoff das Gespräch mit dem amerikanischen Verbindungsoffizier Simons.[157] Simons machte Schönfelder erneut deutlich, dass die Alliierten unbedingt eine Lösung mit getrennten Finanzverwaltungen erwarteten.[158]

Diese Intervention der Alliierten fand aber zunächst keinerlei Beachtung durch die Abgeordneten des Parlamentarischen Rates.[159]

Aus Sorge um die zu erwartenden Schwierigkeiten mit den Westmächten, sollte der Hauptausschuss die Fassung des Art. 123 Grundgesetzes durchwinken, lud er abermals Sachverständige zur Beratung ein.[160] Die Vertreter Niedersachsens, Bayerns und Württemberg-Hohenzollerns verdeutlichten in der ersten Lesung erneut Ihre Auffassung, dass nur eine Länderfinanzverwaltung die richtige Lösung sei. Ringelmann, als Vertreter Bayerns, forderte gar eine Länderverwaltung mit nur sehr strengem und knappem Aufsichtsrecht des Bundes.[161] Die Vertreter der vorgenannten Länder fürchteten, dass bei einer einheitlichen Bundesfinanzverwaltung die wirtschaftliche Basis und die Interessen der Länder weder genügend gesichert noch berücksichtigt seien.[162] Nordrhein-Westfalen, Hamburg und Schleswig-Holstein untermalten dagegen, dass nur eine einheitliche Bundesfinanzverwaltung eine einheitliche Durchführung der Steuer

154 Parlamentarischer Rat 1948–1949, Akten und Protokolle, Bd. 12, S. XLII.

155 Parlamentarischer Rat 1948–1949, Akten und Protokolle, Bd. 12, S. XLI.

156 Parlamentarischer Rat 1948–1949, Akten und Protokolle, Bd. 12, S. XLII.

157 Parlamentarischer Rat 1948–1949, Akten und Protokolle, Bd. 12, S. XLII.

158 Vgl. *Fischer*, S. 136.

159 Parlamentarischer Rat 1948–1949, Akten und Protokolle, Bd. 12, S. XLII; Parlamentarischer Rat 1948–1949, Akten und Protokolle, Bd. 8. S. XXX.

160 *Fischer*, S. 137.

161 *Fischer*, S. 138.

162 *Schweigert*, S. 177.

ermöglichen würde.[163] Am Ende der ersten Lesung blieb es bei einer einheitlichen Bundesfinanzverwaltung. Dies empörte Bayern so sehr, dass der Ministerpräsident Ehard ein Telegramm an den Präsidenten des Parlamentarischen Rates verfasst und das Festhalten an einer ungeteilten Bundesfinanzverwaltung als „untragbar" bezeichnete.[164]

Die Abstimmungsmehrheit für eine einheitliche Bundesfinanzverwaltung nahmen die Alliierten als Anlass, sich erneut mit einer Denkschrift an den Parlamentarischen Rat zu wenden. In diesem Memorandum vom 22. November 1948 wandten sich die Militärgouverneure noch eindringlicher gegen die geplante unitarische Gestaltung der Finanzverwaltung.[165]

Binder (CDU/CSU) stellte in der zweiten Lesung am 15. Januar 1949 erneut den Antrag einer Auftragsverwaltung.[166]

Gegen die Stimmen der CDU/CSU und der DP, bewilligte der Finanz- als auch der Hauptausschuss des Parlamentarischen Rates für alle Bundessteuern eine Finanzverwaltung des Bundes einzurichten.[167] Unter „Bundessteuern" verstand man hierbei alle der Bundesgesetzgebung unterliegenden Steuern, auch wenn diese ganz oder teilweise in die Kasse der Länder fließen sollten.[168] Darauf erwiderte der Abgeordnete Menzel, dass es zwecklos sei, sich gegen die Errichtung einer Bundesfinanzverwaltung zu wehren.[169] Dies verdeutlichte auch das Abstimmungsergebnis der zweiten Lesung.[170] Der Hauptausschuss beauftragte den sog. Fünfer-Ausschuss zur Erarbeitung eines Konzepts einer Bundesfinanzverwaltung, mit dem sich auch die CDU/CSU einverstanden erklären könnte.[171] Sollte dies gelingen, hätte man den Alliierten eine imposante Abstimmungsmehrheit entgegenzuhalten.[172] Zur großen Überraschung erklärte sich am Ende der dritten Lesung die CDU/CSU tatsächlich mit einer einheitlichen Bundesfinanzverwaltung einverstanden. Sie hatten zwar nicht ihre Meinung grundlegend geändert, ließen sich jedoch vom Argument der Abstimmungsmehrheit

163 Vgl. *Schweigert*, S. 177.
164 *Schweigert*, S. 179.
165 Bonner Komm./*Seer*, April 2011, Art. 108, Rn 19.
166 *Fischer*, S. 139f.
167 *Niclauß*, S. 165.
168 *Niclauß*, S. 165f.
169 *Fischer*, S. 140.
170 Vgl. *Schweigert*, S. 182.
171 *Schweigert*, S. 184.
172 *Schweigert*, S. 184.

überzeugen und sahen ein, dass anders diese nicht zu erreichen war.[173] Diese Kompromissbereitschaft war sinnlos, denn die Alliierten wollten eine Länderfinanzverwaltung durchsetzen.

Mit einem Memorandum vom 2. März 1949 griffen die Militärgouverneure wiederholt in die Arbeit des Parlamentarischen Rates ein und gaben ein Veto ab.[174] Der Eingriff der Alliierten beinhaltete faktisch eine Ablehnung der geplanten Bundesfinanzverwaltung und die Alliierten erinnerten an ihr Memorandum vom 22. November 1948.[175] Die Alliierten verdeutlichten erneut, dass für sie nur eine konsequent getrennte Finanzverwaltung zwischen Länder und Bund in Frage komme.[176]

Aus der Not heraus wurde am Ende ein Siebener-Ausschuss gegründet, der einen Kompromiss erarbeiten sollte. Aber es wurde erneut der ausdrückliche Wunsch des Parlamentarischen Rates erkennbar, eine Bundesfinanzverwaltung zu strukturieren. Schließlich sahen die Parlamentarier sich als Vertreter des deutschen Volkes und nicht als Erfüllungsgehilfen der Besatzungsmächte.[177] Zudem befand der Siebener-Ausschuss, dass der Hauptausschuss ja ansonsten in allen anderen Belangen den Vorstellungen der Alliierten genüge getan habe und hielt somit konsequent an dem Standpunkt einer Bundesfinanzverwaltung fest.[178] Doch auch diesen Kompromiss vom 18. März 1949 lehnten die Alliierten ab und beharrten auf ihrem Standpunkt.[179]

(ee.) Konfrontation des Parlamentarischen Rates mit den Alliierten

Dies führte zu einer schweren Krise in der Arbeit des Hauptausschusses. Da der Hauptausschuss sich auf eine einheitliche Bundesfinanzverwaltung einigte, kam es daraufhin zu einem Konflikt zwischen den Militärgouverneuren und dem Parlamentarischen Rat.[180] Dass bereits am 7. Oktober 1948, also gerade einen Tag nach Abschluss der Beratungen des Finanzausschusses, sich französische Vertreter über den Entwurf des Art. 123 Grundgesetzes echauffierten und darauf verwiesen, dass die Militärgouverneure den Grundgesetzentwurf auch ablehnen könnten, ließ erahnen, welch ein Kampf um die deutschen Interessen beim Beschluss der

173 *Fischer*, S. 141.
174 *Niclauß*, S. 166.
175 *Schweigert*, S. 187.
176 Bonner Komm./*Seer*, April 2011, Art. 108, Rn 20.
177 *Fischer*, S. 143; Vgl. *Schweigert*, S. 188.
178 *Schweigert*, S. 188.
179 Bonner Komm./*Seer*, April 2011, Art. 108, Rn 20.
180 *Niclauß*, S. 161.

Finanzverwaltung ausbrechen würde.[181] Die Besatzungsmächte waren zwar bei der Gesetzgebung und bei der Steuerverteilung zu Kompromissen bereit, aber auf eine zwischen Bund und Länder geteilte Finanzverwaltung wollten sie nicht verzichten und sich auch nicht dem Parlamentarischen Rat annähern.[182] Monatelang war ein Kompromiss undenkbar, denn beide Seiten beharrten auf ihren Standpunkten und ein Nachgeben war nicht in Sicht.[183]

So sah sich die SPD nach Ablehnung der Ergebnisse des Siebener-Ausschusses im April 1949 nicht in der Lage noch weitere Zugeständnisse in Richtung Länderfinanzverwaltung machen zu können und sah fast schon einen Verrat an ihrer eigenen Grundauffassung, sollte sie den föderalistischen Ansprüchen der Militärgouverneure noch mehr entsprechen.[184] Innerhalb der SPD gab es ernsthafte Überlegungen den Parlamentarischen Rat zu verlassen.[185] Dem Rat oblag es nun sich zu entscheiden: Wolle er sich dem Druck der Westmächte beugen oder deren Drang Richtung geteilter Finanzverwaltung nachgeben und gegebenenfalls riskieren, dass das gesamte Verfassungswerk scheitert.[186] Im Endeffekt war es die CDU/CSU, in Kooperation mit der FDP, die neue Vorschläge erarbeitete und dadurch auch der SPD die Möglichkeit zum Einlenken bot.[187] Dieser erneute Kompromissversuch konnte zwar weder eine Zufriedenheit der „Föderalismuskämpfer" noch eine der Unitaristen garantieren, doch stellte er eine Art Notlösung in allerletzter Sekunde dar.[188] In einer Sitzung am 6. April 1949 stand dieser letzte Versuch zur Diskussion. Allerdings wurde auf Bitte der FDP hin zunächst ein erweiterter, kompetenterer Finanzausschuss gegründet, der sich im Einzelnen mit dem Vorschlag auseinandersetzen sollte.[189]

Dr. Höpker-Aschoff, der zu diesem Gremium gehörte, hatte erkannt, dass eine optimale Lösung – eine Bundesfinanzverwaltung – nicht mehr durchsetzbar sei.[190] Er setzte sich fortan für eine Teilung der Verwaltung ein. Man müsse seiner Ansicht nach, um überhaupt noch Erfolg verbuchen zu können, die „Verteilung

181 Siehe Parlamentarischer Rat 1948–1949, Akten und Protokolle, Bd. 12, S. XXXIX.
182 *Niclauß*, S. 161.
183 *Schweigert*, S. 173.
184 *Schweigert*, S. 189; Vgl. Parlamentarischer Rat 1948–1949, Akten und Protokolle Bd. 12, S. LIII.
185 *Fischer*, S. 144.
186 Vgl.*Fischer*, S. 143.
187 *Fischer*, S. 144.
188 *Schweigert*, S. 192.
189 *Fischer*, S. 145.
190 Vgl. Parlamentarischer Rat 1948–1949, Akten und Protokolle, Bd. 12, S. 540.

der Steuern zwischen Bund und Land so wählen, daß die Bundesfinanzverwaltung nach Möglichkeit all die Steuern verwaltet, die dem Bunde ganz zufließen, und daß auf der anderen Seite die Landesfinanzverwaltung diejenigen Steuern verwaltet, die den Ländern ganz zufließen oder die zwischen dem Bund und den Ländern geteilt werden."[191]

(ff.) Hintergründe des Widerstandes der Alliierten gegen eine einheitliche Finanzverwaltung

Die Besatzungsmächte besaßen aufgrund der schlechten Erfahrungen mit einem zentralistischen Deutschland Furcht, es erneut – gerade im Bereich des Finanzwesens – durch eine einheitliche Verwaltungsstruktur erstarken zu lassen. Insbesondere Frankreich, mit einem bezeichnenden Sicherheitsbedürfnis, fürchtete einen starken Nachbarn.[192] Ein föderalistisches Deutschland bekam für Frankreich eine schon fast existenzielle Bedeutung. Es verlangte somit nach einem wirtschaftlichen und politisch schwachen Nachbarstaat.[193] Die Amerikaner sahen in der Bildung eines föderalistischen Staates die einzige Möglichkeit zu einem sinnvollen Machtausgleich.[194] Die Erfahrungen waren einfach zu negativ geprägt. Es war kennzeichnend für die ausgeprägte Angst der Alliierten, dass bereits vor der ersten Sitzung des Parlamentarischen Rates, die ersten wichtigsten verfassungsrechtlichen Vorentscheidungen durch die Westmächte getroffen waren. Es sollte ein föderativer Staat mit politischer Beschränkung gegründet werden, der mit einer einheitlichen Bundesfinanzverwaltung nicht in Einklang zu bringen ist.[195] Unter den Alliierten selbst entzündete sich im Rahmen der Londoner Konferenz eine Debatte, wie genau die westlichen Empfehlungen für die Bildung einer neuen föderalistischen Staatsstruktur auszusehen haben.[196] Doch im Bereich der Finanzverwaltung war dies besonders schwer. Auch innerhalb der westlichen Besatzungszonen entfachte sich bereits vor dem eigentlichen Diskutieren über eine neue Finanzverfassung ein erheblicher Streit zwischen den auf Landesinteresse bedachten Föderalisten und den Freunden des unitarischen Systems, die die von Erzberger geschaffene

191 Zitiert aus Parlamentarischer Rat 1948–1949, Akten und Protokolle, Bd. 12, S. 540.
192 Vgl. Parlamentarischer Rat 1948–1949, Akten und Protokolle, Bd. 1, S.XVI.
193 Parlamentarischer Rat 1948–1949, Akten und Protokolle, Bd. 1, S. XVI.
194 Parlamentarischer Rat 1948–1949, Akten und Protokolle, Bd. 1, S.XVI.
195 Vgl. Parlamentarischer Rat 1948–1949, Akten und Protokolle, Bd. 1, S. XI; Schweigert, S. 175.
196 Vgl. Parlamentarischer Rat 1948–1949, Akten und Protokolle, Bd. 1, S. XVI, XVII.

Reichsfinanzverwaltung als historisches Meisterwerk begriffen.[197] Beide Seiten beharrten bereits im Voraus auf ihren Standpunkten. Schließlich erkannten sie zu Recht, dass der Inhalt der Finanzverwaltungshoheit den Kern einer jeden Staatsgewalt darstelle.[198]

(gg.) Endergebnis und Ratifizierung des Grundgesetzes

Am 25. April 1949 trafen eine Delegation aus Abgeordneten des Parlamentarischen Rates und die Militärgouverneure in Frankfurt am Main zusammen.[199] Diese sechs Stunden lange Beratung erbrachte die Einigung zwischen dem Parlamentarischen Rat und den Militärgouverneuren der westlichen Besatzungsmächte.[200] In seiner vorletzten Sitzung am 5. Mai 1949 musste der Hauptausschuss des Parlamentarischen Rates sich für immer von seiner hart umkämpften Vorstellung einer einheitlichen Bundesfinanzverwaltung verabschieden.[201] Diese Kompromisslösung[202] beinhaltete lediglich als unentbehrliche Voraussetzung für die Funktionsfähigkeit einer geteilten Finanzverwaltung das Recht und die Verpflichtung des Bundes, für alle ihm obliegenden Steuern, auch wenn ihr Aufkommen den Ländern zufiele, die Ausführungsvorschriften zu erlassen.[203]

Die schwere Krise des Parlamentarischen Rates im harten Kampf um die Bundesfinanzverwaltung war überstanden.

Der Veröffentlichung im Bundesgesetzblatt Nr. 1 1949 als Art. 108 Grundgesetz stand nichts mehr im Wege.[204] Am 12. Mai 1949 wurden das Grundgesetz und folglich auch Art. 108 Grundgesetz von den Militärgouverneuren genehmigt.[205]

In der Zeit vom 18.-21. Mai wurde in allen Landtagen die Arbeit des Parlamentarischen Rates beraten. Bayern war das einzige Bundesland, das das Grundgesetz nicht annahm. Bayern begründete seine Entscheidung mit dem mangelnden Föderalismus des Grundgesetzes.[206] Allerdings wurde auf Antrag

---

197 Vgl. Schweigert, S. 148.

198 Schweigert, S. 174.

199 Parlamentarischer Rat 1948–1949, Akten und Protokolle, Bd. 8, S. LVII; *Schweigert*, S. 194; *Fischer*, S. 146f; *Feldkamp*, S. 171.

200 Vgl. Parlamentarischer Rat 1948– 1949, Akten und Protokolle, Bd. 8, S. LVIIff; *Schweigert*, S. 194; *Feldkamp*, S. 172.

201 *Schweigert*, S. 194.

202 Abgedruckt bei *Fischer*, S. 146f; sowie nachzulesen bei *Schweigert*, S. 195.

203 *Schweigert*, S. 196.

204 *Fischer*, S. 148.

205 Parlamentarischer Rat 1948–1949, Akten und Protokolle, Bd. 12, S. LV.

206 *Feldkamp*, S. 180f.

der Staatsregierung entschieden, dass das vorliegende Grundgesetz bei einer zwei Drittel Annahme auch für Bayern Rechtsverbindlichkeit besaß.[207]

Das Grundgesetz wurde in der Schlusssitzung des Parlamentarischen Rates am 23. Mai 1949 durch die Länder angenommen und trat schließlich nach Ablauf des 23. Mai 1949 um 24.00 Uhr in Kraft.[208]

IV. Resümee und Darstellung der Schwächen des Ergebnisses

Bei Analyse des Kampfes um die Bundesfinanzverwaltung bei Entstehung des Grundgesetzes ist sichtbar geworden, dass föderale oder unitarische Auffassungen unter geschichtlichen Rahmenbedingungen Grundlage der Diskussionen waren. Es ist merklich, dass das zustande gekommene Ergebnis, dass nun seid Dekaden den staatlichen und sozialen Frieden sichert, nicht unbedingt dem ursprünglich Gewollten vieler Parlamentarier entsprach, sondern auch dass geschichtliche und auch machtpolitische Gesichtspunkte der Alliierten prägender Natur waren.[209] Weiter ist feststellbar, dass ohne das engagierte Eingreifen der westlichen Besatzungsmächte das Institut der Bundesfinanzverwaltung einem im Wesentlichen unitarischen Verwaltungssystem entsprochen hätte.

Diese Aspekte föderaler oder unitarischer Finanzverwaltung unter Sicherung des staatlichen und sozialen Friedens mit auch machtpolitischen Gesichtspunkten haben jedoch mit Inkrafttreten des Grundgesetzes kein Ende gefunden. Sie sind mithin nicht reine Geschichte, sondern in Ansehung der globalen Wirtschafts- und Finanzkrise, den alltäglichen Nachrichten und der Einbindung in die EU zukunftsorientiert zu betrachten. Der europäische Föderalismus ist im steten Ausbau, doch die Finanzkrise könnte dem Traum von den „Vereinigten Staaten von Europa“ im Wege stehen. Eine effektive Finanzverwaltung u.a. in Deutschland ist wichtige Voraussetzung, um im internationalen Raum bestehen zu können. Die derzeitige Struktur der Finanzverwaltung ist kostenintensiv und ineffektiv. Eine Verwaltung muss insbesondere der Richtschnur der Wirtschaftlichkeit parieren. Die Struktur der Finanzverwaltung entspricht nicht mehr der heutigen demographischen Entwicklung; auch das wirtschaftliche Wachstum ist bei weitem nicht mehr so stark. Es stellt sich die Frage, ob die Frucht der den Ländern zufließenden Steuern nicht zum größten Teil durch zu hohe Verwaltungskosten versandet wird. Diese Ausgaben unterliegen zwar zum Teil Ursachen, auf die die Finanzämter keinen direkten Einfluss haben, wie etwa

207 *Feldkamp*, S. 181.

208 *Feldkamp*, S. 182.

209 So auch, wenn auch schärfer formuliert : Senger, S. 284.

der Zahl der Steuerpflichtigen und ihrer jeweiligen Steuermoral, wodurch der Verwaltungsaufwand und letztlich die Höhe der Verwaltungskosten variieren. Es sei an dieser Stelle dahingestellt, ob ein nicht autonomes Land die Steuermoral seiner Steuerpflichtigen geradlinig und wirksam hinterfragt. Die Länder, nicht der Bund, entscheiden gemäß der Direktion des Grundgesetztes wie die ertragshöchste Steuer, namentlich der Einkommensteuer, verwaltet wird. Folgerichtig ordnen auch die Länder an, wo ihre Behörden mehr untersuchen. Dies ist beim Ringen um jeden Euro in Anbetracht leerer Kassen, selbstredend nicht bei den Steuern an denen der Bund mitverdient. An dieser Stelle entflieht dem Bund dringend benötigter Gewinn. Der Vorzug dieser Struktur besteht lediglich in der gehemmten Bedrängnis politischer Versuchung. Eine zentrale Bundesfinanzverwaltung hat auffällige Vorteile. Sie ist wirtschaftlicher, da sparsamer. Der ehemalige Bundesfinanzminister Hans Eichel wollte mit der „Föderalismusreform I" bereits eine unitarische Bundesfinanzverwaltung einführen,[210] die jedoch an einem Veto der Länder scheiterte.[211] Wie bereits in der Einleitung dieser Arbeit festgestellt, entspricht die Verwaltungskompetenz von Steuern im Grunde nichts anderem als einer Machtverteilung und folglich einer Mitentscheidung darüber, welches Maß an Souveränität den Ländern innerhalb des Bundes zuteil wird. Doch wie lange können die Länder an ihren Hoheiten festhalten, wenn der Bund zugunsten einer europäischen Einheit nach und nach Verwaltungshoheiten abgibt? Kann sich ein Mitgliedsstaat erlauben, innerhalb seiner eigenen Befugnisse an alten föderalen Strukturen festzuhalten, während die EU – als Dachorganisation – aus Gründen der Systemvereinheitlichung und im Rahmen der Rettung der europäischen Idee immer mehr zentralistisch organisiert verwaltet wird?

V. Literaturverzeichnis

Althammer, Beate — Das Bismarckreich 1871–1890, Paderborn 2009

Benz, Wolfgang — Von der Besatzungsherrschaft zur Bundesrepublik, Stationen einer Staatsgründung 1946–1949, Frankfurt am Main 1984.

Berg, Stefan/Kurz, Felix/Reuter, Wolfgang — Verschlungen und Verknotet, In: Der Spiegel, Ausgabe 25, Hamburg 2004.

210 vgl. Der Spiegel, S. 24ff. Ausgabe 25 aus 2004.
211 Senger, S. 290.

Berger, Hans	Zur Entstehung des Bonner Grundgesetzes, In: Deutsches Verwaltungsblatt, 1949 (309).
	Der Verfassungsentwurf von Herrenchiemsee, In: Deutsches Verwaltungsblatt, 1948 (76).
Bernhardt, Rudolf	Die Rechtslage Deutschlands, In: Juristische Schulung, 1986, 839.
Der Parlamentarische Rat 1948–1949, Akten und Protokolle; Deutscher Bundestag und Bundesarchiv	Der Verfassungskonvent auf Herrenchiemsee, Band 2, Bearbeitung Peter Bucher, Boppard am Rhein 1981.
Der Parlamentarische Rat 1948–1949, Akten und Protokolle; Deutscher Bundestag und Bundesarchiv	Ausschuß für Finanzfragen, Band 12, Bearbeitung Michael F. Feldkamp und Inez Müller, München 1999.
	Die Beziehungen des Parlamentarischen Rates zu den Militärregierungen, Band 8, Bearbeitung Michael F. Feldkamp, Boppard am Rhein 1995.
Der Parlamentarische Rat 1948–1949, Akten und Protokolle; Deutscher Bundestag und Bundesarchiv	Vorgeschichte, Band 1, Bearbeitung Johannes Volker Wagner, Boppard am Rhein 1975.
Drüen, Klaus - Dieter	Die föderale Steuerverwaltung aus der Sicht des Grundgesetzes, In: Finanzrundschau, 2008, 295.
Diestelkamp, Bernhardt	Rechts- und verfassungsgeschichtliche Probleme zur Frühgeschichte der Bundesrepublik Deutschland, In: Juristische Schulung, 1981, 409.
Diestelkamp, Bernhardt	Rechts- und verfassungsgeschichtliche Probleme zur Frühgeschichte der Bundesrepublik, In: Juristische Schulung, 1980, 790.
	Die Verfassungsentwicklung in den Westzonen bis zum Zusammentreten des Parlamentarischen Rates (1948–1949), In: Neue Juristische Wochenschrift, 1989, 1312.

Eyck, Erik Geschichte der Weimarer Republik, Zweiter Band, 3. Auflage, Zürich 1962.

Feldkamp, Michael Der Parlamentarische Rat 1948–1949, Die Entstehung des Grundgesetzes, Göttingen, 1998.

Fetzer, Thomas/Arndt, Hans-Wolfgang Einführung in das Steuerrecht, 4. Auflage, Dresden/Mannheim 2012.

Fischer, Heinz-Joachim Parlamentarischer Rat und Finanzverfassung, Kiel 1970.

Friedensburg, Ferdinand Die Weimarer Republik, Berlin 1946.

Heiber, Helmut Die Republik von Weimar, Band 3, München 1974

Henneke, Hans - Günter Öffentliches Finanzwesen, Finanzverfassung, 2. Auflage, Heidelberg 2000.

Höpker-Aschoff, Hermann Das Finanz- und Steuersystem des Bonner Grundgesetzes, In: Archiv des Öffentlichen Rechts, Band 75, 306.

Die Wirtschaftsverwaltung in Frankfurt und das deutsche Finanzwesen, Schriftenreihe der Wirtschaftlichen Gesellschaft für Westfalen Lippe e. V., Heft III, Bielefeld 1948.

Isensee, Josef/Kirchhoff, Paul Handbuch des Staatsrechts der Bundesrepublik Deutschlands, Band II, Verfassungsstaat, Heidelberg 2004.

Jestaedt, Matthias Bonner Kommentar zum Grundgesetz, Band 8, 27. Lieferung.

Kröger, Klaus Die Entstehung des Grundgesetzes, in: Neue Juristische Wochenschrift, 1989, 1318.

Kunert, Franz - Josef Das Grundgesetz im Parlamentarischen Rat, In: Juristische Schulung 1979, 322.

Lassar, Gerhard Reichseigene Verwaltung unter der Weimarer Verfassung; Zwei Studien. Jahrbuch des öffentlichen Rechts der Gegenwart, Band 14, 1926.

Leidel, Herbert Die Begründung der Reichsfinanzverwaltung, Schriftenreihe des Bundesministeriums der Finanzen, Heft 1, Bonn 1964.

Morsey, Rudolf	Die oberste Reichsverwaltung unter Bismarck 1867–1890, Band 3, Münster 1957.
Niclauß, Karlheinz	Der Weg zum Grundgesetz, Demokratiebegründung in Westdeutschland, 1945–1949, Bonn 1998.
Pfeiffer, Anton	Vom Werden einer Verfassung, In: Die Öffentliche Verwaltung, 1948, 49.
Pieroth, Bodo	Amerikanischer Verfassungsexport nach Deutschland, In: Neue Juristische Wochenschrift, 1989, 1333.
Säcker, Horst	Verfassungskonvent 1948, In: Die öffentliche Verwaltung, 1998, 784.
Schmidt-Bleibtreu, Bruno/ Hoffmann, Hans/Hopfauf, Axel	Kommentar zum Grundgesetz, 12. Auflage 2011.
Schneider, Hans-Peter	Das Grundgesetz - Dokumentation seiner Entstehung, Band 26, Artikel 108–115, Frankfurt am Main 2009.
Schweigert, Eberhardt	Die Finanzverwaltung Westdeutschlands in der Zeit vom 2. Weltkrieg bis zur Neuordnung durch das Grundgesetz, Schriftenreihe des Bundesministeriums der Finanzen, Heft 12, Bonn 1970.
Seer, Roman Matthias	Bonner Kommentar zum Grundgesetz, 151. Aktualisierung 2011.
Senger, Eike-Alexander	Die Reform der Finanzverwaltung in der Bundesrepublik Deutschland, Wiesbaden 2009.
Strauß, Franz-Josef	Die Finanzverfassung, Band 144/145, München 1969.
Zickow, Jan	Einheit in Freiheit - 50 Jahre Grundgesetz für die Bundesrepublik Deutschland, In: Juristische Schulung, 1999, 417.

This scientific work the objective to indicate the development history of the tax in the Federal Republic of Germany and here in particular to lead a critical discussion of the different sales tax systems under varying forms of government.

G. Die Geschichte der Umsatzsteuer – vom Warenumsatzstempelgesetz bis zur Netto-Allphasen-Umsatzsteuer mit Vorsteuerabzug (Kyra-Mano Naujoks)

I. Einleitung

„Die Umsatzsteuer sei eine schmiegsame Eisenkonstruktion." Das betonte Graf v. Roedern, damaliger Staatssekretär des Reichsschatzamtes, schon 1918 bei der Beratung des Umsatzsteuergesetzes.[1] Dieses spiegelt die Vorstellung der Periode von Popitz, der als Urvater der Umsatzsteuer gilt, wider. Die Besteuerung des Austausches von Leistungen im Rahmen eines gewerblichen Unternehmens, in Form einer indirekten Verbrauchsteuer,[2] stellt einen stabilen Pfeiler der öffentlichen Finanzen dar. Ihre einfache Gestaltung und effektive Ertragskraft sichert dem Staat die wirtschaftliche Existenz.[3] Dieser Erkenntnis verdankt die Umsatzsteuer eine lange Tradition. Die umfangreiche Entwicklungsgeschichte der Umsatzsteuer, beginnend bei der Idee einer solchen in griechischen Stadtstaaten bis hin zu unserer heutigen Netto-Allphasen-Umsatzsteuer mit Vorsteuerabzug, wird in dieser Arbeit dargelegt.

II. Das Akzisensystem und die allgemeinen Quittungssteuern als Wurzeln der Umsatzsteuer

Die Historie der Umsatzsteuer ist umfangreich und erhielt nicht erst ihre Bedeutung als Steuerart in der finanziellen Notlage des deutschen Reiches nach dem ersten Weltkrieg.[4] Die Nachforschungen des Grabowers zeigten, dass sich die Idee einer Umsatzsteuer als Institution schon in griechischen Stadtstaaten

---

1 Zitiert in: *Herting*, USt-Rundschau 1966, S. 214.

2 S. *Englisch* in: Tipke/Lang [21], Steuerrecht, § 17, Rz. 825.

3 S. *Herting*, USt-Rundschau 1966, S. 214.

4 Dazu, *Popitz*, Kommentar zum Umsatzsteuergesetz, S. 115.

in Form einer „Grundstücks-, Markt- und allgemeinen Umsatzsteuer“ verfestigt haben.[5] In der weiteren Entwicklung der „Finanzgeschichte“[6] kristallisierten sich zwei Vorgänger der gegenwärtigen Umsatzsteuer heraus. Die Akzisen erschienen in Form einer indirekten Verbrauchsteuer im 14. Jahrhundert in Spanien und im 16. und 17. Jahrhundert auch in Preußen und Sachsen.

Im 17. Jahrhundert entstand letztendlich hier ein umfangreiches Akzisensystem.[7] Erst im Jahre 1862 lässt sich die weitere Quelle aus der heutigen Umsatzsteuer in Österreich und 1891 in England in Form der Quittungsteuer ableiten. Sie wurde als Verkehrsteuer in Gestalt eines Quittungstempels erhoben.[8] Jedoch ließ sich nur bei den „allgemeinen Quittungssteuern“, die sich vor allem von den preußischen Quittungssteuern unterschieden, da diese nur Quittungen für Geldtransfer an öffentliche Zahlstellen der Besteuerung unterwarfen, ein innerer gedanklicher Zusammenhang zu dem Umsatzsteuersystem erkennen.[9]

Bei den allgemeinen Quittungssteuern bestand die „Stempelpflicht“ für jegliche gesetzliche oder vertragliche Rechtsbeziehungen.[10] Aus diesen Quittungssteuern deduzierte sich sowohl die Warenumsatzsteuer aus dem Jahre 1916 als auch die spätere allgemeine Umsatzsteuer.[11]

III. Entwicklungsgeschichte der Umsatzsteuer in Deutschland

In der folgenden Analyse über die Entwicklung der Umsatzsteuer in Deutschland wird nur die allgemeine Umsatzsteuer in den Fokus genommen und nicht diejenigen Verbrauchsteuern, die den Umsatz von nur ausgewählten Waren oder Objekten als Essenz haben, wie z.B. die Tabak- oder die Biersteuer.[12]

---

5 *Rolf Grabower*, Geschichte der Umsatzsteuer und ihre gegenwärtige Gestaltung im Inland und Ausland, S. 12.

6 S. *Feld*, Entwicklung der Umsatzsteuer in Deutschland, S. 1.

7 Vgl. Gesetz-Sammlung für die königlich preußischen Staaten, S. 67; s. *Feld*, Entwicklung der Umsatzsteuer in Deutschland, S. 1.

8 S. *Feld*, Entwicklung der Umsatzsteuer in Deutschland, S. 4.

9 S. *Popitz*, Kommentar zum Umsatzsteuergesetz, S. 118.

10 S. *Popitz*, Kommentar zum Umsatzsteuergesetz, S. 118., Vgl. Reichstagsprotokolle, 13. Leg. 1914/18,16, S. 1271.

11 S. *Feld*, Entwicklung der Umsatzsteuer in Deutschland, S. 5.

12 S. *Popitz*, Kommentar zum Umsatzsteuergesetz, S. 115.

1.) Die Entwicklung der Umsatzsteuer im Kaiserreich ab 1916: Die Umgestaltung des Warenumsatzstempels zu einer Umsatzsteuer

Erst nach dem Ausgang des ersten Weltkriegs und der daraus resultierenden finanziellen Not, gewann die Umsatzsteuer erneut an Bedeutung. Ein weiteres Motiv, wie z.B. die Rekonstruktion der vorherigen Grundgedanken einer Umsatzsteuer in der älteren Finanzgeschichte oder ein innerer Konnex zu den Akzisen, die als gänzlich und vollendet ausgestaltetes System einzelne Umsätze besteuerten, wird nach Popitz nicht angenommen. Nach jenem ist allein die finanzielle und wirtschaftliche Notsituation Initiator des Umsatzsteuergedankens. Als Anknüpfungspunkt kommt nach seiner Vorstellung nur das „Stempelrecht" in Betracht.[13]

a.) Entwicklung des ersten deutschen Warenumsatzstempelgesetz von 1916

Schon während des ersten Weltkriegs wurde vom Staatsekretär des Reichsschatzamts Helfferich ein Entwurf vorgelegt, der zum Ziel hatte, ein Quittungsstempelgesetz erneut aufzugreifen und in dieser Zeit zu institutionalisieren. In seinem Entwurf schlug Helfferich einen Stempel vor, der in zwei Stufen nahezu den gesamten Rechtsverkehr umfassen und zusätzlich einen Quittungszwang beinhalteten sollte.[14]

Dieser Entwurf fand im Reichstag jedoch kaum Anklang und wurde durch einen weiteren Antrag des Zentrumsabgeordneten Müller-Fulda dominiert, den er in der zuständigen Kommission vorstellte. Er intendierte eine ganz anders gelagerte Steuer[15] und sah eine Anmeldung zur Erhebung dieser pro Jahr vor. Auf dieser Grundlage sollte eine Steuer auf jegliche Umsätze für Leistungen im Rahmen gewerblicher Lieferungsverträge in Höhe von 0,1% erhoben werden. Durch die Positionierung des Staatssekretärs des Reichsschatzamtes, Helfferich, für den Erlass dieses Entwurfs, wurde das Warenumsatzstempelgesetz am 26. Juni 1916 bekannt gegeben[16] und trat am 1. Juni 1916 in Kraft.[17]

Das Gesetz bildete ein Element des Reichsstempelgesetzes,[18] welches jedoch nicht die geeignete Sphäre darstellte, da die Steuererhebung mehrmals im Jahr

---

13 S. *Popitz*, Kommentar zum Umsatzsteuergesetz, S. 119.

14 Reichstagsprotokoll, 13. Leg.-Period. (1914/18,13), Drucks. Nr. 224, S. 1ff.; Dazu *Feld*, Entwicklung der Umsatzsteuer in Deutschland, S. 5.

15 Reichstagsprotokolle,13. Leg.-Period. (1914/18,14), Drucks. Nr. 321, S. 633ff.

16 RGBl, 1916, S. 639; so auch *Popitz*, Kommentar zum Umsatzsteuergesetz, S. 121.

17 S. *Popitz*, Kommentar zum Umsatzsteuergesetz, S. 121.

18 Vgl. RGBl, 1916, S. 639; so auch *Popitz*, Kommentar zum Umsatzsteuergesetz, S. 121.

durch eine Anmeldung mit Selbstveranlagung erfolgte und nicht in Gestalt einer Verstempelung vorkam.[19] Aus diesem entwickelte sich der Warenumsatzstempel im selben Jahr.[20]

Sie war zunächst auf Lieferungen und Zahlungen im Rahmen eines selbstständigen Gewerbes und der Landwirtschaft beschränkt.[21]Aus dem Gesetz ging eine Allphasen-Bruttobesteuerung hervor, welche zur Folge hatte, dass auf jeder Wirtschaftsstufe, die eine Ware durchlief, jeder Warenumsatz mit einem Steuersatz von 0,1 versehen wurde.[22]

b.) Anhebung der Steuersätze zur Deckung der Finanznot

Aus der Entwicklung der Warenumsatzsteuer resultierten große wirtschaftliche Nachteile, da durch ihre Einführung die höheren Umsätze mit niedrigem Ertrag oder Einbußen benachteiligt und kleine Umsätze mit großem Gewinn begünstigt wurden. Dieses belastete vor allem den Großhandel stark[23]und beeinflusste die niedrigeren Einkommen am intensivsten.[24] Dem verkündeten Gesetz vom 26. Juni 1916 als Element des Reichsstempelgesetzes von 1913[25] hafteten zudem noch zahlreiche materielle Defizite an, da es nur aus sehr wenigen Normen bestand. Diese Defizite wurden durch die Entwicklung der Auslegungsgrundsätze des Bundesrats[26] und spätere materielle Ergänzungen versucht, zu beheben. Die entwickelten Auslegungsgrundsätze bildeten später die Basis für das Umsatzsteuerrecht. Die wichtigste Ergänzung in materieller Sicht zeitigte das Gesetz vom 30. Mai 1917[27] über die Abwälzung der Warenumsatzsteuer, welches die offene Abwälzung dieser verbot, da sie aufgrund ihrer Eigenart als Verkehrssteuer vom Lieferanten zu tragen sei.[28] Im Jahre 1918 fasste die Reichsregierung schließlich den Vorsatz zu einer eingehenden Gesetzgebung auf dem Gebiet der Steuern; mit der Intention einer Umgestaltung des Warenumsatzstempels

---

19 S. *Popitz*, Kommentar zum Umsatzsteuergesetz, 6. Kapitel, S. 121., weitere Ausführungen dazu im Preußischen Verwaltungsblatt, 1916/1917, Band 38, S. 65ff, S. 83ff.
20 S. *Popitz*, Kommentar zum Umsatzsteuergesetz, 6. Kapitel, S. 119.
21 RGBl, 1916, S. 382; Dazu *Popitz*, Kommentar zum Umsatzsteuergesetz, S. 121.
22 RGBl, 1916, S. 640.
23 S. *Feld*, Die Entwicklung der Umsatzsteuer in Deutschland, S. 6, 7.
24 Vgl. Protokoll der Nationalversammlung, 1919, 131. Sitzung, S. 4094.
25 S. *Forst*, Mehrwertsteuer- Umsatzsteuergesetz ab 1968, S. 9.
26 S. *Popitz*, Kommentar zum Umsatzsteuergesetz, S. 122.
27 RGBl, 1917, S. 441.
28 S. *Feld*, Die Entwicklung der Umsatzsteuer in Deutschland, S. 8.

zu einer Umsatzsteuer.[29] Zugleich wurde der Urvater der deutschen Umsatzsteuer Johannes Popitz zum ersten Mal beauftragt, die Umsatzsteuer als eine der bedeutendsten Reichssteuern gesetzestechnisch auszuarbeiten. Als Johannes Popitz seine Tätigkeit im Reichsschatzamt aufnahm, war die finanzielle Situation des Reiches schon kritisch, konnte jedoch nicht durch das Bemühen bestimmter Steuerarten aufgefangen werden. Seine Auseinandersetzungen gipfelten in seinem verfassten Kommentar zur Umsatzsteuer von 1918.[30]

In Folge der weiteren Praktizierung der Warenumsatzsteuer zeigte sich, dass der Steuersatz von 0,1% die Finanznot, die durch die anstehenden Reparationskosten und sozialen Aufwendungen als Folge des ersten Weltkriegs entstanden, nicht decken konnte. Das Potential der Umsatzsteuer wurde jedoch früh erkannt und sollte durch Modifikationen des bestehenden Rechts ausgeschöpft werden.[31] Infolge dessen sah der Entwurf des Umsatzsteuergesetzes, welches dem Reichstag am 20. April 1918 zugegangen ist, eine Erweiterung der Steuerpflicht auch auf alle Leistungen innerhalb einer selbstständigen gewerblichen Tätigkeit samt des Eigenverbrauchs vor,[32] die mit einem Steuersatz von 0,5% der Besteuerung unterworfen werden sollten.[33] Die Warenumsatzsteuer wurde somit von einer Veranlagungsteuer in eine Deklarationssteuer transformiert.[34] Die Steuerschuld wurde somit aufgrund der deklarierten Werte der Unternehmer ermittelt. Sie sah jedoch weiterhin auch eine Allphasen-Bruttobesteuerung vor.[35] Der Wandel der Warenumsatzsteuer beinhaltete zudem eine sog. Luxussteuer für den Umsatz im Kleinhandel von einem Steuersatz in Höhe von 10%.[36] Das Gesetz, welches schließlich am 26. Juni 1918 verkündet und am 1. August 1918 in Kraft trat,[37] sah einen Steuersatz für Warenlieferungen in Höhe von 0,1% vor, während alle anderen Leistungen, die nur einen Arbeitsaufwand vorsahen, mit einem Steuersatz von 0,5% der Besteuerung unterworfen wurden. Daneben erhielt zudem der Entwurf einer Luxussteuer in Höhe von 10%, eine erhöhte Umsatzsteuer auf Luxusgegenstände, Bedeutung und

29 S. *Popitz*, Kommentar zum Umsatzsteuergesetz, S. 124.
30 S. *Dieckmann*, Johannes Popitz, S. 14.
31 S. *Popitz*, Kommentar zum Umsatzsteuergesetz, S. 123.
32 Reichstagsprotokolle, 1914/18, 20, Anlage Nr. 1461.
33 Vgl. Protokoll der Nationalversammlung, IV/1938, Drucks. Nr. 71.
34 S. *Feld*, Die Entwicklung der Umsatzsteuer in Deutschland, S. 9.
35 S. *Zerres*, Die Entwicklung der Mehrwertsteuer, S. 23.
36 S. *Popitz*, Kommentar zum Umsatzsteuergesetz, S. 125.
37 RGBl,1918, S. 775.

Fixierung in diesem Gesetz.[38] Die Luxussteuer war eine erhöhte Umsatzsteuer, bei welcher nur der letzte Umsatz, der Verkauf an den Endverbraucher belastet wurde. Demnach erfasste die Steuerpflicht nur die Lieferung im Kleinhandel.[39]

Die Steuerpflicht traf hier den Produzenten oder Verkäufer. Die steuerliche Belastung konnte aber durch einen Preisaufschlag auf den Konsumenten bzw. Käufer übertragen werden jedoch nicht durch eine offene Überwälzung.[40] Der Unternehmer war verpflichtet seinen Gesamtumsatz eines Kalenderjahres auszuweisen und die Luxussteuer jeden Monat zu entrichten. Die Erhebung und Verwaltung der Umsatzsteuer war Aufgabe der Länder.[41]

Die Einführung dieses Umsatzsteuergesetzes von 1918 erfuhr starke Kritik, da dieser Form der Umsatzsteuer vorgeworfen wurde, dass sie nicht die Notwendigkeit bzw. Entbehrlichkeit der Güter fokussierte, sondern nur nach dem Umsatz fragte, sodass sie als „bösartig" betitelt wurde. Sie enthielt bereits gewisse Elemente der späteren Bruttoumsatzsteuer.[42] Trotz aller Kritik entwickelte sich die Umsatzsteuer zu einer der wichtigsten Reichssteuern, die die Möglichkeit bot, durch ihre Entwicklung und Erweiterung in Form von höheren Steuersätzen, die kritische finanzielle Lage des Reiches aufzufangen.[43] Daneben gewann die Einführung des Umsatzsteuergesetzes von 1918 eine besondere Bedeutung für gegenwärtige, selbstverständlich gewordene Vorschriften über Buchführungs- und Aufzeichnungspflichten. Diese waren erstmals in den §§ 14, 15 UStG von 1918 normiert.[44] In heutiger Zeit findet man diese in § 140 AO.

2.) Erlangung besonderer Bedeutung der Umsatzsteuer vor dem Hintergrund der Neugestaltung der Steuerordnung zur Zeit der Weimarer Republik

Auch die folgende Entwicklung der Umsatzsteuer zur Zeit der Weimarer Republik war geprägt von der finanziellen Not des ersten Weltkriegs, die

38 *Hallbauer/Schelcher*, Umsatzsteuergesetz vom 26. Juli 1918, § 8, S. 47; s. *Feld*, Die Entwicklung der Umsatzsteuer in Deutschland, S. 10.

39 S. *Feld*, Die Entwicklung der Umsatzsteuer in Deutschland, S. 10.

40 offene Überwälzung: gesonderte Inrechnungstellung der Umsatzsteuer.

41 S. *Feld*, Die Entwicklung der Umsatzsteuer in Deutschland, S. 11.

42 S. *Eckhardt/Meyer- Arndt*, Mehrwertsteuergesetz, S. 12.

43 S. *Herkner*, Steuernotwirtschaft, Steuerreform und Finanzausgleich, S. 93.

44 S. *Hallbauer/Schelcher*, Umsatzsteuergesetz vom 26. Juli 1918, S. 65ff., dazu auch Popitz, Kommentar zum Umsatzsteuergesetz, S. 86, 87.

durch intensivere Heranziehung indirekter Steuerquellen aufgefangen werden sollte.[45]

Nach dem damaligen Reichsfinanzminister Erzberger konnte dieser wirtschaftliche Krisensituation nur durch eine Neugestaltung der „Steuerordnung“, die als Element seiner Reichsfinanzreform fungierte, begegnet werden.[46] Im Rahmen dieser Reform wiesen Erzberger und der Abgeordnete Keil darauf hin, dass der finanzielle Bedarf des Reiches nicht allein durch direkte Steuern ausgeglichen werden kann, sondern eine besondere Bedeutung hier den indirekten und so auch der Umsatzsteuer zukam.[47] Trotz aller Bedenken, die gegen die Umsatzsteuer sowohl auf wirtschaftlicher als auch auf sozialer Ebene existierten, hielt Erzberger an dieser Form der Besteuerung fest.[48]

Die Weimarer Reichsverfassung versuchte durch die Stärkung der Reichsgewalt, die finanziellen Folgen des Krieges zu mildern. Als Ausdruck dessen verlieh die Weimarer Reichsverfassung in Artikel 8 dem Reich umfassende Gesetzgebungskompetenzen auf dem Gebiet der Steuern.[49]

Diese fanden ihren Ausdruck vordergründig in der starken Beteiligung des Reiches an dem Aufkommen sämtlicher Steuern.[50]

Reichsfinanzminister Erzberger hielt vordergründig an der Grundstruktur des bisher geltenden Umsatzsteuersystems fest und sah somit auch eine Besteuerung von Lieferungen und Leistungen im Rahmen eines Gewerbes vor.[51]

Der Entwurf orientierte sich jedoch nun an einem allgemeinen Steuersatz von 1%, da die finanzielle Lage des Staates verbessert werden sollte. Doch Erzberger betonte, dass eine Erhöhung aufgrund dieser finanziellen und wirtschaftlich unsicheren Situation nicht ausgeschlossen werden kann.[52]

Neben dem allgemeinen Steuersatz beabsichtige sein Entwurf eine stärkere Belastung des Endverbrauchs bezüglich der hauswirtschaftlichen Gegenstände durch einen Steuersatz in Höhe von 5%. Es sollten weitere große Summen eingebracht werden, indem die Ware aus dem Zirkulationsprozess an den

---

45 Vgl. *Erzberger*, Reden zur Neuordnung des deutschen Finanzwesens; so auch *Popitz*, Kommentar zum Umsatzsteuergesetz, 6. Kapitel, S. 136.

46 *Erzberger*, Reden zur Neuordnung des deutschen Finanzwesens, 1. Rede, S. 7ff.

47 *Erzberger*, Reden zur Neuordnung des deutschen Finanzwesens, 2. Rede, S. 24ff.

48 *Erzberger*, Reden zur Neuordnung des deutschen Finanzwesens, S. 63ff.

49 Vgl. *Erzberger*, Reden zur Neuordnung des deutschen Finanzwesens, 2. Rede, S. 26; *Pagenkopf*, der Finanzausgleich im Bundesstaat, S. 108.

50 *Erzberger*, Reden zur Neuordnung des deutschen Finanzwesens, S. 69, 70.

51 *Erzberger*, Reden zur Neuordnung des deutschen Finanzwesens, S. 66.

52 *Erzberger*, Reden zur Neuordnung des deutschen Finanzwesens, S. 65.

Letztverbraucher, der die Ware nun nicht mehr weiter veräußerte, mit einem höhen Steuersatz belastet wurde. Die etwaige Belastung des Produktionsprozesses wird dadurch verhindert, dass die Steuer lediglich auf hauswirtschaftliche Güter erhoben wird.[53] Diese Sonderregelung umfasste auch existenziell wichtige Nahrungsmittel. Durch die allgemeine erhöhte Belastung des Verbrauchs wurde den Bürgern der Weimarer Republik eine Bürde auferlegt. Demnach musste gerade den Bürgern, deren Vermögenslage deutlich besser war und ihnen die Beschaffung besserer Waren, insbesondere von Luxusgütern, erlaubte, ebenfalls eine Belastung durch die Umsatzsteuer auferlegt werden. Konsequenterweise musste somit auch die Besteuerung von Luxusgegenständen in Höhe von 10%, die bis dahin in § 8 des Umsatzsteuergesetzes vom 26. Juli 1918 normiert war, [54] beibehalten und durch den Entwurf von Erzberger auf weitere Gegenstände erstreckt werden.[55]

Auch Erzberger intendierte das Charakteristikum der Umsatzsteuer als Verbrauchsteuer fortzuführen. Demnach sollte die Umsatzsteuer in keinem Fall die Unternehmer treffen, um nicht eine Erschwernis der Herstellung und Produktion von Konsumgütern zu schaffen, sondern auf den Leistungsempfänger oder Endverbraucher abgewälzt werden.[56]

Die Vorschläge Erzbergers gipfelten in dem Umsatzsteuergesetz vom 24. Dezember 1919.[57] Dieses trat schließlich am 1. Januar 1920 in Kraft.[58]

Die Legislative dieser Zeit reduzierte sich auf die Modifikation des geltenden Rechts basierend auf diesem Gesetz in Form von fortlaufenden Erhöhungen der Umsatzsteuersätze.[59] Demnach sah dieses Umsatzsteuergesetz eine Erhöhung des Steuersatzes auf 1,5% vor und erstreckte die Steuerpflicht auch auf die Umsätze der Freiberufler. Hierdurch entwickelte sich die Umsatzsteuer zu einer allgemeinen Verbrauchsteuer des Reiches.[60]

Da aufgrund der Erzbergerschen Finanzreform die Objektshoheit und Ertragshoheit bezüglich der Umsatzsteuer beim Reich lag und sie sich somit als Reichssteuer zeigte, wurde diese den Ländern und Gemeinden als Einnahmequelle mit der Begründung eines hohen Steuerbedarf des Reiches entzogen infolge derer

---

53 *Erzberger*, Reden zur Neuordnung des deutschen Finanzwesens, S. 65.
54 *Hallbauer/Schelcher*, Das Umsatzsteuergesetz vom 26. Juli 1918, S. 47.
55 S. *Erzberger*, Reden zur Neuordnung des deutschen Finanzwesens, S. 66.
56 S. *Erzberger*, Reden zur Neuordnung des deutschen Finanzwesens, S. 66.
57 RGBl,1919, S. 2157.
58 Dazu *Popitz*, Kommentar zum Umsatzsteuergesetz, S. 133.
59 S. *Eckhardt/Meyer- Arndt*, Mehrwertsteuergesetz, S. 12.
60 Dazu BT- Drucks. III/730, S. 21.

eine Umverteilung der Beteiligung an dem Aufkommen der Steuereinnahmen resultierte. Zuvor waren die Länder und Gemeinden zu etwa 60% und das Reich zu 40% an diesem Aufkommen beteiligt. Erzberger jedoch sah vor, dass das Reich die „Verfügungsgewalt" über nahezu alle Steuern erhielt und im Gegenzug dafür sorgte, dass die Länder und Gemeinden ihren finanziellen Bedarf decken konnten.[61] Diesbezüglich sah das Landessteuergesetz vom 30. März 1920[62] eine Entschädigung der Länder und Gemeinden in Form einer prozentualen Überweisung aus dem Aufkommen an der Umsatzsteuer vor.[63] Das frühere System der Matrikularbeiträge wurde somit durch ein System der Steuerüberweisung abgelöst.[64] Die weiteren Entwicklungsphasen der Umsatzsteuer zu dieser Zeit waren vordergründig von dem Gedanken geprägt, inwieweit das Potential der Umsatzsteuer für die ansteigende finanzielle Not ausgeschöpft werden kann, um Aufwendungen der öffentlichen Wirtschaft decken zu können und eine Angleichung des Umsatzsteuergesetzes an die Probleme der vorherrschenden Inflation zu erreichen.[65] Diese steigende Inflation wirkte sich nahezu auf alle Steuerarten aus, jedoch am wenigsten auf die Umsatzsteuer, da diese sich an die verschiedenen Zahlenwerte „proportional" anglich.[66]

Um die Wirkungen der Inflation abzumildern wurde hinsichtlich der Umsatzsteuer auf der Basis des Notgesetzes vom 24. Februar 1923[67] eine Verordnung über die Entrichtung von Vorauszahlungen vom 4. August 1923[68] erlassen, die eine monatliche „Abschlagszahlung", welche bis zum 10. Tag eines jeden Monats gezahlt werden sollte, normierte.[69] Bezüglich des Ausgleiches der Aufwendungen auf dem Gebiet der öffentlichen Ökonomie wurde jegliches Potential der Steuern ausgeschöpft und durch die „zweite Steuernotverordnung" vom 19. Dezember 1923[70] erreicht.[71] Der Steuersatz stieg nochmalig durch die Zweite Steuernotverordnung auf 2,5%.[72] Durch den Anstieg des Steuersatzes auf 2,5% konnte der

---

61 S. *Erzberger*, Reden zur Neuordnung des Finanzwesen, S. 112.

62 RGBl, 1920, S. 402.

63 S. *Erzberger*, Reden zur Neuordnung des Finanzwesens, S. 113.

64 S. *Pagenkopf*, Der Finanzausgleich im Bundesstaat, S. 114, 115.

65 S. *Popitz*, Kommentar zum Umsatzsteuergesetz, S. 136.

66 S. *Popitz*, Kommentar zum Umsatzsteuergesetz, S. 139.

67 RGBl, 1923, S. 147.

68 RGBl, 1923, S. 761.

69 S. *Popitz*, Kommentar zum Umsatzsteuergesetz, S. 140.

70 RGBl, 1923, S. 1205.

71 S. *Popitz*, Kommentar zum Umsatzsteuergesetz, S. 141.

72 S. *Popitz*, Kommentar zum Umsatzsteuergesetz, 6. Kapitel, S. 141.

öffentliche Finanzhaushalt ausgeglichen und die Inflation größtenteils überwunden werden, was Steuermilderungen zuließ, die in Form der ersten Steuermilderungsverordnung vom 14. September 1924[73] und der zweiten Steuermilderungsverordnung vom 10. November 1924 den Steuersatz schließlich auf 1,5% und die Luxusumsatzsteuer auf 10% herabsetzten. Das Steuermilderungsgesetz[74] vom 31. März 1926[75] setzte einen Steuersatz auf 0,75% fest und schaffte die Luxussteuer ab, da durch die Ausgleichung des staatlichen Finanzhaushaltes der Bedarf eines derart großen Steueraufkommens, welches gerade durch die Luxusumsatzsteuer und den hohen Steuersatz erreicht wurde, nicht mehr gegeben war. Des Weiteren wurde die Umsatzsteuer erstmalig auch im internationalen Licht gesehen, was die Normierung einer „Umsatzausgleichsteuer" durch die Verordnung vom 29. Januar 1932 zur Folge hatte. Daraufhin wurde ein „Belastungsausgleich" für Import- und Exportwaren entwickelt.[76]

3.) Angleichung des bisher geltenden Umsatzsteuersystems an die Ideologien und Zielsetzungen der Nationalsozialisten

Die Steuerpolitik jeder Zeit ist durch zwei verschiedene Ziele geprägt. Der fiskalische Zweck wird durch Steuererhöhungen oder die Entwicklung neuer Steuerarten erreicht. Daneben wird die Steuerpolitik zur Verwirklichung ideeller Vorstellung der jeweiligen Zeit herangezogen – sogenannte „außerfiskalischen Ziele". [77]Die Steuerpolitik des Nationalsozialismus war vordergründig durch die Verfolgung nicht-fiskalischer Ziele geprägt. Die Ziele der Besteuerung lagen größtenteils in der Schaffung einer Wirtschafts- und Gesellschaftspolitik mit geringem Arbeitslosenanteil in der Bevölkerung. Des Weiteren sollte die Besteuerung den Mittelstand, kinderreiche Familien und das Handwerk fördern und begünstigen.[78] Die Modifikationen des geltenden Rechts auf Basis der politischen Zielvorstellungen traten jedoch zunächst in den Hintergrund. Es ergaben sich für das Umsatzsteuergesetz von 1919 keine grundlegenden Änderungen.[79] Doch Anfang 1933 erkannten die Nationalsozialisten die

73 RGBl, 1924, S. 709.

74 S. *Popitz*, Kommentar zum Umsatzsteuergesetz, S. 142.

75 RGBl, 1926, S. 185.

76 Dazu BT-Drucks. III/730, S. 22.

77 Dazu *Henning*, in Steuern, Abgaben und Dienste vom Mittelalter bis zur Gegenwart, S. 197.

78 Dazu *Henning*, in Steuern, Abgaben und Dienste vom Mittelalter bis zur Gegenwart, S. 199, 200.

79 *Voß*, Steuern im Dritten Reich, S. 92.

Notwendigkeit eines Steuersystems, welches vor allem die Anforderungen ihrer Ideale und Zielvorstellungen erfüllte.[80] Nach nationalsozialistischer Vorstellung war die Entrichtung von Steuern eine Pflicht, die der Bestandskraft und Entwicklung der Funktionsfähigkeit des Staates dienen und nicht als Opfergabe angesehen werden sollte.[81] Zwar wurde das Steuersystem nach Erzberger als Element der Weimarer Zeit grundlegend abgelehnt, jedoch auch kein neues entwickelt. Die Entwicklung des bisherigen Steuersystems wurde an die Interessen und Ideologien der Nationalsozialisten angeglichen. So wurden durch Steuermäßigungen neue Arbeitsplätze geschaffen und kinderreiche Familien begünstigt.[82]

Trotz dieser Regelungen galt erst das Jahr 1934 als das Jahr der Steuerreform. Nach Staatssekretär Reinhardt sollte vor allem an den vorherigen Zielen, Schaffung von Arbeitsplätzen und Unterstützung der Institution Familie, angeknüpft und daneben den Bürgern ihre eigene Verantwortung im Rahmen der Wirtschaft ins Bewusstsein gerufen werden. Auf Basis dieser Zielvorstellungen ergingen einige Steuerermäßigungen, die zum verstärkten Konsum und zur Produktion anregen sollten, wodurch wiederum Arbeitsplätze geschaffen werden sollten mit dem Ziel, den Umsatz und mit ihm das Aufkommen aus Steuern zu steigern.[83] Doch die Maßnahmen zur Arbeitsbeschaffung und Sicherung führten zu hohen finanziellen Ausgaben, die durch die bis dahin vorgesehenen Steuersätze nicht gedeckt werden konnten. Ein weiterer Kostenfaktor waren die Rüstungspläne. Um die Kosten zu decken erfolgten Steuerverschärfungen und die Einführung neuer Steuerformen.[84] Es wurde insgesamt eine Umverteilung der Steuerbelastung vorgenommen, wonach die kinderlosen und ledigen Bürger stärker steuerlich belastet werden sollten.[85] Kinderreiche Familien rückten weiter in den Fokus der politischen Förderung, sodass die Freibeträge für Familien erhöht worden sind.[86]

---

80 Dazu *Henning*, in Steuern, Abgaben und Dienste vom Mittelalter bis zur Gegenwart, S. 200.

81 Vgl. dazu Ausführungen von *Kempf*, Nationalsozialistisches Steuerwesen, Vorschläge, S. 6ff.

82 Dazu *Henning*, in Steuern, Abgaben und Dienste vom Mittelalter bis zur Gegenwart, S. 201.

83 Rede des Reinhardts zitiert in *Henning*, in Steuern, Abgaben und Dienste vom Mittelalter bis zur Gegenwart, S. 201f.

84 S. *Högemann*, Dt. Steuerrecht unter d. Einfluss d. Nationalsozialismus, S. 42.

85 RGBl, 1934, S. 237.

86 S. *Jutta Muscheid*, Die Steuerpolitik in der Bundesrepublik Deutschland 1949–1982, S. 21.

Den Kern der Reformbewegung zur Umgestaltung der Steuerpolitik der Nationalsozialisten bildeten die Steuerreformgesetze vom 16. Oktober 1934. Ein Teil dieser war das Umsatzsteuergesetz desselben Tages.[87] Die Umsatzsteuer bildete für das Dritte Reich eine der wichtigsten Einnahmequellen. Die Steuerverschärfungen waren vor allem im Binnengroßhandel, der seine Verkaufsumsätze vorwiegend im Inland erzielt, zu spüren. Der Binnengroßhandel war bis zu diesem Steuerreformgesetz steuerfrei, wurde jetzt jedoch mit einem Steuersatz von 0,5% belastet. Jedoch unterlagen einige „Massengüter“[88] nicht der Umsatzsteuer. Zudem wurde schon mit dem Gesetz vom Juli 1934 die Umsatzbesteuerung der Einfuhr verschärft,[89] um eine Unabhängigkeit des eigenen Landes gegenüber anderen Ländern zu demonstrieren. Die Freiberufler waren bisher von der Steuer befreit, wenn ihr jährlicher Umsatz die Freigrenze von 18000 RM nicht überschritt. Diese Grenze erfuhr nun eine Herabsetzung auf 6000 RM. Des Weiteren erfolgte die Aufhebung der Steuerbefreiung für gemeinnützige Unternehmen und die Erhöhung der Umsatzsteuer für Warenhäuser.[90]

Auch die politische Stellung der Länder wurde vor allem durch die Realsteuerreform vom 1. Dezember 1936 weiter geschwächt, wonach 98% des Steueraufkommens dem Reich zustanden. Demnach waren Länder und auch Gemeinden noch auf die Finanzüberweisungen angewiesen.[91]

4.) Anhebung der Umsatzsteuersätze als Motivation zur kritischen Auseinandersetzung mit der Allphasen-Bruttoumsatzsteuer

Nach Unterzeichnung der bedingungslosen Kapitulation des deutschen Rei ches am 8. Mai 1945 war nicht nur das Ende des Nationalsozialismus, sondern auch der Zusammenfall der wirtschaftlichen Ordnung besiegelt.[92] Auch die Frage nach der Weiterführung der Gesetzesregelungen der Nationalsozialisten war noch ungeklärt. Erst am 5. Juni 1945 übernahmen die vier Siegermächte die

87 RGBl I, 1924, S. 942; Dazu *Högemann*, Dt. Steuerrecht unter d. Einfluss d. Nationalsozialismus, S. 42.

88 S. *Högemann*, Dt. Steuerrecht unter d. Einfluss des Nationalsozialismus, S. 74.

89 RGBl, 1934 I, S. 572.

90 S. *Högemann*, Dt. Steuerrecht unter d. Einfluss des Nationalsozialismus, S. 75.

91 S. *Jutta Muscheid*, Die Steuerpolitik in der Bundesrepublik Deutschland 1949–1982, S. 22.

92 S. *Jutta Muscheid*, Die Steuerpolitik in der Bundesrepublik Deutschland 1949–1982, S. 24.

oberste Gewalt und bildeten den Alliierten Kontrollrat als zentrales Regierungsgremium.[93]

Im weiteren Verlauf versiegte die Umsatzsteuer und weitere Steuerarten (Einkommen- und Körperschaftsteuer) als Einnahmequelle immer mehr, welches aus der hohen Arbeitslosenquote resultierte. Um die großen finanziellen Verluste aufzufangen, wurde das Kontrollratsgesetz Nr. 12 bis Nr. 17 (sog. Februargesetze) in der Zeit vom 11. Februar bis zum 28. Februar 1946 durch den Kontrollrat der Alliierten erlassen. Dieses Gesetz intendierte vor allem eine starke Erhöhung der Umsatzsteuer, Einkommensteuer, Köperschaft- und Vermögensteuer.[94] Erst durch das Kontrollratsgesetz, welches eine Anhebung der gegenwärtigen Steuersätze bei der Umsatzsteuer auf 3% vorsah, wurden neue Reformbewegungen entfacht. Als der Steuersatz schließlich durch das Gesetz vom 28. Juni 1951[95] nochmalig auf 4% stieg entwickelten sich zwei gegensätzliche Meinungsstränge bezüglich des Umsatzbesteuerungssystems.

Die einen traten trotz erkennbarer Mängel für die Bruttoumsatzsteuer ein, während die andere Richtung für eine wettbewerbsneutralere Form kämpfte.[96] Die nachfolgende Betrachtung der in dieser Zeit geltenden Allphasen-Bruttoumsatzsteuer soll sowohl die offensichtlichen Mängel als auch Vorteile aufzeigen, um die notwendigen, immer lauter werdenden Stimmen einer grundlegenden Umsatzsteuerreform verständlich zu machen.

a.) Wesen der Allphasen-Bruttoumsatzsteuer

Nach der Allphasen-Bruttoumsatzsteuer werden sowohl „Lieferungen" als auch jegliche, sonstige „Leistungen" im Rahmen eines gewerblichen Unternehmens, die entgeltlich erworben werden, besteuert.[97] Sie entfaltet vordergründig ihre Wirkung als allgemeine Verbrauchsteuer, indem sie jedwede Umsätze der Besteuerung unterwirft. [98] Nach dem „Allphasenprinzip" wird die Ware oder Leistung auf jeder Wirtschafts- bzw. Produktionsstufe mit der Umsatzsteuer belastet.[99]

93 S. *Jutta Muscheid*, Die Steuerpolitik in der Bundesrepublik Deutschland 1949–1982, S. 26.

94 Amtsblatt des Kontrollrats in Deutschland, Nr. 4, Gesetz Nr. 15, Änderung des Umsatzsteuergesetze, S. 75.

95 BGBl I, S. 791.

96 S. *Zerres*, Die Entwicklung der Mehrwertsteuer in Deutschland, S. 32f.

97 Vgl. *Hallbauer/Schelcher*, Umsatzsteuergesetz vom 26. Juli 1918, § 1, S. 1.

98 Dazu *Dahlgrün*, Bulletin des Presse-und Informationsamtes der Bundesregierung 1963, Nr. 32/S. 279.

99 S. *Rau/Dürrwächter*, Die Mehrwertsteuer, S. 1.

Diese wird durch den Preis auf den Endverbraucher überwälzt. Die Abnehmer der Waren, als Letztverbraucher, sind zwar nicht Schuldner der Umsatzsteuer, tragen diese aber aufgrund der Überwälzung durch die Zahlung des Preises.[100] Eine offene Überwälzung der Umsatzsteuer, indem sie gesondert in Rechnung gestellt wird, ist bei dieser Form der Umsatzbesteuerung nicht gestattet.[101] Die Allphasen-Bruttoumsatzsteuer ist zudem als eine rohe Verkehrsteuer ausgestaltet, da sie auf jeder Wirtschaftsstufe auf jeden Warenumsatz mit dem gleichen Steuersatz erhoben wird.[102]

b.) Vorzüge der Allphasen-Bruttoumsatzsteuer

Die Allphasen-Bruttoumsatzsteuer ist sehr allgemein gestaltet, da die Besteuerung nahezu auf jeder Wirtschaftsstufe erfolgt und kaum Raum für Ausnahmen zulässt. In dieser Breitenwirkung der Steuer manifestiert sich die besondere Krisenfestigkeit und relative Resistenz gegenüber Inflationen und Verbrauchereigenschaften.[103] Somit begründet die Bruttoumsatzsteuer eine effektive Einnahmequelle für den Staat.[104] Dadurch wird eine generelle Erhebung schon durch den hohen Ertrag, der durch sie erzielt wird, gerechtfertigt, sodass auf sie als Steuerart nicht verzichtet werden kann. Des Weiteren behindert sie den wirtschaftlichen Verkehr nicht, da sie sich auf zahlreiche Unternehmen und Verbraucher erstreckt und somit nicht erschlagend für den einzelnen wirkt.[105] Die Umsatzsteuer- Voranmeldung erfolgt in Form einer vorläufigen Selbstveranlagung. Da sich die Umsatzsteuer nach den realen Umsätzen bemisst, ist sie besonders praxisnah. Zudem ist auf dem Gebiet der Umsatzsteuer im Gegensatz zu anderen Steuerarten, wie z.B. die Einkommensteuer, keine Vorauszahlung auf Basis der letzten Selbstveranlagung und keine Feststellung der exakten Steuerschuld für das vorangegangene Jahr erforderlich, was die Umsatzsteuer zu einem zuverlässigen Fundament für den staatlichen Finanzhaushalt macht.[106] Aus der Erhebung dieser Form der Umsatzsteuer resultiert für die Verwaltung und Wirtschaft kein großer Aufwand, da die Steuerschuldner (Unternehmer) von ihren Bruttoeinnahmen nur einen bestimmten Prozentsatz an die Finanzkasse entrichten müssen.

---

100 S. *Eckhardt/Meyer-Arndt*, Mehrwertsteuergesetz, S. 1.

101 Dazu *Popitz*, Kommentar zum Umsatzsteuergesetz, S. 109.

102 S. Schriftenreihe des Instituts „Finanzen und Steuern", Heft 51. S. 6.

103 Dazu *Lutzke*, USt- Rundschau 1967, S. 110.

104 Vgl. *Eckhardt/Meyer-Arndt*, Mehrwertsteuergesetz, S. 1.

105 S. *Mering*, Gedenken zur Reichsfinanzreform im Jahre 1921, S. 54.

106 S. *Beck*, Von der Brutto-Umsatzsteuer zur Mehrwertsteuer, S. 5.

Somit besteht auch hier ein Einsparpotential bezüglich der Kosten für die Verwaltungsarbeit. Des Weiteren ermöglicht das Umsatzsteuersystem Einführungen von Steuerermäßigungen für bestimmte Wirtschaftszweige oder auf bestimmten Wirtschaftsstufen, da eine solche spätere Einführung nicht die Struktur des gesamten Gesetzes tangieren würde.[107] Auch die Überwälzung der Umsatzsteuer auf den Abnehmer ist bis auf wenige Ausnahmen garantiert.[108]

c.) Mängel der Allphasen-Bruttoumsatzsteuer

Die Allphasen-Bruttoumsatzsteuer erregte schon zu Beginn Kritik und sozialpolitische Bedenken. Auch Popitz, der als Initiator der Umsatzsteuer in Deutschland gilt, äußerte ebenfalls in seinem Kommentar von 1918 zum Umsatzsteuergesetz nachfolgend erläuterte Bedenken:[109] Diese Form der Umsatzbesteuerung wurde auf jeder Produktionsstufe vom Bruttoumsatz inklusive der auf den vorherigen Wirtschaftsstufen entrichteten Umsatzsteuer erhoben. Konsequenz dessen war, dass sich die Steuer mit jedem weiteren Umsatz steigerte, da der Wert des Warengegenstands auf der vorherigen Stufe und die Umsatzsteuer auf den nachfolgenden Stufen zusammen besteuert wurden. Dies beschreibt die sog. Kumulationswirkung, die die erheblichsten Mängel der Allphasen-Bruttoumsatzsteuer begründet und die Reformbestrebungen veranlasste.[110]

Die verschiedenen Auswirkungen dieses Kumulationseffekts sollen hier dargestellt werden.

Auch wenn die Allphasen-Bruttoumsatzsteuer augenscheinlich geringe Steuersätze aufwies, täuschte diese jedoch über die reale steuerliche Belastung hinweg, die durch die Kumulationswirkung auf den Waren ruhte.[111]

Diese Kumulativwirkung hatte zur Folge, dass gleiche Waren steuerlich unterschiedlich belastet wurden, abhängig davon wie viele Wirtschaftsstufen sie durchliefen. Zudem war eine genaue Feststellung der umsatzsteuerlichen Endbelastung der Waren nicht möglich. Aus diesen verschiedenen und nicht absehbaren Endbelastungen der Waren mit der Umsatzsteuer resultieren erhebliche Wettbewerbsverfälschungen in dem Prozess der Preisbildung.[112] Gerade beim Export bleibt den Unternehmern somit die Möglichkeit verwehrt,

---

107 S. *Eckhardt/Meyer-Arndt*, Mehrwertsteuergesetz, S. 7.

108 S. *Beck*, Von der Brutto-Umsatzsteuer zur Mehrwertsteuer, S. 5.

109 S. *Popitz*, Kommentar zum Umsatzsteuergesetz, S. 39, 40.

110 S. *Forst*, Mehrwertsteuer, Umsatzsteuergesetz ab 1968, S. 11.

111 S. *Lutzke*, USt- Rundschau 1967, S. 110.

112 BT- Drucks. IV/1590, S. 20.

die genaue steuerliche Vorbelastung der Produkte auszugleichen.[113] Daraus könnte der Aufbau von „Steuergrenzen" entstehen, welche ein deutliches Hindernis für die weiteren Maßnahmen zur Europäischen Einigung darstellen.[114] Hinsichtlich des grenzüberschreitenden Verkehrs, wird der Bruttoumsatzsteuer mangelhafte Praktikabilität vorgeworfen. Länder, die eine Belastung der Waren mit der Umsatzsteuer vorsehen, praktizieren im Rahmen des Exports bestimmte Ausgleichsmaßnahmen. Die Anwendung solcher beruht auf dem Prinzip des Bestimmungslandes, was bedeutet, dass Importware mit gleichhoher Umsatzsteuer belastet werden soll wie die Ware, die mit jener konkurriert. Damit dies erreicht werden kann, wird an der Grenze dieser Länder neben dem Zoll auch eine Ausgleichsteuer erhoben. Die Waren, die das Land im Wege des Exports verlassen, werden von der Umsatzsteuer befreit und durch Exportvergütungen von den Vorsteuern entlastet. Im Rahmen der Reformbestrebungen wurde, anstelle des Prinzips des Bestimmungslandes, das Prinzip des Ursprunglandes gefordert, welches zur Folge hätte, dass die Umsatzsteuer, die auf den einzuführenden Waren ruht, bleibt. Dieses Prinzip ist jedoch nur durchsetzbar, wenn alle Länder, die im internationalen Warenverkehr agieren eine gleich hohe und gemeinsame Umsatzsteuer haben.[115]

Dieser Wirkungsbereich der Kumulation erstreckt sich jedoch nicht nur auf die wiederholte Inanspruchnahme des Substanzwertes einer Ware, sondern auch auf alle anderen Kosten, die der Unternehmer zu tragen hat. Da für die Produktion von bestimmten Waren Maschinen und andere Gerätschaften notwendig sind, die auch durch ihren Herstellungsprozess mit der Umsatzsteuer belastet sind, geht diese Vorbelastung in die Berechnung mit ein und schlägt sich im Endpreis nieder. Für sonstige Leistungen, die ebenfalls von der Besteuerung erfasst sind, gilt dies in ähnlicher Weise. Hier entsteht die Kumulativwirkung durch die Belastung der Vorbezüge.[116] Des Weiteren belastet das Allphasen-Bruttoumsatzsteuersystem die Verwendung und den Verbrauch aller Waren, achtet jedoch nicht auf die Notwendigkeit des Bedarfs. Zudem beachtet sie nicht die individuelle Leistungsfähigkeit oder die familiären Verhältnisse. Dies wird als Regressionswirkung charakterisiert. Die Umsatzsteuer belastet demnach die schwächeren Einkommensschichten stärker als die oberen Einkommensschichten

113 S. *Eckhardt/Schettler*, Umsatzsteuer, S. 7.
114 S. *Lutzke*, USt-Rundschau 1967, S. 110.
115 *Beck*, Von der Brutto-Umsatzsteuer zur Mehrwertsteuer, S. 7.
116 *Rau/Dürrwächter*, Die Mehrwertsteuer, S. 1f.

und gilt daher als eine unsoziale Steuerart.[117] Die Kaskadenwirkung oder auch Kumulationswirkung fördert zudem die vertikale Unternehmenskonzentration, da Betriebe, die auf aufeinanderfolgenden Produktions- oder Wirtschaftsstufen agieren, durch den Zusammenschluss bestimmter Stufen die Umsatzsteuer auf diesen einsparen können.[118] Diese vertikale Unternehmenskonzentration ist besonders nachteilig für kleinere und mittelständige Betriebe, da sie bei der Produktion einer Ware übergangen werden.

Die Bedenken, dass die Umsatzsteuer die Konzentration der Betriebe motiviert, kommt zwar auch nach Popitz in Betracht, ist aber dennoch streitig. Nach ihm hängt diese Motivation stark von der Höhe des Steuersatzes ab und ist nicht allein auf die rechtlich-technische Gestaltung der Umsatzsteuer zurückzuführen.[119] Diese rechtlich-technische Gestaltung der Umsatzsteuer bedeutet, dass die Merkmale Lieferung und Leistung, an die die Besteuerung anknüpfen, juristisch zu verstehen und somit auf der Seite des Produzenten bzw. Leistenden und auf der des Konsumenten juristisch selbstständige Personen als Voraussetzung notwendig sind.[120] Die Kaskadenwirkung, als Mangel der Allphasen-Bruttoumsatzsteuer, rückte vor allem aufgrund der eingeführten Organschaft, die ab dem 1. April 1958 wieder galt, nachdem sie durch den Alliierten Kontrollrat abgeschafft worden war, in die Betrachtung der öffentlicher Diskussion.[121] Die Organschaft wurde von der Rechtsprechung konstruiert. Im Umsatzsteuerrecht wird hiernach eine juristische Person unter bestimmten Voraussetzungen als unselbstständiges Element ihres dominierenden Unternehmens gehandhabt. Daraus resultiert, dass die Umsätze, die zwischen einem Unternehmen und seinen Organgesellschaften ausgelöst werden, nicht der Besteuerung unterliegen. Durch die Möglichkeit der Bildung einer solchen Organgesellschaft kann somit die Umsatzsteuer auf bestimmten Wirtschaftsstufen eingespart werden.[122] Aus dem Anreiz zur Zusammenfassung oder dem Verzichten auf einzelne Produktionsstufen und der Bildung einer Organschaft, den die Bruttoumsatzsteuer schafft, wird vor allem die wirtschaftlich erwünschte Arbeitsteilung und der

117 Dazu *Popitz*, Kommentar zum Umsatzsteuergesetz, S. 39, so auch *Eckhardt/Meyer-Arndt*, Mehrwertsteuergesetz, S. 1.

118 Protokoll der Nationalversammlung, 1919, 7. Sitzung, S. 2418; Dazu auch *Popitz*, Kommentar zum Umsatzsteuergesetz, S. 39.

119 S. *Popitz*, Kommentar zum Umsatzsteuergesetz, S. 28, 29.

120 S. *Popitz*, Kommentar zum Umsatzsteuergesetz, S. 27.

121 S. *Eckhardt/Meyer- Arndt*, Mehrwertsteuergesetz, S. 8.

122 Dazu BT- Drucks. III/730, S. 24.

Erhaltung von Unternehmen geschadet.[123] Abschließend betrachtet stehen die Vorteile der Effizienz und Ergiebigkeit für den Staat und die einfache Anwendung der Allphasen-Bruttoumsatzsteuer den Nachteilen dieser in Form der unzulänglichen Wettbewerbsneutralität und die nicht vorhandene Fähigkeit zur exakten Bestimmung der umsatzsteuerlichen Belastung einer Ware gegenüber. Der Lawineneffekt bzw. die Kumulationswirkung stellt jedoch einen erheblichen Mangel des Systems der Allphasen-Bruttoumsatzsteuer dar, der zahlreiche Reformvorschläge auslöste.[124] Diese Kumulationswirkung, auf denen die meisten Mängel der Allphasen-Bruttoumsatzsteuer beruhen, ist tragbar, solange niedrige Steuersätze angesetzt sind. Die Steuersätze stiegen jedoch erheblich, sodass die Stimmen einer Umsatzsteuerreform zunehmend lauter und dringlicher wurden.[125]

5.) Reformbewegungen auf dem Weg zur Mehrwertsteuer

Die Bundesregierung stimmte jedoch im Jahre 1949 der Realisierung einer großen Steuerreform zu[126] und ebnete so den Weg für zahlreiche Steuerreformvorschläge.

Nach dem Änderungsgesetz vom 28. Juni 1951[127] verstummten die Stimmen der Reformbewegungen aufgrund der vorherrschenden Mängel nicht und es wurden die ersten Reformbewegungen, die einen ersten Schritt von einer Bruttoumsatzsteuer zu einer Nettoumsatzsteuer forderten, wieder aufgegriffen. Es werden im Rahmen der Arbeit nur die entscheidendsten und bedeutsamsten Vorschläge vorgestellt.

a.) Reformentwurf des Zierold-Pritsch

Im Rahmen dieser Steuerreform wurde Zierold-Pritsch, der im Bundesministerium für Finanzen ein Umsatzsteuerreferat innehatte, beauftragt, ein Konzept zur Neugestaltung der Umsatzsteuer zu entwickeln. Nach Ansicht von Zierold-Pritsch kam nur eine Fortentwicklung der französischen Umsatzsteuer in Betracht.

In Frankreich wurde eine Umsatzsteuer mit Vorsteuerabzug bis zum Großhandel praktiziert.[128] Zierold-Pritschs Entwurf erschien 1954 mit einem kompletten

123 S. *Rau/Dürrwächter*, Die Mehrwertsteuer, S. 12.
124 S. *Eckhardt/Meyer-Arndt*, Mehrwertsteuergesetz, S. 8.
125 S. *Forst*, Mehrwertsteuer- Umsatzsteuergesetz ab 1968, S. 12.
126 Dazu *Zerres*, Die Entwicklung der Mehrwertsteuer, S. 19.
127 BGBl I, S. 791.
128 Dazu *Zerres*, Die Entwicklung der Mehrwertsteuer, S. 36.

Gesetzesentwurf. In seinem Entwurf schlug er konkrete Steuersätze vor. Demnach sah er für die grundsätzliche Besteuerung einen Steuersatz in Höhe von 10% vor. Daneben sollten Leistungen und Lieferungen weiter einer Bruttoumsatzsteuer zu einem Steuersatz von 4% der Besteuerung unterworfen werden.[129] Er sah zusätzlich ermäßigte Steuersätze in Höhe von 4% für den „Selbstverbrauch“ und „Eigenverbrauch“ von Lebensmitteln vor und weitere in Höhe von 2% für Waren, die in land- und forstwirtschaftlichen Betrieb hergestellt werden.[130] Zierold-Pritsch wollte die Begriffe und Kernelemente, die sich in dem zu dieser Zeit geltenden Umsatzsteuerrecht verfestigt hatten, erhalten. Daneben seien aber Regelungen über den Vorsteuerabzug zu treffen.[131] Durch diesen seien auch die Einzelprobleme der Organschaft und die des Groß- und Einzelhandels gelöst. Zusätzlich hätte auf die Ausfuhrvergütungen gemäß § 16 UStG verzichtet werden können.[132]

b.) Der Entwurf des Wissenschaftlichen Beirats über eine organische Steuerreform

Auch der Wissenschaftliche Beirat wurde mit der Aufgabe betraut, sich mit der Frage nach der Notwendigkeit einer organischen Steuerreform zu befassen. Dieser legte als Resultat seinen Bericht zur „Organischen Steuerreform“ am 14. Februar 1953 vor.[133]

In diesem sprach er sich für eine Reform hin zu einer Nettoumsatzsteuer mit Vorsteuerabzug aus, weil dieser Übergang ein Fortführen der Steuerüberwälzung erlauben würde.[134]

Gleichzeitig wies der Bericht jedoch auf mögliche Gefahren hin, die als Konsequenz aus der nötigen „Belastungsverschiebung in Richtung starker Besteuerung bestimmter Wirtschaftszweige“ resultieren können. Somit bedurfte eine Umsatzsteuerreform noch intensiverer Prüfungen.[135]Der wissenschaftliche Beirat stellte an die organische Steuerreform drei hauptsächliche Anforderungen, die die Neugestaltung der Umsatzsteuer erfüllen sollten.

---

129 S. *Zierold-Pritsch*, Die optimale Umsatzsteuer, S. 44.
130 S. *Zierold-Pritsch*, Die optimale Umsatzsteuer, S. 44.
131 S. *Zierold- Pritsch*, Die optimale Umsatzsteuer, S. 43.
132 S. *Zierold- Pritsch*, Die optimale Umsatzsteuer, S. 44.
133 S. *Zerres*, Die Entwicklung der Mehrwertsteuer, S. 38.
134 S. Bericht des wissenschaftlichen Beirats über „organische Steuerreform“, S. 61.
135 S. Bericht des wissenschaftlichen Beirats über die „Organische Steuerreform“, S. 62.

(aa.) „Beseitigung der Kumulativwirkung (Lawineneffekt)“[136]

Durch die Neugestaltung der Umsatzsteuer sollte die Kumulativwirkung der bisherigen Umsatzbesteuerung vermieden und die Waren und Leistungen nicht auf jeder Wirtschaftstufe, sondern im Gesamten einheitlich belastet werden. Demnach wären die Waren und Leistungen unabhängig davon, wie viele Produktionsstufen sie durchlaufen, belastet worden.[137] Damit hätte ein Produkt, welches mehr Produktions- und Handelsphasen durchläuft, dieselbe Preiserhöhung erhalten, wie ein Produkt, das weniger solcher Phasen erfährt.[138]

(bb.) „Wettbewerbs- und Konzentrationsneutralität“[139]

Der Grundsatz der Wettbewerbsneutralität und Konzentrationsneutralität der Besteuerung sollte erreicht und gewahrt werden. Nach Ansatz des Wissenschaftlichen Beirats konnte dies dadurch erzielt werden, dass Einfuhrgegenstände mit demselben Steuersatz wie Inlandsprodukte belastet worden wären. Zusätzlich sollten Ausfuhrprodukte nicht der Umsatzbesteuerung unterliegen.

Eine Auseinanderentwicklung der Umsatzsteuer nach betrieblichen Merkmalen war jedoch nicht beabsichtigt.[140]

(cc.) „Soziale Differenzierung“[141]

Die Umgestaltung der Umsatzsteuer sollte die soziale Komponente weitaus mehr berücksichtigen als das bisherige Modell. Das notwendige Existenzminimum sollte nicht der Umsatzbesteuerung unterliegen.[142]

c.) Reformentwurf des Günther Schmölders

Professor Günther Schmölders, der auch ein Mitglied des wissenschaftlichen Beirats war, veröffentlichte einen eigenen Beitrag zur Steuerreform. Schmölders sah den Wechsel zu einer Nettoumsatzsteuer mit Vorumsatzabzug vor.[143]

Dies bedeutete, dass nun nicht mehr der Bruttoumsatz die Bemessungsgrundlage für die Besteuerung bildete, sondern der Nettoumsatz (Der Bruttoumsatz abzüglich der Vorumsätze). Die Umsatzsteuerfreiheit für Waren, die in das Inland

---

136 S. Bericht des wissenschaftlichen Beirats über die „Organische Steuerreform“, S. 60.
137 S. Bericht des wissenschaftlichen Beirats über die „Organische Steuerreform“, S. 60.
138 S. *Zerres*, Die Entwicklung der Mehrwertsteuer, S. 10.
139 S. Bericht des wissenschaftlichen Beirats über die „Organische Steuerreform“, S. 60.
140 S. Bericht des wissenschaftlichen Beirats über die „Organische Steuerreform“, S. 60.
141 S. Bericht des wissenschaftlichen Beirats über die „Organische Steuerreform“, S. 60.
142 S. Bericht des wissenschaftlichen Beirats über die „Organische Steuerreform“, S. 60.
143 S. *Schmölders*, Organische Steuerreform, S. 128, 129.

importiert wurden (Ausgleichsteuer) sollte auch in diesem Entwurf beibehalten werden, indem der Wert für diese Waren abzugsfähig gewesen wären. Des Weiteren sah der Entwurf die Möglichkeit der Verrechnungen für entstandene Überschüsse in dem darauffolgenden Voranmeldungszeitraum vor.[144] Der Entwurf von Günther Schmölders enthielt zwar keine fixierten Steuersätze, orientierte sich jedoch ebenso an dem allgemeinen Steuersatz von 10%.[145] Schmölders hatte sich mit seinem Reformentwurf zum Ziel gesetzt, die Umsatzsteuer wieder zu einer allgemeinen Verbrauchsteuer zu formen und somit die fortlaufende Entwicklung der Umsatzsteuer zu einer reinen Besteuerung der Unternehmen aufzuhalten. Dieses wäre vordergründig durch die Gewährleistung der Überwälzung der Steuer erreicht worden, indem die Umsatzsteuer nicht Teil der Betriebe sein durfte, sondern der zu übertragenden Waren hätte innewohnen müssen. Um dieser Intention gerecht zu werden, musste die Umsatzsteuer vor allem den Anforderungen der Wettbewerbsneutralität entsprechen und jede Ware unabhängig ihres Herstellungsprozesses gleich belasten.[146] Nach Ansicht Schmölders konnte lediglich eine solche Nettoumsatzsteuer diesen Zielvorstellungen gerecht werden.[147]

6.) Rückschritt hin zu der geltenden Allphasen-Bruttoumsatzsteuer

Wenngleich auch zahlreiche Reformvorschläge erarbeitet wurden, wagte die Bundesregierung zu dieser Zeit noch nicht den Übergang zu der in den meisten der Reformentwürfe empfohlenen Allphasen-Nettoumsatzsteuer, sodass die Denkschrift des Bundesministers der Finanzen vom 6. Dezember 1955 sich hauptsächlich mit der Möglichkeit beschäftigte, das geltende Recht beizubehalten und dort Änderungsvorschläge im Rahmen der geltenden Bruttoumsatzsteuer zu entwickeln.[148]

Im Rahmen der Diskussion über die Beibehaltung der geltenden Bruttoumsatzsteuer wurden die Vorzüge des Konzepts der Mehrwertsteuer nicht verkannt, doch sie wurde als nicht praktikabel angesehen. Als Reform sollte eine Ermäßigung des Umsatzsteuersatzes genügen.[149]

Durch die Denkschrift der Bundesregierung vom 20. Dezember 1958 wurden die Tätigkeiten bezüglich der Reform vorangetrieben. Sie nannte konkrete

144 S. *Schmölders*, Organische Steuerreform, S. 129.

145 S. *Zerres*, Die Entwicklung der Mehrwertsteuer, S. 41.

146 S. *Schmölders*, Organische Steuerreform, S. 127.

147 S. *Schmölders*, Organische Steuerreform, S. 128.

148 BT- Drucks. II/1924.

149 Dazu *Zerres*, Die Entwicklung der Mehrwertsteuer, S. 43.

Ziele, die durch die Schaffung eines neuen Umsatzsteuersystems erreicht werden sollten, um zum einen einen reibungslosen Ausgleich der umsatzsteuerlichen Belastung bei dem Im- und Export zu gewährleisten und zum anderen damit vor allem die kumulative Wirkung der Umsatzsteuer für Investitionsgüter zu vermeiden.[150] Des Weiteren sollte die Möglichkeit eingeräumt werden, einige Gegenstände und Leistungen auf einigen Wirtschaftsstufen von der Umsatzsteuer zu befreien oder einen ermäßigten Steuersatz anzuwenden.[151] Diese Denkschrift war der Anstoß intensiver Arbeit und Auseinandersetzung mit den verschiedenen Umsatzsteuerreformen.[152]

Nachdem am 13. Januar 1959 unter der Aufsicht des Bundesminister für Finanzen Franz Etzel eine Kommission einberufen worden ist, die praktische Anwendbarkeit der Reformvorschläge zu beurteilen und zu analysieren, kamen die Sachverständigen dieser zu dem Ergebnis, dass die geltende Bruttoumsatzsteuer am vorzugswürdigen sei.[153] Im Mai desselben Jahres wurde zur Unterstützung des Bundesministers für Finanzen die „Arbeitsgruppe Umsatzsteuerreform" gebildet, welche vorwiegend aus Abgeordneten und Repräsentanten von Wirtschaft, Wissenschaft und Verwaltung bestand. Die Resultate dieser Arbeitsgruppe unter der Leitung von Hartmann fanden vor allem Anklang im elften Gesetz zur Abänderung des Umsatzsteuergesetzes vom 16. August 1961.[154] Die Reformbewegungen innerhalb von Deutschland erhielten neuen Auftrieb durch die Anstrengungen, die Umsatzsteuern der Mitgliedstaaten der Europäischen Wirtschaftsgemeinschaft zu harmonisieren.[155]

Diese Aufgabe ergab sich aus Artikel 99 des Vertrags zur Gründung der Europäischen Wirtschaftsgemeinschaft. [156] Die eingesetzten Arbeitsgruppen und der Steuer- und Finanzausschuss unter der Leitung von Professor Neumark kamen zu dem Resultat, dass die Harmonisierung nur auf der Basis eines gemeinsamen Umsatzsteuersystems aller Mitgliedstaaten, welches keine kumulative Wirkung entfaltet, erreicht werden kann und so die vorhandenen Steuergrenzen aufgehoben werden müssen.[157] Der erste Meilenstein auf dem Weg zur Mehrwertsteuer

150 BT- Drucks. III/730, S. 5.

151 Dazu *Zerres*, Die Entwicklung der Mehrwertsteuer, S. 44.

152 Dazu *Zerres*, Die Entwicklung der Mehrwertsteuer, S. 45.

153 S. Bericht der Kommission zur technischen Prüfung der Umsatzsteuer-Reformvorschläge, S. 45.

154 BGBl I S. 1330; Dazu auch *Zerres*, Die Entwicklung der Mehrwertsteuer, S. 47, 48.

155 BT- Drucks. IV/1590, S. 23.

156 S. *Zerres*, Die Entwicklung der Mehrwertsteuer, S. 49.

157 BT. Drucks. IV/1590, S. 24.

wurde gesetzt. Jedoch herrschte über die Vorgehensweise bei der Berechnung noch Uneinigkeit darüber, ob der Vorsteuerabzug oder der Vorumsatzabzug der günstigste Weg war.[158] Um die Vorschläge der EWG-Kommission zu fixieren, unterbreitete diese dem Rat der Europäischen Wirtschaftsgemeinschaft am 31. Oktober 1962 den Erlass der „Richtlinie zur Harmonisierung der Rechtsvorschriften der einzelnen Mitgliedsstaaten betreffend die Umsatzsteuer".[159] Hiernach sollten vor allem die Steuergrenzen durch die Beseitigung von Ausgleichsmaßnahmen abgebaut werden.

Durch die darauffolgenden Reformanfragen der SPD[160] und CDU[161] und den Vorschlag der EWG- Kommission wuchs der Druck auf die Bundesregierung, nun das geltende Umsatzsteuersystem und seine Wirkung im Lichte eines gemeinsamen Handels und Marktes innerhalb der europäischen Wirtschaftgemeinschaft zu sehen. Als Ausdruck dieses Perspektivwechsels verkündete der Minister der Finanzen am 15. Februar 1963, dass ein Systemwechsel zur Mehrwertsteuer mit Vorsteuerabzug möglich erscheint, wenn bestimmte Bedingungen erfüllt werden.

Die Realisierung der Mehrwertsteuer sollte sich bis zur Stufe des Einzelhandels erstrecken und auch alle sonstigen Leistungen in die Besteuerung aufnehmen. Des Weiteren sah er keine Ausnahmeregelungen für einige Wirtschaftsrichtungen, allenfalls für landwirtschaftliche Produkte vor.[162] Daraufhin wurden die Ankündigungen in einem Gesetzentwurf konkretisiert, welcher in ständiger Diskussion keine konkrete Form annahm und beschlossen wurde. Erst durch die Äußerung des Bundesverfassungsgerichts gewann ein zeitnaher Beschlusses dieses Gesetzesentwurfs erneut an Bedeutung, da bei diesem bis dahin schon zahlreiche Verfassungsbeschwerden von kleinen und mittelständigen Unternehmen vorlagen. Durch das bestehende Allphasen-Bruttoumsatzsteuersystem und der existierenden Organschaft seien sie im direkten Wettbewerb benachteiligt. Das Bundesverfassungsgericht wies diese Beschwerde jedoch durch das Urteil vom 20. Dezember 1966 zurück mit der Begründung, dass der Mangel der fehlenden Wettbewerbsneutralität im System der Allphasen-Bruttoumsatzsteuer während der Umsatzsteuerreform geduldet werden müsse.[163] Zusätzlich

---

158 S. *Zerres*, Die Entwicklung der Mehrwertsteuer, S. 50.

159 BT- Drucks. IV/850.

160 BT- Drucks. IV/548.

161 BT- Drucks. IV/684.

162 S. *Zerres*, Die Entwicklung der Mehrwertsteuer, S. 53.

163 BverfGE, 20.12.1966, 1 BvR 320/57, 1 BvR 70/63, BStBl III 1967, S. 7, dazu BT. Drucks. III/7730, S. 24.

übten die Vereinbarungen zur Harmonisierung der Umsatzbesteuerung in der Europäischen Wirtschaftsgemeinschaft großen Druck auf die Bundesregierung aus, das reformierte Umsatzsteuergesetz zeitnah zu verabschieden. Die Vorschläge einer Harmonisierung fanden konkreten Ausdruck in den beiden am 3. Februar 1967 angenommen Richtlinien der Europäischen Wirtschaftsgemeinschaft. Die erste Richtlinie intendierte die Einführung der Mehrwertsteuer mit Vorsteuerabzug in den Mitgliedsstaaten und stellte diese somit vor die Aufgaben einer schnellen Umsetzung in Form eines nationalen Mehrwertsteuergesetzes, welches spätestens zum 1. Januar 1970 in Kraft treten sollte. Ab diesem Zeitpunkt dürfen die Mitgliedstaaten keine pauschalen Ausgleichsmaßnahmen bei der Ein- und Ausfuhr von Waren zum Abbau der Steuergrenzen erheben.

In der zweiten Richtlinie wurden die Organisation und die Bedingungen für die Anwendung des neuen einheitlichen Mehrwertsteuergesetzes fixiert.[164] Auch in der damaligen DDR galt das Allphasen-Bruttoumsatzsteuersystem, welches jedoch nicht die starken Mängel der Wettbewerbsneutralität nach sich zog, da sich der Anwendungsbereich der Vorschriften des geltenden Umsatzsteuergesetzes nicht auf die Umsätze verschiedener Formen von Unternehmen, wie z.B. die „sozialistischen Genossenschaften der Landwirtschaft" oder der „Produktionsgenossenschaften des Handwerks", erstreckte. Somit konnte eine Umsatzsteuer, deren meisten Vorschriften leer liefen, nicht weiter in internationaler Perspektive praktiziert werden.[165] Die neue Form der Umsatzsteuer stimmte mit der der BRD überein, und verhalf auch der damaligen DDR zu einem wettbewerbsneutralen Gesicht.[166] Doch auch nach der Annahme der Richtlinien war es noch ein schwieriger und langer Weg bis zur endgültigen Einführung der Mehrwertsteuer kraft Gesetzes. So herrschte vor allem über die Behandlung von Kapitalgütern Uneinigkeit zwischen der Bundesregierung und dem Finanzausschuss.[167]

Am 1. Januar 1968 trat das zuvor stark umstrittene und arbeitsintensive Mehrwertsteuergesetz, welches am 18. Oktober 1967 verkündet wurde, in Kraft.[168] Dieser Tag beschreibt eine bedeutsame Wendung in der Entwicklung des deutschen und vor allem europäischen Steuerwesens, denn neben Deutschland trat dieses Gesetz auch in Frankreich zum selben Zeitpunkt in Kraft. Dieser Schritt beider Mitgliedstaaten gewann an großer Bedeutung für die Harmonisierung des Steuerwesens

164 Dazu *Zerres*, Die Entwicklung der Mehrwertsteuer, S. 58f.
165 S. *Rau/Dürrwächter*, Die neue Umsatzsteuer in der DDR, S. 1f.
166 S. *Rau/Dürrwächter*, Die neue Umsatzsteuer in der DDR, S. 2.
167 S. *Zerres*, Die Entwicklung der Mehrwertsteuer, S. 62, 63.
168 BGBl I, 1967, S. 991ff.

in der Europäischen Wirtschaftsgemeinschaft.[169]Der allgemeine Steuersatz wurde am 1. Juni 1968 im Rahmen der neu eingeführten Mehrwertsteuer auf 11% festgesetzt.[170]

Auf Basis der Finanzreform von 1969 sind sowohl die Länder zu 30% als auch der Bund am Aufkommen der Umsatzsteuer beteiligt.[171] In dieser Entwicklungsphase erhielt die angestrebte Harmonisierung der Umsatzsteuer neuen Aufschwung durch die Verabschiedung der 6. Richtlinie des Rates im Jahre 1977 in deren Kontext die Grundsätze der Bemessungsgrundlage der Umsatzsteuer vereinheitlicht werden sollten. Dies konnte jedoch in dieser Zeit nicht erreicht werden.[172] Daneben wurde in Deutschland durch die Steueränderungsgesetze von 1977 die Anhebung des Kindergeldbetrags, des Freibetrags für den Ausbildungsaufwand und die Entlastung der Wirtschaft intendiert.[173] Durch die Erhöhung des Umsatzsteuersatzes von 10% auf 12% bzw. 6% wurde versucht, die fiskalischen Verluste zu regulieren.[174] Die Steuereinnahmen wurden von den direkten Steuern zu den indirekten Steuern umdisponiert, welches sich durch eine nochmalige Anhebung des Umsatzsteuersatzes auf 13% bzw. 6,5% durch das Steueränderungsgesetz vom 30.12.1978 zeigte und schließlich den Anstieg des Steuersatzes auf 14% unter der Regierung von Helmut Kohl zur Folge hatte.

Das Potential der indirekten Steuern wurde genutzt, um die Einbußen aufgrund der Steuerermäßigung bei den direkten Steuern zu nivellieren.[175] Der endgültige Entschluss zur Einführung des Netto-Allphasen-Umsatzsteuersystems mit Vorsteuerabzug basierte vordergründig auf zahlreichen Vorteilen, die ein solches System bot.

Um ein Verständnis für unsere heutige Umsatzsteuer zu erlangen, wird im Folgenden das Wesen dieser und ihre Vor- und Nachteile skizziert.

---

169 S. *Zerres*, Die Entwicklung der Mehrwertsteuer, S. 65.

170 Vgl. Bundesministerium der Finanzen, Zusammenstellung der Steuerrechtsänderungen seit 1964, S. 26.

171 Vgl. Bundesministerium der Finanzen, Monatsbericht, Entwicklung der Steuer und Abgabenquote.

172 S. *Menner*, Die Umsatzsteuer-Harmonisierung in der Europäischen Gemeinschaft, S. 9, 10.

173 S. *Muscheid*, Die Steuerpolitik in der Bundesrepublik Deutschland 1949–1982, S. 168, 169.

174 S. *Muscheid*, Die Steuerpolitik in der Bundesrepublik Deutschland 1949–1982, S. 170.

175 Vgl. *Muscheid*, Die Steuerpolitik in der Bundesrepublik Deutschland 1949–1982, S. 179.

a.) Wesen der Netto-Allphasen-Umsatzsteuer mit Vorsteuerabzug

Die Netto-Allphasen-Umsatzsteuer mit Vorsteuerabzug ist eine Objektsteuer, da sich die Höhe der Umsatzsteuer grundsätzlich nur an bestimmten Charakteristika eines Steuerobjekts taxiert. Somit berücksichtigt diese Form der Besteuerung nicht die persönlichen Umstände bei Berechnung der Höhe der Steuer.[176]

Des Weiteren gilt sie als Verkehrsteuer, da sie den Umsatz, welcher einen wirtschaftlichen Verkehrsprozess beschreibt, steuerlich belastet. Als Form der Allphasen-Nettoumsatzsteuer mit Vorsteuerabzug oder auch Mehrwertsteuer genannt, wird sie auf jeder Wirtschaftsstufe erhoben. Durch den Vorsteuerabzug wird der Unternehmer jedoch ermächtigt, die Belastung durch die Vorsteuer mit seiner eigenen Steuerpflicht zu verrechnen. Im Rahmen der Unternehmerkette wirkt die Mehrwertsteuer wie eine durchlaufende Position, da die Unternehmer vorsteuerabzugsberechtigt sind und sich die steuerliche Belastung des Verbrauchs erst durch die Abgabe an den Endverbraucher verwirklicht.[177]

Da die Vorsteuer abzugsfähig ist, weist sie keinen „Kostenfaktor" auf.[178] Dieser entsteht im Rahmen der Mehrwertsteuer dann, wenn der Leistungsempfänger die Vorsteuer nicht mehr abziehen kann. Dies geschieht bei Übertragung des Konsumguts an den Endverbraucher. Die Unternehmer sind auch bei dieser Alternative der Umsatzsteuer Steuerschuldner, überwälzen jedoch die steuerliche Belastung auf den Endverbraucher oder Abnehmer der Ware. Dies macht die Mehrwertsteuer zu einer indirekten Steuer.

b.) Unterschiede zur bisherigen Allphasen-Bruttoumsatzsteuer

Im Unterschied zur Bruttoumsatzsteuer basiert die Mehrwertsteuer auf dem Grundsatz des offenen Steuerausweises. Demnach wird die Mehrwertsteuer neben dem sonstigen Waren- oder Dienstleistungspreis eigens berücksichtigt und berechnet. Die Pflicht zur Entrichtung der Steuer bezieht sich auch weiterhin auf den ausgelösten Umsatz. Bei der Mehrwertsteuer ist der Umsatz nur noch der vorgesehene Preis für eine Ware oder Leistung und erfasst nicht mehr die Umsatzsteuer als solche.[179] Durch den eingeführten Vorsteuerabzug befähigt das System der geltenden Mehrwertsteuer den Unternehmer, diejenige Mehrwertsteuer von der Steuer, die durch die Umsätze in einem Veranlagungszeitraum entstanden ist, abzusetzen, die er seinem vorherigen Lieferanten

176 S. *Sauerland*, Umsatzsteuer (Mehrwertsteuer), S. 18.
177 S. *Sauerland*, Umsatzsteuer (Mehrwertsteuer), S. 19.
178 S. *Rau/Dürrwächter*, Die Mehrwertsteuer, S. 15.
179 S. *Rau/Dürrwächter*, Die Mehrwertsteuer, S. 13.

in der entsprechenden Zeitspanne zu entrichten hatte. Die Steuerpflicht des Unternehmers erstreckt sich somit nur auf die Differenz dieser.[180]

c.) Vorteile der Netto-Allphasen-Umsatzsteuer mit Vorsteuerabzug

Die Einführung einer Netto-Allphasen-Umsatzsteuer mit Vorsteuerabzug würde die Breitenwirkung der bisherigen Bruttoumsatzsteuer fortführen, da auch sie zunächst alle Wirtschaftsstufen der Besteuerung unterwirft.[181] Demnach wäre auch bei diesem System eine besondere Bestandskraft in finanziellen Notlagen gewährleistet. Daneben ermöglicht der eingeführte Vorsteuerabzug die Beseitigung der Kumulationswirkung und der auf ihr basierenden Effekte. Hiernach ist jede Ware im Zeitpunkt der Übertragung an den Endverbraucher mit einer gleich hohen Umsatzsteuer belastet.

Das hat zudem positive Wirkungen auf den Export, da die Waren nun unbelastet ins Ausland exportiert werden. Es wird durch die Realisierung des Vorsteuerabzugs des Exporteurs erreicht und bedarf keiner Vorschriften über Ausfuhrvergütungen. Die Wettbewerbsverzerrungen wären somit aufgehoben und die Verzerrung der Preise durch die verschiedenen steuerlichen Vorbelastungen der Produkte beseitigt.[182] Des Weiteren wirkt sich die Netto-Allphasen-Umsatzsteuer mit Vorsteuerabzug positiv auf das inländische Preisniveau aus. Die Ausgaben für einen Unternehmer bei einem gewerbsmäßigen Erwerb sind nun deutlich geringer, da die Waren durch die Möglichkeit des Vorsteuerabzugs nicht mehr steuerlich belastet sind. Diese Kostensenkung schlägt sich auch im Endpreis einer Ware nieder. Da die Vorsteuer abgezogen werden kann und somit nicht mehr die Herstellungs- oder Anschaffungskosten anheben, die in der Bilanzierung ausgewiesen werden müssen, wird die Summe der Bilanz verringert.[183]

Zusätzlich wird durch den Vorsteuerabzug die Diskussion über die wieder eingeführte Organschaft und die Vergünstigungen des Großhandels beendet.[184] Die fortgeführte Breitenwirkung der bisherigen Bruttoumsatzsteuer durch das neue Umsatzsteuersystem, ermöglicht indes eine Beibehaltung eines relativ geringen Steuersatzes, aber gewährleistet dennoch einen sicheren Ertrag für den

---

180 S. *Rau/Dürrwächter*, Die Mehrwertsteuer, S. 14.

181 S. *Beck*, Von der Brutto-Umsatzsteuer zur Mehrwertsteuer, S. 17.

182 S. *Beck*, Von der Brutto-Umsatzsteuer zur Mehrwertsteuer, S. 55.

183 S. *Rau/Dürrwächter*, Die Mehrwertsteuer, S. 16, 17.

184 S. *Beck*, Von der Brutto-Umsatzsteuer zur Mehrwertsteuer, S. 16.

Staat.[185] Zudem vermeidet die Einführung des Vorsteuerabzugs die Schaffung einer Motivation einmal zur Zusammenfassung von Wirtschaftsstufen, verhält sich somit „konzentrationsneutral“[186], und auch zum Ausschluss von Produktionsstufen und verhält sich demnach auch national „wettbewerbsneutral“.[187]

d.) Nachteile der Netto-Allphasen-Umsatzsteuer mit Vorsteuerabzug

Als großer Nachteil der Netto-Allphasen-Umsatzsteuer mit Vorsteuerabzug wurde der Mehraufwand für die Finanzverwaltung zur Überprüfung der Angaben und ihre Komplexität für den Steuerpflichtigen angesehen.

Des Weiteren entstehen bei einem Übergang von der Allphasen-Bruttoumsatzsteuer zum neuen System der Umsatzsteuer einige Probleme hinsichtlich der Anpassung dieses Systems. Der Übergang könnte Einfluss nehmen auf die Höhe der durchschnittlichen Preise. Zudem könnten sich für den Steuerpflichtigen Anpassungsschwierigkeiten hinsichtlich der Buchführung und Kalkulation ergeben, da die neue Form der Umsatzsteuer, wie bereits erwähnt, nicht in diese mit eingeht. Als zusätzliches Problem, stellt sich bei Umlaufgütern und Anlageinvestitionen die ihnen noch anhaftende Belastung der bisherigen Bruttoumsatzsteuer dar.[188]

7.) Bedeutung der Mehrwertsteuer bei der Finanzierung der Wiedervereinigung

An der Einführung der Netto-Allphasen-Umsatzsteuer mit Vorsteuerabzug wurde auch in der weiteren Entwicklung trotz des schwierigen Wegs festgehalten. „Die neue Umsatzsteuer“ gewann vor allem nach dem Mauerfall erneut an Bedeutung.

Die Wiedervereinigung der BRD und DDR „verschlang“ hohe Kosten, die eine Umsatzsteuererhöhung auf 15% bzw. 6% im Jahre 1993 zur Folge hatte.[189] Diese Erhöhung resultierte zusätzlich aus der Verabschiedung, durch die europäische Union, der Richtlinie zur Annäherung der Mehrwertsteuersätze, die den Mindeststeuersatz in Höhe von 15% und einen ermäßigten Steuersatz von mindestens 5% vorsah.[190]

185 S. *Zierold-Pritsch*, Die optimale Umsatzsteuer, S. 45.
186 S. *Zierold-Pritsch*, Die optimale Umsatzsteuer, S. 45.
187 S. *Zierold-Pritsch*, Die optimale Umsatzsteuer, S. 45.
188 BT- Drucks. IV/1590, S. 29.
189 S. *Ullman*, Der deutsche Steuerstaat, Geschichte der öffentlichen Finanzen, S. 217f.
190 S. *Genschel*, Steuerharmonisierung und Steuerwettbewerb in der Europäischen Union, S. 114f.

Als Konsequenz des Solidarpakt I von 1995 wurden die Länder zu 44% an dem Aufkommen der Umsatzsteuer beteiligt und ihr finanzielle Position gestärkt.[191]

Der Steuersatz der Umsatzsteuer wurde unter Finanzminister Peer Steinbrück nochmalig auf 19% erhöht. An dem ermäßigten Steuersatz von 7% wurde festgehalten. Zudem ist die Umsatzsteuer als eine Gemeinschaftssteuer ausgestaltet worden, da sowohl der Bund als auch die Ländern von ihrem Ertrag gemäß Art. 106 Abs. 3 GG profitieren. Die Landesfinanzbehörden sind mit der Aufgabe der Verwaltung der Umsatzsteuer gemäß Art. 108 Abs. 2 GG betraut.[192]

8.) Die Betrugsanfälligkeit der Vorsteuer im Rahmen des internationalen Geschäftsverkehrs

Die langjährige Praktizierung der heute geltenden Mehrwertsteuer hat die Betrugsanfälligkeit dieser in den Fokus der aktuellen Auseinandersetzung mit dem geltenden Umsatzsteuersystems gerückt.

Die Mehrwertsteuer wird nicht unmittelbar an den Staat entrichtet, sondern an den Verkäufer einer Ware. Der Verkäufer seinerseits ist verpflichtet, diese an das Finanzamt abzuführen. Dabei ist er berechtigt, wie schon dargestellt, die Vorsteuer, die er selbst an seinen Lieferanten gezahlt hat, abzuziehen. Das heutige System mit der Vorsteuererstattung ist sehr missbrauchsanfällig.

Es sind Fälle denkbar, in denen der Vorsteuerabzug missbräuchlich auf Grundlage einer Rechnung mit offenem Steuerausweis geltend gemacht wird, die auf einem nicht steuerpflichtigen Umsatz basiert.[193] Um solche Konstellationen zu vermeiden, ist der Rechnungsausteller nach § 14c UStG verpflichtet, die zu hoch oder unberechtigt ausgewiesene Umsatzsteuer abzuführen. Der Empfänger dieser Rechnung ist nicht zum Vorsteuerabzug berechtigt.[194]

Im Rahmen der Umsatzsteuerhinterziehung ist besonders die Erscheinungsform der Steuerkarusselle häufig anzutreffen. Diese sind insbesondere im grenzüberschreitenden Warenverkehr zu finden. Ein Beispiel soll verdeutlichen, wie dieses Steuerkarussell funktioniert.

191 S. *Ullmann*, Der deutsche Steuerstaat, Geschichte der öffentlichen Finanzen, S. 217f.

192 S. *Sauerland*, Umsatzsteuer (Mehrwertsteuer), S. 19.

193 Englisch in: Tipke/Lang[21], Steuerrecht, § 17 Rz. 463.

194 Englisch in: Tipke/Lang[21], Steuerrecht, § 17 Rz. 298.

Ein belgischer Händler B liefert seine Ware an ein Scheinunternehmen D in Deutschland. Innerhalb der EU wird jedoch keine Mehrwertsteuer fällig. Das deutsche Scheinunternehmen veräußert die Ware an einen Händler A. Dieser entrichtet die Mehrwertsteuer an das Scheinunternehmen D. D wäre verpflichtet diese an den Staat abzuführen, tut dies aber nicht, sondern stellt den Betrieb ein. Der Händler A verkauft die Ware jetzt an den belgischen Händler B und lässt sich die Steuer erstatten, die er zuvor an D gezahlt hat.

Je öfter diese Karussellgeschäfte geführt werden, umso größer ist der Gewinn.

Zur Verhinderung solcher Steuerausfälle wurde vor allem das Reverse-Charge Modell in § 13b UStG eingeführt. Dieses hat zur Folge, dass die Steuerschuldnerschaft auf den Leistungsempfänger verlagert wird. Ursprünglich diente die Einführung der Gewährleistung der Umsetzung des Bestimmungslandprinzips im Rahmen des grenzüberschreitenden Dienstleistungsgeschäft. Hierbei ist ein Grenzausgleich der Umsatzsteuer nicht möglich, da ein Grenzübertritt nicht stattfinden kann. Somit wäre der Unternehmer als Steuerschuldner verpflichtet seinen steuerverfahrensrechtlichen Aufgaben aus einer fremden Rechtsordnung und in einer fremden Sprache nachzukommen. Gleichzeitig könnte die Finanzverwaltung eine effektive Kontrolle und die Durchsetzung des Steueranspruchs nur durch Inanspruchnahme internationaler Amtshilfe gewährleisten. Im Wege der Verlagerung der Steuerschuldnerschaft wird der Leitungsempfänger, der seine Ware oder Dienstleistung von einem ausländischen Unternehmer erhält, zum Steuerschuldner. Auf Grund dieser Verlagerung kann somit den Karussellgeschäfte präventiv begegnet werden.[195]

Im Deutschen Umsatzsteuergesetz wurde darüber hinaus zudem der Haftungstatbestand des § 25d UStG eingeführt. Der Unternehmer, der die Leistung empfängt, haftet für die Steuerschuld des an ihn leistenden Unternehmers.[196]

Um dem Steuerhinterziehungsmodell des Steuerkarussells jedoch effektiv vorzubeugen, wird gefordert, dass dieses Reverse-Charge Modell in allen Mitgliedsstaaten umgesetzt wird. Infolgedessen entsteht die Umsatzsteuerschuld immer in dem Mitgliedsstaat, in dem der Endverbrauch stattfindet. Danach würden ebenso Wettbewerbsverzerrungen durch die konsequente Anwendung des Bestimmungslandprinzips verhindert und die Waren auf Grund der mehrfachen Vorsteuererstattung nicht mehr weit unter dem üblichen Marktpreis veräußert.[197]

Darüber hinaus werden auch die Verbesserung der technischen Ausstattung, die Aufstockung von Personal in der Verwaltung und eine produktivere und

195 Englisch in : Tipke/Lang[21], Steuerrecht, § 17 Rz. 72f.

196 Englisch in : Tipke/Lang[21], Steuerrecht, § 17 Rz. 466

197 *s.Gibhardt*, Hinterziehung von Umsatzsteuern im europäischen Binnenmarkt, S. 211

intensivere Kommunikation zwischen den einzelnen Mitgliedsstaaten gefordert, um die großen Verluste durch die Steuerhinterziehung zu vermeiden.[198]

IV. Fazit

Die Betrachtung der Entwicklungsgeschichte der Umsatzsteuer bestätigt die Aussage des Grafen v. Roedern. Sie erweist sich auf nationaler Ebene als variables und „elastisches“ Element des deutschen Steuerwesens, da diese Steuerart oftmals im Verlaufe der historischen Entwicklung als Instrument zum Ausgleich des staatlichen Haushalts eingesetzt wurde. Ihrem Charakter, als einfachgestaltende und krisenfeste Steuer durch die gleichmäßige Besteuerung jedes Umsatzes, erlaubt es, diese als Mittel zur Kostendeckung einzusetzen. Am Beispiel der Umsatzsteuer, als resistente Steuer gegenüber Verbrauchereigenschaften oder Inflation[199], wird die intensive Fokussierung und Bedeutung von indirekten Steuern sichtbar.

Auf internationaler Ebene ist die Erfüllung der Aufgabe zur Harmonisierung der Umsatzsteuer in der Europäischen Union durch die Entwicklung eines einheitlichen Umsatzsteuersystems in Form der Netto-Allphasen-Umsatzsteuer mit Vorsteuerabzug weit vorangeschritten. Durch die Einführung des Vorsteuerabzugs ist die Gefahr der Wettbewerbsverzerrungen beseitigt und eine wettbewerbsneutrale Umsatzbesteuerung im Rahmen des grenzüberschreitenden Warenverkehrs gewährleistet. Diese internationale Perspektive hat starken Einfluss auf den nationalen Verlauf der Umsatzsteuer genommen und die Entscheidung für unsere gegenwärtige Netto-Allphasen-Umsatzsteuer mit Vorsteuerabzug forciert. Diese Form der Umsatzsteuer bietet wie bereits erwähnt auch viele nationale Vorteile für jeden Einzelnen und erfüllt somit sowohl in nationaler als auch in internationaler Hinsicht die erforderlichen Anforderungen einer wettbewerbsneutralen und konzentrationsneutralen Umsatzbesteuerung. Zur Vermeidung von Steuerausfällen aufgrund der dargestellten Betrugsanfälligkeit der Vorsteuer ist eine intensivere Zusammenarbeit der einzelnen Mitgliedsstaaten und die Einführung eines einheitlichen Reverse-Charge Systems erforderlich.

198 s. *Wirtz*, Das „Al Capone“ –Prinzip, S. 47

199 s. *Lutzke*, USt-Rundschau 1967, S. 110.

V. Literaturverzeichnis

Veröffentlichte Quellen

Beck, Ernst	Von der Brutto- Umsatzsteuer zur Mehrwertsteuer, Sonderdruck der Steuer- und Wirtschafts-Kurzpost, Heft Nr. 113, 2. Auflage, Freiburg 1964.
Bundesministerium	Organische Steuerreform, Bericht des wissenschaftlichen Beirats beim Bundesministerium der Finanzen an den Herrn Bundesminister der Finanzen, Bonn 1953.
Bundesministerium der Finanzen (hrsg.)	Bericht der Kommission zur technischen Prüfung der Umsatzsteuerreformvorschläge, Bonn 1960.
Dahlgrün, Rolf	Zur Reform der Umsatzsteuer, Beantwortung Großer Anfragen im Bundestag durch den Bundesminister der Finanzen, in : Bulletin des Presse- und Informationsamtes der Bundesregierung Bonn Nr. 32/1963, S. 279.
Dieckmann, Hildemarie	Johannes Popitz, Entwicklung und Wirksamkeit in der Zeit der Weimarer Republik, Berlin-Dahlem 1960.
Eckhardt, Walter/ Meyer- Arndt (Hrsg.)	Mehrwertsteuergesetz, Regierungsentwurf und Erläuterungen, Berlin/Frankfurt a.M. 1964.
Erzberger, Matthias	Reden zur Neuordnung des deutschen Finanzwesens, Berlin 1919.
Feld, Moritz	Entwicklung der Umsatzsteuer in Deutschland, Giessen 1927.
Forst, Christian	Mehrwertsteuer, Umsatzsteuergesetz ab 1968, Bonn /München 1967.
Genschel, Philipp	**Steuerharmonisierung und Steuerwettbewerb in der Europäischen Union, Frankfurt u.a. 2002.**
Grabower, Rolf	Die Geschichte der Umsatzsteuer und ihre gegenwärtige Gestaltung im Inland und Ausland, Berlin 1925.

Gibhardt, Ulf Hinterziehung von Umsatzsteuern im europäischen Binnenmarkt, Die Crux mit der unberechtigten Vorsteuererstattung, hrsg. v. Eckhard Horn und Erich Samson, Band 30, 1. Auflage, Baden-Baden 2001.

Hempfing, Karl (hrsg.) Preußisches Verwaltungsblatt, 38.Jahrgang, Berlin 1916.

Henning, Friedrich-Wilhelm Die nationalsozialistische Steuerpolitik. Programm, Ziele und Wirklichkeit, in: Steuern, Abgaben und Dienste vom Mittelalter bis zur Gegenwart, hrsgb. v. Eckart Schremmer, Stuttgart 1994, S. 197–201.

Herkner, Heinrich Steuernotwirtschaft, Steuerreform und Finanzausgleich (1925), in: Kieler Vorträge, hrsg. v. Bernd Harms, Jena 1926.

Herting, Detlef 50 Jahre Umsatzsteuer, in: Umsatzsteuer-Rundschau, Köln 1966, S. 214.

Högemann, Werner Das Deutsche Steuerrecht unter dem Einfluss des Nationalsozialismus (1933–1945), Münster 1993

Kempf, Hans Nationalsozialistisches Steuerwesen, Vorschläge, Berlin 1933.

Lutzke, Hans- Hermann Der Weg zur Mehrwertsteuer, in Umsatzsteuer Rundschau/Mehrwertsteuer Rundschau, Köln 1966, S. 110.

Mehring, Otto Gedanken zur Reichsfinanzreform im Jahre 1921, Jena 1921.

Menner, Stefan Die Umsatzsteuer-Harmonisierung in der Europäischen Gemeinschaft, Entwicklung und Zukunft unter besonderer Berücksichtigung der freien Berufe, Köln 1992.

Muscheid, Jutta Die Steuerpolitik in der Bundesrepublik Deutschland 1949– 1982, Berlin 1986.

Pagenkopf, Hans Der Finanzausgleich im Bundesstaat -Theorie und Praxis-, Stuttgart u.a. 1981.

Popitz, Johannes Kommentar zum Umsatzsteuergesetz in der Fassung vom 8. Mai 1926, 3.Aufl., Berlin 2006

Rau, Günter/ Dürrwächter, Erich Die Mehrwertsteuer, Köln 1967.

Sauerland, Heinz Umsatzsteuer (Mehrwertsteuer), in Abgabenordnung/FGO und Nebengesetze, hrsg. v. Bund Deutscher Steuerbeamten, Finanzkolleg (Ausbildungswerk), Band II, 10. Auflage, Düsseldorf 1973.

Schmölders, Günther Organische Steuerreform, Grundlagen Vorarbeiten, Gesetzesentwurf, Berlin 1953.

Tipke, Klaus/Lang, Joachim(hrsg.) Steuerrecht, 21. Auflage, Köln 2013 (zitiert: Englisch in Tipke/Lang, Steuerrecht[21]).

Ullmann, Hans Peter Der deutsche Steuerstaat, Geschichte der öffentlichen Finanzen vom 18. Jahrhundert bis heute, München 2005.

Voß, Reimer Steuern im dritten Reich, Vom Recht zum Unrecht unter der Herrschaft des Nationalsozialismus, München 1995.

Wirtz, Georg Das „Al Capone“- Prinzip, Risiken und Chancen einer „Gewinnabschöpfung durch Besteuerung“ nach dem Steuerverkürzungsbekämpfungsgesetz, hrsg. v. Christian Schröder und Uwe Hellmann, Band 3, 1. Auflage, Baden- Baden 2006.

Zerres, Michael P. Die Entwicklung der Mehrwertsteuer, Ein Beitrag zur Geschichte des Steuerwesens, Zürich/Frankfurt/M., Thun 1978

Unveröffentlichte Quellen

Bundesministerium der Finanzen: Monatsbericht, Entwicklung der Steuer- und Abgabequoten, Stand: 21.02.2013, http://www.bundesfinanzministerium.de/

Content/DE/Monatsberichte/2013/02/Inhalte/Kapitel-5-Statistiken/5-1-11-entwicklung-der-steuer-und-abgabequoten.html, zuletzt besucht am 1.03.2013

Bundesministerium für Finanzen: Zusammenstellung der Steuerrechtsänderungen seit 1964, Stand 18.10.2012, bundesfinanzministerium.de/Content/DE/Standardartikel/Themen/Steuern/Weitere_Informationen/zusammenstellung-der-steuerrechtsaenderungen-seit-1964-anlage.pdf?__blob=publicationFile&v=7, zuletzt besucht am 1.03.2013

Today´s system for taxation of corporate enterprises and their shareholders to prevent a double taxation did not arise at short notice. In fact it is a result of a long evolutionary history in consideration of the international tax competition.

H. Die Entwicklung der Ertragsbesteuerung der Kapitalgesellschaft und ihrer Gesellschafter (Pascal A. Becker)

I. Einleitung

Für die Bearbeitung dieses komplexen Themas ist zu erfragen, was Kapitalgesellschaften sind, wie sie entstanden sind und warum ihre Gewinne nicht in der transparenten Weise besteuert werden, wie es für Personengesellschaften üblich ist.

Kapitalgesellschaften sind in Abgrenzung zu Personengesellschaften als Sonderformen des wirtschaftlichen Vereins zu charakterisieren, denen als juristische Personen des Privatrechts eine eigene Rechtspersönlichkeit zugesprochen wird.[1] Nach der Legaldefinition des § 3 Abs. 1 Nr. 2 des Umwandlungsgesetzes sind Gesellschaften mit beschränkter Haftung, Aktiengesellschaften und Kommanditgesellschaften auf Aktien als Kapitalgesellschaften unter den Begriff der Kapitalgesellschaft zu subsumieren. Auch wenn mittlerweile weitere (europäische) Organisationsformen zur Verfügung stehen, die den Strukturen einer Kapitalgesellschaft ähneln, soll sich die folgende Ausarbeitung auf die drei genannten deutschen Kapitalgesellschaften konzentrieren. Allerdings schließt sich an die Klärung des Begriffs der Kapitalgesellschaft die Frage an, wer überhaupt *Gesellschafter* dieser Gesellschaften ist. Es gibt zahlreiche Begriffe, um Anteilseigner zu benennen, wobei jeweils immer der kapitalistische Anteil an der Gesellschaft gemeint ist. So sind mit Aktionären, persönlich haftenden Gesellschaftern einer Kommanditgesellschaft auf Aktien oder Gesellschaftern einer GmbH immer die Personen gemeint, die die jeweilige Gesellschaft tragen, sodass auch allgemein der Begriff der Gesellschafter oder Anteilseigner für alle genannten Organisationsformen verwendbar ist. Da die Entwicklung der Besteuerung dieser Gesellschafter und ihrer Kapitalgesellschaften eng mit der Entstehungsgeschichte dieser Gesellschaften verbunden ist, wird erst diese Entwicklung skizziert, um etwaige Doppelungen zu vermeiden und um den

1 *Niehus/Wilke*, Besteuerung der Kapitalgesellschaft, S. 1.

engen Zusammenhang zwischen der gesellschafts- und steuerrechtlichen Entwicklung verdeutlichen zu können. Aufgrund der recht späten Entstehung von Kapitalgesellschaften ist die Diskussion um Ertrag oder Einkommen der Kapitalgesellschaften ebenfalls unausweichlich. Im Anschluss an die Skizzierung der Entwicklung von Kapitalgesellschaften wird die historische Entwicklung der Ertragsbesteuerung dargestellt, wobei folgend eine Konzentration auf die Einkommen- und Körperschaftsteuer gelegt wird. In diesem Zusammenhang sind die entsprechenden Reformen im Lichte des europäischen und globalen Steuerwettbewerbs zu betrachten, der den Steuergesetzgeber stets zur kritischen Reflexion des eigenen Steuersystems zwingt. Schließlich soll sich die öffentliche Abgabenlast nicht zum Standortnachteil entwickeln.

II. Entstehungsgeschichtlicher Überblick der Kapitalgesellschaft

1.) Von der klassischen Aktiengesellschaft zur Societas Europaea

a.) Die Aktiengesellschaft als „Kapitalsammelbecken“

In der heutigen Zeit wird die Aktiengesellschaft (AG) als „grande dame“[2] des modernen Gesellschaftsrechts bezeichnet. Dabei ist diese Betrachtungsweise nicht kurzfristigen nationalen und globalen Entwicklungen geschuldet, sondern ist das Ergebnis einer langen, generationenübergreifenden Entwicklung. Bereits 1898 wurde die Aktiengesellschaft als „ausgeprägteste Form der Kapitalgesellschaften“[3] bezeichnet. Dies begründete *Lehmann* mit der besonderen Rolle der Kapitaleinlage und dem Verzicht auf die Einbringung von Kenntnissen beziehungsweise persönlichen Eigenschaften der Anteilseigner.[4] Wird die normative Entwicklung des Aktienrechts ins Blickfeld genommen, so fällt auf, dass die AG kein Produkt gesetzgeberischer Kreativität ist, sondern der Entstehung dieser Organisationsform lediglich gefolgt ist.[5] Die Aktiengesellschaft hat sich im Laufe der Zeit aus aktiven unternehmerischen Gründen aus anderen Rechtsformen entwickelt,[6] weshalb die Aktiengesellschaft mit Blick auf diese historische Entwicklung als „Kind der Neuzeit, des Kolonialismus und der industriellen Revolution“[7] bezeichnet wird. Mit den Beispielen der

2 FaK GesR/*Paschke*, Kap. 10 Rn. 1.
3 *Lehmann*, Das Recht der Aktiengesellschaften, Bd. I, § 1.
4 *Lehmann*, Das Recht der Aktiengesellschaften, Bd. I, § 1.
5 *K. Schmidt*, GesR, § 26 II 1, S. 766.
6 MünchKomm AktG/*Habersack*, Einl. Rn. 14.
7 *K. Schmidt*, GesR, § 26 II 1, S. 766.

St. Georgsbank (Genua) und der Ambrosiusbank (Mailand) lassen sich bereits im 15. Jahrhundert Vorläuferorganisationen moderner Aktiengesellschaften belegen.[8] Die moderne Aktiengesellschaft, die in ihrem Idealtypus als Publikumsgesellschaft[9] mit gestreutem Aktienbesitz verstanden wird, entstand im Anwendungsbereich deutschen Rechts erst Anfang des 19. Jahrhunderts in den Bereichen Bergbau, Industrie und besonders im Eisenbahnbau.[10] Im Übrigen ging die Entwicklung dieser gesellschaftsrechtlichen Strukturen mit dem „Aufkommen eines bürgerlich-liberalen Staatsverständnisses“[11] einher. Nach Einführung des ADHGB 1861 wurde die AG als eine Gesellschaftsform normiert, an der sich Anteilseigner, also Aktionäre, beteiligen können und nur mit ihren Einlagen haften.[12] Diese haftungsbeschränkten „Sammelbecken für Risikokapital“[13] waren eine der wenigen Möglichkeiten, um risikobehaftete Projekte finanzieren zu können. Trotz der Ablösung des ADHGB durch das HGB in dem Jahre 1900 und weiteren Reformen hat die Aktiengesellschaft ihre Grundstrukturen beibehalten.

b.) Europäisierung des Gesellschaftsrechts: Die europäische Aktiengesellschaft entsteht

Im Jahr 2004 wurde nach einem langen Prozess, der in den 1970er Jahren begann[14], die Möglichkeit zur Gründung einer europäischen Aktiengesellschaft („Societas Europaea“, kurz SE) geschaffen. Mit Inkrafttreten der SE-Verordnung[15] am 8. Oktober 2004 konnten Unternehmen grenzüberschreitende Verschmelzungen oder nachträgliche Unternehmenssitzverlegungen vornehmen und dabei eine einheitliche Unternehmensform wählen.[16] Diese Verordnung sollte europäischen Gesellschaften im Rahmen des Binnenmarktes eine höhere Flexibilität ermöglichen. Bezüglich der Normenhierarchie gelten primär die Vorschriften der

8 *K. Schmidt*, GesR, § 26 II 1, S. 767; Die Anteile waren bereits übertragbar und haftungsbeschränkt.

9 Vgl. zur Unterscheidung zwischen Publikums-AG, Familien-AG und weiteren Organisationsformen: MünchHdb. GesR Bd. IV/*Hoffmann-Becking*, Kap. 1 § 2 Rn. 7–11.

10 *K. Schmidt*, GesR, § 26 II 1, S. 768.

11 *Hirte*, KapitalgesellschaftsR, Rn. 1.42.

12 *Renaud*, Das Recht der Actiengesellschaft, § 5, S. 70.

13 *K. Schmidt*, GesR, § 26 II 1, S. 768.

14 Zur Rechtsgeschichte der SE-VO: Blanquet, ZGR 2002, 20.

15 EG-VO 2157/2001 vom 8.10.2001, ABl v. 10.11.2001 Nr. L 294, S. 1.

16 *Wilhelm*, KapitalgesellschaftsR, Rn. 153.

SE-Verordnung, und erst bei mangelnder Regelung sind mitgliedstaatliche Normen, wie das deutsche Aktiengesetz, anzuwenden.[17] Die Societas Europaea bekam die Stellung als eigene europäische Gesellschaftsform zugesprochen.[18] Die Schaffung dieser neuen Organisationsformen für europäische Großunternehmen war allerdings erst als Anfangspunkt einer weitreichenderen Entwicklung zu begreifen, da in der Folgezeit weitere europäische Organisationsformen normiert worden sind.

2.) Die Kommanditgesellschaft auf Aktien (KGaA) als personengeprägte Kapitalgesellschaft

Die heutige Kommanditgesellschaft auf Aktien (KGaA) ist in den §§ 278–290 AktG normiert. Ihren historischen Ursprung hat sie bereits 1716 in Frankreich, während in Deutschland erst in der Mitte des 19. Jahrhunderts die ersten Gesellschaften in Form der KGaA gegründet wurden.[19] Auch in diesem historischen Fall wurde die KGaA in der Praxis als Organisationsform genutzt, bevor sie als eigenständige Rechtsform eine gesetzliche Normierung erhielt.[20] Denn wie die Aktiengesellschaft erfuhr die KGaA ihre einheitliche Kodifizierung erst durch das ADHGB im Jahr 1861.[21] In der Folgezeit erfreute sich die KGaA besonderer Beliebtheit, da sie im Gegensatz zur AG nicht einer Genehmigung durch staatliche Behörden bedurfte.[22] Allerdings wurde ihre Blütezeit durch die Abschaffung dieser Genehmigungspflicht für Aktiengesellschaften im Jahr 1870 vorzeitig beendet.[23] Da die KGaA ebenfalls in das HGB integriert wurde und den Regelungen der Aktiengesellschaft in das spätere Aktiengesetz folgte, unterlag sie nicht nur aufgrund ihrer strukturellen Verwandtschaft zur AG[24] den regelmäßigen Reformen des Aktienrechts.[25] Trotz der grundsätzlichen personengesellschaftlichen Dominanz der KGaA ist sie als Kapitalgesellschaft zu charakterisieren.[26]

---

17 *Hirte*, KapitalgesellschaftsR, Rn. 1.53.

18 *Hirte*, KapitalgesellschaftsR, Rn. 1.51.

19 FaK GesR/*Pathe*, Kap. 11 Rn. 2; Erste Rechtsform des 1807 in Kraft getretenen Code de Commerce.

20 *K. Schmidt*, GesR, § 32 I 2, S. 974.

21 FaK GesR/*Pathe*, Kap. 11 Rn. 2.

22 *K. Schmidt*, GesR, § 32 I 2, S. 974.

23 FaK GesR/*Pathe*, Kap. 11 Rn. 2.

24 Vgl. *K. Schmidt*, § 32 I 2 zur Entwicklung der KGaA von der modifizierten KG zur eigenständigen Rechtsform mit Verwandtschaft zur AG.

25 FaK GesR/*Pathe*, Kap. 11 Rn. 3.

26 *Saenger*, GesR, Rn. 707.

3.) Die GmbH als „kleine Kapitalgesellschaft“[27]

Die Gesellschaft mit beschränkter Haftung (GmbH) ist durch das Gesetz betreffend der Gesellschaft mit beschränkter Haftung vom 20. April 1892[28] normativ geschaffen worden, ohne dass es in Deutschland eine entsprechende Organisationsform als Vorbild gegeben hat. Somit kann die GmbH als „Retorte des Gesetzgebers“[29] bezeichnet werden. Die GmbH wurde als Reaktion auf die Forderungen nach einer neuen Gesellschaftsform geschaffen.[30] In den 1880er Jahren waren die Anforderungen an eine AG-Gründung sehr hoch, sodass das deutsche Aktienrecht durch die Gründung einer englischen Limited umgangen werden konnte.[31] Das GmbH-Gesetz von 1892 eröffnete auch kleinen Unternehmen die Möglichkeit, ihre Haftungsrisiken zu reduzieren. Für mittlere Unternehmen bedeutete diese Möglichkeit einen Ausweg aus der komplizierten Normstruktur des Aktienrechts, sofern sie nicht auf große Kapitalbeschaffungen angewiesen waren.

Mit der Einfügung des § 5a GmbH-Gesetz durch das Gesetz zur Modernisierung des GmbH-Rechts und zur Bekämpfung von Missbräuchen (MoMiG)[32] im Jahr 2008 wurde mit der Unternehmergesellschaft (haftungsbeschränkt) keine neue Rechtsform geschaffen, sondern lediglich eine Sonderform der GmbH konstruiert.[33] Auch wenn die Vorschriften des GmbH-Gesetzes grundsätzlich anwendbar sind, sind die ausdrücklichen Sonderregelungen des § 5a GmbHG vorrangig zu beachten.[34] Der gewichtigste Unterschied zwischen GmbH und UG (haftungsbeschränkt) liegt in der niedrigeren Pflicht zur Kapitalaufbringung für die UG. Somit ist die Gründung einer UG auch mit einem Stammkapital von nur einem Euro möglich.[35] Die Schaffung dieser GmbH-Unterform war eine Reaktion auf die steigende Zahl der Gründungen englischer Limited-Gesellschaften.[36] Mittlerweile erfreut sich diese

27 So auch: *Hirte*, KapitalgesellschaftsR, Rn. 1.43.
28 RGBl. 1892, S. 477.
29 *K. Schmidt*, GesR, § 26 II 1, S. 766.
30 Zum Beispiel *Oechselhäuser* in seiner „Denkschrift an die preußischen Handelskammern und kaufmännischen Kooperationen“ vom 28. April 1888.
31 FaK GesR/*Schauer*, Kap. 7 Rn. 10.
32 BGBl. I 2008, 2026.
33 *Bornmann*, GmbHR 2007, 897, 898.
34 *Saenger*, GesR, Rn. 821f.
35 Kritisch: *Bornmann*, GmbHR 2007, 897, 904.
36 *Saenger*, GesR, Rn. 820.

Organisationsform an immer mehr Zuspruch, sodass zum 1. Januar 2012 insgesamt 64.371 Unternehmergesellschaften existierten.[37]

4.) Transparenz- und Trennungsprinzip als betriebliche Grundentscheidungen

Aus der bereits beschriebenen Entwicklung gingen diverse Formen körperschaftlicher Rechtsformen hervor, die den klassischen Personengesellschaften gegenüberstanden. Im Rahmen der unternehmerischen Tätigkeit von Kapitalgesellschaften treten der persönliche Einsatz und die Verbindung der Gesellschafter untereinander in den Hintergrund.[38] Vielmehr besteht die Aufgabe der Gesellschafter in der Einbringung des betriebsnotwendigen Kapitals. Dadurch bedingt kommt es zu einer Eigenständigkeit der Kapitalgesellschaft als juristische Person, die das Trennungsprinzip nach sich zieht.[39] Es handelt sich bei der Kapitalgesellschaft und ihren Gesellschaftern um verschiedene Rechtspersönlichkeiten. Eine weitere Besonderheit der Kapitalgesellschaft ist die grundsätzliche[40] Haftungsbeschränkung auf das Grund- bzw. Stammkapital.[41] Im Gegensatz dazu stehen die Personengesellschaften, die durch das Transparenzprinzip gekennzeichnet sind. Die Gesellschafter handeln bezüglich des gemeinsamen Vermögens grundsätzlich gesamthänderisch[42] und haften persönlich vollumfänglich.[43] Folglich handelt es sich bei der Entscheidung, ob eine Unternehmung durch eine Personen- oder Kapitalgesellschaft betrieben wird, um eine betriebliche und rechtliche Grundsatzentscheidung.[44]

---

37 Vgl. vertiefend: *Kornblum*, GmbH-Rundschau. 2012, 728.

38 *Hirte*, KapitalgesellschaftsR, Rn. 1.3.

39 *Hirte*, KapitalgesellschaftsR, Rn. 1.7.

40 Die Grundsätzlichkeit ergibt sich aus der Zwischenposition der Kommanditgesellschaft, vgl. *Wilhelm*, KapitalgesellschaftsR, Rn. 12.

41 *Hirte*, KapitalgesellschaftsR, Rn. 1.7.

42 Vgl. § 719 Abs. 1 BGB.

43 Vgl. § 714 BGB, §§ 128,161 Abs. 2 HGB.

44 Vgl. zur weiteren Unterscheidung zwischen Personen- und Kapitalgesellschaften: *Wilhelm*, KapitalgesellschaftsR, Rn. 2; *Jacobs*, Unternehmensbesteuerung und Rechtsform, S. 92ff.

III. Ertragssteuerrechtliche Besonderheiten für Kapitalgesellschaften und ihre Gesellschafter

1.) Steuerrecht der Kapitalgesellschaften im pluralistischen Steuersystem des Kaiserreichs

a.) Problem der Doppelbelastung im einzelstaatlichen Einkommensteuerrecht

Aufgrund der späten Reichsgründung 1871 und der dadurch bedingten jahrhundertelangen eigenständigen Steuerpolitik der einzelnen Bundesstaaten überrascht es nicht, dass dem Deutschen Kaiserreich gemäß Art. 35 der Reichsverfassung lediglich bezüglich der Zölle und den Verbrauchsteuern eine ausschließliche Gesetzgebungskompetenz oblag.[45] Somit waren die 25 Bundesstaaten[46] für eine entsprechende Einkommensteuergesetzgebung zuständig. Da auch diese 25 Bundesstaaten jeweils über eine eigene Historie verfügten und sich daraus ebenfalls auch steuerpolitische Herangehensweisen ableiteten, ergab sich bezüglich der Einkommensbesteuerung ein kompliziertes Gebilde.[47] Aufgrund des Umfangs der darstellbaren Regelungen werden sich die folgenden Ausführungen auf das preußische Einkommensteuergesetz von 1891 im Rahmen der Erörterung des Problems der Doppelbelastung beschränken, da die Bedeutung Preußens innerhalb des Deutschen Reiches historisch besonders ausgeprägt war.[48]

In Abgrenzung zur Doppelbesteuerung wird bei der Doppelbelastung nicht ein Steuersubjekt zweimal mit dem gleichen Gegenstand der Besteuerung zugeführt. Es wird vielmehr auf einen entsprechenden Gewinnanteil abgestellt, der erst auf der Ebene der Kapitalgesellschaft und sodann erneut auf der Ebene des Gesellschafters besteuert wird. Dafür wird als tragendes Argument herangezogen, dass es sich zivilrechtlich um verschiedene Rechtspersönlichkeiten handelt.[49] Bis zum Inkrafttreten des preußischen Einkommensteuergesetzes wurden Kapitalgesellschaften in Preußen nicht eigenständig besteuert. Vielmehr

45 Reichsverfassung von 1871, BGBl. des Deutschen Bundes 1871, S. 63.

46 Vgl. zur Aufzählung der einzelnen Bundesstaaten: Art. 1 der Reichsverfassung von 1871 bei Reichsgründung.

47 Zur Vertiefung des historischen Kontextes: *Seer*, Die Entwicklung der GmbH-Besteuerung, S. 5ff.

48 Vgl. beispielsweise die Rolle des deutschen Kaisers, der in Personalunion stets preußischer König war.

49 *Seer*, Die Entwicklung der GmbH-Besteuerung, S. 7.

erfolgte eine anteilige Zurechnung des Gewinns auf die Gesellschafter.[50] Die meisten deutschen Staaten führten dagegen eine Einkommensteuerpflicht für Kapitalgesellschaften bereits in den 1860er und 1870er Jahren ein.[51] Bereits im Rahmen der Beratungen zum preußischen EStG aus dem Jahre 1891 wurde die mögliche wirtschaftliche Doppelbelastung von Kapitalgesellschaften und ihrer Gesellschafter erkannt. Zwar wurde vereinzelt die Befreiung der Kapitalgesellschaften gefordert[52], jedoch sprachen sich die Mehrzahl der Abgeordneten[53] und die preußische Regierung[54] gegen die Einkommensteuerfreiheit der Kapitalgesellschaften aus. So wurden nach den Regelungen des preußischen Einkommensteuergesetzes von 1891 auch Aktiengesellschaften und Kommanditgesellschaften auf Aktien einkommensteuerpflichtig.[55] *Fuisting* beschrieb die Besteuerung der Aktiengesellschaft 1907 als eine an die Rechtsform anknüpfende Steuerpflicht ohne Berücksichtigung des Unternehmenszwecks und der Gewerblichkeit des Unternehmens.[56] Aufgrund der abschließenden Formulierung des Gesetzes waren Gesellschaften mit beschränkter Haftung von der Einkommensteuer befreit.[57] Allerdings wurde die GmbH in Preußen nicht als nicht steuerbares Subjekt behandelt, da sie trotz der mangelnden Einkommensteuerpflicht einer kommunalen Gemeindeeinkommensteuerpflicht unterlag, in deren Rahmen die GmbH wie eine Personengesellschaft veranlagt wurde.[58] Diese Ungleichbehandlung, die nur aufgrund der Rechtsform bestand und keinen weiteren Voraussetzungen unterlag, wurde erst im Jahr 1906 durch die neu eingefügte Steuersubjektivität der GmbH in Preußen aufgegeben, wodurch sie ebenfalls einkommensteuerpflichtig wurde.[59] Zeitgleich oblag den Gesellschaftern der GmbH die besondere Pflicht, das auf die Gewinnanteile

---

50 Vgl. zu diesem Rechtsgedanken: *Seer*, Die Entwicklung der GmbH-Besteuerung, S. 7.

51 *Trescher*, Die Entwicklung des Steuerwesens im Herzogtum Sachsen-Gotha, S. 83.

52 So etwa vom *Abgeordneten Friedberg*, Stenographien der Sitzungen des preußischen Abgeordnetenhauses, 1891 Bd. III, S. 1252.

53 So etwa vom *Abgeordneten Dr. Arendt*, Stenographien der Sitzungen des preußischen Abgeordnetenhauses, 1891 Bd. III, S. 1249.

54 In der Plenarsitzung argumentiert: *Regierungskommissar Burghart*, Stenographien der Sitzungen des preußischen Abgeordnetenhauses, 1891 Bd. III, S. 1250f.

55 So § 1 Nr. 4 preußisches EStG 1891.

56 *Fuisting*, Die preußischen direkten Steuern, Bd. I, § 1 Anm. 15.

57 *Seer*, Die Entwicklung der GmbH-Besteuerung, S. 6.

58 *Seer*, Die Entwicklung der GmbH-Besteuerung, S. 26f.

59 *Seer*, Die Entwicklung der GmbH-Besteuerung, S. 6.

entfallende Einkommen in ihrer Steuererklärung aufzuführen.[60] Die steuerrechtliche Gleichstellung erhielt die GmbH aber erst mit dem Körperschaftsteuergesetz 1920.[61]

Ab 1906 erfolgte somit eine wirtschaftliche Doppelbelastung durch die unabhängige Einkommensteuerpflicht von allen Kapitalgesellschaften und ihren Gesellschaftern. Die Problematik der Doppelbelastung wurde allerdings in einigen Staaten durch die Freistellung der Dividenden im Rahmen der Einkommensteuerveranlagung der Gesellschafter berücksichtigt.[62]

Die doppelte Belastung von Dividenden förderte aber auch die Kreativität zur möglichen Vermeidung dieser, sodass bereits um 1900 erste Versuche zur Gründung von GmbH & Co. KGs zu beobachten sind, die jedoch durchgehend von den Registergerichten abgelehnt wurden.[63] Diese „Typenvermischung von Personenhandels- und Kapitalgesellschaften"[64] wurde erst im Februar 1912 durch Beschluss des Bayerischen Obersten Landesgerichtes anerkannt, sodass dieses Jahr als „Geburtsjahr der GmbH & Co."[65] bezeichnet werden kann.[66] Allerdings dauerte es trotz dieser wegweisenden Entscheidung des BayObLG noch bis Juli 1922 bis zur Anerkennung der GmbH & Co. durch das Reichsgericht.[67] In diesen Jahren nach dem ersten Weltkrieg wurde ein Streit über die Zulässigkeit einer nicht kodifizierten Typenvermischung der GmbH mit Personengesellschaften geführt, der neben den Registergerichten auch die Finanzbehörden und -gerichte beschäftigte. So hinderte der Beschluss des BayObLG zur Charakterisierung der GmbH & Co. KG als Personenhandelsgesellschaft die Steuerbehörden nicht daran, die entsprechenden Gewinne der KG der gewinnerzielenden GmbH zuzurechnen und diese somit der Doppelbelastung zuzuführen.[68] Erst durch Entscheidungen in den Jahren 1928 und 1929 erkannte der Reichsfinanzhof die GmbH & Co. KG als Personenhandelsgesellschaft an und

---

60 *Fuisting*, Die preußischen direkten Steuern, Bd. I, § 1 Anm. 21.

61 *Seer*, Die Entwicklung der GmbH-Besteuerung, S. 29; vgl. zur detaillierten Ausgestaltung der Einkommensbesteuerung der GmbH: *Seer*, Die Entwicklung der GmbH-Besteuerung, S. 30ff.

62 Vertiefend: *Seer*, Die Entwicklung der GmbH-Besteuerung, S. 16f.

63 *Hesselmann*, Hdb. GmbH & Co., S. 4.

64 *Hirte*, KapitalgesellschaftsR 2009, S. 6.

65 *Hesselmann*, Hdb. GmbH & Co., S. 6.

66 DJZ 1913, 647.

67 RGZ 105, 101.

68 *Hesselmann*, Hdb. GmbH & Co., S. 12.

vermutete hinter dieser Organisationsform nicht mehr per se eine unzulässige Steuerumgehung.[69]

Die steuerliche Doppelbelastung, ihre Rechtfertigung und mögliche Lösungsansätze wurden im weiteren Verlauf des 20. Jahrhunderts stets diskutiert und in Frage gestellt.[70]

b.) Wissenschaftlicher Diskurs zur Einkommensbesteuerung von Kapitalgesellschaften

Bei der Diskussion, ob die Kapitalgesellschaft besteuert werden soll, standen in der Vergangenheit stets die Fragen nach der Steuersubjektivität und -objektivität der Kapitalgesellschaft im Vordergrund. So stellte *Wagner* bereits 1880 unter der Zuhilfenahme des Prinzips der Allgemeinheit bereits eine subjektive Steuerpflicht unter anderem auch für juristische Personen und Erwerbsgesellschaften fest.[71] Im Jahre 1890 fügte *Wagner* unter Beobachtung der Ausbreitung von Aktiengesellschaften seiner Argumentation die besondere Leistungsfähigkeit und die daher notwendige Besteuerung dieser Organisationsform hinzu.[72]

Die eigenständige steuerliche Leistungsfähigkeit wurde wiederum in den 1970er Jahren teilweise bestritten. So wurde unter Zuhilfenahme der These von der Aktiengesellschaft als Mittel für die Erwerbszwecke und die Fiktionstheorie eine tatsächliche Eigenständigkeit von Kapitalgesellschaften bestritten. Nach der These von der Aktiengesellschaft als Mittel für die Erwerbszwecke der Aktionäre wird zwischen eigentlichen und uneigentlichen juristischen Personen unterschieden.[73] Dabei seien eigentliche juristische Personen, wie beispielsweise Stiftungen, aufgrund eines unpersönlichen Zwecks der Körperschaft tatsächlich von physischen Personen unabhängig.[74] Im Gegensatz dazu stünden die uneigentlichen juristischen Personen, die beispielsweise ein Gewerbe betreiben und durch physische Personen geprägt seien, sodass die

69 StuW II 1929 Nr. 194, RStBl. 1929, 329.

70 So auch 1970: *Oberleitner*, Die Doppelbelastung kapitalgesellschaftlicher Gewinne in der Bundesrepublik (…), S. 42–47.

71 *A. Wagner*, Finanzwissenschaft, Bd. VI, 1880, S. 323f.

72 *A. Wagner*, Finanzwissenschaft, Bd. IV, 1890, S. 420–424.

73 *Oberleitner*, Die Doppelbelastung kapitalgesellschaftlicher Gewinne in der Bundesrepublik (…), S. 57.

74 *Oberleitner*, Die Doppelbelastung kapitalgesellschaftlicher Gewinne in der Bundesrepublik (…), S. 57f.

Wahl einer kapitalgesellschaftlichen Rechtsform als Mittel zur Einkommenserzielung diene.[75] Die Fiktionstheorie sieht in der Annahme einer Eigenständigkeit juristischer Personen lediglich eine Fiktion.[76] Demnach sei das Vermögen und die Steuerzahlungen der Kapitalgesellschaften in tatsächlicher Hinsicht den Anteilseignern zuzuordnen.[77]

Schneider bestritt die Selbständigkeit[78] ebenfalls und definiert die steuerliche Leistungsfähigkeit als „Ausdruck für die Opferfähigkeit", wobei dieses Opfer nur aus dem Einkommen erbracht werde, welches wiederum allerdings nur natürlichen Personen zugerechnete werden könne, da Körperschaften lediglich Erträge erzielen würden.[79] Andere wiederum betonen bezüglich der Möglichkeit der Einkommenserzielung eine gewisse Fähigkeit zur Opfererbringung, die als Einbuße der Bedürfnisbefriedigung verstanden wird.[80] Diese Einbuße der Bedürfnisbefriedigung könne von Körperschaften nicht vorgenommen werden.[81] Unter Berufung auf die Verleihung einer eigenständigen Rechtspersönlichkeit der Körperschaft wurde im Rahmen der Gesetzesbegründung zum Körperschaftsteuergesetz 1920 eine Steuersubjektivität für begründet erachtet.[82] In diesem Zusammenhang wurden besonders die Vorteile von Rechtsform, Verstärkung der Kreditfähigkeit durch Kapitalerweiterung und Steigerung der Wirtschaftlichkeit durch Kapitalanhäufung genannt.[83] Des Weiteren wurde regelmäßig mit dem sogenannten Äquivalenzprinzip[84] argumentiert. Demnach sollten die staatlichen Gegenleistungen, die auch für Kapitalgesellschaften erbracht werden, durch Steuern finanziert werden.[85] Auch die

---

75 *Oberleitner*, Die Doppelbelastung kapitalgesellschaftlicher Gewinne in der Bundesrepublik (...), S. 58.

76 So auch Puchta und v. Savigny; vgl. *Oberleitner*, Die Doppelbelastung kapitalgesellschaftlicher Gewinne in der Bundesrepublik (...), S. 58.

77 Oberleitner, Die Doppelbelastung kapitalgesellschaftlicher Gewinne in der Bundesrepublik (...), S. 58.

78 Zur Verselbständigung ebenfalls: *Rasenack*, Die Theorie der Körperschaftsteuer, 1974, S. 218–230.

79 *Tipke*, Die Steuerrechtsordnung, Bd. II, S. 733.

80 Vgl. vertiefend: *Knobbe-Keuk*, Sitzungsbericht zum 53. DJT, 1980, S. 15ff.

81 *Tipke*, Die Steuerrechtsordnung, Bd. II, S. 734.

82 Drucks. der Deutschen Nationalversammlung Bd. 341, Anlagen zu den stenographischen Berichten 1920, S. 14; vertiefend dazu: *Tipke*, Die Steuerrechtsordnung, Bd.II, S. 726f.

83 Vgl. *Tipke*, Die Steuerrechtsordnung, Bd.II, S. 728.

84 Dazu vertiefend: *Rasenack*, Die Theorie der Körperschaftsteuer, 1974, S. 300.

85 *Tipke*, Die Steuerrechtsordnung, Bd. II, S. 727.

Haftungsbeschränkung wurde oftmals zur Begründung einer Steuersubjektivität herangezogen.[86] Allerdings wurde unter Verweis auf die Gleichmäßigkeit der Besteuerung im Rahmen der Doppelbelastung von Unternehmensgewinnen eine gesonderte Körperschaftsbesteuerung oftmals abgelehnt.[87] Diesbezüglich wurden entsprechende Modelle wie die Teilhabesteuer oder das spätere Anrechnungsverfahren gefordert, wenn eine eigenständige Körperschaftsbesteuerung nicht gerechtfertigt sein sollte.[88]

2.) Das „klassische System" des ersten KStG von 1920

a.) Entscheidung des Gesetzgebers für die Doppelbelastung

Im Zusammenhang mit der Erzbergerschen Steuerreform wurde am 30. März 1920 das erste Körperschaftsteuergesetz[89] der noch jungen Weimarer Republik beschlossen. Die Steuerhoheiten waren zwischen Reich, Ländern und Gemeinden aufgeteilt.[90] Trotz der kontroversen Diskussion bezüglich der Steuerfähigkeit des „Einkommens" des Unternehmens wurde eine Leistungsfähigkeit fingiert und die Besteuerung der Kapitalgesellschaften aus dem Einkommensteuergesetz herausgelöst.[91] Die Körperschaftsteuer wurde in Anlehnung an die Quellentheorie von *Schanz* erhoben, sodass als Einkommen der Körperschaft der Reinvermögenszugang innerhalb einer Zeitspanne verstanden wurde.[92] An den Grundzügen der Besteuerung von Körperschaften wurden trotz zahlreicher Reformen in den kommenden Jahren keine außerordentlichen Änderungen bezüglich der subjektiven und objektiven Steuerpflicht vorgenommen. Im Rahmen der subjektiven Steuerpflicht wurde zwischen beschränkter und unbeschränkter Steuerpflicht unterschieden. Unbeschränkt steuerpflichtig waren die Körperschaften, die in § 1 KStG 1920

---

86 *Tipke*, Die Steuerrechtsordnung, Bd. II, S. 728; *J.Pechman*, Federal Tax Policy, Washington D.C. 1983, S. 129f.

87 *Tipke*, Die Steuerrechtsordnung, Bd. II, S. 743.

88 Näher erläuternd: *Rasenack*, Die Theorie der Körperschaftsteuer, 1974, S. 173–191; Tipke, Die Steuerrechtsordnung, Bd. II, S. 738–743.

89 RGBl. 1920, S. 393ff.

90 Näher dazu: *Hensel*, Steuer und Wirtschaft, Sonderabdruck *Die Entwicklung des Steuerrechts*, 1924, S. 983; Vgl. Art. 8 WRV, RGBl. 1919, S. 1383ff.

91 Vgl. dazu die Begründung des Reichseinkommensteuergesetzes von 1920, Verhandlungen der verfassungsgebenden Deutschen Nationalversammlung, Bd. 340, Anlagen zu den stenographischen Berichten, Berlin 1920, Nr. 1624, S. 16f.

92 *Evers*, Hdb. Reichsteuerrecht 1924, S. 259, Rn. 4.

genannt wurden[93] und ihre Hauptleitung oder ihren Sitz im Inland hatten.[94] Für Filialbetriebe und unselbständige Betriebsstätten wurde erst später ein Ort der Geschäftsleitung fingiert.[95]

Ansonsten bestand nur eine beschränkte Steuerpflicht[96], sofern die Körperschaften gemäß § 2 KStG inländische Einkünften im Sinne von § 49 EStG erwirtschafteten.[97] Die Körperschaftsteuer wurde als Jahressteuer erhoben[98] und besteuerte das Einkommen, das nach den Vorschriften des EStG und den speziellen Vorschriften des KStG zu ermitteln war.[99] Entsprechende Sonderausgaben konnten Kapitalgesellschaften als Betriebsausgaben zur Geltung bringen, sofern die Voraussetzungen des § 10 Abs. 1 Ziff. 6 EStG erfüllt wurden.[100]

Als Ergebnis lässt sich im Kontext der Erzbergerschen Steuerreform bezugnehmend auf die Einführung der Körperschaftsteuer festhalten, dass der Reinvermögenszugang der Körperschaften dem Einkommensbegriff „prinzipiell ebenbürtig“[101] war. Damit entschied sich der Gesetzgeber für eine Belastung des Gewinns auf der Ebene der Gesellschaft durch Körperschaftsteuer und auf der Ebene des Gesellschafters mittels Einkommensteuer. Die bisherige progressive Besteuerung der Körperschaften durch das Einkommensteuergesetz wurde aufgehoben und durch eine Besteuerung unter Zugrundelegung eines proportionalen Steuersatzes bis 10% ersetzt.[102] Jedoch kam für Erwerbsgesellschaften, z.B. die GmbH, gemäß § 12 Nr. 2 KStG 1920 eine zwei- bis zehnprozentige Zuschlagsteuer hinzu.[103] Durch diese Herauslösung der Körperschaftsbesteuerung aus dem Einkommensteuerrecht konnte zwar

---

93 U.a. Aktiengesellschaften, Kommanditgesellschaften auf Aktien und die Gesellschaften mit beschränkter Haftung; ergänzend: *Evers*, Hdb. Reichsteuerrecht 1924, S. 68, Rn. 14.

94 *Evers*, Hdb. Reichsteuerrecht 1924, S. 271, Rn. 20; *Becker/Kießling*, KStG-Kommentar, 1971, S. 19f.

95 Näher: *Becker/Kießling*, KStG-Kommentar, 1971, S. 20.

96 *Evers*, Hdb. Reichsteuerrecht 1924, S. 271, Rn. 20f.

97 *Becker/Kießling*, KStG-Kommentar, 1971, S. 21.

98 *Evers*, Hdb. Reichsteuerrecht 1924, S. 259, Rn. 4.

99 *Evers*, Hdb. Reichsteuerrecht 1924, S. 295, Rn. 50; *Kennerknecht*, KStG-Kommentar 1925: Ermittlung gemäß § 12 EStG, S. 154ff.; später: *Becker/Kießling*, KStG-Kommentar, 1971, S. 58.

100 Also die Abzugsfähigkeit analog zu natürlichen Personen möglich war; *Becker/Kießling*, KStG-Kommentar, 1971, S. 59.

101 *Pezzer*, DStJG 20 (1997), S. 9.

102 Vertiefend: *Kennerknecht*, KStG-Kommentar 1925, §§ 20, 21.

103 Vertiefend: *Seer*, Die Entwicklung der GmbH-Besteuerung, S. 42.

der dogmatischen Auseinandersetzung über die Fähigkeit zur Einkommensgenerierung entgangen werden, jedoch blieb das Problem der Doppelbelastung. Daher ist dem Körperschaftsteuergesetz eine eher klarstellende Funktion bezüglich der Besteuerungsgrundlage zuzusprechen.[104] Die Hauptkritikpunkte der damaligen Zeit waren vor allem der Verstoß gegen die Neutralität der Besteuerung aufgrund des weiteren Einflusses der Rechtsform auf die Besteuerung und die Schaffung von Interessengegensätzen zwischen Gesellschaft und Gesellschaftern.[105] Durch eine Erhöhung der Körperschaftsteuer für Erwerbsgesellschaften auf 20% und für Ausschüttungen auf 15% durch ein entsprechendes Änderungsgesetz[106] erhöhte sich die Körperschaftsteuerbelastung stetig. Im weiteren Verlauf der 1920er Jahre wurde die Diskussion über die mangelnde Rechtsformneutralität der Körperschaftsbesteuerung in den Mittelpunkt gerückt. Auf dem 33. Deutschen Juristentag im September 1924 in Heidelberg wurde dieses Problem benannt, kritisiert und dessen Behebung gefordert.[107] So stellte *Enno Becker* in seinem Vortrag die doppelte Belastung der Gesellschafter auf zwei Ebenen fest[108] und beschrieb das Ergebnis des Besteuerungsvergleiches von Personen- und Kapitalgesellschaften als „oft zu befremdend" und „nicht gerechtfertigt."[109] Dieser Argumentation folgte *Max Lion* und ergänzte eine entsprechende Rechnung bezüglich der Steuerbelastung. Demnach fiel auf den erwirtschafteten Gewinn zuerst eine Gewinnsteuer von 20% und danach eine Ausschüttungssteuer von 25% an, die wiederum um eine Kapitalertragsteuer von 10% ergänzt wurde.[110] Kam nunmehr die reguläre Einkommensteuer von 10% hinzu, so lag die Gesamtbelastung des Gewinnanteils bei über 50%.[111] Im Gegensatz dazu erfolgte bei Personengesellschaften eine Zurechnung des entsprechenden Gewinnanteils zu den Gesellschaftereinnahmen, die einer tariflichen Einkommensteuer von

---

104 So auch: *Seer*, Die Entwicklung der GmbH-Besteuerung, S. 40.

105 Vertiefend und ergänzend: *K. Beck*, Die Besteuerung von Beteiligungen an körperschaftsteuerpflichtigen Steuersubjekten im Einkommen- und Körperschaftsteuerrecht, S. 32.

106 RGBl. 1922, S. 335; *Kennerknecht*, KStG-Kommentar 1925, § 20 Rn. 1ff., § 21 Rn. 3ff.

107 Erste Plenarversammlung des 33. Deutschen Juristentages 1924, S. 433ff., S. 465ff.

108 *Becker*, Erste Plenarversammlung des 33. Deutschen Juristentages 1924, S. 433.

109 Beide Zitate: *Becker*, Erste Plenarversammlung des 33. Deutschen Juristentages 1924, S. 434.

110 *Lion*, Erste Plenarversammlung des 33. Deutschen Juristentages 1924, S. 466.

111 *Lion*, Erste Plenarversammlung des 33. Deutschen Juristentages 1924, S. 466.

10 bis 60% unterlag.[112] Die dargestellte Doppelbelastung beschäftigte auch *Mosich*, der sich 1929 für eine Freistellung derjenigen Gewinnanteile aussprach, die bereits der Körperschaftsteuer unterlagen.[113] In diesem Zusammenhang kritisierte er neben der Doppelbelastung durch Körperschaft- und Einkommensteuer die zusätzliche Belastung des Unternehmens beziehungsweise der Unternehmensgewinne durch die Vermögensteuer[114] und die sogenannte Industrieaufbringung.[115] Durch das dargestellte „klassische System" wurde die Doppelbelastung für Anteilseigner von Kapitalgesellschaften aufrechterhalten und eine steuerliche Diskriminierung gegenüber Personengesellschaften zementiert. Durch die erstmalige Einführung des sogenannten „Schachtelprivilegs" und der damit einhergehenden Steuerbefreiung des ausgeschütteten Gewinns bei einer Kapitalgesellschaft als Anteilseigner sollten Kaskadeneffekte bei mehrstufigen Beteiligungsstufen vermieden werden.[116] Allerdings wurde dieses Schachtelprivileg 1922 im Rahmen des KStG-Änderungsgesetzes durch eine Steuerschuldermäßigung abgelöst.[117] Mit dem Gesetz über Änderungen im Finanzwesen vom 8. April 1922[118] wurde der Körperschaftsteuersatz für Erwerbsgesellschaften auf 20% und der Steuersatz für Ausschüttungen auf 15% erhöht.[119] Durch das Körperschaftsteuergesetz von 1925[120] wurde der bereits genannte Steuerzuschlag für Ausschüttungen abgeschafft und ein degressiver Steuertarif für Genossenschaften und kleine GmbHs geschaffen.[121]

b.) Weitere Entwicklungen bis 1976

Im Anschluss an die Weimarer Republik[122] verlor die Kapitalgesellschaft an gesellschaftlicher und politischer Akzeptanz, da Personengesellschaften und Einzelunternehmer eher der nationalsozialistischen Ideologie entsprachen.

---

112 *Lion*, Erste Plenarversammlung des 33. Deutschen Juristentages 1924, S. 466.
113 *Mosich*, Materialien zur Finanzreform, S. 53.
114 RGBl. I 1922, S. 335.
115 Vertiefend: *Mosich*, Materialien zur Finanzreform, S. 53–56.
116 *Seer*, Die Entwicklung der GmbH-Besteuerung, S. 45.
117 Vgl. näher zu § 12 KStG: *Seer*, Die Entwicklung der GmbH-Besteuerung, S. 46.
118 RGBl. I 1922, S. 335.
119 *Klein/Schöberle*, Reform der Körperschaftsteuer, S. 14.
120 RGBl. I 1925, S. 208.
121 *Klein/Schöberle*, Reform der Körperschaftsteuer, S. 14.
122 Vgl. zur Regelung der weiten Ausgestaltung der Steuerhoheiten zugunsten des Reiches: *Schaeffer*, Neugestaltung von Recht und Wirtschaft, Heft 14, Steuerrecht, 1941, S. 21–23.

Schließlich galten Einzelunternehmer als Idealtypus des eigenverantwortlichen Unternehmers, die gegenüber anonymen Kapitalgesellschaften bevorzugt werden sollten.[123] Daher stieg die Körperschaftsteuerbelastung seit dem KStG 1934[124] stetig an und erreichte mit einem Steuersatz von 55% gegen Ende des Krieges einen Wert, der zu einer „Eskalation der wirtschaftlichen Doppelbelastung"[125] führte. Auch die Kodifizierung der verdeckten Gewinnausschüttung ab Mitte der 1930er Jahre[126] entsprang nicht der Idee der Gleichberechtigung der Gesellschaftsformen, sondern ist Ausfluss der nationalsozialistischen Ideologie zur Belastung der Kapitalgesellschaften. Auch die bis 1933 zulässige Gestaltung einer steueroptimierten Betriebsaufspaltung wurde durch *Fritz Reinhardt*, nationalsozialistischer Staatssekretär im Reichfinanzministerium, und dessen Einfluss auf den Reichsfinanzhof unattraktiv ausgestaltet.[127] Des Weiteren wurde das Körperschaftsteuersystem[128] dahingehend geändert, dass beispielsweise Umwandlungen von Kapital- zu Personengesellschaften erleichtert wurden und somit dessen Attraktivität stetig herabgesetzt wurde.[129]

Nach Ende des zweiten Weltkrieges erfolgte allerdings keine Milderung der Doppelbelastung, da auch der Alliierte Kontrollrat durch eine konfiskatorische Besteuerung von Dividenden von Kapitalgesellschaften an dieser Doppelbelastung festhielt.[130] Nachdem der Körperschaftsteuersatz durch zahlreiche Änderungen bis 1951[131] auf 60% angestiegen war[132], wurde mit dem KStG vom 24. Juni 1953[133] ein gespaltener Körperschaftsteuertarif etabliert. Diese Spaltung wird auch als „kleine Steuerreform" bezeichnet, da eine geplante Senkung des Steuersatzes am Veto des Alliierten Kontrollrates scheiterte.[134] Die steuerliche Entlastung sollte die Belastung von Ausschüttungen an die Belastung anderer

123 *Seer*, Die Entwicklung der GmbH-Besteuerung, S. 56.
124 RGBl. I 1934, 1031.
125 *Seer*, Die Entwicklung der GmbH-Besteuerung, S. 57.
126 *Seer*, Die Entwicklung der GmbH-Besteuerung, S. 57f.
127 *Seer*, Die Entwicklung der GmbH-Besteuerung, S. 61f.
128 Vertiefend: *Schaeffer*, Neugestaltung von Recht und Wirtschaft, Heft 14, Steuerrecht, 1941, S. 83ff.
129 Der Steuertarif lag bei bis zu 55%; vgl. *Seer*, Die Entwicklung der GmbH-Besteuerung, S. 57.
130 *Höller*, Analyse Unternehmensteuerreform 2008, S. 92.
131 Zu den Steuerhoheiten nach 1945: *Tipke*, Steuerrecht, 1975, S. 61–70.
132 BGBl. I 1951, S. 411.
133 BGBl. I 1953, S. 413.
134 *Höller*, Analyse Unternehmensteuerreform 2008, S. 104.

Investitionsmaßnahmen angleichen.[135] Gemäß § 19 KStG wurden einbehaltene Gewinne mit 60% besteuert, während die ausgeschütteten Gewinne mit 30% besteuert wurden.[136] Allerdings wurde diese Vorbelastung bei Kapitalgesellschaften als Anteilseigner nicht bei der Berechnung des Einkommens berücksichtigt, sodass sich auf ausgeschüttete Dividenden bei der empfangenden Kapitalgesellschaft tatsächlich eine höhere Steuerbelastung im Vergleich zu natürlichen Personen ergab (sog. „Schattenwirkung").[137] Weitere Änderungsgesetze in den Jahren 1954[138] und 1958[139] änderten lediglich die entsprechenden Steuertarife, milderten jedoch nicht die steigende Doppelbelastung.[140] Neben der bereits genannten Belastung von ausgeschütteten Gewinnen mit Körperschaft- und Einkommensteuer kamen weitere Belastungen durch die Gewerbe- und Vermögensteuer hinzu.[141] Durch die steigende Belastung und die Konkurrenz im internationaler werdenden Wettbewerb der Unternehmensstandorte stand der damalige Bundesfinanzminister Strauß bereits 1968 vor der Aufgabe, eine Abmilderung der Doppelbelastung herbeizuführen und berief eine Steuerreformkommission ein.[142] Zwar konnte eine „Angleichung der (Spitzen-) Steuersätze von Einkommen- und Körperschaftsteuer"[143] zwischen 1957 und 1977 zu einer Annäherung der Belastung erreicht werden, jedoch blieb die mangelnde Rechtsformneutralität problematisch.

c.) Europäisierungen und Globalisierung des Steuerwettbewerbes

Nach der Gründung der Europäischen Gemeinschaft für Kohle und Stahl (EGKS) im Jahre 1951 führte die Ausweitung der wirtschaftlichen Zusammenarbeit auch zu einer beginnenden Konkurrenz der Steuersysteme. Die wachsende Mobilität von Kapital und Unternehmen zwang die europäischen Hochsteuerländer seither zur Senkung der Ertragssteuerbelastung[144], um

---

135 *Seer*, Die Entwicklung der GmbH-Besteuerung, S. 67.

136 Vgl. zur kurzfristigen Besonderheit der GmbH-Gesellschafter, Seer, Die Entwicklung der GmbH-Besteuerung, S. 67f.

137 *Weinelt*, KörperschaftStsystem im Spannungsfeld, S. 19f.

138 BGBl. I 1954, S. 373.

139 BGBl. I 1958, S. 473.

140 *Höller*, Analyse Unternehmensteuerreform 2008, S. 105f.

141 *Seer*, Die Entwicklung der GmbH-Besteuerung, S. 87.

142 *K.Beck*, Die Besteuerung von Beteiligungen an körperschaftsteuerpflichtigen Steuersubjekten im Einkommen- und Körperschaftsteuerrecht, S. 34.

143 *Höller*, Analyse Unternehmensteuerreform 2008, S. 108.

144 *Weinelt*, KörperschaftStsystem im Spannungsfeld, S. 79.

im Wettbewerb innerhalb des europäischen Kontinents nicht an Attraktivität zu verlieren. Während in den 1950er Jahren eine Doppelbelastung der Gewinne von Kapitalgesellschaften noch hingenommen wurde, verbreitete sich gegen Ende der 1960er Jahre ein Bewusstsein zur Notwendigkeit der Beseitigung dieser wettbewerbsfeindlichen Verfahrensweise.[145] Daher ist es erstaunlich, dass eine kontinuierliche Senkung der Körperschaftsteuerbelastung innerhalb der Europäischen Gemeinschaft erst in den 1980er Jahren begann. Diese Senkung der Steuersätze konnte allerdings durch die Verbreiterung der Bemessungsgrundlage teilweise kompensiert werden.[146] Seit der Schaffung des gemeinsamen Marktes im Jahr 1993 hat der Steuerwettbewerb erneut an Bedeutung gewonnen, sodass seit dieser Zeit zu beobachten ist, dass die durchschnittlichen Körperschaftsteuersätze um mindestens 5 Prozentpunkte gesenkt wurden.[147] Auch die Rechtsprechung des EuGH hat in den letzten 25 Jahren zu einer Angleichung der Steuersysteme geführt[148], da die jeweiligen Besteuerungsverfahren der Mitgliedstaaten ausländische Investoren teilweise diskriminierten und damit die Kapitalverkehrs- bzw. Niederlassungsfreiheit beeinträchtigten.

Auch außerhalb dieser Europäisierung nahm der Steuerwettbewerb zu. Mit der Globalisierung, als Prozess der internationalen Güter- und Faktormobilität[149], kam ein weiterer wichtiger Aspekt im Zusammenhang des internationalen Drucks auf das deutsche Körperschaftsteuersystem hinzu. Gerade in den letzten Jahrzehnten ist eine „dramatisch zunehmende weltwirtschaftliche Integration“[150] zu beobachten, sodass den einzelstaatlichen Abgaben eine wachsende Bedeutung als Standortfaktor beigemessen wird.[151] Schließlich ziehe es das knappe Kapital in die Staaten, in denen eine Belastung der Erträge möglichst gering sei.[152] Als Folge dieser Mobilität waren und sind die einzelstaatlichen Steuergesetzgeber jeweils aufgefordert, ihre jeweilige Besteuerungspraxis kritisch zu reflektieren, um sich im Wettbewerb der Steuersysteme weiter attraktiv positionieren zu können.[153]

145 *Weinelt*, KörperschaftStsystem im Spannungsfeld, S. 88.
146 *Blankenburg*, Globalisierung und Besteuerung, S. 96.
147 *Hohaus*, Steuerwettbewerb in Europa, S. 22.
148 Vgl. vertiefend: *Weinelt*, KörperschaftStsystem im Spannungsfeld, S. 78.
149 *Blankenburg*, Globalisierung und Besteuerung, S. 58.
150 *Hohaus*, Steuerwettbewerb in Europa, S. 36.
151 *Blankenburg*, Globalisierung und Besteuerung, S. 60ff.
152 *Blankenburg*, Globalisierung und Besteuerung, S. 94.
153 *Hohaus*, Steuerwettbewerb in Europa, S. 36f.

Blankenburg formuliert sogar die Theorie, dass die Globalisierung nicht nur einen Faktor des internationalen Steuerwettbewerbs darstelle, sondern dass dieser Wettbewerb der Steuersysteme durch die Globalisierung verstärkt oder sogar erst ausgelöst wurde.[154]

3.) Die Körperschaftsteuerreform 1977 etabliert das Anrechnungssystem

a.) Zielsetzung des Reformgesetzes

Nach Ansicht der Bundesregierung waren die bisherigen Maßnahmen zur Milderung der Doppelbelastung im Lichte des steigenden Wettbewerbsdrucks der Steuersysteme nicht ausreichend und sie wollte durch die Reform die doppelte Belastung von ausgeschütteten Gewinnen abschaffen.[155] Es handelte sich um eine politische Entscheidung[156] zur Wahrung der Wettbewerbsneutralität.[157] Die grundsätzliche Bedeutung dieser Reform liegt in der tatsächlichen Beseitigung der doppelten Belastung von ausgeschütteten Gewinnen und der Anerkennung des Prinzips der „Einmalbesteuerung."[158] Demnach sollen inländische Gewinne mindestens einmal, aber nicht wie zuvor doppelt, der unbeschränkten Steuerpflicht unterliegen.[159] Durch das geänderte System entfaltete die Körperschaftsteuer für einbehaltene Gewinne eine tatsächliche Ertragsbesteuerung für Kapitalgesellschaften und eine Vorauszahlungswirkung auf die Einkommensteuer für die Anteilseigner.[160]

b.) Funktionsweise des Verfahrens

Im Kern handelte es sich um ein geschlossenes System zur Vermeidung der Doppelbelastung auf zwei Stufen mit gespaltenem Körperschaftsteuersatz für ausgeschüttete bzw. thesaurierte Gewinne unter der Voraussetzung der Einmalbesteuerung.[161] Wie im bisherigen klassischen System wurden die Kapitalgesellschaften

154 *Blankenburg*, Globalisierung und Besteuerung, S. 59.
155 BT-DruckS. 7/1470, S. 323ff.
156 *Klein/Schöberle*, Reform der Körperschaftsteuer, S. 18.
157 BT-DruckS. 7/1470, S. 323ff.
158 *Pezzer*, DStJG 20 (1997), S. 15.
159 *Pezzer*, DStJG 20 (1997), S. 16f.
160 *Pezzer*, DStJG 20 (1997), S. 16.
161 Vertiefend: *Pezzer*, DStJG 20 (1997), S. 22–31.

neben den Anteilseignern zur jeweiligen Einkommens- bzw. Ertragsbesteuerung herangezogen.[162] Die subjektive Steuerpflicht der Kapitalgesellschaft wurde durch § 1 Abs. 1 i.V.m. § 3 KStG 1977 abschließend geregelt und unterschied weiterhin zwischen unbeschränkter und beschränkter Steuerpflicht.[163] Auf die Einkommensteuerschuld des Anteilseigners wurde die Körperschaftsteuer angerechnet, die auf den ihm ausgekehrten Gewinn entfiel.[164] Das Anrechnungsverfahren der §§ 27ff. KStG 1977 legte als objektive Steuerpflicht die Gewinnausschüttung fest, ohne diesen Begriff selbst zu definieren.[165] Unter den besonderen Voraussetzungen des neuen Verfahrens war daher ein Gewinnausschüttungsbegriff zu definieren, der jegliche Gewinnverteilung ohne Rücksicht, ob es sich um eine verdeckte oder offene Gewinnausschüttung handelte, abdeckte.[166] Die einkommensteuerliche Anrechnung unterlag keiner Grenze, sodass sogar ein Überschuss an anrechenbarer Körperschaftsteuer über der gesamten Einkommensteuerschuld des Anteilseigners an diesen erstattet wurde.[167] Die sogenannte Bruttodividende, die der Anteilseigner erhielt, bestand somit aus der erwirtschafteten Bardividende und einer Steuergutschrift in der Höhe der auf die Einkommensteuer anrechenbaren Körperschaftsteuer.[168] Daraus ergab sich die Einbeziehung der Steuergutschrift in die Bemessungsgrundlage zur Einkommensteuerveranlagung.[169] Wie schon in der Vergangenheit wurde ein gespaltener Körperschaftsteuersatz angeordnet, der ausgeschüttete und thesaurierte Gewinne mit unterschiedlichen Steuertarifen belegte.[170] Die körperschaftsteuerliche Belastung für einbehaltene Gewinne betrug 56% und entsprach dem damaligen Spitzensteuersatz im Einkommensteuerrecht.[171] In diesem Zusammenhang wurden auch entsprechende Sonderregelungen für personenbezogene

162 *Knobbe-Keuk*, Bilanz- und Unternehmenssteuerrecht, 1977, § 15; *Klein/Schöberle*, Reform der Körperschaftsteuer, S. 24.

163 *Geiger/Zeitler*, Körperschaftsteuerreform 1977, S. 48f.; *Felix/Streck*, KStG-Kommentar 1979, § 1 Anm. 1–12.

164 *Geiger/Zeitler*, Körperschaftsteuerreform 1977, S. 154ff.; *Klein/Schöberle*, Reform der Körperschaftsteuer, S. 25.

165 *Felix/Streck*, KStG-Kommentar 1979, § 27 Anm. 4.

166 *Felix/Streck*, KStG-Kommentar 1979, § 1 Anm. 4, 5; Zur Gewinnermittlung: *Knobbe-Keuk*, Bilanz- und Unternehmenssteuerrecht, 1977, § 1.

167 *Deubner*, Materialien Körperschaftsteuergesetz 1977, S. 14.

168 *Klein/Schöberle*, Reform der Körperschaftsteuer, S. 25.

169 *Knobbe-Keuk*, Bilanz- und Unternehmenssteuerrecht, 1977, § 17 II; *Deubner*, Materialien Körperschaftsteuergesetz 1977, S. 14.

170 *Deubner*, Materialien Körperschaftsteuergesetz 1977, S. 15.

171 *Klein/Schöberle*, Reform der Körperschaftsteuer, S. 25.

Kapitalgesellschaften abgeschafft.[172] Die Vermeidung von Doppelbelastungen bei mehrstufigen Beteiligungsstrukturen von Kapitalgesellschaften konnte durch das erneut eingeführte Schachtelprivileg gemäß § 9 KStG 1977 erreicht werden.[173] Jedoch war hierfür eine 25-prozentige Beteiligung an einer unbeschränkten steuerpflichtigen Kapitalgesellschaft erforderlich, um von diesem Privileg Gebrauch machen zu können.[174] Unter Beibehaltung der Kapitalertragsteuer[175] wurde der Körperschaftsteuersatz für ausgeschüttete Gewinne auf 36% festgelegt.[176] Diese steuerliche Begünstigung war zum Zeitpunkt der Reform in keinem westlichen industrialisierten Staat vorzufinden.[177] Trotz dieser modernen Reform wich der Regierungsentwurf[178] in zahlreichen Punkten vom Konzept der Reformkommission[179] ab. Die bereits 1968 berufene Kommission zur Ausarbeitung eines Reformvorschlages[180] sprach sich gegen eine rechtsformabhängige Besteuerung aus, da die oft argumentierte höhere Kreditfähigkeit von Kapitalgesellschaften nicht auf der Rechtsform beruhe, sondern sich vielmehr nach der Vermögens- und Ertragslage richte.[181] Die Kommission forderte ebenfalls die Einführung eines Anrechnungsverfahrens und ging in ihrem Gutachten von der Besteuerung des Gewinns unter Berücksichtigung der Einkommensverhältnisse der Gesellschafter aus, sodass beispielsweise vorgeschlagen wurde, die der Kapitalgesellschaft steuerfrei zufließenden Einnahmen auch an die Gesellschafter steuerfrei auszukehren und die Ausgabe von Gratisaktien aus Gesellschaftsmitteln wie Gewinnausschüttungen zu behandeln.[182] Der Gesetzgeber ist diesen Reformvorschlägen nicht gefolgt.

---

172 *Deubner*, Materialien Körperschaftsteuergesetz 1977, S. 15; Alternative Überlegungen: *Schwochert* in: FS zum 10 jährigen Bestehen der Fachhochschule für Finanzen NRW, Bonn 1986, S. 275ff.

173 Institut FSt. Heft 100 Band 6, 1976, S. 61.

174 Institut FSt. Heft 100 Band 6, 1976, S. 62.

175 Zur Zeit der Reform lag dieser bei 16% für Anteilseigner, bei denen die Dividende nicht in die Veranlagung einbezogen wurde; vgl. *Deubner*, Materialien Körperschaftsteuergesetz 1977, S. 14–17.

176 *Klein/Schöberle*, Reform der Körperschaftsteuer, S. 27.

177 *Deubner*, Materialien Körperschaftsteuergesetz 1977, S. 16.

178 BT-Drucks. 7/1470.

179 Vgl. Gutachten der Steuerreformkommission 1971, Schriftenreihe des BMF, Heft 17.

180 Vgl. Gutachten der Steuerreformkommission 1971, Schriftenreihe des BMF, Heft 17, IV Tz. 2ff.

181 Institut FSt. Heft 100 Band 6, 1976, S. 12f.

182 *Deubner*, Materialien Körperschaftsteuergesetz 1977, S. 18.

c.) Kritik zur Anrechnung der Vorbelastung

Trotz der Gutierung der Reform wurde sie aufgrund zahlreicher Detailfragen kritisch bewertet. So hätten sich die Problemkreise im Umwandlungssteuerrecht im Rahmen der Organschaft und bezüglich der verdeckten Gewinnausschüttungen nicht gelöst, wobei die Reform nicht zur Einfachheit und Übersichtlichkeit beigetragen hätte.[183] Aufgrund der weiterhin höheren Belastung von Kapitalgesellschaften mit der Vermögensteuer sei nur eine Entlastung für ausgeschüttete Gewinne im Spannungsverhältnis von Einkommen- und Körperschaftsteuer zu erkennen.[184] Die Senkung der Einkommensteuertarife in den 1990er Jahren habe diesen Vorteil allerdings geschmälert und konnte erst durch das Außerkrafttreten der Vermögensteuer ab 1997 und die Abschaffung der Gewerbekapitalsteuer 1998 teilweise kompensiert werden.[185]

d.) Reformnotwendigkeit des Systems

Dem Anrechnungssystem wurden im Laufe der Zeit eine gewisse Kompliziertheit bzw. Missbrauchsanfälligkeit und dessen mangelnde Europatauglichkeit vorgehalten, sodass diese ablehnenden Gründe sogar im späteren Gesetzentwurf zum Halbeinkünfteverfahren aufgenommen wurden.[186] Die Kompliziertheit ergab sich aus der arbeitsintensiven Bearbeitung der Einkommensteuererklärungen mit Berücksichtigung der entsprechenden Gutschriften.[187] Die Berücksichtigung des gespaltenen Körperschaftsteuersatzes für thesaurierte und ausgeschüttete Gewinne trug ebenfalls einen Teil zur Komplexität der Besteuerung bei.[188] Die Missbrauchsanfälligkeit ergab sich aus der Möglichkeit zur steuerberatenden Gestaltung von Auszahlungen einer über den Betrag der Einkommensteuerschuld liegenden anrechenbaren Körperschaftsteuer.[189] Das sogenannte „Dividendenstripping", bei dem nicht anrechnungsbefugte, beispielsweise ausländische Anteilseigner, das mögliche Anrechnungsguthaben über einen höheren Verkaufserlös ihrer Anteile an anrechnungsbefugte Personen realisieren konnten, konnte auch nicht durch

---

183 *Seer*, Die Entwicklung der GmbH-Besteuerung, S. 97.

184 *Geiger/Zeitler*, Körperschaftsteuerreform 1977, S. 18–20.

185 *Seer*, Die Entwicklung der GmbH-Besteuerung, S. 98.

186 BT-Drucks. 14/2683, S. 132ff.

187 *Seer*, Die Entwicklung der GmbH-Besteuerung, S. 99f.

188 *K. Beck*, Die Besteuerung von Beteiligungen an körperschaftsteuerpflichtigen Steuersubjekten im Einkommen- und Körperschaftsteuerrecht, S. 37.

189 *Seer*, Die Entwicklung der GmbH-Besteuerung, S. 99.

Änderungen im EStG verhindert werden.[190] Die Europauntauglichkeit des Anrechnungsverfahrens ergab sich aus der strukturellen Ausgestaltung der Anrechnung auf inländische Einkommensteuerschuld, sodass ausländische Investoren nicht grundsätzlich von der Anrechnung Gebrauch machen konnten.[191] Diese Beschränkungen widersprachen der Kapitalverkehrsfreiheit der Art. 56 Abs. 1 und Art. 58 Abs. 1 des EG-Vertrages[192] und wurden von Seiten der Europäischen Union angemahnt.[193] Die Niederlassungsfreiheit des Art. 43 i.V.m. Art. 48 des EG-Vertrages garantierte darüber hinaus eine Niederlassungsfreiheit, die durch die mangelnde Anrechenbarkeit bei Direktinvestitionen betroffen war.[194] Zusätzlich war die weiterhin mangelnde Rechtsformneutralität und die Diskriminierung thesaurierter Gewinne mit einem höheren Steuersatz zu nennen.[195] Die tarifliche Diskriminierung wurde durch das „Schütt-aus-und-hol-zurück"-Verfahren dadurch steuerlich optimiert, dass die Gesellschaft den Gewinn komplett ausgeschüttet hatte und dieser durch die Gesellschafter wieder in die Gesellschaft eingebracht wurde.[196] Um diese Probleme zu beheben, brachte die Bundesregierung im Februar 2000 einen Gesetzentwurf zur Einführung des Halbeinkünfteverfahren[197] in den Deutschen Bundestag ein.

4.) Vom Anrechnungssystem zum Halbeinkünfteverfahren

a.) Zielsetzung der Verfahrensänderung

Der Entwurf eines Gesetzes zur Senkung der Steuersätze und zur Reform der Unternehmensbesteuerung (Steuersenkungsgesetz – StSenkG) definierte u.a. die Stärkung der Wettbewerbsfähigkeit der deutschen Wirtschaft und mehr Steuergerechtigkeit, Transparenz und Planungssicherheit im Steuersystem als Ziele der Reform.[198] Als Lösungsansätze waren die Senkung der Körperschaftsteuer

---

190 *Seer*, Die Entwicklung der GmbH-Besteuerung, S. 100f.

191 *Seer*, Die Entwicklung der GmbH-Besteuerung, S. 100.

192 Vgl. Rs. Manninen, EUGH-Urteil Rs. C-319/03, abgedruckt in: IStR 2004, 680; die finnische Fallgestaltung war durchaus mit dem deutschen Anrechnungssystem vergleichbar.

193 Schreiben des EU-Kommissars Monti an die Bundesregierung vom 31. Oktober 1995 (SG (95) D 13623.

194 *Seer*, Die Entwicklung der GmbH-Besteuerung, S. 101.

195 *K. Beck*, Die Besteuerung von Beteiligungen an körperschaftsteuerpflichtigen Steuersubjekten im Einkommen- und Körperschaftsteuerrecht, S. 38f.

196 Näher dazu: *Seer*, Die Entwicklung der GmbH-Besteuerung, S. 96f.

197 BT-Drucks. 14/2683.

198 BT-Drucks. 14/2683, S. 1, S. 73ff.

auf 25% ab dem Veranlagungszeitraum 2001 und die Ersetzung des körperschaftsteuerlichen Anrechnungsverfahrens durch das sogenannte Halbeinkünfteverfahren vorgesehen.[199] Ursprünglich war sogar die Optionsmöglichkeit für Personenunternehmen geplant, sich wie Körperschaften besteuern zu lassen.[200]

b.) *Funktionsweise des Verfahrens*

Dieses Verfahren wird rechtstechnisch als „shareholder-relief" bezeichnet, bei dem die Entlastung innerhalb des Körperschaftsteuersystems auf der Ebene der Anteilseigner erfolgt.[201] Im Grundprinzip bestand der größte Unterschied zum vorherigen Anrechnungsverfahren in der hälftigen Steuerbefreiung der Gewinnausschüttung bei der Einkommensteuerveranlagung des Anteilseigners.[202] Daher wurde gemäß § 3 Nr. 40 lit. d EStG 2001 bei der Ermittlung der einkommensteuerrechtlichen Bemessungsgrundlage die Hälfte der Dividende freigestellt.[203] Durch die Wahl dieses Systems zur Vermeidung der Doppelbelastung wird weiterhin der zivilrechtlichen Trennung zwischen Kapitalgesellschaft und Anteilseignern Rechnung getragen.[204] Bezüglich der steuerlichen Wirkung des neuen Verfahrens ist zu beachten, dass es sich um eine pauschale Form[205] der Vorbelastungs-berücksichtigung handelte und die sich somit ergebene Gesamtbelastung des Gewinns regelmäßig nicht mit dem persönlichen Einkommensteuertarif des Anteilseigners kongruierte.[206] Wurden die Gewinne an einen körperschaftsteuerpflichtigen Anteilseigner ausgeschüttet, so erfolgte weiterhin eine Befreiung aufgrund des Schachtelprivilegs.[207] Durch die Steuerbefreiung des § 8b KStG 2001[208] wurde die sogenannte „Kaskadenbesteuerung" verhindert.[209] Daher wurde das Verfahren bei der Beteiligung durch eine Kapitalgesellschaft als „Nulleinkünfteverfahren" bezeichnet.[210] Wie bei vorherigen

---

199 BT-Drucks. 14/2683, S. 1, S. 93ff.
200 BT-Drucks. 14/2683, S. 1.
201 *Seer*, Die Entwicklung der GmbH-Besteuerung, S. 103.
202 *Pezzer*, DStJG 25 (2002), S. 52.
203 *Otto*, Die Besteuerung von gewinnausschüttenden Körperschaften (…), S. 64.
204 *Otto*, Die Besteuerung von gewinnausschüttenden Körperschaften (…), S. 63.
205 BT-Drucks. 14/2683, S. 94.
206 *Jacobs*, Unternehmensbesteuerung und Rechtsform, S. 94f.
207 *Jacobs*, Unternehmensbesteuerung und Rechtsform, S. 94.
208 Vgl. vertiefend: *Otto*, Die Besteuerung von gewinnausschüttenden Körperschaften (…), S. 317–325.
209 *Otto*, Die Besteuerung von gewinnausschüttenden Körperschaften (…), S. 64.
210 *Seer*, Die Entwicklung der GmbH-Besteuerung, S. 103.

Freistellungstechniken zur Vermeidung von Kaskadeneffekten war im Rahmen der Anwendung des § 8b Abs. 1 KStG ebenfalls eine 25 prozentige Beteiligung an einer unbeschränkt steuerpflichtigen Kapitalgesellschaft erforderlich.[211] Allerdings wurde diese Befreiung 2004[212] durch die neue Regelung des § 8b Abs. 5 S. 1 KStG insofern beschränkt, als dass 5% der Erträge durch fiktive nichtabziehbare Betriebsaufwendungen besteuert wurden.[213] Tatsächlich wurden somit nur 95% des Gewinns freigestellt. Kapitalgesellschaften waren bereits durch Normierung in § 1 Abs. 1 KStG 2001 unbeschränkt steuerpflichtig, sofern ihre Geschäftsleitung oder ihr Sitz im Inland belegen war. Diese unbeschränkte Steuerpflicht erstreckte sich gemäß § 1 Abs. 2 KStG 2001 auf sämtliche in- und ausländischen Einkünfte.[214] Als Steuerobjekt der Kapitalgesellschaft wird das zu versteuernde Einkommen gemäß § 7 Abs. 1 KStG 2001 betrachtet, das grundsätzlich mittels Betriebsvermögensvergleich errechnet wurde.[215] Dabei können Kapitalgesellschaften grundsätzlich alle Einkünfte im Sinne von § 2 Abs. 1 EStG realisieren, wobei Kapitalgesellschaften keine Einkünfte aus nichtselbständiger Arbeit zufließen können.[216] Um die Ausschüttungsentscheidungen von Unternehmen nicht zu beeinflussen und dem vorherigen „Schütt-aus-und-hol-zurück"-Verfahren vorzubeugen, erfolgte eine einheitliche Tariffestlegung für thesaurierte und ausgeschüttete Gewinne gemäß § 23 Abs. 1 KStG 2001 auf 25%.[217]

Auf der Ebene des Gesellschafters war nicht nur zu unterscheiden, ob es sich um eine natürliche oder juristische Person handelte, sondern wenn es sich um eine natürliche Person handelte, ob sich der Gesellschaftsanteil im Betriebsvermögen der natürlichen Person befand.[218] Wird der Gesellschaftsanteil, der der ausgeschütteten Dividende zugeordnet werden kann, nicht im Privatvermögen gehalten, so unterlag sie nicht der Besteuerung aus Kapitalvermögen (§ 20 Abs. 1 Nr. 1 EStG), sondern konnte beispielsweise bei einem Einzelunternehmer zu den Einkünften aus Gewerbebetrieb (§ 20 Abs. 3 EStG) gerechnet werden.[219]

---

211 *Otto*, Die Besteuerung von gewinnausschüttenden Körperschaften (...), S. 70.

212 Durch ProtErklG vom 22.12.2003, BGBl. I 2003, S. 2840; ab da als modifiziertes Nulleinkünfteverfahren.

213 *Otto*, Die Besteuerung von gewinnausschüttenden Körperschaften (...), S. 71.

214 *Schreiber*, Die Besteuerung der Unternehmen, S. 80.

215 *Schreiber*, Die Besteuerung der Unternehmen, S. 81.

216 *Schreiber*, Die Besteuerung der Unternehmen, S. 81f.

217 *Seer*, Die Entwicklung der GmbH-Besteuerung, S. 103.

218 *Otto*, Die Besteuerung von gewinnausschüttenden Körperschaften (...), S. 79.

219 Vertiefend: *Otto*, Die Besteuerung von gewinnausschüttenden Körperschaften (...), S. 80ff.

Im Rahmen der Ermittlung der einkommensteuerrechtlichen Bemessungsgrundlage erfolgt nicht nur eine hälftige Freistellung der Dividende, sondern auch gemäß § 3c Abs. 2 EStG ein hälftiges Abzugsverbot für Aufwendungen, die im Zusammenhang mit der Dividende stehen.[220] Im Gegensatz dazu konnten Mitunternehmer einer Personengesellschaft entsprechende Aufwendungen steuerlich in vollem Umfang geltend machen, sodass hier eine Durchbrechung des objektiven Nettoprinzips vorgenommen wurde.[221] Im Übrigen wurde nach der Reform bei natürlichen Personen als Gesellschafter nicht mehr zwischen in- und ausländischen Dividenden differenziert.[222] Der europarechtskonformen Ausgestaltung der Besteuerung wurde somit entsprochen.[223]

c.) Übergangsphase

Obwohl durch die Systemumstellung zahlreiche Probleme des Anrechnungssystems behoben werden konnten, wurden durch den radikalen Wechsel weitere Probleme geschaffen. Durch die Einführung einer Übergangsphase von 2002 bis 2016, während der das Anrechnungsverfahren neben dem Halbeinkünfteverfahren fortbesteht, werden durch Gewinnausschüttungen Körperschaftsteuerminderungen bzw. -erhöhungen verursacht.[224] Diese Anpassungen sind erforderlich, um die beim Wechsel zum Halbeinkünfteverfahren bestehenden Eigenkapitalbestände abzuwickeln.[225] Aufgrund eines Urteils des Bundesverfassungsgerichts aus dem Jahr 2009[226] wird diese Übergangsregelung nicht mehr angewendet.

d.) Kritik zur Reform

Aufgrund der pauschalen Berücksichtigung der Vorbelastung der Kapitalgesellschaft durch die hälftige Freistellung der Dividende beim Gesellschafter kam es in der Praxis oftmals zu Ungenauigkeiten, da die tatsächliche Vorbelastung lediglich punktgenau abgebildet wurde, wenn die Einnahmen des Gesellschafters einem persönlichen Grenzsteuersatz von 40% unterlagen.[227] Bei einem höheren

220 *Pezzer*, DStJG 25 (2002), S. 56.
221 *Hey*, DStJG 24 (2001), S. 196.
222 *Otto*, Die Besteuerung von gewinnausschüttenden Körperschaften (…), S. 88.
223 Vertiefend: *Otto*, Die Besteuerung von gewinnausschüttenden Körperschaften (…), S. 99ff.
224 *Pezzer*, DStJG 25 (2002), S. 20.
225 *Pezzer*, DStJG 25 (2002), S. 21.
226 BVerfGE 125, 1.
227 *Hey*, DStJG 24 (2001), S. 195.

Grenzsteuersatz erhielt der Gesellschafter gegenüber dem Anrechnungssystem einen monetären Vorteil, während der Gesellschafter mit einem Grenzsteuersatz von weniger als 40% einem monetären Nachteil gegenüberstand.[228] Die Begünstigung der Gruppe der Gesellschafter, deren Grenzsteuersatz bei über 40% liegt, war eine strukturelle Folge des Verfahrenswechsels, da die pauschalierende Berücksichtigung nur typisiert und keine exakte Anrechnung einer entsprechenden Vorbelastung ermöglichte.[229] In diesem Zusammenhang wurde die Typisierung der Vorbelastung kritisiert, da diese nur korrekt ausgestaltet sei, wenn es in der überwiegenden Zahl zu einer der Leistungsfähigkeit entsprechenden Besteuerung komme und sich die Ungleichbehandlungen aufgrund der Typisierung nur auf wenige Einzelfälle beschränken lassen.[230] Dennoch war dem Halbeinkünfteverfahren ein höheres Maß an Einfachheit der Besteuerung nicht abzusprechen.[231] Des Weiteren sei das Vereinfachungspotential des vorherigen Anrechnungsverfahrens nicht ausreichend genutzt worden, um die Doppelbelastung rechtsformneutral auszugestalten.[232] So sei eine Anrechnung für Auslandssachverhalte zur Behebung der Doppelbelastung für ausländische juristische und natürliche Personen ebenso europarechtskonform umsetzbar gewesen.[233] Durch die Anwendung eines einheitlichen Steuersatzes für thesaurierte und ausgeschüttete Gewinne kam es nur auf den ersten Blick zu einer Gleichbehandlung. So bestand bei der Besteuerung von thesaurierten Gewinnen eine Belastung mit 25% Körperschaftsteuer beziehungsweise für ausgeschüttete Gewinne eine Besteuerung mit ebenfalls 25% Körperschaftsteuer und der persönlichen Einkommensteuer des Gesellschafters, sodass es steuerlich günstiger war, die Gewinne nicht auszuschütten.[234] Dieser Effekt von „Einsperrungen" der Gewinne im Unternehmen wurde „Lock-in-Effekt" genannt.[235] Allerdings erfolgte so eine Förderung der Innenfinanzierung, um die Liquidität der Gesellschaft erhalten zu können.[236] Der bereits benannten Durchbrechung des objektiven Nettoprinzips konnte zu Recht aufgrund der mangelnden

---

228 *Hey*, DStJG 24 (2001), S. 195.
229 *Pezzer*, DStJG 25 (2002), S. 53.
230 *Hey*, DStJG 24 (2001), S. 198.
231 *Pezzer*, DStJG 25 (2002), S. 54.
232 *Hey*, DStJG 24 (2001), S. 196.
233 *Hey*, DStJG 24 (2001), S. 198.
234 *Seer*, Die Entwicklung der GmbH-Besteuerung, S. 114.
235 *Seer*, Die Entwicklung der GmbH-Besteuerung, S. 114.
236 *K. Beck*, Die Besteuerung von Beteiligungen an körperschaftsteuerpflichtigen Steuersubjekten im Einkommen- und Körperschaftsteuerrecht, S. 44.

Rechtfertigung ein Verstoß gegen Art. 3 Abs. 1 GG vorgehalten werden.[237] Die gewünschte Rechtsformneutralität konnte nicht hergestellt werden, da sich durch die Reform vielmehr eine Vertiefung der Ungleichbehandlung manifestierte.[238] So wurde auch von einem „rechtssystematischen Rückschritt“[239] gesprochen. Es handle sich bei diesem neuen Verfahren vielmehr um ein pauschales Mittel zur Entlastung der Anteilseigner, das nicht so zielführend wie das Anrechnungssystem sei.[240] Daher wurden in Bezug auf die rechtsformneutrale Besteuerung von Unternehmen oftmals Stimmen aus der Wissenschaft laut, die Gleichheit der Besteuerung zwischen Personenunternehmen und Kapitalgesellschaften könne nur bei Schaffung einer allgemeinen Unternehmensteuer gelingen.[241] Die verschiedene Vorgehensweise bei der Besteuerung von Personenunternehmen und Kapitalgesellschaften ist durch die Reform beibehalten worden.[242]

5.) Teileinkünfteverfahren und Abgeltungsteuer

a.) Reformnotwendigkeit

Trotz der Senkung des Körperschaftsteuersatzes von 25% auf 15% ab 2008 waren weitere Änderungen in der Grundsystematik zur Vermeidung der Doppelbelastung erforderlich. Die Veränderungen betreffen besonders natürliche Personen, die die Gesellschaftsanteile entweder im Privat- oder Betriebsvermögen halten, sodass Beteiligungen, die sich im Vermögen einer Kapitalgesellschaft befinden, von der Unternehmenssteuerreform 2008[243] nicht betroffen waren.[244] Die entscheidende Änderung ist die Einführung der Abgeltungsteuer, da der Wechsel vom Halb- zum Teileinkünfteverfahren lediglich eine Detailänderung bezüglich des freizustellenden Dividendenteils darstellt.

b.) Funktionsweise des neuen Dualismus

Seit dem Veranlagungszeitraum 2009 werden Gewinnausschüttungen grundsätzlich vollständig durch die Abgeltungsteuer des § 32d EStG der Besteuerung

237 *Pezzer*, DStJG 25 (2002), S. 55.
238 *Hey*, DStJG 24 (2001), S. 209.
239 *Pezzer*, DStJG 25 (2002), S. 54.
240 *Seer*, Die Entwicklung der GmbH-Besteuerung, S. 110.
241 *Hey*, DStJG 24 (2001), S. 195.
242 *Seer*, Die Entwicklung der GmbH-Besteuerung, S. 115.
243 BGBl. I 2007, 1912.
244 *Haas*, Die neue Abgeltungsteuer, Rn. 2.

zugeführt, wobei neben dem Abgeltungsteuersatz von 25% noch Solidaritätszuschlag und unter Umständen Kirchensteuer anfällt.[245] Im Rahmen der Abgeltungsteuer sind Werbungskosten nicht voll anzusetzen, sondern werden durch den Sparerpauschbetrag in Höhe von 801 € für Ledige abgegolten.[246] Die subjektive Steuerpflicht der Körperschaftsteuer obliegt gemäß der abschließenden Aufzählung der §§ 1 Abs. 1 Nr. 1–6, 3 KStG auch Kapitalgesellschaften.[247] Die Abgeltungsteuer wird regelmäßig an der Quelle, also beispielsweise von der GmbH, einbehalten, abgeführt und wirkt außerhalb der Regelveranlagung progressionsmildernd.[248] Die abgeltende Wirkung kann durch den Antrag zur Einbeziehung der Gewinnausschüttung in die Regelveranlagung beseitigt werden, § 32d Abs. 2 Nr. 3 EStG. Voraussetzung für diese Option ist die mittelbare oder unmittelbare Beteiligung an der Kapitalgesellschaft mit mindestens 25% oder die einprozentige Beteiligung bei gleichzeitiger beruflicher Tätigkeit für die Kapitalgesellschaft.[249] Als Folge wirken gemäß § 20 Abs. 6, 9 EStG die Einschränkung der Verlustverrechnung[250] innerhalb der Kapitaleinkünfte und die Einschränkung des Werbungskostenabzugs nicht mehr. Vielmehr wird dann eine Besteuerung unter Zuhilfenahme des Teileinkünfteverfahrens vorgenommen. Dabei werden nur 60% der erlangten Gewinnausschüttung als Bemessungsgrundlage herangezogen, wobei auch nur ein 60 prozentiger Abzug von Werbungskosten möglich ist.[251]

Damit liegen die großen Veränderungen vor allem in den noch gröberen Pauschalierungen der Abgeltungsteuer. Für Körperschaften als Ausschüttungsempfänger gelten die Steuerbefreiungen des § 8b KStG weiter fort, wobei das bereits genannte pauschale Betriebsausgabenabzugsverbot greift, sodass eine tatsächliche 95 prozentige Steuerbefreiung zur Anwendung kommt.[252] Jedoch sind alle tatsächlich angefallenen Betriebsausgaben zu 100% steuerlich wirksam abzuziehen.[253]

---

245 *Schiffers* in: Tillmann/Schiffers/Wälzholz, Die GmbH im GeStR, Rn. 813.

246 *Haas*, Die neue Abgeltungsteuer, Rn. 4.

247 *Hey* in: Tipke/Lang, Steuerrecht, 2013, § 11 Rz. 23ff.; beachte § 3 Abs. 1 KStG.

248 *Schiffers* in: Tillmann/Schiffers/Wälzholz, Die GmbH im GeStR, Rn. 814.

249 *Schiffers* in: Tillmann/Schiffers/Wälzholz, Die GmbH im GeStR, Rn. 828.

250 *Glutsch* u.a.; Das neue Unternehmenssteuerrecht, § 4 Rn. 11ff.

251 *Schiffers* in: Tillmann/Schiffers/Wälzholz, Die GmbH im GeStR, Rn. 830.

252 Vertiefend: *Schiffers* in: Tillmann/Schiffers/Wälzholz, Die GmbH im GeStR, Rn. 838–843.

253 *Schiffers* in: Tillmann/Schiffers/Wälzholz, Die GmbH im GeStR, Rn. 844.

c.) *Kritik zur Veränderung*

Auch die Veränderungen zur Teilentlastung durch die Reformen 2000 und 2008 werden als steuersystematischer Rückschritt beschrieben.[254] Bereits nach der Reform 2000 wurde die typisierende Berücksichtigung der Belastung, die ein konkretes Anrechnungssystem ersetzt, als nicht zielführend bezeichnet.[255] In diesem Zusammenhang wird durch die Vielschichtigkeit des aktuellen Teileinkünfteverfahrens bzw. der Abgeltungsteuer eine Verzerrung der Belastungsrelation kritisiert, was wiederum zu einem Verstoß gegen den Gleichheitssatz des Art. 3 Abs. 1 GG führe.[256] Der bereits genannte „Lock-in-Effekt“ unterstütze zwar die Eigenkapitalsicherung von Kapitalgesellschaften, sorge allerdings trotzdem für eine Ungleichbehandlung von thesaurierten und ausgeschütteten Gewinnen.[257] Die Rechtsformneutralität sei daher bis zum heutigen Tag nicht gewährleistet.[258] Die Abgeltungsteuer wird bezüglich der niedrigen, komplizierten und kontrollintensiven Erhebungsweise kritisiert.[259]

IV. Ergebnis

Die historische Entwicklung der Ertragsbesteuerung von Kapitalgesellschaften und ihrer Gesellschafter ist eine wechselvolle Geschichte mit zahlreichen dogmatischen Brüchen und Neuausrichtungen. Daher ist es auch nicht überraschend, dass zahlreiche Neuerungen, die mit den Reformen einhergingen, mit den Vorteilen des vorherigen Systems kritisiert werden. Die Entwicklung hat gezeigt, wie sich die Besteuerung der Kapitalgesellschaften und ihrer Gesellschafter an die Besteuerung von Personengesellschaften und ihrer Gesellschafter angenähert hat. Sicherlich ist eine getrennte Besteuerungsweise von Kapital- und Personengesellschaften unter Berücksichtigung der jeweils tragenden gesellschaftsrechtlichen Prinzipien grundsätzlich gerechtfertigt. Es handelt sich zusätzlich um eine politische Entscheidung, wie die jeweiligen Typen von Organisationsformen besteuert werden. Daher kann und darf der Gesetzgeber verschiedene Methoden anwenden, sofern die Besteuerung gleichheitskonform ausgestaltet ist. Somit kann eine doppelte Besteuerung wie zu

---

254 *Hey* in: Tipke/Lang, § 11 Rz. 16.

255 *Seer*, Die Entwicklung der GmbH-Besteuerung, S. 110.

256 *Hey* in: Tipke/Lang, § 11 Rn. 20.

257 *Seer*, Die Entwicklung der GmbH-Besteuerung, S. 114.

258 *Hey* in: Tipke/Lang, § 11 Rn. 24ff.; Seer, Die Entwicklung der GmbH-Besteuerung, S. 115.

259 Vgl. vertiefend: *Hey* in: Tipke/Lang, § 8 Rn. 504ff.

preußischen Zeiten nicht mehr in Betracht kommen. Auch wenn das Anrechnungsverfahren oftmals als zielführender bezeichnet wird, bleibt die typisierende Berücksichtigung durch ein Halb- oder Teileinkünfteverfahren aufgrund der Internationalisierung von Beteiligungen und dem Bedarf nach einfacheren Regelungen ein attraktives Modell. Die Abgeltungsteuer ist ebenfalls eine typisierende Methode zur Besteuerung von Gewinnen der Gesellschafter, die durch ein mögliches Optionsrecht einer gleichheitskonformen Besteuerung näher kommt. Die Entwicklung der Ertragsbesteuerung von Kapitalgesellschaften und ihrer Gesellschafter ist in Bezug auf die strukturelle Doppelbelastung mit den letzten Reformen zwar von einer genauen zur pauschalisierten Berücksichtigung übergegangen, welche aus europarechtlichen und pragmatischen Gründen aber durchaus gerechtfertigt ist.

Der Preis für die Einfachheit eines Systems ist zwar oft die Zielgenauigkeit, jedoch darf nicht die Akzeptanz des Steuersystems vergessen werden, die mit jeder Verkomplizierung abnimmt.

V. Literaturverzeichnis

Beck, Karin — Die Besteuerung von Beteiligungen an körperschaftsteuerpflichtigen Steuersubjekten im Einkommen- und Körperschaftsteuerrecht, Berlin 2004.
(zit.: *K. Beck*, Die Besteuerung von Beteiligungen an körperschaftsteuerpflichtigen Steuersubjekten im Einkommen- und Körperschaftsteuerrecht, S…).

Becker, Wilhelm/Kießling, Heinz — Kommentar zum Körperschaftsteuergesetz, 4. Aufl., Düsseldorf 1971.
(zit.: *Becker/Kießling*, KStG-Kommentar, 1971, S…).

Blankenburg, Götz — Globalisierung und Besteuerung - Krise des Leistungsfähigkeitsprinzips?, Hamburg 2004.
(zit.: *Blankenburg*, Globalisierung und Besteuerung, S…).

Deubner Verlag (Hrsg.) — Körperschaftsteuergesetz 1977, Materialien, 2. Aufl., Köln 1977.
(zit.: *Deubner*, Materialien Körperschaftsteuergesetz 1977, S…).

Deutscher Juristentag	Erste Plenarversammlung des 33. Deutschen Juristentages 1924, Heidelberg. (zit.: *Redner*, Erste Plenarversammlung des 33. Deutschen Juristentages 1924, S…).
Deutscher Juristentag	Sitzungsbericht zum 53. Deutschen Juristentag 1980, Berlin. (zit.: *Redner*, Sitzungsbericht zum 53. DJT 1980, S…).
Felix, Günther/Streck, Michael	Kommentar zum Körperschaftsteuergesetzt 197, München 1979. (zit.: *Felix/Streck*, KStG-Kommentar 1979, §… Anm…).
Fuisting, Bernhard	Die preußischen direkten Steuern, Bd. I, 7. Aufl., Berlin 1907. (zit.: *Fuisting*, Die preußischen direkten Steuern, Bd. I, §… Anm…).
Geiger, Klaus/Zeitler, Franz	Körperschaftsteuerreform 1977, Frankfurt a.M. 1976. (zit.: *Geiger/Zeitler*, Körperschaftsteuerreform 1977, S…).
Glutsch, Siegfried/Otte, Ines/Schult, Bernd	Das neue Unternehmenssteuerrecht, Wiesbaden 2008. zit.: *Glutsch u.a.*, Das neue Unternehmenssteuerrecht, §…Rn…).
Haas, Ingeborg	Die neue Abgeltungsteuer, Freiburg 2008. (zit.: *Haas*, Die neue Abgeltungsteuer, Rn…).
Hesselmann, Malte	Handbuch der GmBH & Co., 7. Aufl., Köln 2009. (zit.: *Hesselmann*, Hdb. GmbH & Co., S…).
Hirte, Heribert	Kapitalgesellschaftsrecht, 6. Aufl., Köln 2009. (zit.: *Hirte*, KapitalgesellschaftsR 2009, Rn…).
	Kapitalgesellschaftsrecht, 7.Aufl,. Köln 2012. (zit.: *Hirte*, KapitalgesellschaftsR, Rn…).
Höller, Timo	Eine kritische Analyse der Unternehmensteuerreform 2008 im historischen Kontext, Bochum 2010. (zit.: *Höller*, Analyse Unternehmensteuerreform 2008, S…).

Hoffmann-Becking, Michael — Münchner Handbuch des Gesellschaftsrechts, Bd. IV, München 1988.
(zit.: MünchHdb. AktG/*Bearbeiter*, §...Rn...).

Hohaus, Bolko — Steuerwettbewerb in Europa, Frankfurt/Main 1996.
(zit.: *Hohaus*, Steuerwettbewerb in Europa, S...).

Institut für Steuern und Finanzen e. V. — Zur Steuerreform: Die Körperschaftsteuer, Heft 100, Band 6, Bonn 1976.
(zit.: *Institut FSt.* Heft 100 Band 6, 1976, S...).

Jacobs, Otto (Hrsg.) — Unternehmensbesteuerung und Rechtsform, 3. Aufl., München 2002.
(zit.: *Jacobs*, Unternehmensbesteuerung und Rechtsform, S...).

Kennerknecht, Albert — Kommentar vom Körperschaftsteuergesetz 1925, Köln 1926.
(zit.: *Kennerknecht*, KStG-Kommentar 1925, §...Rn...).

Klein, Franz/Schöberle, Horst — Reform der Körperschaftsteuer, Köln 1976.
(zit.: *Klein/Schöberle*, Reform der Körperschaftsteuer, 1976, S...).

Knobbe-Keuk, Brigitte — Bilanz- und Unternehmenssteuerrecht, Köln 1977.
(zit.: *Knobbe-Keuk*, Bilanz- und Unternehmenssteuerrecht, 1977, §...).

Lehmann, Karl — Das Recht der Aktiengesellschaften, Bd. I, Berlin 1898; Neudruck des Scientia Verlages Aalen 1964.
(zit.: *Lehmann*, Das Recht der Aktiengesellschaften, Bd.I, 1898, §...).

Mosich, Ernst — Materialien zur Finanzreform, Berlin 1929.
(zit.: *Mosich*, Materialien zur Finanzreform, 1929, S...).

Münchner Kommentar zum Aktiengesetz — Hrsg. von Goette, Wulf/Habersack, Matthias, 3. Aufl., München 2008.
(zit.: MünchKomm AktG/*Bearbeiter*, §...Rn...).

Niehus, Ulrich/Wilke, Helmuth — Die Besteuerung der Kapitalgesellschaften, Stuttgart 2012
(zit.: *Niehus/Wilke*, Besteuerung der Kapitalgesellschaft, S...).

Oberleitner, Karl	Die Doppelbelastung kapitalgesellschaftlicher Gewinne in der Bundesrepublik Deutschland und die Reformvorschläge zu ihrer Beseitigung in kritischer Sicht, Offenburg 1970 (zit.: *Oberleitner*, Die Doppelbelastung kapitalgesellschaftlicher Gewinne in der Bundesrepublik (…), S…).
Otto, Thomas	Die Besteuerung von gewinnausschüttenden Körperschaften und Anteilseignern nach dem Halbeinkünfteverfahren, Berlin 2006 (zit.: *Otto*, Die Besteuerung von gewinnausschüttenden Körperschaften (…), S…).
Rasenack, Christian	Die Theorie der Körperschaftsteuer, Berlin 1974 (zit.: *Rasenack*, Die Theorie der Körperschaftsteuer, 1974, S…).
Renaud, Achilles	Das Recht der Actiengesellschaft, 2. Aufl. Leipzig 1875. (zit.: *Renaud*, Das Recht der Actiengesellschaft, §…, S…).
Saenger, Ingo	Gesellschaftsrecht, München 2010. (zit.: *Saenger*, GesR, Rn…).
Schaeffer, Carl (Hrsg.)	Neugestaltung von Recht und Wirtschaft, Heft 14, Steuerrecht, Leipzig 1941. (zit.: *Schaeffer*, Neugestaltung von Recht und Wirtschaft, Heft 14, Steuerrecht, 1941, S…).
Schmidt, Karsten	Gesellschaftsrecht, 3. Aufl., Köln 1997. (zit.: *K. Schmidt*, GesR §…, S…).
Schreiber, Ulrich	Die Besteuerung der Unternehmen, 2.Aufl., Berlin 2007. (zit.: *Schreiber*, Die Besteuerung der Unternehmen, S…).
Schwerdtfeger, Armin (Hrsg.)	Fachanwaltskommentar Gesellschaftsrecht, 2. Aufl., Köln 2010. (zit.: FaK GesR/*Bearbeiter*, Kap…Rn…).
Seeger, Siegbert	Perspektiven der Unternehmensbesteuerung, Köln 2002. (zit.: *Verf.*, DStJG 25 (2002), S…).

Seer, Roman — Die Entwicklung der GmbH-Besteuerung, Köln 2005.
(zit.: *Seer*, Entwicklung der GmbH-Besteuerung, S…).

Steuerreformkommission — Gutachten der Steuerreformkommission 1971, Schriftenreihe des Bundesministeriums für Finanzen, Heft 17, Bonn 1971.
(zit.: Gutachten der Steuerreformkommission 1971, Schriftenreihe des BMF, Tz…).

Strutz, Georg (Hrsg.) — Handbuch des Reichsteuerrechts, Berlin 1924
(zit.: *Bearbeiter* in: Hdb. Reichsteuerrecht, 1924, S… Rn…).

Tillmann, Bert/ Schiffers, Joachim/ Wälzholz, Eckhard — Die GmbH im Gesellschafts- und Steuerrecht, 5. Aufl., Köln.
(zit.: *Verfasser* in: Tillmann/Schiffers/Wälzholz, Die GmbH im GeStR Rn…).

Tipke, Klaus — Steuerrecht, ein systematischer Grundriß, 3. Aufl., Köln 1975.
(zit.: *Tipke*, Steuerrecht, 1975, S…).

Die Steuerrechtsordnung, Bd.II, Köln 1993.
(zit.: *Tipke*, Die Steuerrechtsordnung, Bd. II, S…).

Tipke, Klaus/Lang, Joachim — Steuerrecht, 21. Aufl., Köln 2013.
(zit.: *Bearbeiter* in: Tipke/Lang, Steuerrecht, 2013, §…Rz…).

Trescher, Erich — Die Entwicklung des Steuerwesens im Herzogtum Sachsen-Gotha, Jena 1906.
(zit.: *Trescher*, Die Entwicklung des Steuerwesens im Herzogtum Sachsen-Gotha, S…).

Wagner, Adoplh — Lehrbuch der politischen Oekonomie, Finanzwissenschaft, Bd. VI, Leipzig/Heidelberg 1880.
(zit.: *A. Wagner*, Finanzwissenschaft, Bd. VI, 1880, S…).

Lehr- und Handbuch der politischen Oekonomie, Finanzwissenschaft, Bd. IV, 2. Aufl., Leipzig 1890.
(zit.: *A. Wagner*, Finanzwissenschaft, Bd. IV,1890, S…).

Weinelt, Andreas Das deutsche Körperschaftsteuersystem im Spannungsfeld zwischen nationaler Steuerordnung und europäischem Steuerwettbewerb, Ingolstadt 2007.
(zit.: *Weinelt*, KörperschaftStsystem im Spannungsfeld, S…).

Widmann, Siegfried Besteuerung der GmbH und ihrer Gesellschafter, Köln 1997.
(zit.: *Verf.*, DStJG 20 (1997), S…).

Wilhelm, Jan Kapitalgesellschaftsrecht, 3. Aufl., Berlin 2009.
(zit.: *Wilhelm*, KapitalgesellschaftsR, Rn…).

This work deals with the history of property tax – from antiquity to the present time – and illuminates critically the stages of development.

I. Die Geschichte der Grundsteuer vom Altertum bis zur Gegenwart (Isabell Neumann)

I. Einführung

In der nachfolgenden Arbeit wird die Entwicklung der Grundsteuer vom Altertum bis zur Gegenwart anhand ihrer prägnantesten Änderungen in den einzelnen Ländern dargestellt. Die Ausgangspunkte zur weiteren Analyse bilden Rom und Ägypten. Gerade Rom beeinflusste durch seine geografische Nähe die weiteren Staaten Europas. Somit wurde selbst nach dem Verfall des römischen Reiches die Grundidee einer Grundsteuer in den einzelnen Ländern weiter entwickelt. Nachdem mit der anfänglichen Entwicklung am Beispiel Roms und Ägyptens eine Basis geschaffen wurde, kann die Weiter- oder auch Rückentwicklung am Beispiel Deutschlands, Österreichs und Frankreichs näher beleuchtet werden. Sie werden in einen historischen, gesellschaftlichen und in einen politischen Kontext gesetzt. Dies erscheint notwendig, um die Grundsteuer als Gesamtkonstrukt nachvollziehen zu können und zu erkennen, aus welcher Motivation heraus sie entstand und sich weiter entwickelte. So lässt sich feststellen, dass sie damals schon einen großen Eckpfeiler der Gemeindefinanzierung bildete, welches heute noch der Fall ist. Die einzelnen „Etappen" der Weiter- oder Rückentwicklung sind geprägt von den unterschiedlichsten Leitideen und im Laufe der Arbeit kristallisieren sich die prägnantesten heraus. Somit konnte man hier einen Vergleich der anfänglichen Entwicklung in Ägypten und Rom mit der Weiterentwicklung in den einzelnen Ländern ziehen. Ebenfalls wird der aktuelle Bezug nicht verkannt, sodass im weiteren Verlauf der Arbeit das Hauptaugenmerk auf die aktuelle Grundsteuerdiskussion in Deutschland gelegt wird, indem der Streitgegenstand und bestimmte Lösungsansätze vorgestellt werden. Um den weltlichen Kontext zu wahren, wird anschließend die aktuelle Situation in den einzelnen Ländern Europas dargestellt.

II. Analyse der historischen Entwicklung

1.) Ausgangspunkt: Die anfängliche Entwicklung der Grundsteuer am Beispiel Ägyptens und Roms

Die Grundsteuer zählt als eine der ältesten Ertragsteuern und als eine der ersten Steuerformen, auf die man im Laufe der geschichtlichen Entwicklung eines allgemeinen Steuersystems trifft.[1] Somit wurde bereits in China und im alt-ägyptischen Reich um ca. 2000 v.Chr. die Nutzung von Boden durch Verpachtung und Übereignung des Staates an den Bürger gegen Abgaben ermöglicht.[2] Im alten Rom und in Ägypten war sie jahrhundertelang die Haupteinnahmequelle zur Abdeckung staatlicher Ausgaben. Quellen zeigen, dass die Grundsteuer hier bereits um circa 400 v.Chr. erhoben wurde.[3] Dies lässt sich insbesondere auf die landwirtschaftlich geprägte Lebensweise der Menschen zurückführen fernab von jeglicher Industrialisierung. So folgte man dem einfachen Gedanken das zu besteuern, was man sah. Dies war vorrangig das Land, welches zum Ackerbau genutzt wurde.

a.) Rom

In Rom wurde um ca. 406 v.Chr. ein tributum civium eingerichtet, welches den Bedarf der Zahlungen von Rom an dessen Truppen abdecken sollte. Sie wurde für jeden Bürger anteilig nach dem Wert seines Grundvermögens errechnet.[4] Die als Tribute eingezogenen Steuern wurden nach den Kriegen wieder durch den Erlang von Kriegsbeute zurückgezahlt. Das tributum civium glich wohl mehr einer allgemeinen Besteuerung des Vermögens als der heute bekannten Grundsteuer. Die späteren Eroberungen Roms und die nachfolgenden Tribute der Provinzen führten zu einer Nichterhebung des Bürgertributs, ohne dass es zu einer rechtlichen Aufhebung der Steuer kam.[5] Etwas ausgedehnter war die Besteuerung der unterlegenen Provinzen, um die direkte Besteuerung Roms zu vermeiden. Man stellte nicht wie beim tributum civium auf die Stellung des Bürgers zum Staat, sondern auf die Stellung Roms als Eroberer und Sieger über die Provinzen ab.[6] Die Provinzen konnten demnach zwar über den Boden frei verfügen, allerdings war Rom immer noch Eigentümer des Bodens und somit galt dieser Boden als abgabepflichtig.[7] Sie mussten entweder eine Grundabgabe, welche sich nach dem Rohertrag richtete zahlen, oder es wurde eine feste

---

1 *Bräuer,* in: Handbuch der Finanzwissenschaften Bd. II, 11.
2 *Hansmeyer,* in: Handwörterbuch der Wirtschaftswissenschaften Bd. III, 726.
3 *Wagner,* Steuergeschichte vom Altertum bis zur Gegenwart, 23.
4 *Wagner,* Steuergeschichte vom Altertum bis zur Gegenwart, 23.
5 *Wagner,* Steuergeschichte vom Altertum bis zur Gegenwart, 23.
6 *Wagner,* Steuergeschichte vom Altertum bis zur Gegenwart, 24.
7 *Stoeber,* Die römischen Grundsteuervermessungen, 140.

Naturalabgabe vereinbart (Provinzialtributum).[8] Hierbei schätzte der Staat das Grundstück und die Ernteerträge und rechnete diese in einen Geldwert um.[9] Diese Grundabgabe haftete reallastartig am Grundstück und blieb auch rechtlich beim Übergang bestehen.[10] Hier lässt sich bereits der fortschrittliche Gedanke erkennen, ein Grundstück unabhängig der persönlichen Verhältnisse der Steuer zu unterlegen, wie dies heute der Fall ist. Denn trotz der übermäßigen Belastung der Provinzen sollte deren Grundabgabe nach gleichen Maßstäben erhoben werden. Eine Reform der direkten Besteuerung der Provinzen erfuhr Rom zu Beginn der Kaiserzeit Augustus, ca. 27 v.Chr. bis ca. 14 n.Chr. Augustus verfolgte bereits den modernen Gedanken eine gleichmäßige Verteilung der Lasten innerhalb jeder Provinz unter den Steuerpflichtigen vor zu nehmen. Der Zweck bestand darin, eine festere finanzielle Grundlage der Ausgaben Roms zu schaffen.[11] Es erfolgte eine genaue Vermessung des Landes und eine Feststellung der Qualität der Grundstücke. Somit wurde zum Beispiel kultiviertes Land höher besteuert als nicht kultiviertes Land. Unter kultiviertem Land verstand man die Fläche, welche zum Ackerbau genutzt werden konnte und bewirtschaftet wurde.[12] Für die ermittelten Werte wurde danach eine „grobe" Ertragsfähigkeit veranschlagt. Unterschieden wurde hierbei zwischen Ackerland und Wiesen, Weinland und Ölpflanzungen.[13] Städtische Grundstücke wurden von der Steuer allerdings nicht erfasst, da sie als komplett unfruchtbares Land galten.[14] Steuerpflichtig war derjenige, welcher auch die Früchte aus der landwirtschaftlichen Nutzung zog.[15] In Rom wurde die Reform der Besteuerung der Provinzen unter Diocletian circa um das 3. Jahrhundert v.Chr. weiter geführt. Die genaue Ermittlung des Wertes des Bodens und dessen Ertragsfähigkeit wurden mittels einer Bildung sogenannter Steuerhufen weiterentwickelt. Unter Steuerhufen verstand man gleiche Steuereinheiten aus einer gewissen Anzahl von Grundstücken, verschiedener Gattung und Güte. Diese Steuerhufen wurden dann mit einem gleichen Steuersatz belastet und somit wurde eine

---

8 *Hansmeyer,* in: Handbuch der Wirtschaftswissenschaften Bd. III, 726; *Wagner,* Steuergeschichte vom Altertum bis zur Gegenwart, 24.
9 *Stoeber,* Die römischen Grundsteuervermessungen, 140.
10 *Wagner,* Steuergeschichte vom Altertum bis zur Gegenwart, 25.
11 *Wagner,* Steuergeschichte vom Altertum bis zur Gegenwart, 25.
12 *Stoeber,* Die römischen Grundsteuervermessungen, 143.
13 *Wagner,* Steuergeschichte vom Altertum bis zur Gegenwart, 26.
14 *Stoeber,* Die römischen Grundsteuervermessungen, 143.
15 *Stoeber,* Die römischen Grundsteuervermessungen, 148.

Gesamtschuldnerschaft ganzer Bezirke entwickelt. Die Werte wurden wiederum auf den einzelnen Besitzer umgerechnet.[16]

b.) Ägypten

Parallel dazu lässt sich in alt-ägyptischen Quellen ebenfalls ein Bewertungsverfahren für Grundstücke erkennen. So zeigten Aufzeichnungen einer Papyrusrolle, dass bereits um ca. 118 v.Chr. in der Stadt Kerkeosiris der komplette Boden eines Dorfes in geographischer Folge mit den einzelnen Grundstücken und deren Umfang, Besitzer und Qualität festgehalten wurde. Danach ergab sich der Pachtzins, welcher dem Eigentümer zu entrichten war.[17] Die Vermessungen der einzelnen Grundstücke wurden von Beamten durchgeführt.[18] Der Nil überschwemmte fast jährlich die Ländereien und machte sie für den Ackerbau unbrauchbar. Dadurch musste das Land neu vermessen und die Steuern nach Ausprägung der Flut des Nils neu berechnet werden.[19] Anhand dieser Vermessungen wurde ein erstes Katastersystem in Ägypten entworfen. Ein Kataster war die Umschreibung der jeweiligen Parzelle mit der Erfassung der jeweiligen Größe und dessen Fruchtbarkeit. Das Kataster der einzelnen Grundstücke wurde in einem Gau-Kataster zusammengefasst, welches an ein Katasteramt in einer der Metropolen Ägyptens zur Bearbeitung weitergereicht wurde.[20] Bemerkenswert erscheint, dass bereits ein System der Grundstücksbewertung entwickelt wurde, welches nicht nur auf „kommunaler" Ebene, sondern auch in einem übergeordneten Amt festgehalten wurde.

c.) Zusammenfassung

Zusammenfassend lässt sich am Beispiel Roms und Ägyptens erkennen, dass die Grundsteuer vornehmlich zur Deckung der allgemeinen Staatsausgaben genutzt wurde. Sie entwickelte sich aus der Leitidee, das zu besteuern, was sichtbar war. Zu diesem Zeitpunkt waren dies überwiegend die bewirtschafteten Landflächen und die Verwertung der Früchte, welche man aus deren Nutzung zog. Diese Grundidee hielt noch lange Zeit nach dem Verfall des römischen Reiches stand und wurde von zahlreichen europäischen Staaten als Ausgangspunkt zur eigenen Entwicklung der Besteuerung genutzt.

---

16 *Wagner,* Steuergeschichte vom Altertum bis zur Gegenwart, 26.

17 *Mitteis/Wilcken,* Chrestomathie und Papyruskunde, 264.

18 *Mitteis/Wilcken,* Chrestomathie und Papyruskunde, 277.

19 *Mitteis/Wilcken,* Chrestomathie und Papyruskunde, 270.

20 *Mitteis/Wilcken,* Chrestomathie und Papyruskunde, 269.

2.) Die Weiterentwicklung der Grundsteuer am Beispiel einzelner Länder

Nach dem endgültigen Verfall des römischen Reiches blieb das römische Steuerwesen in gewissen Teilen der neuen romanisch-germanischen Staaten erhalten.[21] Allerdings vermengte die Grundsteuer sich auch hier bald mit anderen Grundabgaben, sodass der eigentliche Charakter der Besteuerung aus römischen Zeiten verloren ging.[22]

a.) Deutschland

Zu Zeiten des deutschen Mittelalters wurde der städtische Finanzhaushalt überwiegend geld-wirtschaftlich gestaltet. In Deutschland entstand eine Kombination aus indirekten Verbrauchsteuern, gebührenartigen Abgaben und den großen Steuern, wie die Gewerbe- und Grundsteuer.[23] In den ländlichen Gebieten überwog die Naturalwirtschaft, sodass die wichtigsten Einkünfte aus dem Grundbesitz der Fürsten und Könige gezogen wurden. Die Abgaben aus dem Grundbesitz der Fürsten sollten die Kosten der öffentlichen Leistungen abdecken und wurden in der Form einer Bitte gestellt.[24] Allerdings wurden diese unregelmäßig entrichtet und basierten zunächst auf einem freien Willen der Entrichtung. Ursprünglich kann sie schon als eine Art öffentlich-rechtliche Abgabe der Bevölkerung bewertet werden. Gewisse Stände wurden von dieser „Abgabe“ freigestellt, wie zum Beispiel die Ritterschaften. Die Freiwilligkeit der Entrichtung blieb allerdings nicht lange bestehen, sodass sich bereits nach ein paar Jahren daraus eine Steuer entwickelte: Die Bede. Sie etablierte sich circa ab dem 12. Jahrhundert.[25] Die Bede diente der Beihilfe zur Kostendeckung öffentlicher Leistungen.[26] Sie belastete das Grundeigentum als den Repräsentant des Vermögens und wurde regelmäßig nach dem Flächeninhalt als Steuereinheit bemessen.[27] Zu leisten war sie vom Landesherrn. Bei landfürstlichen Beden wurden der ländliche Grundbesitz und der Grundertrag unter Berücksichtigung von Qualität und Größe belastet.[28] Allerdings war die Verwendung der Beden

21 *Wagner*, Steuergeschichte vom Altertum bis zur Gegenwart, 39.
22 *Wagner*, Steuergeschichte vom Altertum bis zur Gegenwart, 40.
23 *Wagner*, Steuergeschichte vom Altertum bis zur Gegenwart, 56.
24 *Wagner*, Steuergeschichte vom Altertum bis zur Gegenwart, 56.
25 *Hansmeyer*, in: Handwörterbuch der Wirtschaftswissenschaften Bd. III, 726; *Wagner*, Steuergeschichte vom Altertum bis zur Gegenwart, 67.
26 *Wagner*, Steuergeschichte vom Altertum bis zur Gegenwart, 74.
27 *Bräuer*, in: Handbuch der Finanzwissenschaften Bd. II, 11.
28 *Wagner*, Steuergeschichte vom Altertum bis zur Gegenwart, 76.

nicht transparent, sodass es oft zu Vermischungen privater und öffentlicher Ausgaben kam und Missbräuche nicht selten waren.[29] Hinsichtlich der Anwendung und Gestaltung unterschied sie sich zwischen den deutschen territorialen Staaten. Anders verhielt es sich beim mittelalterlichen Lehnswesen. Unter dem Lehnswesen verstand man die Gesamtheit der rechtlichen Bestimmungen für das Verhältnis zwischen dem Lehnsherrn, welcher zumeist der Landesherr war und dem Vasall.[30] Das Lehnswesen entsprang aus dem militärischen Bedürfnis des Landesherrn, sodass auch die Waffenfähigkeit des Vasallen von entscheidender Bedeutung war.[31] Deren Verhältnis beruhte auf einer wechselseitigen Beziehung, in der der Vasall dem Lehnsherrn Treue schwor und im Gegenzug der Lehnsherr für entsprechenden Unterhalt sorgen und Schutz für das Lehen bieten musste.[32] Das Lehen umfasste hierbei zumeist ein Stück Land, welches dem Vasall zur Nutzung überlassen wurde. Im Vergleich zur mittelalterlichen Bede lässt sich feststellen, dass beim Lehnswesen mehr die wechselseitige Beziehung im Vordergrund stand. Der Vasall konnte sich seines Schutzes sicher sein und der Lehnsherr seiner militärischen Rückendeckung. Die Bede stellte vielmehr eine allgemeine Abgabe dar und belastete den Grundbesitz, um öffentliche Ausgaben abzudecken. Andererseits ermöglichte das Lehnsverhältnis dem Vasallen erst die Nutzung des Grundbesitzes.

Die tiefsten Wandlungen erfuhr Deutschland im Zeitalter des Absolutismus, da während des Dreißigjährigen Krieges weite Teile Deutschlands verwüstet wurden. Nach der Zersplitterung in einzelne Landesstaaten stieg Preußen zum zentralen Mittelpunkt des deutschen Reiches auf.

(aa.) Die Entwicklung der Grundsteuer in Preußen

Die „Staats-Steuerverfassung“ Preußens wurde im 18. Jahrhundert von dem großen Kurfürsten Friedrich Wilhelm geprägt und unterteilte das Steuersystem in zwei Kategorien: Zunächst in die direkten Steuern, wie zum Beispiel die Grundsteuer (Kontribution) auf ein Stück Land. Von dieser Steuer waren die Adeligen und Ritter allerdings befreit. Die zweite Kategorie war die der indirekten Verbrauchsteuern, welche in den Städten angewandt wurden, denn hier war die Besteuerung fruchtbaren Landes nicht möglich.[33] Immer weiter drängte sich die Frage nach einer Gleichberechtigung der einzelnen Steuerzahler und der

29 *Wagner,* Steuergeschichte vom Altertum bis zur Gegenwart, 76.
30 *Spieß,* Das Lehnswesen in Deutschland im hohen und späten Mittelalter, 16.
31 *Spieß,* Das Lehnswesen in Deutschland im hohen und späten Mittelalter, 28.
32 *Spieß,* Das Lehnswesen in Deutschland im hohen und späten Mittelalter, 30.
33 *Wagner,* Finanzwissenschaft, Spezielle Steuerlehre IV. Teil, 14.

Notwendigkeit einer gleichmäßigen Besteuerung auf. Somit wurde das Steuersystem von 1810 bis ca. 1822 reformiert. Die Reformen brachten die Aufhebung der Akzisen und die Einrichtung von Grenzzollsystemen, von Verbrauchsteuern und von Personalsteuern mit sich.[34] Die wichtigsten gesetzgeberischen Vorgänge zeichneten sich allerdings im Jahre 1810 ab. Das Ziel war die Schaffung gleicher Grundsätze für jedermann bezüglich der Besteuerung, unabhängig von dessen Stand innerhalb der Gesellschaft. Für eine gleiche Verteilung der Grundsteuer sollte mittels der Bildung eines Katasters gesorgt werden.[35] Allerdings waren die Landesherren nicht damit einverstanden. Sie sahen die Grundsätze der Gerechtigkeit nicht beachtet, wenn rein objektiv das Grundstück zur Ermittlung der Steuer herangezogen werden würde, ohne Berücksichtigung eventueller Schulden, die auf dem Grundstück lasten.[36] Die Agrarreformen in Preußen, vor und nach 1807, stehen in einem komplexen Verhältnis zur Veränderung der ländlichen Gesellschaft und waren eine Reaktion auf Preußens Niederlage gegen Napoleon.[37] Das Königreich stand vor dem Staatsbankrott und schaffte mit den Stein-Hardenbergschen-Reformen eine Umstrukturierung des Staates und der Gesellschaft, durch welche die erstarrten Strukturen aufgebrochen werden konnten.[38] So kam es im Zuge der Stein-Hardenbergschen-Reformen 1807 unter Freiherr vom Stein zum Oktoberedikt, wonach alle Kleinbauern und unterbäuerlichen Schichten persönlich frei wurden.[39] Mit dieser Reform wurde der Handel mit Grund und Boden legalisiert und es entwickelte sich die Freiheit hinsichtlich der Berufswahl, Eheschließung und des Rechts auf einen freien Eigentumserwerb.[40] Die Versuche, die Grundsteuerfreiheit der Gutsbesitzer und die Selbstverwaltung des Adels zu verändern, scheiterten allerdings auf Grund hohen Widerstandes.[41] Kritisch lässt sich anmerken, dass der Landesherr wohl eher die Gefahr sah keinen Anspruch mehr auf eventuelle Freistellungen von der Steuer nutzen zu können, welche die Gleichstellung mit sich bringen würde. Die heftige Opposition der Landbevölkerung zwang zu einer Abänderung der Verfassung. Allerdings gab man den Gedanken an eine Reform nicht auf,

34 *Wagner,* Finanzwissenschaft, Spezielle Steuerlehre IV. Teil, 14.
35 *Wagner,* Finanzwissenschaft, Spezielle Steuerlehre IV. Teil, 17.
36 *Graf zur Lippe-Weissenfeld,* Unsere Grundsteuer, 9.
37 *Schissler,* in: Preussische Reformen 1807–1820, 88.
38 *Geheimes Staatsarchiv Preußischer Kulturbesitz,* Finanzreform und gesellschaftlicher Wandel in Preußen nach 1806, 5.
39 *Schissler,* in: Preussische Reformen 1807–1820, 89.
40 *Schissler,* in: Preussische Reformen 1807–1820, 90.
41 *Schissler,* in: Preussische Reformen 1807–1820, 90.

sodass es unter Wilhelm I. am 21.05.1861 zu einer Grundsteuerreform kam.[42] Wilhelm I. verlangte eine einheitliche Grundsteuerverfassung im kompletten Staatsgebiet von Preußen und eine Trennung der Grundsteuer von der Gebäudesteuer, die bis dato noch zusammengefasst waren.[43] Nur die beiden westlichen Provinzen, die Rheinprovinz und Westfalen, hatten seit 1839 eine einheitliche Grundsteuergesetzgebung.[44] Der Zweck der Reform lag in der Vereinheitlichung der Grundsteuer, ausgedehnt auf das komplette Staatsgebiet Preußens. Ebenfalls sollte der steigende finanzielle Bedarf der Kommunen gestillt werden.[45] Fragwürdig erscheint, ob die Bemühungen hinsichtlich einer gerechteren Bewertung nicht nur ein Versuch war, die aufgebrachten Gemüter der Landesherren zu beruhigen. Denn derjenige, der von der Grundsteuer bisher befreit blieb, erhielt eine Entschädigung, da er seine Bevorzugung und Steuerfreiheit aufgeben musste.[46] Trotzdem entwickelte sich die preußische Ertragsbesteuerung zu einer autonomen Grund-, Gebäude- und Gewerbesteuer. Der Grundsteuer unterlagen alle ertragsfähigen Grundstücke und sie wurde ab dem 01.01.1865 auf einen Jahresbetrag von 10 Millionen Taler festgelegt. Dieser Betrag wurde nach dem Verhältnis des einzelnen Reinertrages der jeweiligen Liegenschaften auf die einzelnen Provinzen verteilt.[47] Zur Bewertung wurde auf das System eines Katasters zurückgegriffen. Hierbei wurde der Reinertrag jeder Einzelparzelle ermittelt und in eine Klassifikationsskala eingereiht.[48] Unter Reinertrag verstand man den Rohertrag einer landwirtschaftlichen Fläche, abzüglich der Kosten, die für deren Bewirtschaftung notwendig waren.[49] Die Katastrierung umfasste die Vermessung der einzelnen Parzellen, dessen Klassifizierung (z.B. in Äcker, Gärten und Wiesen) und die Einteilung in die jeweilige

42 *Gesetzes-Sammlung für die königlichen preußischen Staaten,* Gesetz vom 21.05.1861, 253.

43 *Wagner,* Finanzwissenschaft, Spezielle Steuerlehre IV. Teil, 31.

44 *Wygodzinski,* Die Besteuerung des landwirtschaftlichen Grundbesitzes in Preußen, 1.

45 *Wygodzinski,* Die Besteuerung des landwirtschaftlichen Grundbesitzes in Preußen, 4.

46 *Gesetzes-Sammlung für die königlichen preußischen Staaten,* Gesetz vom 21.05.1861, 253, 255.

47 *Gesetzes-Sammlung für die königlichen preußischen Staaten,* Gesetz vom 21.05.1861, 253, 254; *Wygodzinski,* Die Besteuerung des landwirtschaftlichen Grundbesitzes in Preußen, 6.

48 *Hackbarth,* Die rationelle und periodische Erfassung der Grundsteuerreinerträge, 20.

49 *Gesetzes-Sammlung der königlichen preußischen Staaten,* Gesetz vom 21.05.1861, 253, 258; *Wygodzinski,* Die Besteuerung des landwirtschaftlichen Grundbesitzes in Preußen, 7.

Ertragsklasse.[50] Danach konnte für jede Klasse einer jeden Kulturart (z.B. Kartoffeln) der Reinertrag festgestellt und in Geld umgerechnet werden.[51] Auf den wirtschaftlichen Zusammenhang mit anderen Grundstücken wurde keine Rücksicht genommen. In den westlichen Provinzen, der Rheinprovinz und Westfalen war bereits ein Parzellenkataster auf Grundlage der französischen Vermessungen (1809 bis ca. 1837) entworfen worden. Dieses wurde dann durch die preußische Regierung von 1818 bis ca. 1837 weiter entwickelt.[52] In den östlichen Provinzen mussten die Parzellen mit Hilfe von Beschreibungen des jeweiligen Gebietes neu bewertet werden.[53] Die Pflicht zur Bildung der Kataster wurde den einzelnen Gemeinden auferlegt. Die Vermessungen verursachten einen großen Aufwand, ohne dass den Gemeinden überhaupt das Aufkommen der Steuer zustand. Dies änderte sich mit der „Miquel'schen Steuerreform" von 1891–1893. Am 02.11.1892 wurden dem preußischen Landtag Entwürfe eines Gesetzes zur Reformierung vorgelegt. Dieses sollte die Objektbesteuerung endgültig in die Hände der Kommunen legen.[54] Mit dieser Reform gingen die Realsteuern auf die Gemeinden über. Somit setzte Preußen am 14.07.1893 mit dem Kommunalabgabengesetz die Grundsteuer und die Gebäudesteuer als Staatssteuer außer Kraft und überließ sie den einzelnen Gemeinden.[55] Allerdings verwies der Gesetzgeber darauf, dass die Einnahmen der Gemeinden hauptsächlich aus dem Gemeindevermögen und den vom Staat überwiesenen Mitteln bestehen sollten. Nur wenn die Einnahmen zur Abdeckung des Bedarfes nicht ausreichten, durften direkte Steuern erhoben werden.[56] Damit versuchte Preußen dem finanziellen Defizit der einzelnen Gemeinden entgegen zu wirken und verfolgte einen Schritt in Richtung einer kommunalen Selbstverwaltung.[57]

---

50 *Gesetzes-Sammlung für die königlichen preußischen Staaten,* Gesetz vom 21.05.1861, 253, 265; *Schelle/Breitenbach,* Karl-Bräuer-Institut Bd. 14, Grundsteuer Plädoyer gegen eine veraltete Steuerform, 9.

51 *Wygodzinski,* Die Besteuerung des landwirtschaftlichen Grundbesitzes in Preußen, 13.

52 *Wygodzinski,* Die Besteuerung des landwirtschaftlichen Grundbesitzes in Preußen, 10.

53 *Wygodzinski,* Die Besteuerung des landwirtschaftlichen Grundbesitzes in Preußen, 11.

54 *Wygodzinski,* Die Besteuerung des landwirtschaftlichen Grundbesitzes in Preußen, 18.

55 *Gesetzes-Sammlung für die königlichen preußischen Staaten,* Gesetz vom 14.07.1893, 152; *Gerloff,* in: Handbuch der Finanzwissenschaften Bd. III, 45; *Schelle/Breitenbach,* Karl-Bräuer-Institut Bd. 14, Grundsteuer Plädoyer gegen eine veraltete Steuerform, 11.

56 *Wygodzinski,* Die Besteuerung des landwirtschaftlichen Grundbesitzes in Preußen, 27.

57 *Herker,* Die Grundsteuer im Gemeindefinanzwesen, 12.

(bb.) Die Erzberger'sche Finanzreform (1919/1920)

Der Erste Weltkrieg veränderte die Kräfteverhältnisse in Europa und die politische Landschaft grundlegend. Das deutsche Kaiserreich brach zusammen und es entwickelte sich das Bedürfnis eines einheitlichen Reiches. In Weimar wurde eine Nationalversammlung der Parteien einberufen, wo Friedrich Ebert zum Reichspräsidenten gewählt wurde und am 11.08.1919 die Weimarer Verfassung unterzeichnete.[58] Allerdings wurden die fortschrittlichen Ergebnisse der oben dargestellten „Miquel'schen Reform“ durch eine erneute Reform des damaligen Reichsfinanzministers Erzberger größtenteils revidiert. Die Reform führte dazu, dass die Steuern zwischen dem Reich, den Ländern und Gemeinden neu aufgeteilt wurden.[59] Auf Grund des Ersten Weltkrieges und des Versailler Vertrags vergrößerte sich die finanzielle Last des Staates, sodass ihm die Umsatzsteuer, die Körperschaftsteuer und die Einkommensteuer wieder zugesprochen wurden.[60] Dies hatte im Gegensatz zur „Miquel'schen Reform“ einen erheblichen Rückschritt in finanzieller und in selbstregulierender Hinsicht für die einzelnen Gemeinden zur Folge. Daher bildeten nun nur noch die Grund- und Gewerbesteuer die Haupteinnahmequellen der Gemeinden.[61]

(cc.) Die Realsteuerreform vom 01.12.1936

Die Weimarer Republik hatte auf Grund der Weltwirtschaftskrise (1929) und der Zersplitterung der Parteien Rückschläge zu verkraften.[62] Die steigende Arbeitslosigkeit ließ die Menschen den Glauben an die Weimarer Republik verlieren und sich von der „Sündenbock-Politik“ Hitlers mitreißen. Er wurde am 30.01.1933 zum Reichskanzler ernannt.[63] Die politische Entwicklung der Weimarer Republik hin zu einem zentralistisch orientierten Staat des Dritten Reiches machte eine Änderung des Finanzsystems erforderlich, da mit ihm andere Anforderungen einhergingen. Der Anfang wurde durch das Reichsbewertungsgesetz vom 10.08.1925 gemacht.[64] Für die Vermögensteuer und die Land- und Gemeindesteuern sollte ein einheitlicher Bewertungsmaßstab entwickelt werden.

---

58 *Zentner,* Der große Bildatlas der Weltgeschichte, 400.

59 *Herker,* Die Grundsteuer im Gemeindefinanzwesen, 19.

60 *Herker,* Die Grundsteuer im Gemeindefinanzwesen, 19; *Respondek,* Die Reichsfinanzen auf Grund der Reform von 1919/20, 217.

61 *Herker,* Die Grundsteuer im Gemeindefinanzwesen, 20.

62 *Zentner,* Der große Bildatlas der Weltgeschichte, 408.

63 *Zentner,* Der große Bildatlas der Weltgeschichte, 408.

64 *RGBl. I,* Gesetz vom 10.08.1925, 214.

Somit schrieb das Reichsbewertungsgesetz die Feststellung von Einheitswerten vor.[65] Allerdings scheiterte dessen Durchsetzung, da sich nur vier Länder dazu bereit erklärten der Reform zu folgen.[66] Es entstand das Bedürfnis eine Reform zu entwickeln, welche alle Länder „zwang" sich dem Entwurf eines einheitlichen Grundsteuerrechts zu beugen. Somit kam es am 01.12.1936 zur Realsteuerreform und der Einführung eines einheitlichen Grundsteuergesetzes.[67] Hier wies das Reichsrecht die Realsteuern ausschließlich den Kommunen zu[68], da die Grund- und Gewerbesteuer in einer wechselseitigen Beziehung zur Gemeinde stünde, welche näher am aktuellen Geschehen sei. Für die Bewertung wurde das Reichsbewertungsgesetz vom 16.10.1934 zu Grunde gelegt.[69] Hinsichtlich der Bewertung des Grundbesitzes wurde beim land- und forstwirtschaftlichen Vermögen zwischen fünf Unterarten unterschieden. Die Unterarten umfassten das land- und forstwirtschaftliche Vermögen, den Weinbau, das gärtnerische Vermögen und das sonstige forstwirtschaftliche Vermögen. Hinsichtlich der Bewertung stellte man auf Einheitswerte ab, welche alle sechs Jahre neu festgestellt werden sollten.[70] Die landwirtschaftlichen Betriebe wurden anhand ihres Ertragswertes bewertet. Um den Ertragswert zu ermitteln, wurde der Reinertrag des Betriebes, welcher dieser durchschnittlich in einem Jahr erbringen kann, mit der Zahl 25 vervielfacht.[71] Um die Bewertung der Betriebe nach gleichen Maßstäben auszurichten, wurde dieser Ertrag mit dem Ertrag eines Vergleichsbetriebs gegenüber gestellt. Die Vergleichsbetriebe beinhalteten für jeden Landesfinanzamtbezirk die Faktoren, welche für die Gegend hinsichtlich der Bodenbeschaffenheit und Klimaverhältnisse charakteristisch waren.[72]

(dd.) Änderung des Bewertungsgesetzes vom 13.08.1965[73]

Das Bewertungsgesetz in der Fassung von 1934 wurde dahingehend geändert, dass die Betriebe nun nicht mehr in bestimmte Kategorien eingeteilt wurden. Sie wurden zu einem einheitlichen land- und forstwirtschaftlichen Betrieb

---

65 *Schmidt,* Die neue Grundsteuer, 11.
66 *Schmidt,* Die neue Grundsteuer, 12.
67 *RGBl. I,* Gesetz vom 01.12.1936, 986.
68 *RGBl. I,* Gesetz vom 01.12.1936, 986.
69 *RGBl. I,* Gesetz vom 16.10.1934, 1035.
70 *RGBl. I,* Gesetz vom 16.10.1934, 1035, 1038.
71 *RGBl. I,* Gesetz vom 16.10.1934, 1035, 1040.
72 *RGBl. I,* Gesetz vom 16.10.1934, 1035, 1040.
73 *BGBl. I,* Gesetz vom 13.08.1965, 851.

zusammengefasst.[74] Zur Bewertung wird der Ertragswert eingeführt, wie dies heute in Deutschland noch der Fall ist.[75]

b.) Österreich

(aa.) Die Grundsteuer im Mailändischen Teil

Um circa 1719 wurde im mailändischen Teil Österreichs, welcher zur damaligen Zeit noch Österreich zugesprochen war, bereits eine umfassende Grundkatastrierung verordnet.[76] Hierbei ermittelte man den Bruttoertrag der landwirtschaftlichen Produkte und rechnete diesen in Geld um. Anschließend zog man davon die Kosten der Bewirtschaftung ab. Diese Methode blieb noch lange Zeit ein Vorbild, vor allem für die französischen Grundkatastrierungen.[77] Hierbei hatten die Grund- und Hausbesitzer die erforderlichen Angaben über Umfang, Grenzen und Kulturbeschaffenheit der Pflanzen zu machen. Somit konnte für jede Gemeinde eine topografische Flurkarte erstellt werden. In dieser waren alle Grundstücke nach Einschätzung derer Kulturarten und Bonitäten festgehalten.[78] Da die Grundstücke in den Städten meist kein fruchtbares Land aufwiesen, wurden diese anhand eines geschätzten Mietertrages besteuert.[79]

(bb.) Die Grundsteuer unter Maria Theresia

Eine weitere Reform erfuhr die Grundsteuer unter Maria Theresia (ca. 1740). Die Kaiserin sorgte für eine Reformierung der deutsch-österreichischen Ländereien. Unter Maria Theresia wurde der bisher steuerfreie grundherrliche Besitz mit einer Steuer belegt: Dem Militare extraordinarium.[80] Dieser diente der Unterhaltung des Heeres. Allerdings konnte man nicht alle Begünstigungen dieses bisher privilegierten Besitzes aufheben, sodass die Reform in den einzelnen Provinzen ungleich ausfiel und man sich vorrangig auf die Behebung der offensichtlichen Ungleichheiten konzentrierte.[81] Somit wurde zum Beispiel in Niederösterreich der komplette Ertrag der Untertänigen und auch der Obrigkeiten ermittelt. Zu den Untertänigen zählte man vor allem den einfachen Bürger, welcher die landwirtschaftlichen Flächen bewirtschaftete und zu den

74 *Schneider/Vieregge*, Die Grundsteuer in der Finanzreform, 12.
75 *BGBl. I*, Gesetz vom 13.08.1965, 854.
76 *Wagner*, Steuergeschichte vom Altertum bis zur Gegenwart, 102.
77 *Wagner*, Steuergeschichte vom Altertum bis zur Gegenwart, 103.
78 *Wagner*, Steuergeschichte vom Altertum bis zur Gegenwart, 103.
79 *Wagner*, Steuergeschichte vom Altertum bis zur Gegenwart, 103.
80 *Wagner*, Steuergeschichte vom Altertum bis zur Gegenwart, 104.
81 *Wagner*, Steuergeschichte vom Altertum bis zur Gegenwart, 104.

Obrigkeiten zumeist die Fürsten und den Adel. Die Grundstücke in den Städten wurden immer noch anhand eines Mietzinses geschätzt.[82] In Böhmen unterschied man bei der Bewertung zwischen untertänigem Besitz und den Besitz, welcher zu den Obrigkeiten gezählt wurde. Der Besitz der Obrigkeiten wurde anhand seines Reinertrages geschätzt. Das oben beschriebene Militare extraordinarium musste von den Obrigkeiten trotzdem noch entrichtet werden, sodass es sich begünstigend auf die noch zu entrichtende Steuer auswirkte. Bei den Untertänigen wurde der Bruttoertrag und der Gewinn aus den Grundstücken ermittelt und ausgehend von diesem Betrag wurde die Steuer erhoben.[83]

(cc.) Die Grundsteuer unter Josefine

Mit dieser Reform sollte der untertänige und herrschaftliche Besitz gleichmäßig besteuert werden. Die Besteuerung sollte sich nach dem Ertrag richten und im ganzen Staatsgebiet einheitlich gestaltet werden.[84] Man versuchte endgültig eine Gleichheit hinsichtlich der unterschiedlichen Klassen herzustellen. Dies sollte sich auf das komplette Staatsgebiet Österreichs ausbreiten und es fanden Vermessungen allen Ertrag gebenden Bodens statt. Man veranschlagte die Werte in Geld, indem man sie mit den Durchschnittsmarktpreisen von 1772 bis 1782 verglich. Das Pendant zur Grundsteuer bildete die Haussteuer. Von der Steuer befreit blieben die Häuser, welche von Landwirten zur Behausung genutzt wurden. Die übrigen Wohnhäuser wurden auf der Grundlage des Mietzinses besteuert.[85] Das neue Steuerwesen trat allerdings nur für circa ein halbes Jahr in Kraft, da vor allem die Grundherren sich dadurch in ihren Begünstigungen bedroht fühlten. Somit kam es erst nach der französischen Kriegszeit zu einer gleichmäßigen Grundsteuerkatastrierung. Die Gebäudesteuer löste sich um ca. 1820 von der Grundsteuer, sodass es hier zumindest zu einer Verselbständigung kam.[86] Allerdings ging der Anteil der agrarischen Bevölkerung immer mehr zurück, sodass im Jahre 1890 nur noch 55,8% der Menschen einen landwirtschaftlichen Beruf ausübten.[87] Das Aufkommen der Grundsteuer sank immer mehr, sodass man sich im Laufe der Jahre mehr auf die Einkommensteuer konzentrierte.

82 *Wagner,* Steuergeschichte vom Altertum bis zur Gegenwart, 104.
83 *Wagner,* Steuergeschichte vom Altertum bis zur Gegenwart, 105.
84 *Wagner,* Steuergeschichte vom Altertum bis zur Gegenwart, 105.
85 *Wagner,* Steuergeschichte vom Altertum bis zur Gegenwart, 106.
86 *Wagner,* Steuergeschichte vom Altertum bis zur Gegenwart, 110.
87 *Szende,* in: Handwörterbuch der Finanzwissenschaften Bd. III, 197.

c.) Frankreich

(aa.) 14./15. Jahrhundert

Die direkte Steuer der ländlichen Bevölkerung war im 14. und 15. Jahrhundert die Taille. Die Taille wurde zu diesem Zeitpunkt noch nicht regelmäßig gefordert. Sie wurde nur bei speziellem Bedarfsaufkommen erhoben, wie zum Beispiel für Kriege.[88] Davon befreit waren vor allem der Adel und der Klerus. Zu einer bleibenden Steuer entwickelte sie sich endgültig im 15. Jahrhundert nach dem Krieg mit England.[89] Allerdings dachte man erst im 18. Jahrhundert unter Ludwig XVI. daran die Steuerfreiheit der Privilegierten aufzuheben und die ungleichmäßige Besteuerung der Landbevölkerung zu beheben.[90] Dadurch wurde sie in eine Taille personelle für die städtischen Grundstücke und eine Taille réelle für die ländlichen Grundstücke aufgeteilt. Die Taille personelle besteuerte meistens das allgemeine Vermögen oder den Erwerb. Allerdings wurde dessen Veranlagung in den meisten Fällen nicht ausgeführt, da man das Vermögen oder den Erwerb damals schlecht anhand konkreter Zahlen ausmachen konnte.[91] Davon waren zumeist die Obrigkeiten betroffen, welche in den Städten lebten. So erscheint es wohl eher so, als dass man den konkreten Betrag nicht ausmachen wollte, um sich der Steuer zu entziehen. Die Taille réelle war eine Steuer auf den Grund- und Hausbesitz.[92] Diese konnte einer realitätsgerechten Bewertung allerdings nicht nachkommen, sodass eine Bodenkatastrierung notwendig gewesen wäre, welche allerdings nicht durchgeführt wurde.[93]

(bb.) Napoleon I

Nach der französischen Revolution sollte das französische Steuersystem komplett neu strukturiert werden. Napoleon I. wollte die Staats- und Gemeindebesteuerung nur auf die Grund- und Gebäudesteuer Frankreichs stützen und diese mit Hilfe von Ergänzungssteuern, wie zum Beispiel Zölle, unterstützen. Allerdings reichten die Erträge nicht aus. Somit wurde neben der Grundsteuer, die Personal- und Mobiliarsteuer, die Gewerbesteuer und die Tür- und Fenstersteuer eingeführt.[94] Die Grundsteuer war hinsichtlich ihres Ertrages die wichtigste

---

88 *Wagner,* Steuergeschichte vom Altertum bis zur Gegenwart, 151.
89 *Wagner,* Steuergeschichte vom Altertum bis zur Gegenwart, 152.
90 *Wagner,* Steuergeschichte vom Altertum bis zur Gegenwart, 156.
91 *Wagner,* Steuergeschichte vom Altertum bis zur Gegenwart, 157.
92 *Wagner,* Steuergeschichte vom Altertum bis zur Gegenwart, 157.
93 *Wagner,* Steuergeschichte vom Altertum bis zur Gegenwart, 156.
94 *Wagner,* Finanzwissenschaft, Spezielle Steuerlehre III. Teil, 50.

Steuer und besteuerte im Wesentlichen den Grund und Boden.[95] Von 1881–1883 wurde sie reformiert, indem man die Gebäudesteuer von der Grundsteuer löste. Mit der Gebäudesteuer wurden die bebauten Grundstücke der Steuer unterworfen.[96] Somit erkannte man endlich den Nutzen einer Katastrierung, welche 1807 vorgenommen wurde. Allerdings brachte die Katastrierung Mängel mit sich, da innerhalb der Gemeinden nach dem neuen Kataster bewertet wurde und auf staatlicher Ebene nach veralteten Werten.[97] Die Grundsteuer trat im Laufe der Zeit auch in Frankreich in den Hintergrund. Dies lässt sich auf den sinkenden Anteil der Landwirtschaft am Steuergesamtaufkommen und auf die immer mehr in den Vordergrund tretende Industrialisierung zurückführen.

d.) Bewertender Vergleich der „Etappen der Entwicklung“

Die frühe Entwicklung der Grundsteuer wurde hier am Beispiel Roms und Ägyptens dargestellt und deren Weiterentwicklung in den einzelnen Staaten aufgezeigt. Trotz der zeitlichen und der geografischen Distanz, insbesondere hinsichtlich Ägyptens, zeigen sich gewisse Ähnlichkeiten und Unterschiede in der Entwicklung. Es wurde deutlich, dass im mittelalterlichen Deutschland eine konkrete Steuer auf den Grund und Boden noch nicht ausgebildet war. Allerdings entstand auf Grund immer höher werdender Kriegskosten die Idee, die Ausgaben mit Hilfe von „Bittstellungen“ zu decken, welche sich im späteren Verlauf zu einer Steuer entwickelte. Dies glich dem Leitgedanken der Römer. Denn auch sie ließen ihr Volk Steuern zahlen, um die Kosten für die Kriege abzudecken (siehe Tributum civium). Der Unterschied zu Rom bestand darin, dass sie die Steuern Großteils in den Provinzen erhoben haben, um den „Verlierer und Untertänigen“ zahlen zu lassen und Rom zu entlasten. Diesen Leitgedanken findet man in der deutschen Entwicklung so deutlich kaum wieder. Trotz dessen war die Entwicklung der deutschen Grundsteuer auch von Ungleichheiten gekennzeichnet, wie zum Beispiel Land von untertänigen Bauern im Vergleich zu den obrigen Landesherren höher zu besteuern. Ein weiterer Unterschied bestand ebenfalls hinsichtlich der Ermittlung der Höhe der Steuer. In Deutschland wurde zu Zeiten der Bede einfach nur der Flächeninhalt eines Grundstückes bemessen. In Rom bezog man bereits die Ernteerträgnisse mit ein. Somit entschied man sich erst zu Zeiten Preußens in Deutschland zu einer Bildung eines Katasters, um den einzelnen Besonderheiten eines Grundstückes gerecht

95 *Wagner,* Finanzwissenschaft, Spezielle Steuerlehre III. Teil, 61.
96 *Wagner,* Finanzwissenschaft, Spezielle Steuerlehre III. Teil, 63.
97 *Wagner,* Finanzwissenschaft, Spezielle Steuerlehre III. Teil, 62.

zu werden und für eine einheitlichere Bewertung zu sorgen. Dies geschah im Vergleich zu ägyptischen Verhältnissen allerdings sehr spät. Es erscheint bewundernswert, dass bereits vor Christus in Ägypten ein Katastersystem entwickelt wurde, bei dem einzelne Parzellen vermessen und danach ein Pachtzins errechnet wurde. Die Anfertigung eines Katasters beschränkte sich in Europa allerdings nicht nur auf Preußen, sodass sich ebenfalls in Österreich und in Frankreich ein eigenständiges System entwickelte. In einer Gesamtbetrachtung lässt sich feststellen, dass die Besteuerung dem Leitgedanken folgte, den ersichtlichen Grund und Boden zu besteuern. Dies ist wohl auf die vorherrschende Stellung der Naturalwirtschaft zurückzuführen. In den meisten Ländern scheint sie sich allerdings nur aus einer immer höher werdenden finanziellen Belastung des Staates entwickelt zu haben, sodass vermehrt Wege zur Begleichung der Kosten gefunden werden mussten. Des Weiteren versuchte man mit dem Fortschritt der Zeit die unterschiedlichen Belastungen von Untertänigen und Obrigkeiten aufzulösen. Die untertänigen Bauern waren bald nicht mehr in der Lage die Steuerlast alleine zu tragen und forderten, dass ebenfalls der Adel „zur Kasse" gebeten werde. Bei den einzelnen Entwicklungen spielten auch immer die politischen Hintergründe und die aktuellen Situationen in den einzelnen Ländern eine große Rolle. Ob ein absolutistisch geprägter oder ein monarchischer Staat, jeder brachte andere Anforderungen an das Finanzsystem mit sich, wodurch eine Änderung des Steuersystems hervorgerufen wurde. Somit konnte auch erst durch eine Entwicklung eines Staates der Leitgedanke entwickelt werden, die Steuerlast gleichmäßig zu verteilen und den Kommunen eine Selbstverwaltung zukommen zu lassen. Im Laufe der Jahrzehnte verlor die Grundsteuer immer mehr an Wichtigkeit. Dies lässt sich auf den Wandel der Staaten von einem agrarischen zu einem industriellen Staat zurückführen. Auf Grund dessen kam es nach den dargestellten „Etappen" der Entwicklung zu einem Stillstand der Weiterentwicklung, sodass sich die Grundsteuer aktuell nur noch schwer in ein komplexes Steuersystem einfügen lässt.

3.) Die aktuellen Grundsteuerregelungen in Deutschland

(aa.) Überblick

Die Grundsteuer Deutschlands zählt zu den Sollertragsteuern und besteuert den Grundbesitz.[98] Der Ertrag steht gemäß Art. 106 VI GG den Gemeinden zu. Ihr unterfallen, außer in den Sonderfällen des § 1 II, III GrStG, der im Gemeindegebiet

98 *Kruse*, BB 1996, 717 (718).

gelegene Grundbesitz.[99] Man unterscheidet hinsichtlich der Bewertung zwischen zwei Gruppen. Gruppe A umfasst die Betriebe der Land- und Forstwirtschaft (§ 14 GrStG) und in Gruppe B befinden sich die übrigen Grundstücke (§ 15 GrStG). Für dessen Bemessung wird der Einheitswert genutzt.[100] Es war geplant diese Werte alle sechs Jahre neu zu ermitteln beziehungsweise zu aktualisieren, was allerdings unterlassen wurde.[101] So erfolgt die Bemessung des Einheitswertes für die alten Bundesländer nach den Wertverhältnissen vom 01.01.1964 und in den neuen Bundesländern sogar nach den Werten vom 01.01.1935, so wie sie zu diesem Zeitpunkt festgelegt wurden. Demnach sind derzeit keine aktuelleren Werte vorhanden, um die Grundsteuer zu ermitteln.[102] Wenn eine neue wirtschaftliche Einheit entsteht, wird der Einheitswert anhand der Werte von 1964 oder 1935 festgestellt. Ändern sich nur die Verhältnisse eines bestehenden Grundstücks, wird der Einheitswert für das Kalenderjahr fortgeschrieben.[103] Die Einheitswerte der Gruppe A werden anhand eines Ertragswertes ermittelt. Hier werden dem Betrieb übliche Verhältnisse unterstellt und wirtschaftliche Ertragsbedingungen berücksichtigt, sodass darunter nicht der tatsächliche Reinertrag des Betriebs zu verstehen ist, sondern der objektiv erzielbare Reinertrag (s. § 36 BewG).[104] Für die Bewertung werden die tatsächlichen Verhältnisse des Betriebes (z.B. Bodenbeschaffenheit, klimatische Verhältnisse) mit einem Vergleichswert verglichen (s. § 40 BewG).[105] Die Gruppe B umfasst Grundvermögen, welches weder land- noch forstwirtschaftlichem Vermögen oder den Betriebsgrundstücken zuzuordnen ist.[106] Demnach unterscheidet man zwischen unbebauten Grundstücken (§ 72 BewG), Wohnungseigentum (§§ 91–94 BewG) und bebauten Grundstücken (§ 76 I, II, III BewG).

(bb.) Ist die Existenz der deutschen Grundsteuer noch gerechtfertigt?

Problematisch erscheint, ob die Existenz der aktuellen Grundsteuer so noch gerechtfertigt ist. Fragwürdig erscheint dies gerade bezüglich der veralteten Werte und im Hinblick auf die Einkommensteuer, welche orientiert am

---

99 *Seer,* in: Tipke/Lang, Steuerrecht[21], §16 Rz. 5.
100 *Seer,* in: Tipke/Lang, Steuerrecht[21], §16 Rz. 6.
101 *BGBl. I,* Gesetz vom 13.08.1965, 851.
102 *Seer,* in: Tipke/Lang, Steuerrecht[21], §16 Rz. 6.
103 *Seer,* in: Tipke/Lang, Steuerrecht[21], §16 Rz. 6.
104 *Stephany,* in: BewG, §36 Rz. 4.
105 *Stephany,* in: BewG, §40 Rz. 1.
106 *Seer,* in: Tipke/Lang, Steuerrecht[21], §16 Rz. 10.

individuellen Einkommen über einen exakteren Maßstab steuerlicher Leistungsfähigkeit verfügt. Kritiker sehen auf Grund der veralteten Werte die Besteuerung als nicht realitätsgerecht an und fordern ihre Reformierung oder auch teilweise die komplette Aufhebung. Die Existenz der Grundsteuer wird von Seiten der Kommunen durch das Äquivalenzprinzip gerechtfertigt. Somit sollen Aufwendungen der Gemeinden bezüglich der Infrastrukturleistungen (z.B. Straßen, öffentliche Einrichtungen) kompensiert werden, welche durch den Grundbesitz angeblich erst ausgelöst werden.[107] Stimmen aus der Literatur sind der Meinung, dass die Leistungen der Gemeinden bereits über Gebühren und Beiträge abgegolten werden und der Anknüpfungspunkt für diese angebliche Wechselbeziehung nicht die Steuer sein kann.[108] Es erscheint fragwürdig, ob die Grundsteuer überhaupt alle Nutzer der kommunalen Infrastruktur belastet, da Mieter diese ebenfalls nutzen. Diese werden nur indirekt belastet, indem die Grundsteuer auf sie „abgewälzt" wird.[109] Laut der Literatur würde dies dem Prinzip der Besteuerung der wirtschaftlichen Leistungsfähigkeit widersprechen. Man besteuert einen Teil des für das menschliche Dasein erforderlichen und steuerfrei zu stellenden Existenzminimums. Andererseits gäbe man es ihm durch eventuelle Wohnungsbauförderungen und Wohngelder wieder zurück.[110] Hier würde laut Tipke eher der Mietaufwand als die Mieteinkünfte des Grundeigentümers belastet werden.[111] Die Grundsteuer sollte zunächst den möglichen Ertrag einer Immobilie erfassen, unabhängig von der tatsächlichen Realisierung dieses Ertrages.[112] Allerdings verfüge das deutsche Steuersystem heute über bessere Möglichkeiten, um den Ertrag oder das Einkommen zu erfassen. So würde die Grundsteuer von der Einkommensteuer verdrängt werden, welche als besserer Maßstab genutzt werden könnte. Als Maßstab der Leistungsfähigkeit sei die Grundsteuer demnach unbrauchbar.[113] Allerdings bildet die Grundsteuer einen großen Eckpfeiler der Gemeindefinanzierung, sodass sich der Gedanke der Aufhebung kaum zu

---

107 *Seer,* in: Tipke/Lang, Steuerrecht[21], §16 Rz. 2.

108 *Schulemann,* Karl-Bräuer-Institut Bd. 109, Reform der Grundsteuer – Handlungsbedarf und Reformoptionen, 12.

109 *Schulemann,* Karl-Bräuer-Institut Bd. 109, Reform der Grundsteuer – Handlungsbedarf und Reformoptionen, 15.

110 *Seer,* in: Tipke/Lang, Steuerrecht[21], §16 Rz. 3.

111 *Tipke,* Die Steuerrechtsordnung Bd. II, 814.

112 *Schulemann,* Karl-Bräuer-Institut Bd. 109, Reform der Grundsteuer – Handlungsbedarf und Reformoptionen, 10.

113 *Schulemann,* Karl-Bräuer-Institut Bd. 109, Reform der Grundsteuer – Handlungsbedarf und Reformoptionen, 11.

Ende denken ließe. Die Grundsteuer ist hinsichtlich ihres Aufkommens zwar nicht mit der Gewerbesteuer zu vergleichen, allerdings wächst ihr Aufkommen stetig und sie bildet eine Konstante in der Gemeindefinanzierung.[114] Somit bildete der Anteil der Grundsteuer am Gesamtsteueraufkommen 2012 gerade mal 2,0%.[115] Allerdings steigerte sich das Ist-Aufkommen der Grundsteuer von 1992 bis 2011 um ca. 112,1%. Das Aufkommen der Gewerbesteuer gerade mal um 78%.[116] Sie scheint aber nicht mehr realitätsgerecht zu sein, da die Bewertung sich an Wertverhältnisse von 1964 beziehungsweise 1935 in den neuen Bundesländern orientieren muss. So wies ebenfalls der Bundesfinanzhof darauf hin, dass das weitere Unterbleiben einer Neubewertung mit dem allgemeinen Gleichheitssatz nicht mehr vereinbar sei. Die Wertverzerrungen auf Grund einer unterbleibenden erneuten Feststellung der Werte könnte nicht uneingeschränkt hingenommen werden.[117] Auf Grund dessen kam es von Seiten der Länder zu Reformvorschlägen. Es wurden insgesamt drei Modelle konzipiert, das Nord- und Süd-Modell und das Modell des Landes Thüringen. Das Nord-Modell lehnt vor allem an die Rechtsprechung hinsichtlich des gemeinen Wertes an die Erbschaftsteuer an. Das Modell soll auf der Basis einer Vergleichswertmethode Grundstücksdaten und Daten des Immobilienmarktes miteinander verknüpfen und vergleichen.[118] Bei unbebauten Grundstücken sollten die Bodenrichtwerte als Grundlage herangezogen werden und insgesamt sollten die Daten jedes Jahr elektronisch aktualisiert werden.[119] Das Süd-Modell basiert auf einem anderen Grundgedanken. Hierbei sollte die Grundsteuer als Sollertragsteuer aufgehoben werden und sich nach der Leistung der Gemeinde gegenüber dem Grundstücksnutzer richten.[120] Die Bemessungsgrundlage ergebe sich aus der Grundstücksgröße und dessen Bezug zu öffentlichen Leistungen.[121] Das Thüringer-Modell setzt die Höhe der Grundsteuer ebenfalls in Bezug zu der Leistung der Gemeinde

---

114 *Andrae,* Realsteuern 2012, IFSt-Schrift Nr. 485, 2013, 10.

115 *Andrae,* Realsteuern 2012, IFSt-Schrift Nr. 485, 2013, Tabelle 2, 11.

116 *Bundesministerium der Finanzen,* Struktur und Entwicklung der Einnahmen der Gemeinden aus den Realsteuern seit 1992, Tabelle 3, 3.

117 *BFH,* Urteil vom 30.06.2010, Az. II R 60/08, Rz. 24.

118 *Schulemann,* Karl-Bräuer-Institut Bd. 109, Reform der Grundsteuer – Handlungsbedarf und Reformoptionen, 23.

119 *Schulemann,* Karl-Bräuer-Institut Bd. 109, Reform der Grundsteuer – Handlungsbedarf und Reformoptionen, 24.

120 *Schulemann,* Karl-Bräuer-Institut Bd. 109, Reform der Grundsteuer – Handlungsbedarf und Reformoptionen, 31.

121 *Schulemann,* Karl-Bräuer-Institut Bd. 109, Reform der Grundsteuer – Handlungsbedarf und Reformoptionen, 32.

hinsichtlich des jeweiligen Grundstückes. Der Grund und Boden soll nach dem Bodenrichtwert bemessen werden und für Gebäude wird ein Produkt aus der Fläche und dem Nutzen der Gemeinde ermittelt.[122] Doch bei diesen Reformvorschlägen blieb es nicht. Somit kam ein Vorschlag zur Reformierung von Seiten der Länder Bayern und Hessen. Diese reichten einen Gesetzesantrag zur Rückholung der Gesetzgebungskompetenz an die einzelnen Länder ein.[123] Eine bundesgesetzliche Regelung sei nicht erforderlich, da das Grundgesetz den Gemeinden das Recht zur Festsetzung der Hebesätze zuspricht und selbst hier keine Einheitlichkeit der Erhebung verlangt. Eine Vereinheitlichung sei ebenfalls nicht notwendig, da bezüglich der Grundsteuer keine die Ländergrenze überschreitenden Sachverhalte vorliegen. Zusammenfassend lässt sich feststellen, dass bezüglich der Reformierung der Grundsteuer in Deutschland noch ein starker Diskussionsbedarf besteht. Die Grundsteuer scheint in ihrer heutigen Fassung mit den aktuellen Werten den bestehenden Anforderungen an das Steuersystem nicht mehr zu genügen. Sie wirkt schlicht veraltet. Andererseits würde die Aufhebung der Grundsteuer zu einem starken finanziellen Defizit der Gemeinden führen. Es erscheint fragwürdig, dass der Bundesfinanzhof auf der einen Seite die aktuellen Werte selbst als „wertverzerrend" einstuft, gleichzeitig aber einen geringen Reformdruck ausübt. Als „Motor der Reformierung" scheinen hier nur die Länder zu agieren, da die Gemeinden die Abschaffung der Steuer zu scheuen vermögen und somit auch nicht zu einer konkreten Verbesserung der Bewertung beitragen. Dies wird an den zahlreichen Reformvorschlägen der einzelnen Länder deutlich. Die Reformvorschläge bezüglich ihrer Umsetzungsfähigkeit zu prüfen ist nicht Zweck dieser Arbeit und würde auch dessen Rahmen überspannen. Allerdings sollten sich der Bund, die Länder und die Kommunen zeitnah eine geeignete Strategie überlegen. Es sei dahin gestellt, ob eine Reformierung oder Aufhebung geeigneter erscheint. Im Vordergrund steht der Bürger, welcher auf eine realitätsgerechte Bewertung vertraut. Er sollte nicht nach Werten seine Steuer entrichten müssen, die seit 78 beziehungsweise 49 Jahren nicht mehr angepasst wurden.

(cc.) Ein Blick nach Europa

Bis auf Malta und Slowenien erheben sämtliche Mietgliedstaaten der Europäischen Union die Grundsteuer. Allerdings bestehen hinsichtlich der

---

122 *Schulemann,* Karl-Bräuer-Institut Bd. 109, Reform der Grundsteuer – Handlungsbedarf und Reformoptionen, 37.

123 *Begründung des Gesetzesantrags der Länder Hessen und Bayern vom 17.04.2001,* Az. 306/01, 2.

Wertermittlungen gewisse Unterschiede. In Deutschland, Luxemburg und Österreich beruhen die Grundsteuern auf dem System der Realsteuern und haben als Bemessungsgrundlage die Einheitswerte.[124] Im Unterschied dazu besteht in Frankreich eine Grund-, Gebäude- und Wohnungssteuer. Besteuert werden bebaute Grundstücke, unbebaute Grundstücke und Wohnungen. Die ersten beiden Steuern sind vom Eigentümer oder dinglichen Berechtigten zu entrichten. Die dritte Steuer belastet den Wohnungsinhaber, also den Eigentümer oder den Mieter.[125] Die Problematik veralteter Werte besteht, wie in Deutschland, auch in Frankreich. So werden für die Steuern auf bebaute Grundstücke Werte aus einem Kataster von 1939 genutzt. Die unbebauten Grundstücke werden anhand von Katasterwerten von 1961 bewertet. Die Werte der Wohnungssteuer stammen teilweise von 1970.[126] Die Steuerberechnung erfolgt nach örtlich differenzierten kommunalen Hebesätzen und Zuschlägen der einzelnen Departements.[127] Eine Neubewertung ist alle fünf Jahre vorgesehen. Großbritannien zielt bei der Bewertung der Grundsteuer auf jährlich erzielte Mietwerte ab.[128] Diese Werte werden in unterschiedlichen Zeitabständen neu festgesetzt.[129] Die Grundsteuermodelle der skandinavischen und baltischen Staaten folgen einer automatisierten Massenbewertung auf der Basis eines Abgleichs mit den am Markt beobachteten Verkaufsfällen. Der Abgleich findet ebenfalls immer in jährlichen Intervallen statt. Falls diese Werte nicht ausreichen, wird auf das Sach- oder das Ertragswertverfahren zurückgegriffen.[130] Abschließend lässt sich anmerken, dass Deutschland nicht das einzige Land ist, welches mit veralteten Werten zu kämpfen hat. Es gilt allerdings hervorzuheben, dass die Bewertung im europäischen Raum nicht einheitlich durchgeführt wird. Dies mag auf einen historischen Zusammenhang zurückzuführen sein hinsichtlich der geschichtlichen Trennung oder Verbindung einzelner Länder. Somit kann man zumindest in den einzelnen Ländern Nord-, Süd-, West- und Osteuropas gleiche Tendenzen hinsichtlich der Ausgestaltung erkennen.

---

124 *Mennel,* Die Steuersysteme in EWG-Staaten, EFTA-Staaten und den USA, 167; *Spengel/Heckemeyer/Zinn,* Der Betrieb 2011, 10 (12).

125 *Mennel,* Die Steuersysteme in EWG-Staaten, EFTA-Staaten und den USA, 169.

126 *Mennel,* Die Steuersysteme in EWG-Staaten, EFTA-Staaten und den USA, 169.

127 *Mennel, Die* Steuersysteme in EWG-Staaten, EFTA-Staaten und den USA, 169.

128 *Spengel/Heckemeyer/Zinn,* Der Betrieb 2011, 10 (12).

129 *Mennel,* Die Steuersysteme in EWG-Staaten, EFTA-Staaten und den USA, 170.

130 *Spengel/Heckemeyer/Zinn,* Der Betrieb 2011, 10 (12).

III. Fazit

Im Laufe der Arbeit wurde festgestellt, dass die Grundsteuer sich aus dem einfachen Leitgedanken entwickelte, das Sichtbare zu besteuern. Dieser Leitgedanke wurde durch die damalige vorherrschende Naturalwirtschaft und dem finanziellen Bedarf zur Deckung der Kriegskosten unterstützt. Er zieht sich durch die komplette Entwicklung der Grundsteuer, einschließlich des heutigen Zeitalters. Denn auch heute noch bildet sie einen großen Eckpfeiler der Gemeindefinanzierung. Deutlich konnte man allerdings erkennen, dass immer mehr der Gedanke in den Vordergrund trat, die Steuer nach gleichen Grundsätzen für jedermann zu erheben. Aus diesem Gedanken heraus entwickelten sich verschiedene Systeme, um die Grundstücke zu bewerten und sie der Steuer zu unterlegen. Allerdings ist auch der aktuelle Bezug nicht zu verkennen. So wird zum Beispiel in Deutschland kritisiert, dass ihre Werte veraltet seien und die Grundsteuer nicht mehr in ein modernes Steuersystem passe. Am Beispiel anderer Länder ließ sich erkennen, dass sie ebenfalls mit veralteten Werten zu kämpfen haben. Jedoch scheint die einzige Schwachstelle nicht nur dort zu liegen, sondern auch in der Schwierigkeit die Grundsteuer in das heutige Steuersystem konform zu integrieren. Sie wirkt eher als eine Art „starre Steuer", welche den heutigen Anforderungen nicht mehr gerecht werden kann.

IV. Literaturverzeichnis

Andrae, Kathrin	Realsteuern 2012 - Die Entwicklung der Realsteuerhebesätze der Gemeinden mit 50.000 und mehr Einwohnern im Jahr 2012 gegenüber 2011-, Schriftenreihe des Instituts für Steuern und Finanzen, Nr. 485, Berlin 2013.
Bräuer, Karl	Ertragsteuern, Die einzelnen Formen von Ertragsteuern, Grundsteuer, in: Handbuch der Finanzwissenschaften, hrsg. v. *Gerloff, Wilhelm/ Meisel, Franz,* Band 2, Tübingen 1927, S. 10–23.
Bundesministerium der Finanzen (Herausgeber)	Struktur und Entwicklung der Einnahmen der Gemeinden aus den Realsteuern seit 1992, 2012 Berlin.
Geheimes Staatsarchiv Preußischer Kulturbesitz (Herausgeber)	Staatsbankrott! Bankrotter Staat? Finanzreform und gesellschaftlicher Wandel in Preußen nach 1806, 2006 Berlin.

Gerloff, Wilhelm Der Staatshaushalt und das Finanzsystem Deutschlands, Landesfinanzen von 1872–1914, in: Handbuch der Finanzwissenschaften, Band 3, Tübingen 1929, S. 36–50.

Graf zur Lippe-Weissenfeld, Armin Unsere Grundsteuer, Ehrenfriedersdorf 1869.

Hackbarth, Karl Rationelle und periodische Erfassung der Grundsteuerreinerträge, Detmold 1919.

Hansmeyer, Karl-Heinrich Grundsteuer, in: Handwörterbuch der Wirtschaftswissenschaften, hrsg. v. *Albers, Willi/Born, Karl Erich/Dürr, Ernst/Hesse, Helmut/Kraft, Alfons/Lampert, Heinz/Rose, Klaus/Rupp, Hans-Heinrich/Scherf, Harald/Schmidt, Kurt/Wittmann, Waldemar,* Band 3, Tübingen/Göttingen 1981, S. 726–743.

Herker, Hellmuth Die Grundsteuer im Gemeinde-finanzwesen und ihre „Revalorisierung“ durch die Reform des Bewertungsrechts, Münster 1966.

Kreutziger, Stefan/Schaffner, Margit/Stephany, Ralf (Herausgeber) BewG, Kommentar, 3. Auflage, München 2013 (zit.: *Stephany*, in: Kreutziger, Schaffner, Stephany, $BewG^3$).

Kruse, Heinrich Wilhelm Abschied von den Einheitswerten, BB, 1996, S. 717–721.

Mennel, Annemarie Die Steuersysteme in EWG-Staaten, EFTA-Staaten und den USA, 2. Auflage, Herne/Berlin 1974.

Mitteis, Ludwig/Wilcken, Ulrich Grundzüge und Chrestomathie der Papyruskunde, Hildesheim 1963.

Respondek, Erwin Die Reichsfinanzen auf Grund der Reform von 1919/20, Berlin/Leipzig 1921.

Schelle, Klaus/Breitenbach (ohne Vorname) Grundsteuer, Plädoyer gegen eine veraltete Steuerform, Schriftenreihe des Karl-Bräuer-Instituts des Bundes der Steuerzahler e.V., Nr. 14, Bad Wörishofen 1969.

Schmidt, Friedrich Die neue Grundsteuer, Berlin/Wien 1938.

Schneider, Hans-Karl/ Vieregge, Rudolf — Die Grundsteuer in der Finanzreform, Eine Studie zur wirtschafts- und finanzpolitischen Problematik der Grundsteuer, Münster 1969.

Schulemann, Olaf — Reform der Grundsteuer, Handlungsbedarf und Reformoption, Schriftenreihe des Karl-Bräuer-Instituts des Bundes der Steuerzahler e.V., Nr. 109, Berlin 2011.

Spengel, Christoph/ Heckemeyer, Jost/ Zinn, Benedikt — Reform der Grundsteuer: Ein Blick nach Europa, Der Betrieb, 2011, S. 10–14.

Spieß, Karl-Heinz — Das Lehnswesen in Deutschland im hohen und späten Mittelalter, Stuttgart 2009.

Stoeber (ohne Vorname) — Die römischen Grundsteuervermessungen, München 1877.

Szende, Paul — Österreich, Die parlamentarische Ära (1867–1914), in: Handbuch der Finanzwissenschaften, hrsg. v. *Gerloff, Wilhelm/Meisel, Franz*, Band 3, Tübingen 1929, S. 197–204.

Tipke, Klaus — Die Steuerrechtsordnung, Band 2, Köln 1993.

Tipke, Klaus/Lang, Joachim (Herausgeber) — Steuerrecht, Köln 2013, (zit.: *Seer*, in: Tipke/Lang[21], Steuerrecht).

Vogel, Barbara (Herausgeber) — Agrarreformen und politischer Wandel in Preußen, in: Preussische Reformen 1807–1820, Königstein im Taunus 1980, (zit.: *Schissler*, in: Preussische Reformen 1807–1820).

Wagner, Adolph — Finanzwissenschaft[4], Spezielle Steuerlehre, Die deutsche Besteuerung des 19. Jahrhunderts, IV. Teil, Leipzig 1899.

Wagner, Adolph — Finanzwissenschaft[4], Spezielle Steuerlehre, Die britische Besteuerung im 19. Jahrhundert und bis zur Gegenwart, III. Teil, Leipzig 1912.

Wagner, Adolph — Steuergeschichte vom Altertum bis zur Gegenwart, Glashütten im Taunus 1973.

Zentner, Christian — Der große Bildatlas der Weltgeschichte, Stuttgart 1995.

Bochumer Schriften zum Steuerrecht

Herausgegeben von Roman Seer

Band 20 Kristina Frankus: Die Verlustverrechnung von Körperschaften nach § 8 Abs. 4 KStG, § 8c KStG im Rechtsvergleich mit dem US-amerikanischen Steuerrecht. 2010.

Band 21 Timo Höller: Eine kritische Analyse der Unternehmensteuerreform 2008 im historischen Kontext. 2011.

Band 22 Björn Schüßler: Der Datenzugriff der Finanzverwaltung im Rahmen der (digitalen) Außenprüfung. 2010.

Band 23 Kristina Dudde: Die Umsatzbesteuerung gemeinnütziger Sportvereine. 2011.

Band 24 Susanne Stiewe: Die verfahrensrechtliche Umsetzung internationaler Verständigungsvereinbarungen (§ 175a AO). 2011.

Band 25 Metin Yilmaz: Das Besteuerungsverfahren der Türkei aus dem Blickwinkel des deutschen Steuerrechts. 2011.

Band 26 Sascha Bleschick: Die Revisionszulassungsgründe des § 115 Abs. 2 Nr. 1 und 2 FGO im Spannungsverhältnis zwischen Individualrechtsschutz und Allgemeininteresse. 2012.

Band 27 Thomas Blum: Bewertungsgleichmaß und Verschonungsregelungen. Gleichmäßigkeit der Besteuerung im Erbschaft- und Schenkungsteuerrecht. 2012.

Band 28 Roman Seer (Hrsg.): Steuern im historischen Kontext. Ein Ausschnitt aus der Steuergeschichte anhand ausgewählter Fragestellungen. 2014.

www.peterlang.com